Uni-Taschenbücher 644

UTB
FÜR WISSEN
SCHAFT

Eine Arbeitsgemeinschaft der Verlage

Wilhelm Fink Verlag München
Gustav Fischer Verlag Stuttgart
Francke Verlag Tübingen
Paul Haupt Verlag Bern und Stuttgart
Dr. Alfred Hüthig Verlag Heidelberg
Leske Verlag + Budrich GmbH Opladen
J. C. B. Mohr (Paul Siebeck) Tübingen
R. v. Decker & C. F. Müller Verlagsgesellschaft m. b. H. Heidelberg
Quelle & Meyer Heidelberg · Wiesbaden
Ernst Reinhardt Verlag München und Basel
F. K. Schattauer Verlag Stuttgart · New York
Ferdinand Schöningh Verlag Paderborn · München · Wien · Zürich
Eugen Ulmer Verlag Stuttgart
Vandenhoeck & Ruprecht in Göttingen und Zürich

Ulrich Peter Ritter
Karl Georg Zinn

Grundwortschatz wirtschaftswissenschaftlicher Begriffe Englisch-Deutsch Deutsch-Englisch

5., bearbeitete und erweiterte Auflage

Gustav Fischer Verlag · Stuttgart

Anschriften der Autoren:

Professor Dr. Ulrich Peter Ritter
Fachbereich Wirtschaftswissenschaften der
Johann-Wolfgang-Goethe-Universität
Schumannstraße 60, 6000 Frankfurt am Main 1

Professor Dr. Karl Georg Zinn
Institut für Wirtschaftswissenschaften der
Rheinisch-Westfälischen Technischen Hochschule
Templergraben 55, 5100 Aachen

CIP-Titelaufnahme der Deutschen Bibliothek

Ritter, Ulrich Peter:
Grundwortschatz wirtschaftswissenschaftlicher Begriffe : englisch-deutsch, deutsch-englisch / Ulrich Peter Ritter ; Karl Georg Zinn. – 5., bearb. und erw. Aufl. – Stuttgart : Fischer, 1991
(UTB für Wissenschaft : Uni-Taschenbücher ; 644)
ISBN 3-437-40241-2
NE: Zinn, Karl Georg :; HST; UTB für Wissenschaft / Uni-Taschenbücher

Satz: Typobauer Filmsatz, Ostfildern
Druck und Einband: Clausen & Bosse, Leck
Umschlaggestaltung: Alfred Krugmann, Stuttgart
Printed in Germany

0 1 2 3 4 5

Vorwort

Die 5. Auflage dieses Wörterbuchs ist wiederum gründlich durchgesehen und erheblich erweitert worden.
Beim Nachschlagen ist zu bedenken, daß Übersetzungen von Worten und Begriffen keine Etiketten sind, die identischen Gegenständen in einer anderen Sprache aufgeklebt werden. Die Zuordnung stellt niemals eine Gleichung, sondern nur eine ungefähre Entsprechung dar. Das gilt ganz allgemein im Hinblick auf den Bedeutungsgehalt von Übersetzungen einzelner Wörter. Speziell für die wirtschaftswissenschaftliche Fachsprache gilt es außerdem auch, den *regionalen* (insbesondere englischen versus amerikanischen) und *individuellen* Sprachgebrauch zu beachten wie auch die *Besonderheiten einzelner Schulen und Disziplinen.* Dabei ist der Kontext, d.h. der Zusammenhang zu beachten, in dem ein Wort verwendet wird. Im Zweifelsfall erschließt man sich diesen über die Sachregister der einschlägigen Lehrbücher. Das gilt auch für Definitionen und Erläuterungen zu den Begriffen. Wir haben diese nur gelegentlich und in sehr knapper Form dann gegeben, wenn uns eine Klärung auf anderem Wege nicht ohne weiteres möglich erschien.
Die Wortlisten sind nach folgendem Schema zusammengestellt:
Im *englisch-deutschen* Teil erscheinen die Worte in rein alphabetischer Reihenfolge, unabhängig von Wortsinn und Worttyp; es erscheint also der Begriff «natural rate of interest» unter N und nicht unter R (rate) oder I (interest). Erscheint der gleiche Begriff innerhalb des gleichen Buchstabens zweimal, so erfolgt ein Verweis auf den zuerst genannten englischen Begriff durch einen Pfeil. Auf Unterscheidungen zwischen englischem und US-amerikanischem Gebrauch wird durch den in Klammern gesetzten Hinweis (GB) bzw. (US) hingewiesen. Unterschiedliche Schreibweisen werden durch Klammern angegeben: program(m)e, behavio(u)r, labo(u)r. Die Wiederholung eines Wortes oder Wortteils wird durch eine Tilde bzw. einen Gedankenstrich angezeigt.
Dagegen sind die *deutschen* Begriffe unter dem ersten Hauptwort zu finden, also «natürlicher Zins» unter «Zins, natürlicher». Lediglich wenn zwei Begriffe untrennbar zusammengehören, sind sie unter dem ersten Wort eingeordnet, also z.B. «Schwarzer Markt» unter «S». Da man in solchen Fällen unterschiedlicher Meinung sein kann, empfiehlt es sich, u.U. auch unter dem ersten Wort bzw. dem ersten Hauptwort nachzusehen.
Für ihre Hilfe sind wir Frau Irmgard Daum, Dipl. Volksw. Evelyn Riera und stud. rer. pol. Justus Michels dankbar. Hinweise auf Ergänzungen, Unkorrektheiten etc. nehmen wir weiterhin dankbar entgegen.

Prof. Dr. Ulrich Peter Ritter — Prof. Dr. Karl Georg Zinn

Englisch–Deutsch

A

A/C → account current
A+G (administration and general) – Verwaltung und Allgemeines
A/P → account payables; → account purchases
A/S → account sales
a-shares – stimmrechtlose Aktien
AAGR → annual average growth rate
ABA (American Business Association) – amerikanischer Unternehmerverband
abandonment – Eigentumsaufgabe (z.B. an einem Wrack)
abandonment of a theory – Verwerfung einer Theorie
abdication – Thron-Abdankung
ability to invest – Investitionsfähigkeit, Investitionsmöglichkeit
ability to pay – Zahlungsfähigkeit, Leistungsfähigkeit (Steuerlehre)
ability-to-pay taxation – Leistungsfähigkeit(sprinzip) in der Besteuerung
abolition of tariffs – Aufhebung der Zölle
above-the-line advertising – klassische Anzeigenwerbung
abscissa – Abszisse, x-Achse
absenteeism – Abwesenheit, Personalausfall
absolute advantage – absoluter Kostenvorteil
absolute rent – Absolute Rente
absolute value – absoluter Wert (Arbeitswert i.S. Ricardos)
absorption – inländische Endnachfrage
absorption approach – Absorbtionstheorie (Zahlungsbilanz)
absorption costing – Voll-/Durchschnittskostenrechnung
absorptive capacity – Absorptionsfähigkeit (Entwicklungstheorie), Aufnahmefähigkeit eines Landes für produktionssteigernde Investitionen
abstaining → abstention
abstention – Enthaltung, Konsumverzicht
abstinence – Konsumverzicht, Enthaltsamkeit
abstinence theory of interest – Abstinenztheorie des Zinses, Wartetheorie des Zinses
abstract labour – abstrakte Arbeit (Marx)
accelerated depreciation – degressive Abschreibung, vorzeitige (erhöhte) Abschreibung
acceleration – Beschleunigung
acceleration of an increase in money supply – Beschleunigung der Geldvermehrung
acceleration principle – Akzelerationsprinzip
accelerator – Akzelerator
accelerator coefficient – Akzelerator(größe)
acceptance – 1. akzeptierter Wechsel, Akzept 2. Annahme (einer Theorie)
acceptance test – Marktaufnahmetest
acception region – Annahmebereich
access – Zugriff
access time – Zugriffszeit (EDV)
access to the market – Marktzugang
accession rate – Einstellungsquote (bei Neueinstellungen)
accident insurance – Unfallversicherung
accident prevention – Unfallverhütung
accomodating transactions – Ausgleichstransaktionen (Zahlungsbilanz)
accomodation – Übergangsfinanzierung
accomodation bill – verbürgter Wechsel
accomodation party – Wechselbürge, (Wechsel-)Begünstigte(r)
account – Konto
account current – laufende Rechnung, Kontokorrent

account day – Abrechnungsdatum für alle Wertpapiertransaktionen
account payable(s) – ausstehende Rechnung(en), Verbindlichkeit(en)
account purchases – Abrechnung des Einkaufskommissionärs, Einkaufskonto, Wareneingangskonto
account sales – Abrechnung des Verkaufskommissionärs, Verkaufskonto
accountancy – Rechnungswesen; Buchführung, Buchhaltung
accountant – Buchsachverständige(r), Rechnungs- und Wirtschaftsprüfer(in), Revisor(in)
accounting – Buchführung
accounting for changing price levels – inflationsbezogenes Rechnungswesen
accounting period – Rechnungsperiode (Buchhaltung), Rechnungsjahr
accounting price – Schattenpreis
accounting system – Buchhaltung
accounts payable → account payables
accounts receivable – einbringbare Forderungen, Außenstände, Aktivforderungen
accrual basis – Periodeneinheitsprinzip
accruals – Rechnungsabgrenzungsposten, antizipative Posten
accrued charges – aufgelaufene Kosten
accrued expenses – antizipatorische Passivposten
accrued interest – aufgelaufene Zinsen
accrued items → accruals
accrued payables – antizipative Passiva
accumulated depreciation – Wertberichtigung (des Anlagevermögens)
accumulated work – vorgetane Arbeit
accumulation – Akkumulation, Anhäufung
achievement – Leistung
achievement motivation – Leistungsmotivation
acid-test – Stichtest, Feuerprobe, (US): Finanzierungsregel: Verhältnis von liquiden Mitteln und den kurzfristigen Forderungen zu den kurzfristigen Verbindlichkeiten
acid-test ratio – Liquiditätsgrad (-kennziffer) im Sinne des acid-test
acknowledg(e)ment – Kenntnisnahme; (Empfangs)bestätigung; Annahme (einer Theorie)
acquisition – 1. Erwerb, Ankauf (z.B. einer Unternehmung) 2. Beschaffung 3. Errungenschaft
acquisitive capital – Erwerbskapital
acquisitive society – Erwerbsgesellschaft
acquittance – Tilgung, Abtragung
acquittance release – Schuldenerlaß
across-the-board – allgemein, Grobschätzung
act – Gesetz
Act of God – höhere Gewalt
act of war – Kriegshandlung
action planning – Maßnahmeplanung: Ergänzung zum Zielplan der Unternehmung
activation research – Kaufentschlußanalyse: Erinnerungsmethode zur Prüfung der Werbewirkung
active balance – laufender Zahlungsbilanzüberschuß
active market – Aktien mit hohen Börsenumsätzen; reger Markt
active population – Erwerbsquote
activity – Tätigkeit, Aktivität: ein Vorgang, der Zeit benötigt (Netzplantechnik)
activity analysis – Aktivitätsanalyse: Lösung von Produktions- und Allokationsproblemen mit Hilfe der linearen Programmierung
activity chart – Arbeitsgliederungsplan
activity lead – Aktivitätsniveau

activity rate → labo(u)r force → participation rate
activity ratios – Oberbegriff für Finanz- Indikatoren, die die Effizienz des Betriebsvermögens messen
activity ray – Prozeßstrahl
actual ~ – Real~, Ist~, Effektiv~
actual costs – Ist-Kosten, effektiv entstandene Kosten, Herstellungskosten, Selbstkosten
actual depreciation – wirkliche Wertminderung
actual earnings – Effektivlohn
actual rate of output – Ist-Ausstoß
actual stock – Istbestand
actual total loss – Totalschaden (Seeversicherung)
actuary – Versicherungsmathematiker (in)
ad-valorem duty – Wertzoll
ad-valorem tax – Wertsteuer
adaptable – anpassungsfähig
adaption – Anpassung, Gewöhnung
adaptive expectation – Erwartungsanpassung(sprinzip), adaptive Erwartung
adding-up theorem – Eulersches Theorem, Additionstheorem
additional capital allowance – Sonderabschreibung
additional contribution – Zusatzbeitrag
additional depreciation – Sonderabschreibung
adjacent – anliegend, benachbart
adjustable parities – anpassungsfähige Paritäten
adjustable peg – Stufenflexibilität
adjusted gross income – bereinigtes Bruttoeinkommen
adjusting entry – Berichtigungsbuchung
adjustment – Angleichung, Anpassung; Bereinigung
administered prices – administrierte Preise: ursprünglich für die durch die öffentlichen Hände gesetzten Preise (Gebühren, Tarife etc.) benutzt, heute auch für Preise auf oligopolistischen Märkten
administered rate of interest – administrierter Zins (Zentralbank)
administration – 1. Leitung, Verwaltung, Behörde 2. (Bundes)regierung
administrative council – Verwaltungsrat
administrative expense – Verwaltungsaufwand
admission of stocks to quotation – Zulassung von Aktien zur Börsennotierung
ADP-application systems – ADV-Anwendungssysteme
adulteration – Fälschung, Verschnitt
adulteration of food – Verderben von Lebensmitteln, Lebensmittelverfälschung
advance – 1. Ausleihung, Bankkredit 2. Voraus-
advance booking – Vorverkauf, Vorausbestellung
advance corporation tax – vorausgezahlte Körperschaftssteuer
advance payment – Vorauszahlung
advanced capital – vorgeschossenes Kapital (Marx)
advanced technology – moderne Technologie
advanced vocational training – Fortbildung
adverse balance – Zahlungsbilanzdefizit, allgemein: Verlustsaldo
adverse selection – adverse Selektion (Informationsasymmetrie zwischen Verkäufer und Käufer)
adverse trade balance – passive Handelsbilanz
ad(vertisement) – Anzeige, Inserat, Annonce
advertising – Anzeigenwerbung, Reklame im weiteren Sinne: allgemeine Werbung
advertising agency – Werbeagentur

advertising campaign – Werbekampagne
advertising consultant – Werbeberater(in)
advertising department – Werbeabteilung
advertising expenses – Werbekosten
advertising media – Werbeträger
advertising research – Werbeforschung
advice – Empfehlung, Rat
advice notice – Benachrichtigung, Ausführungsanzeige
advise fate – Scheckbestätigung
advisory board (advisory committee) – Beratungsgremium, Beirat
AEC → Atomic Energy Commission
affidavit – (eidesstattliche) Versicherung, Affidavit
affiliated company – Tochtergesellschaft
affluence – Überfluß
affluent society – Überflußgesellschaft (Galbraith)
AFL-CIO (American Federation of Labor-Congress of Industrial Organisations) (US) – Gewerkschaftsdachverband
after-hours dealings – Nachbörse
after-sales service – Service(-Angebot), Kundendienst zu einem Produkt
after trade – Außenhandelssituation (im Gegensatz zur Autarkie)
age distribution – Altersstruktur
age exemption – Altersfreibetrag
age structure – Altersstruktur
ageing (aging) – (biologische) Alterung
agency – 1. Agentur, Vertretung 2. Amt, Behörde
agenda – Tagesordnung
agglomeration – Agglomeration, Ballungsraum
agglomeration costs – Agglomerationskosten
agglomeration economies – Agglomerationsersparnisse, Fühlungsvorteile
aggregate – Aggregat
aggregate concentration – Meßzahl bzw. Index für die Gesamtkonzentration einer Volkswirtschaft, Region und dgl.
aggregate demand – Gesamtnachfrage
aggregate demand curve – Gesamtnachfragekurve
aggregate economics – Makroökonomie
aggregate social capital – gesellschaftliches Gesamtkapital (Marx)
aggregate supply – gesamtwirtschaftliches Angebot (Binnenproduktion plus Importe)
aggregate supply curve – Gesamtangebotskurve
aggregation – Aggregation: Zusammenfassung ökonomischer Größen zur Gewinnung neuer Größen (z.B. Verbrauchseinheiten zum Sektor Haushalt)
aggregative index – Generalindex, aggregierter Index
agreement – Vereinbarung, Abkommen
agricultural bank – Landwirtschaftsbank
agricultural commodities market – Agrarmarkt
agricultural labo(u)rer – Landarbeiter(in)
agricultural policy – Agrarpolitik
agricultural surplus – landwirtschaftlicher Überschuß
agriculture – Landwirtschaft
aid – Hilfe, Hilfsmittel
aid program(me) – Hilfsprogramm
aid tying – Entwicklungshilfe-Bindung
aim – Ziel, qualitatives Globalziel

air consignment note – Luftfrachtbegleitschein
air pollution – Luftverschmutzung
algol (algorythmic language) – ALGOL: maschinenunabhängige, problemorientierte Programmier- und Pseudosprache
algorithm – Algorithmus
alien corporation – ausländische Gesellschaft (US)
alienation – Entfremdung
all-stage turnover tax – Allphasen-Umsatzsteuer
all-time high (all-time low) – absoluter Höchst(Tiefst)stand
alleviation – Milderung, Erleichterung, Linderung
allocation – Allokation: Zuweisung der Faktoren/Güter auf verschiedene Verwendungszwecke und/oder Standorte
allocation branch – Allokationsabteilung (Musgrave)
allocation of overheads – Geschäftskostenaufteilung
allocation of time – Zeitallokation
allocative efficiency – Allokationseffizienz
allotment – Zuweisung; Zuteilung, Anteil
allotment of pay – teilweiser Gehaltsverzicht
allowance – Freibetrag, Zuschuß
alms – Almosen
alms house – Armenhaus
alteration – (Ver)änderung
alternate hypothesis – Prüf-, Testhypothese
amalgamation – Fusion
amendments (to the Constitution) – Verfassungsänderungen durch Ergänzungen
American Federation of Labo(u)r (AFL) – Gewerkschaftsverband (USA)
amortization – Tilgung, Amortisation, Abschreibung
amortized cost – Buchwert
amount – Menge, Betrag, Summe
amount of capital goods – Kapitalstock
amplifier – Verstärker
analog computer – Analogrechner
analysis of expenses – Kostenanalyse
analysis of information flow – Informationsflußanalyse
analytical job evaluation – Arbeitsplatzbewertung, analytische
animal spirits (J. Robinson, J. M. Keynes) – irrationales Reflexverhalten im Gegensatz zum Nutzenmaximierungskalkül
announcement effect – Ankündigungseffekt, Signalwirkung
annual accounts – Jahresabschluß
annual allowance – Abschreibungsbetrag pro Jahr
annual average growth rate – durchschnittliche Jahreszuwachsrate
annual economic report – Jahreswirtschaftsbericht
annual general meeting – Hauptversammlung
annual inventory – jährliche Bestandsaufnahme, Inventur
annual price increase – jährlicher Preisanstieg
annual rate – Berechnung auf Jahresbasis; Jahresrate
annual rate of interest – Jahreszinssatz
annual report – Jahresbericht, Geschäftsbericht (einer AG)
annual stocktaking – jährliche Bestandsaufnahme/Inventur
annuity – konstante jährliche Zahlung, Rente
annuity bonds – Rentenanleihen
annuity value – Rentenbarwert
anomie (anomy) – Anomie (E. Durkheim), Disorientierung, Gesetzlosigkeit, Zügellosigkeit

antagonistic contradiction – antagonistischer Widerspruch
anti-trust legislation – Kartellgesetzgebung
anti-trust policy – antimonopolistische und generell wettbewerbssichernde Maßnahmen; Wettbewerbspolitik
anticiclical quasi-surtax – Konjunkturzuschlag
anticipated profit – erwarteter Gewinn
anticipation survey – Stimmungstest, Konjunkturbefragung
anticipation term – Erwartungsgröße, Erwartungsvariable, Erwartungswert, Ex-ante-Größe
anticipatory data → anticipations term
antimonopoly legislation – Antimonopolgesetzgebung
antithesis – Antithese
apologia (apologetics, apology) – Apologie, Apologetik, Entschuldigung, Rechtfertigung, Verteidigung
application – Antrag, Bewerbung
application and allotment – Auflage und Zuteilung (von neuen Wertpapieren)
application form – Antragsformular
applied economics – angewandte Volkswirtschaftslehre
applied statistics – angewandte/praktische/materielle Statistik
appraisal – Abschätzung, Bewertung
appraisal method – Methode zur Leistungsbeurteilung einer Person
appreciation – Werterhöhung, Wertzuschreibung, Wechselkursaufwertung bei freier Kursbildung (entspricht der Revaluation bei festen Kursen)
apprentice – Lehrling
apprenticeship – Lehre
approach – Ansatz, Betrachtungsweise
appropriation – 1. Mittelzuweisung (durch das Parlament) 2. Aneignung
appropriation account – Gewinnverwendungsrechnung
approval – Zustimmung, Genehmigung
approximation – Annäherung, Schätzung, Überschlagrechnung
aptitude test – Eignungstest
arable – fruchtbar, ackerbar
arbiter (arbitrator) – Sachverständige(r), Schiedsrichter(in)
arbitrage – Arbitrage
arbitration – 1. Schiedsgerichtsverfahren, Schlichtung 2. Schiedsgerichtsbarkeit 3. Schiedsspruch 4. Bankarbitrage
arc elasticity – Bogenelastizität: Elastizitätsberechnung für endlich kleine Größen
area-development planning – Raumplanung
area sample – Flächenstichprobe
argument (of a function) – Argument (einer Funktion)
Ariel (GB, London) – Bezeichnung für ein computerisiertes System des Wertpapierhandels
arithmetic mean – arithmetisches Mittel
arithmetic progression – arithmetische Reihe
armament (arms) industry – Rüstungsindustrie
arms race – Rüstungswettlauf
arrangement – 1. Kreditvereinbarung mit einer Bank (einschließlich der Rückzahlungsregelungen) 2. (Gläubiger)vergleich 3. Ab-, Übereinkommen
array – Zahlenfolge, Matrix
arrears – Zahlungsrückstände
articled clerk – Praktikant(in) in einer Kanzlei (Anwaltsbüro, Wirtschaftsprüfer)
articles of association – Satzungsbestimmungen, Satzungsartikel

articulation statement – Darstellung einer Kapitalflußrechnung durch Aufzeichnen der Umsätze in Matrixform
artisan – selbständiger Handwerker
as-is merchandise – 1. Ausschußware 2. «wie gesehen» (z.B. bei Gebrauchtwagen)
ascertainment error – Beobachtungsfehler, Erhebungsfehler
ASE (American Stock Exchange) – Amerikanische Wertpapierbörse
ask(ed) price – Briefkurs
askew – schief (verteilt)
assart – Rodungsland, urbargemachter Grund und Boden
asking price – Verhandlungspreis; verlangter Preis
assay – Feingehaltsprüfung
assay office – amtliche Prüfstelle für den Edelmetallgehalt
assembler – Assembler: der Umwandlung symbolischer Instruktionen dienendes Programm, das eine maschinenorientierte Sprache in eine für einen Computer verständliche Sprache übersetzt
assembly – Versammlung
assembly costs – Fertigungskosten
assembly line – Fließband
assembly line production – Fließbandproduktion
assessed tax – veranlagte Steuer
assessment – 1. Einschätzung, Taxierung 2. Steuer-, Abgabenerhebung
assessor of taxes – Taxator, Steuereinschätzer
asset demand for money – Spekulationsnachfrage nach Geld
asset-formation – Vermögensbildung
asset-formation policy – Vermögenspolitik
asset-stripping – Aufkauf eines Unternehmens und anschließende Anlagenausschlachtung
asset turnover rate – Quotient zwischen Gesamtertrag und Betriebsvermögen
assets – Aktiva, Aktivposten in der Bilanz, Vermögensposten
assignats – Assignaten: Banknoten der franz. Revolutionsregierungen
assignment – Zession, Übertragung, Abtretung, Zuweisung, Aufgabe, Auftrag
assignment of accounts – Abtretung von Forderungen
assignment problem – Zuordnungsproblem, Erkennungsproblem
assisted areas – Unterstützungsgebiete
associate status – 1. Assoziierten-Status (Zollunion) 2. Teilhaber-Stellung
associated company – Beteiligungsgesellschaft
association – Verband, Vereinigung, Gesellschaft
associationism – Assoziationismus, Assoziismus, Genossenschaftssozialismus
assumption – Annahme, Prämisse; Oberbegriff zu Definition und Hypothese
assurance – Lebensversicherung, Assekuranz
Atomic Energy Commission – Atom-Energie-Behörde
atomistic competition – atomistischer, vollständiger Wettbewerb
attachment – Beschlagnahmung, Einkommenspfändung
attitude survey – Meinungsumfrage
attribute – nicht-quantifizierbare Eigenschaft (z.B. Geschlecht)
auction – 1. Auktion, Versteigerung 2. Walras'sche Gleichgewichtspreisbildung
audience measurement – Werbewirkungsanalyse
audit(ing) – Rechnungsprüfung, Revision
auditor – Rechnungsprüfer(in) für Bilanz und Rechnungswesen; Wirtschaftsprüfer(in)

auditor's report – Wirtschaftsprüfungsbericht, Wirtschaftsprüfer-Bericht

austerity – extremes Sparprogramm, radikale Ausgabenkürzung

austerity policy – Austeritätspolitik, währungssichernde Politik der Ausgabenbeschränkung

autarky – Autarkie, Selbstversorgung

authorities – Behörden, höhere Ämter

authority (authorization) – Befugnis, Genehmigung, Ermächtigung

authorized capital – Summe aus ausgegebenem Grundkapital und genehmigtem Kapital

authorized capital stock – genehmigtes Grundkapital

authorized dealer – Vertragshändler(in)

autocorrelation – Autokorrelation

automatic control – Regelung (spezieller Fall der Rückkopplung)

automatic stabilizers – automatische Stabilisatoren

automatic teller – Geldautomat

automatic vending – Verkauf durch Automaten (vending machines)

automation – Automatisation, Automatisierung

autonomous investment – autonome Investition: reagiert nicht auf endogene Modellvariable; a.I. treten z.B. infolge von technischen Neuerungen oder zyklischen Staatsausgabeerhöhungen auf

autonomous movements – autonome (Zahlungsbilanz-)Transaktionen

autonomous transactions → autonomous movements

autonomous variable – unabhängige Variable

autonomous work groups – autonome Arbeitsgruppen

autonomy – Autonomie, Selbstverwaltung

autoregression – Autoregression

auxiliaries – Hilfsmittel

auxiliary trades – Nebengewerbe

availability – Verfügbarkeit, Erhältlichkeit

average capital-output ratio – (durchschnittlicher) Kapitalkoeffizient

average costs – Durchschnittskosten, Stückkosten (unit costs)

average cost pricing – Preisbildung auf Durchschnittskostenbasis; s.a. full cost principle

average fixed costs – durchschnittliche fixe Kosten

average price level – Gesamtpreisindex (Sozialprodukt), durchschnittliches Preisniveau

average product – Durchschnittsertrag

average productivity – (Durchschnitts-)Produktivität eines Faktors

average propensity to consume (A.P.C.) – durchschnittliche Konsumneigung

average propensity to export – durchschnittliche Exportquote

average propensity to save (A.P.S.) – durchschnittliche Sparneigung

average rate of profit – durchschnittliche Profitrate

average revenue – Stückerlös, Durchschnittserlös

average total costs – durchschnittliche Gesamtkosten

average variable costs – durchschnittliche variable Kosten

average volume of transactions – durchschnittliches Transaktionsniveau (Börse)

average wage level – durchschnittliches Lohnniveau

averaging – Verbilligung (eines Wertpapierportefeuilles durch Zukauf bei sinkenden Kursen)
avocation – Nebenbeschäftigung
avoidable costs – Kosten, die bei völligem Verzicht auf eine bestimmte Produktion fortfallen; nicht notwendig identisch mit den variablen Kosten
award compensation – Abfindung
axiomatic welfare function – axiomatische Wohlfahrtsfunktion

B

baby bonds – gestückelte Schuldverschreibungen
back-door operation – Liquiditätsbeschaffung der Diskontbanken durch Schatzwechselverkauf zum Marktkurs an das Schatzamt, falls der Diskontsatz außergewöhnlich hoch liegt; s.a. frontdoor operation
backed bond – durch Pfandbestellung (Hypothek) gesicherte Schuldverschreibung
back duty – Steuerrückstand
back-to-back credit – Gegenakkreditiv
back-up – Reserve
back-up storage – Reservespeicher
backlog – Arbeitsrückstand, Warenrückstände
backlog of orders – (unerledigter) Auftragsbestand
backpay – Nachzahlung von Lohnrückstand
backward bending supply curve – inverse (regressive) Angebotskurve
backward country – unterentwickeltes Land
backward integration – vertikale Konzentration in vorgelagerte Produktionsstufen
backward linkage – Verflechtungsbeziehung zur vorgelagerten (Liefer-) Industrie, beschaffungsmäßige Verflechtung
backward region – zurückgebliebene Region, Rückstandsgebiet
bad debts – uneinbringliche (dubiose) Schulden
bads – Ungüter (z.B. Umweltverschmutzung; soziale Kosten)
balance – 1. Saldo, Kontostand, Guthaben 2. Rechnungsabschluß
balance brought forward – Saldovortrag
balance carried forward – Saldoübertrag
balance of payments – Zahlungsbilanz; Unterteilung in current account = laufende Rechnung/Leistungsbilanz und capital account = Kapitalbilanz
balance of payments in equilibrium – ausgeglichene Zahlungsbilanz
balance of payments in surplus – aktive Zahlungsbilanz
balance of payments theory – Zahlungsbilanztheorie
balance of power – Machtgleichgewicht, -balance
balance of trade – Handelsbilanz
balance of unclassified transactions – ungeklärte Posten der Zahlungsbilanz
balance sheet – Bilanz
balance sheet accounts (permanent accounts) – Bestandskonten
balance with the central bank – Guthaben bei der Notenbank
balanced budget – ein durch regelmäßige (Steuer-)Einnahmen gedeckter Staatshaushalt
balanced budget-hypothesis – Haavelmo-Theorem
balanced budget multiplier theorem – Haavelmo-Theorem
balanced growth – gleichgewichtiges Wachstum (Entwicklungstheorie)

balanced sample – ausgewogene (angepaßte) Stichprobe
balancing item – Ausgleichsposten
balancing of the budget – Haushaltsausgleich
ballot – geheime Abstimmung
Bancor – Benennung der internationalen Reserveeinheit, wie sie nach dem Keynes-Plan bei den Bretton Woods-Verhandlungen vorgeschlagen und nicht akzeptiert wurde
bandwagon effect – Mitläufer-Effekt
bank account – Bankkonto, Bankeinlage
bank charges – Kontokosten (Zins und Gebühren); Transaktionskosten, Bankspesen
Bank Charter Act (1844) – Peelsche Bankakte
bank deposits – Bankguthaben, Kundenguthaben bei einer Bank; Unterteilung in current account/demand deposits (Sichtguthaben) und deposit account/time deposits (Termineinlagen)
Bank for International Settlements (BIS or BIZ) – Bank für Internationalen Zahlungsausgleich (BIZ)
bank loan – Bankkredit
bank note – Banknote
bank overdraft → overdraft facilities
bank rate – Zinssatz, zu dem Zentralbank den Privatbanken Geld zu Verfügung stellt; i. d. R. ist der Rediskontsatz gemeint
bank rate policy – Diskontpolitik
bank reserves – Liquiditätsreserven
bankrupt – insolvent
bank statement – Bankauszug
bankable bill – bankfähiger Wechsel
banker's draft (bankdraft) – Bankscheck
banker's duty of secrecy – Bankgeheimnis
banker's order – Banküberweisung, Überweisungsauftrag
banker's ratio (US) – Finanzierungsgrundsatz bei Kreditwürdigkeitsprüfungen: Das Verhältnis von Umlaufvermögen zu kurzfristigen Verbindlichkeiten sollte zwei zu eins betragen
banker's reference – Bankauskunft
banking – Bankwesen, Bankgeschäft, Geschäftsverkehr mit einer Bank
banking sector – Bankensektor
bankruptcy – Konkurs, Bankrott
bankruptcy notice – befristete Zahlungsaufforderung an einen Urteilsschuldner unter Androhung eines Konkursverfahrens
bankruptcy petition – Konkursantrag
bankruptcy proceedings – Konkursverfahren
bar chart – Säulendiagramm, Histogramm
bargain sale – Sonderverkauf, Verkauf zu ermäßigten Preisen
bargaining – Verhandlung
bargaining path – Verhandlungspfad, Kette von Preisangebot und Gegengebot
bargaining power – Verhandlungsstärke
bargaining theory of wages – Lohntheorie, die den Verhandlungsprozeß der Tarifpartner in den Vordergrund stellt
barrier to exit – Marktaustrittshindernis (z.B. hoher Kapitalverlust bei technisch unteilbaren Anlagen)
barriers to entry – rechtliche, technische und/oder ökonomische Hindernisse, die den Marktzugang für eine Firma mit besonderen Kosten belasten und u. U. völlig versperren
barter – Naturaltausch, Tausch
base activity – regionale Exportproduktion
base analysis – regionale Exportbasisanalyse
base coins – Falschmünzen
base component – Exportbasisanteil an der regionalen Wertschöpfung

base (basic) employment – exportabhängige Beschäftigung einer Region
base period – Basiszeitraum (z.B. Index)
base rate – 1. Leitzins für Kontokorrentkredite und Habenzinsen der Geschäftsbanken 2. Kreditzins für erstklassige Schuldner (syn.: prime rate)
base stock method – Lagerbewertung nach Einkaufspreisen
base theory – Exportbasistheorie
base year – Basisjahr (Index)
basic assumption – Grundannahme
basic data – Eckdaten
basic duty – Grundzollsatz, Ausgangszollsatz
basic food – Grundnahrungsmittel
basic goods sector – Grundstoffe produzierender Sektor
basic income – Basiseinkommen, exportabhängige Einkommen einer Region
basic industry – Basisindustrie, Grundstoffindustrie, Exportbasisindustrie (Raumwirtschaftstheorie)
basic materials industries – Grundstoffindustrien
basic motion time system (BMT) – System vorbestimmter Zeiten
basic objectives – Grundziele, Leistungsziele (in einer Unternehmung)
basic pension – Grundrente
basic rate → base rate
basic research – Grundlagenforschung
basic scheme – Grundversorgungssystem
basic sector – Exportbasissektor
basic variable – Basisvariable (Simplexmethode)
basic wage rate – Ecklohn (i.S. eines Basislohns)
basics – Basisgüter (Sraffa)
basing-point pricing system – Preisabsprache auf oligopolitischen Märkten mit homogenen, transportkostenintensiven Gütern (z.B. Zement), bei der den Kunden standardisierte Transportkostenzuschläge zu dem kartellierten Basispreis berechnet werden; in USA und GB üblich
basis – Unterbau (Marx)
basis balance – Grundbilanz
batch – Gruppe, (Liefer)menge; Menge, die in einem abgrenzbaren Produktionsvorgang benötigt oder hergestellt wird
batch processing – Stapelverarbeitung bei der elektronischen Datenverarbeitung
batch production – Serienproduktion
batch size – Serienumfang
BCD code (binary coded decimal-code) – Binärcode für Dezimalziffern
bear – Spekulant à la baisse; Gegensatz: bull
bear market – Baisse
bear point – Baissemoment, Tiefpunkt
bear operation – Baisse-Spekulation
bearer – Inhaber, Träger, Überbringer
bearer bonds (securities) – Inhaberschuldverschreibungen
beggar my neigbo(u)r policy – Versuch, durch Zollerhöhung, Abwertung etc. Handelsvorteile auf Kosten des Auslands zu erlangen; Leistungsbilanzüberschußpolitik
beginning inventory – Anfangs(lager)- bestand
behavio(u)ral assumption – Voraussetzung, Hypothese bezüglich der Verhaltensweise von Wirtschaftssubjekten, z.B. Nutzen- und Gewinnmaximierungshypothesen
behavio(u)ral coefficient – Verhaltenskoeffizient
behavio(u)ral equation – Verhaltensgleichung
behavio(u)ral model – Verhaltensmodell, Abbildung menschlichen Verhaltens in seinen Abläufen und Strukturen

behavio(u)ral theory of the firm – verhaltensorientierte Unternehmenstheorie: im Gegensatz zur klassischen Gewinnmaximierungshypothese werden verhaltenswissenschaftliche Erkenntnisse zur Beschreibung des Unternehmensverhaltens und der Unternehmensziele benutzt
bell-shaped curve – Glockenkurve
belligerent – kriegführende Partei (Staat) nach Völkerrecht
below-the-line promotion expenditure – Werbeaufwand durch Sachleistungen
belt conveyor – Förderband
benchmark → reference value/figure
beneficiary – Bezugsberechtigte(r), Begünstigte(r), Nutznießer(in)
benefit – Vorteil, Nutzen, Begünstigung
benefit approach – Äquivalenzprinzip
benefit clause – Begünstigungsklausel
benefit cost ratio – Kosten-Nutzen-Verhältnis; Kennziffer für die Vorteilhaftigkeit einer öffentlichen Investition
benefit in kind → non-cash benefit
benefit principle → benefit approach
benefit taxation – Verbrauchsprinzip der Besteuerung (z.B. Mineralölsteuer)
benevolent – wohltätig, gemeinnützig
bequest – Vermächtnis
betterment – Bodenwertsteigerung (durch öffentliche Investitionen)
bias – Verzerrung, systematischer Fehler, Neigung
bid – (An)gebot, Offerte
bid price – Geldkurs, Rückkaufpreis
Big Board (NYSE) – Kurstafel der New Yorker Börse
Big Five (Big 5) – Bezeichnung der fünf größten englischen Geschäftsbanken: Midland, Barclays, Lloyds, Westminster und National Provincial; nach der Verschmelzung von Westminster und National Provincial: Big Four
big industry – Großindustrie
bilateral flow – gegenläufige Güter- und Geldströme
bilateral monopoly – bilaterales Monopol
bilateral trade – bilateraler Handel
bilateralism – Bilateralismus
bill – 1. Gesetzentwurf 2. Banknote 3. Rechnung
bill of exchange – Wechsel, Tratte
bill of lading – Frachtbrief, Konnossament
billion – Billion (GB), Milliarde (US)
bills payable – Wechselverbindlichkeiten
bills receivable – Wechselforderungen
bimetallism – Bimetallismus, Doppelwährung
binomial distribution (Bernoulli distribution) – Binomialverteilung
bipartisan – beide Parteien vertretend, überparteilich
birth control – Geburtenkontrolle
birth rate – Geburtenrate
bit (binary digit) – Bit; EDV: kleinste Einheit zur Darstellung von Binärdaten
biunique mapping – eindeutige Abbildung (Mengenlehre)
black box – Prozeßablauf, dessen Wesen und Form unbekannt ist
black economy – Schattenwirtschaft
black list – Schwarze Liste
black market – Schwarzmarkt
black marketeer – Schwarzhändler
blacking – Boykott
blackleg – Streikbrecher(in)
blank cheque – Blankoscheck
blanket – umfassend, allgemein, pauschal; blanko
blanket agreement – Manteltarifvertrag
bliss point – absolutes Nutzenmaximum eines Konsumenten (nur mög-

lich bei konzentrischen Indifferenzkurven)
block diagram(me) - Ablaufdiagramm
block floating - gemeinsames Floaten
blockade - Blockade
blockbuster - Kassenschlager
blocked account - Sperrkonto
blocked currency - nicht frei konvertierbare und transferierbare Währung
blue book - informelle Bezeichnung für die jährliche volkswirtschaftliche Gesamtrechnung Großbritanniens (National Income and Expenditure Accounts)
blue chip - Bezeichnung für die besten Standardaktien einer Volkswirtschaft, z.B. Großbanken, Daimler-Benz
blue collar worker - Arbeiter(in)
blue-sky law - Gesetz zum Schutz gegen betrügerische Aktien (US)
blueprint - 1. Entwurf(sskizze), Planung, Projektstudie 2. Licht(Blau)pause
BMT → basic motion time system
board - Behörde, Gremium, Ausschuß, Amt
board of directors - Vorstand (eines Unternehmens)
board of management - Vorstand
board of supervisors - Aufsichtsrat
boardroom participation - Mitbestimmung in Führungsgremien
bona fide - gutgläubig, Treu und Glauben
bona fide business purpose - ernst gemeinter Geschäftszweck, -vorschlag
bond - 1. langfristige (Staats-)Anleihe, generell festverzinsliche Papiere 2. Ware unter Zollverschluß
bond indenture - Vertrag zwischen Schuldverschreibungsaussteller und -inhaber, Schuldverschreibungsvertrag
bond loans - Schuldverschreibungen, Obligationen
bonded arbiter - vereidigte(r) Sachverständige(r), vereidigter Schlichter, vereidigte Schlichterin
bonded goods - Waren unter Zollverschluß
bonded official - vereidigter Beamter, vereidigte Beamtin
bonded warehouse - Zollgutlager
bonus - Gratifikation, Bonus, Prämie
bonus issue - Gratisaktie
bonus scheme - Prämienlohn, Bonuslohn
book debt - Buchschuld
book price - Listenpreis, Restverkaufswert
book value - Buch-, Bilanzwert
bookkeeping - Buchhaltung
books of account - Geschäftsbücher
boom - Hochkonjunktur, Aufschwung
border tax - Exportsteuer
borrowed capital - Fremdkapital
borrower - Kreditnehmer(in), Schuldner(in)
borrowing - Kreditnahme
borrowing money from the central bank - Kreditaufnahme bei der Notenbank
borrowing rate - Habenzins
bottleneck - Engpaß, «Flaschenhals»
bottleneck inflation - sektorale Inflation
bottom stop - absolute Untergrenze
bottomry bond - Schiffshypothekenbrief
bounded rationality - beschränkte Rationalität
bounty - Produktionsprämie, Exportprämie, Bonus
bowed-out curve - konvexe Kurve
boycott - Boykott
bracket - Klasse(nintervall)
brainstorming - spontane Ideensammlung als Problemlösungsansatz
branch - Zweigniederlassung, Neben-, Zweigstelle

branch and bound technique - (spezielles) Entscheidungsbaumverfahren
branch banking - Filialbanksystem
brand - Marke, Markenartikel, Warenart
brand image - Markenimage
brand leader - Marktführer, dominierender Markenartikel auf einem Markt
branded good - Markenartikel
brassage - Münzprägekosten, Schlagschatz bei Edelmetallwährung; enthält nicht den Gold- bzw. Silberwert
breach of contract - Vertragsbruch, -verletzung
bread-board model - Testpackung
break-even chart - Umsatz-Kosten-Diagramm, in dem der Schnittpunkt von Umsatz- und Gesamtkostenkurve die Gewinnschwelle markiert, Gewinnschwellendiagramm
break-even level of income - Basiseinkommen(shöhe), Y = C
break-even point - Gewinnschwelle
breakaway union - Spaltergewerkschaft
breakdown - 1. Betriebsstörung, Panne (Maschinen-)Ausfall, Zusammenbruch 2. Aufschlüsselung, Zerlegung
bridging loan - Zwischenkredit, Überbrückungsanleihe
briefing - Anweisung; Einsatzbesprechung
broadcasting - Rundfunk(wesen)
broker - Makler(in): Vermittler(in) zwischen Käufer und Verkäufer auf hochorganisierten Märkten (Börsen)
brokerage - Kommissionsgebühr eines Brokers
bubble company - Scheinfirma, Briefkastenfirma
budget - Haushaltsplan, Gegenüberstellung künftiger Einnahmen und Ausgaben; national budget: Staatshaushaltsplan
budget accounting - Zukunftsrechnung, die auf der Unternehmensplanung basiert, Plan-, Sollkostenrechnung
budget constraint - Bilanzgerade, Budgetlinie (Theorie des Haushalts), Haushaltsgerade
budget cuts - Haushaltskürzungen, Sparmaßnahmen
budget deficit - Haushaltsdefizit
budget equation - Budgetgleichung, Haushaltsgleichung
budget line → budget constraint
budget period - Haushaltsperiode
budget restriction - Budgetrestriktion
budget surface - Haushaltsebene, Bilanzebene (analog zur Bilanzgeraden für drei und mehr Güter)
budget surplus - Budgetüberschuß, Haushaltsüberschuß
budget talks - Budgetverhandlungen
budgetary control - Finanzkontrolle
budgetary policy - Haushaltspolitik
budgeted expenditures - Sollausgaben
budgeted yield - Sollaufkommen
budgeting → budget accounting
buffer stocks - (strategische) Vorratsläger
Bufferstock-Facility (IMF) - Fazilität (des IWF) zur Finanzierung von Rohstoffausgleichslagern
building and loan association → building society
building industry proper - Bauhauptgewerbe
building society - Baugenossenschaft, Bausparkasse (GB): gemeinwirtschaftlich arbeitende Finanzierungsgesell schaften des Wohnungsbaus, die sich durch Spareinlagen refinanzieren
built-in-inflator - Lohn-Preis-Index
built-in obsolescence - geplanter Verschleiß

built-in stabilizers – eingebaute, automatische Stabilisatoren: antizyklisch wirkende, automatische Stabilisierungsmechanismen, z. B. Arbeitslosenversicherung, Steuerprogression

built-in technical progress – investitionsabhängiger (inkorporierter) technischer Fortschritt

bulk article – Massengut

bulk buying – Aufkauf in Bausch und Bogen

bulk buying agreement – Aufkaufabkommen

bulk carrier – Massengutfrachter

bulk purchase – Massenkauf

bulk tariff – (günstiger) Preis bei Massenabnahme

bulky goods – sperrige Güter

bull – Spekulant aæ la hausse; Gegensatz: bear

bull market – Hausse

bullion – Edelmetall in Barrenform, z.B. Barrengold

bumper crop – Rekordernte

buoyancy – 1. inflationsbedingter Anstieg des Steueraufkommens 2. sprunghafte Steigerung (Aktienmarkt)

burden of interest – Zinslast

burden of proof – Beweislast

burden of taxation – Steuerlast

Bureau of Statistics – Statistisches Amt (GB)

bureaucracy – Bürokratie

business administration – Betriebswirtschaftslehre

business agent – 1. Handelsvertreter(in) 2. Gewerkschaftsvertreter(in) (US)

business barometer – Konjunkturbarometer

business community – Geschäftswelt

business consultant – Unternehmensberater(in)

business cycle – Konjunkturzyklus

business cycle indicator – Konjunkturindikator

business expenses – Betriebsausgaben

business finance – Unternehmensfinanzierung; grobe Unterteilung nach Fristigkeit und innerer bzw. äußerer Finanzierung (internal, external)

business game – Unternehmensplanspiel

business hierarchy – Betriebshierarchie

business indicators – Geschäftsbarometer

business policy – Geschäftspolitik (i.S. von Unternehmensphilosophie)

business premises – Geschäftsräume, Geschäftsgrundstück

business risk – Investitionsrisiko

business savings – Summe aus Abschreibungen und nicht ausgeschütteten Gewinnen; praktisch identisch mit → net cash flow

business sector – Unternehmenssektor

business survey – Konjunkturumfrage

business test → business survey

business unionism – sinngemäß: Gewerkschaft als Lohnmaschine; Bezeichnung für eine Gewerkschaftsideologie, die sich «unpolitisch» gibt und für Mitgliedsbeiträge Leistungen verkauft (Lohnerhöhungen, Arbeitszeitverkürzungen)

business unit – Betrieb(seinheit)

business woman – Geschäftsfrau, Unternehmerin

businessman – Geschäftsmann, Unternehmer

butter mountain – «Butterberg»

buy-back – Rückkauf

buyer's market – Käufermarkt, i.d.R. ein Markt mit tendenziellem Überangebot

buying (purchasing) behavio(u)r – Einkaufsverhalten
buying motive – Kaufmotiv
buying power – Kaufkraft
buying rate – Ankaufssatz
by-products – Nebenprodukte und Abfälle (waste products) bei verbundener bzw. Kuppelproduktion
bygones – Vergangenes, endgültig Verlorenes
byte – Byte; Speicherstelle (EDV)

C

calculated assets – Sollbestand der Aktiva
calculated risk – kalkuliertes Risiko
calculation – Kalkulation, Errechnung, Berechnung
calculator – Rechner
callover – Geschäft auf Zuruf (Börse)
Cambridge-k – Kassenhaltungskoeffizient
cancellation – Annullierung, Stornierung
canons of taxation – Grundsätze der Besteuerung
CAP → Common Agricultural Policy
capabilities – Fähigkeiten
capacity – Kapazität
capacity costs – Kapazitätskosten, Fixkosten
capacity effect – Kapazitätseffekt
capacity limit – Kapazitätsgrenze
capacity output – Vollbeschäftigungsproduktion
capacity requirements – Kapazitätserfordernisse
capacity utilization (rate) – (Kapazitäts-) Auslastungsgrad
capacity working – Kapazitätsauslastung
capital – Kapital, Geldmittel, Nettobetriebsvermögen, Grundkapital
capital account – Kapitalbilanz
capital accumulation – Kapitalakkumulation
capital-adjustment period – Kapital (Angebots-)anpassungszeit
capital allowances – steuerrechtlich zulässige Abschreibung, Anlageabschreibung
capital appropriations – bereitgestellte Investitionsmittel
capital assets – Anlagevermögen
capital-augmenting progress – kapitalvermehrend technischer Fortschritt, Solow-neutraler technischer Fortschritt
capital budget – Investitionshaushalt, -budget
capital budgeting – Investitionsplanung, Investitionspolitik (Firma)
capital charges – Kapitalkosten
capital coefficient – Kapitalkoeffizient
capital consumption – 1. Kapitalverzehr i. S. der Umwandlung von Kapital in produzierte Güter 2. Entsparen, d. h. Abbau von Kapital zugunsten von Konsum
capital deepening – Steigerung der Kapitalintensität, Verbesserungsinvestition zur Erhöhung der durchschnittlichen Lebensdauer der Anlagen ohne einen Kapazitätseffekt
capital depreciation – Kapitalverschleiß
capital employed – 1. gesamtes im Unternehmen eingesetztes Kapital 2. Summe aus Anlage- und Umlaufvermögen, vermindert um die kurzfristigen Verbindlichkeiten 3. → net assets
capital expenditure – Kapitalanlagen bzw. Investitionen des Unternehmens (ohne weitere Spezifizierung); Ausrüstungsinvestitionen
capital expenditure account – Investitionsrechnung

capital expenditure activity – Investitionstätigkeit
capital expenditure program(me) – Investitionsprogramm
capital export – Kapitalexport
capital flow – Kapitalwanderung; Kapitalfluß
capital formation – Kapitalbildung, Vermögensänderung, Nettoanlageinvestition; net~ ohne Abschreibung
capital gains – Kapitalgewinn, realisierte Wertsteigerung eines Aktivums
capital gains tax – Steuer, die auf Veräußerungsgewinne bestimmter Vermögenswerte erhoben wird
capital gearing – Anteil des festverzinslichen Kapitals am Gesamtkapital eines Unternehmens
capital good – Kapitalgut, Anlagegut
capital goods industry – Investitionsgüterindustrie
capital import – Kapitalimport
capital intensity – Kapitalintensität
capital-intensive – kapitalintensiv
capital-intensive technology – kapitalintensive Technologie
capital investment – Investitionskapital, langfristige Kapitalanlage; Anlagevermögen
capital issue committee – Kapitalmarktlenkungsausschuß
capital leverage → capital gearing
capital levy – Vermögensabgabe, Vermögenssubstanzsteuer
capital loss – Kapitalverlust, monetäre Wertminderung eines Aktivums
capital malleability – Kapitalbeweglichkeit i.S. universeller Verwendbarkeit von Produktionsmitteln
capital market – Kapitalmarkt
capital movement – (internationaler) Kapitaltransfer
capital outlay – Kapitalausgaben
capital-output ratio – Kapitalkoeffizient
capital recapture rate – Kapitalrückfluß
capital recovery rate → capital recapture rate
capital reserves – gesetzliche Rücklagen
capital saturation – Kapitalsättigungspunkt (Grenzproduktivität des Kapitals = Null)
capital stock – 1. Stammkapital, gesetzliche Rücklage 2. Kapitalstock
capital stocks – Aktienkapital
capital structure – Kapitalstruktur (des Unternehmens)
capital surplus – Kapitalüberschuß, Rücklagen
capital malleability – Kapitalbeweglichkeit i.S. universeller Verwendbarkeit von Produktionsmitteln
capital market – Kapitalmarkt
capital movement – (internationaler) Kapitaltransfer
capital outlay – Kapitalausgaben
capital-output ratio – Kapitalkoeffizient
capital recapture rate – Kapitalrückfluß
capital recovery rate → capital recapture rate
capital reserves – gesetzliche Rücklagen
capital saturation – Kapitalsättigungspunkt (Grenzproduktivität des Kapitals = Null)
capital stock – 1. Stammkapital, gesetzliche Rücklage 2. Kapitalstock
capital stocks – Aktienkapital
capital structure – Kapitalstruktur (des Unternehmens)
capital surplus – Kapitalüberschuß, Rücklagen
capital transaction – Kapitaltransaktion
capital transfer tax – Vermögensübertragungssteuer
capital turnover – Kapitalumschlag
capital user costs – Kapitalnutzungskosten

capital widening – 1. Erweiterungsinvestition, die zu einer Erhöhung der Produktionskapazität führt. 2. Kapitalstockwachstum bei konstanter Kapitalintensität
capital yields tax – Kapitalertragssteuer
capital's share – volkswirtschaftliche Gewinnquote
capitalism – Kapitalismus
capitalist – Kapitalist(in)
capitalist economy – kapitalistisches Wirtschaftssystem
capitalization – 1. Kapitalausstattung eines Unternehmens 2. Nominalkapitalerhöhung durch Auflösung von Rücklagen, stillen Reserven (Gratisaktien) 3. Kapitalisation: Umrechnung einer laufenden Geldleistung auf den Kapitalwert
capitalization issue – Gratisaktie
capitalized value – Ertragswert eines Aktivums, Ertragsaktie
captive market – monopolistischer Markt
card rationing – Rationierung mittels Karten
cardinal utility – kardinaler Nutzen
career – Karriere, Laufbahn
career patterns – typische Berufsverläufe
cargo – Fracht, Ladung
cargo cult – Cargo-Kult (Hirschman) «irrationaler» Glaube in schwach entwickelten Regionen, daß die Entwicklung der Infrastruktur automatisch privatwirtschaftliche Investitionen zur Folge hat
carriage – Transport, Beförderung, Wagen
carrier – Spediteur
carry-back – (Verlust)rücktrag (s.a. loss carry-over)
carry-over – 1. Übertrag 2. Angebot aus der Vorjahresernte
cartel – Kartell; syn.: trust, ring, pool
cartesian product – Mengenprodukt, kartesisches Produkt
cascade tax – (kumulative) Umsatzsteuer, auch: turnover tax
case method – Fallmethode (Ausbildung), Ausbildungsmethode mit Hilfe von Fallstudien
case of hardship – Härtefall
case study – Fallstudie
cash – Bargeld, gesetzliches Zahlungsmittel bei der Schuldtilgung, flüssige Mittel, Kasse
cash and carry – Barverkauf (zum Mitnehmen)
cash-and carry warehouse – (Verbraucher-)Abholmarkt
cash balances theory – Kassenhaltungstheorie
cash base – (Bar-)Geldbasis
cash before delivery – Kasse vor Lieferung (Handelsklausel). Vorauskasse, Vorauszahlung
cash bonus – Sonderausschüttung in bar
cash-buy-bonds – Barrückkauf (von Problemkrediten)
cash discount – Skonto
cash dispenser (CD) → automatic teller
cash desk – Kasse(nschalter)
cash discount – Barrabatt
cash dividends paid – ausgeschüttete Dividende
cash drops – Agrarprodukte für Exporte (speziell zur Devisenbeschaffung der Entwicklungsländer)
cash flow – Summe aus Gewinn (vor Steuern) und Abschreibungen, Geldstrom der Bruttoerträge
cash on delivery – Kasse bei Lieferung, Lieferung per Nachnahme
cash price – Barzahlungspreis
cash ratio – Bargelddeckungsrate (Bank)
cash reserves – Barreserven
cash transaction – Barverkauf, Kassageschäft

cash with order (cash w/o) – Barzahlung bei Auftragseingang
cashier – Kassierer(in)
cashier's cheque (-check) – voll gedeckter Bankscheck
casual work → odd jobs
catallactics – Katallaktik
catalogue – Katalog, Verzeichnis
caucus – Vorversammlung
causality – Kausalität
cause and effect – Ursache und Wirkung
caveat emptor – Mängelprüfungspflicht des Käufers
CBD → cash before delivery
ceiling – Plafonds, Obergrenze, Höchstgrenze
ceiling control – Plafondierung
ceiling of the economy – volkswirtschaftliche Kapazitätsgrenze
ceiling price – Höchstpreis
cell – 1. Matrixelement 2. Besetzungshäufigkeit
cell production – Arbeitsgruppen-Produktion
census – Befragung, Zählung, Zensus
Census Bureau – Statistisches Amt (US)
census of distribution – Handelszensus
census of population – Volkszählung
census of production – Industriezensus
central bank – Zentralbank
central bank money stock – Zentralbankgeldmenge
central bank notes – Zentralbanknoten
central bank policy – Zentralbankpolitik
central government – Zentralregierung
central-place hierarchy – Hierarchie zentraler Orte
central-place theory – Theorie zentraler Orte (Christaller)
central planning – zentrale Planung, staatliche Wirtschaftsplanung
central processing unit (CPU) – zentrale Recheneinheit (EDV)
central rate – Leitkurs
centralism – Zentralismus
centralization – Zentralisierung
centralized collective bargaining – zentrale Tarifverhandlungen durch die Dachverbände der Sozialpartner
centralized purchasing – zentraler Einkauf
CEO → chief executive officer
certificate – Zeugnis, Bescheinigung
Certificate of Deposits (CD) – Einlageschein für Termingelder (in USA üblich); Sparbriefe (von Volksbanken und Sparkassen)
certificate of origin – Ursprungszeugnis (Zoll)
certified check – (Bank)bestätigter Scheck (US) (in der BRD: nur durch die Landeszentralbanken ausgestellt)
certified public accountant – Rechnungs- und Wirtschaftsprüfer(in) (US)
CGA (colo(u)r) graphics adapter) – Grafikkarte, maximal 4 Farben und 320mal 200 Pixel
chain of command – Befehlskette
chain store – Filiale einer Ladenkette
chaining – Einlage-Kreditkette (die zum Eurodollarmarkt führte), Kreditkettenbildung
chair – Vorsitz
chairman – Vorsitzender
chairperson – Vorsitzende(r)
chairwoman – Vorsitzende
challenge – Herausforderung, Wagnis
chamber of commerce – Handelskammer
chance variable – Zufallsvariable, stochastische Größe
Chancellor of the Exchequer – Schatzkanzler(in) (GB)
changes in volume – Mengenänderung

channel of distribution – Absatzweg, Vertriebssystem
chapel – Kleingewerkschaft (GB)
chapter – 1. Abschnitt 2. Ortsverband, Bezirk
charge – 1. Berechnung 2. Gegenposten in der Buchhaltung, Lastschrift
charitable trust – wohltätige Stiftung
charity – Wohltätigkeit, Karitas
charity market – Wohltätigkeitstransfer einer Volkswirtschaft
chart – Tabelle, Diagramm
chartered accountant (GB) – Rechnungs- und Wirtschaftsprüfer
cheap money – billige Geldsätze
cheap money policy – Niedrigszinspolitik
check-off – Abrechnung der Gewerkschaftsbeiträge durch den Arbeitgeber
checking account – Girokonto, Scheckkonto
checking deposits (US) – Scheckeinlagen
checkpoint – Fixpunkt in einem EDV-Programm
chief executive officer – Hauptgeschäftsführer(in); Vorstandsmitglied
child allowance – Kinderfreibetrag
child labo(u)r – Kinderarbeit
child labo(u)r law – Kinderarbeitsgesetz
choice of technique – Technikwahl
choice-theory – Entscheidungs-, Wahlhandlungstheorie
church rate → church tax
church tax – Kirchensteuer
cif (cost insurance freight) – Kosten, Versicherung, Fracht: Warenwert incl. Versicherung u. Fracht, Klausel im internationalen Handel für die Übernahme der Kosten für Transport und Versicherung der Ware bis zum Bestimmungshafen
CIO (Congress of Industrial Organizations) – Industriegewerkschaft (USA)
circular – ringartig; Rundschreiben
circular chart – Kreisdiagramm
circular flow – Kreislauf
circular flow of goods – Güterkreislauf
circular flow of income – Einkommenskreislauf
circular flow of money – Geldkreislauf
circular flow of the economy – Wirtschaftskreislauf
circulating (fluid) capital – 1. Umlaufkapital 2. zirkulierendes Kapital (Marx)
circulation period of capital – Zirkulationsperiode des Kapitals
citizens' action group – Bürgerinitiative
city size – Stadtgröße
civil law – Zivilrecht, bürgerliches Recht
civil liberties – bürgerliche Freiheiten
civil servant – öffentlicher Bediensteter
claim – Anspruch, Forderung, Anrecht
claim for compensation(s) → compensation(s) claim
claim for damages – Schaden(s)ersatzanspruch
clandestine work/employment – Schwarzarbeit
class consciousness – Klassenbewußtsein
class of expenditure – Ausgabengruppe, -kategorie
class structure – Klassenschichtung
class struggle – Klassenkampf
classes of contribution – Beitragsklassen
classes of income – Einkunftsarten
classical – klassisch

classical organization theory – klassische Organisationstheorie (Fayol etc.)
classical range – klassischer Bereich (der LM-Kurve im Hicks-Diagramm)
Classical School (of Economics) – klassische Nationalökonomie
classified advertisements – Kleinanzeigen
clawback – Besteuerung von Wohlfahrtstransfers
clean floating – sauberes Floaten
clearance – Verzollung, Zollabfertigung
clearance sale – Räumungsverkauf
clearing – 1. Verrechnung, gegenseitige Forderungsaufrechnung 2. Markträumung; markträumend
clearing bank – private Depositenbank
clearing house – Girozentrale, Clearinghaus
clerical staff – Büro-/Schreibpersonal
clerical work – Büroarbeit, Schreibarbeit
clericalism – Klerikalismus
client – Kunde, Kundin, Klient(in)
cliometrics – Kliometrie (ökonomische Wirtschaftsgeschichte)
cloakroom theory of banking – (falsche) Ansicht, daß Banken nur soviel Kredit geben können wie ihnen an Bargeld zufließt
clock card – Stechkarte
close(d) company – Gesellschaft, die von wenigen Anteilseignern beherrscht wird (Begriff aus dem englischen Unternehmenssteuerrecht)
close-down – Stillegung
close working relations – gute (enge) Arbeitsbeziehungen
closed economy – geschlossene Volkswirtschaft (ohne Außenhandel)
closed loop – geschlossener Regelkreis
closed shop – gewerkschaftspflichtiger Betrieb
closing entries – Abschlußbuchungen
closing inventory – Schlußinventur
closing prices – Schlußkurse (Börse)
closing the sale – Geschäftsabschluß
closure – Stillegung
cluster analysis – Clusteranalyse, Klumpenauswahlverfahren
cluster sampling – Klumpenstichprobe
clustering analysis – Sammelanalyse, Gruppenanalyse, bündelnde Analyse
co-determination – Mitbestimmung
co-operative – Genossenschaft
co-operative association → co-operative
co-operative association for production – Produktionsgenossenschaft
co-operative movement – Genossenschaftsbewegung
co-operative society → co-operative
co-ordination – Koordinierung
co-ownership – Miteigentum
co-partnership – Belegschaftsbeteiligung (am Unternehmen)
co-worker – Mitarbeiter(in)
coal ecquivalent – Steinkohlenäquivalent, Steinkohleneinheit
coalition – Koalition
COBOL (Common Business Oriented Language) – problemorientierte Programmiersprache
cobweb chart – Spinnweb-Diagramm
cobweb theorem – Spinnweb-Theorem
COD → cash on delivery
code – Chiffre, Code, Vorwahlnummer
code of practice – Verhaltensgrundsätze, Richtlinien
codetermination act – Mitbestimmungsgesetz
coefficient of determination – Determinationskoeffizient (r^2)
coexistence – Koexistenz
coherence – Vereinbarkeit, Zusammenhang, Übereinstimmung

coherent – zusammenhängend, übereinstimmend
coin – Münze
coinage – Prägung
coincidence of wants – Bedürfniskoinzidenz, Naturaltausch
coincident indicator – Präsenzindikator (Konjunktur)
collateral – Sicherheit, Deckung, Pfand
collateral loan – Lombardkredit
collateral security – Pfand
collateral trust bonds – durch Effektenlombard gesicherte Schuldverschreibungen
collection – Sammlung, Erhebung, Inkasso
collection-only cheque (-check) – Verrechnungsscheck
collective agreement on working conditions – Mantelvertrag
collective bargaining – Tarifverhandlungen, Kollektivverhandlungen
collective bargaining agreement – Tarifabkommen
collective bargaining agreement in law – Kollektiv bzw. Tarifverträge, die für allgemeinverbindlich erklärt wurden bzw. gelten
collective needs – Gemeinschaftsbedürfnisse
collective ownership – Gemeineigentum
collective property – Gemeinschaftseigentum
collective wage agreement – Lohntarifvertrag
collectivism – Kollektivismus
collinearity – Kollinearität
colo(u)r graphics adapter → CGA
column – Spalte (Matrix)
column vector – Spaltenvektor
collusion – (offene) kartellierte Zusammenarbeit von Oligopolisten
collusive tendering – Ausschreibungsabsprache (z.B. bei öffentlichen Bauvorhaben)
combine – Kombinat, Konzern
Combine Committee – Zusammenschluß von shop stewards auf Unternehmens- bzw. Konzernebene (beschäftigt sich mit alternativen Produktionen, sozialnützlichen Gütern, Beschäftigungssicherung) (GB)
command economy – Kommandowirtschaft
command planning system – Befehlswirtschaft, Zentralverwaltungswirtschaft
commerce – Handel
commercial – Werbespot
commercial acceptance credit – Warenrembourskredit
commercial advertising – (kommerzielle) Werbung, Reklame
commercial arbitration – Schiedsgericht(swesen)
commercial bank – Geschäftsbank
commercial (merchant) capital – Handelskapital
commercial credit – Handelskredit
commercial crisis – Handelskrise
commercial paper – Geldpapier (z.B. Scheck, Wechsel)
commercial power of attorney – Bevollmächtigung, Vertretungsmacht
commission – 1. Provision 2. → committee
commitment – Verpflichtung
committee – leitender Ausschuß, Komitee
commodity – Gut (good), Ware
commodity aid program(me) – Warenhilfeprogramm (z.B. ERP)
commodity exchange – Warenbörse
commodity fetichism – Warenfetischismus
commodity money – Warengeld
commodity pattern – Exportgüterstruktur

commodity production – Warenproduktion
commodity reserve currency – Warenreservewährung
Common Agricultural Market – Gemeinsamer Agrarmarkt
Common Agricultural Policy (CAP) – Agrarpolitik der Europäischen Gemeinschaft
common denominator – gemeinsamer Nenner
common good – Gemeinwohl
common land – Allmende, Gemeindeland
Common Market – Gemeinsamer Markt (Europäische Gemeinschaft)
common ownership – Gemeinschaftseigentum
common pricing – Preisabsprache, gemeinsames Preisangebot (Preiskonsortium)
common share – Stammaktie, allg. Form der Aktie ohne Sonderrechte
communication network(s) – Kommunikationsnetz, -beziehungen
communications mix – Palette von Werbemitteln
communism – Kommunismus
community indifference curves – gesellschaftliche (soziale) Indifferenzkurven, Skitovsky
commutative justice – Gerechtigkeit, kommutative (T. v. Aquin)
company – Gesellschaft, Firma
company agreement – Betriebsvereinbarung
company union – «gelbe» Gewerkschaft, Arbeitgeber-Gewerkschaft
comparative advantage – komparativer Vorteil
comparative advertising – vergleichende Werbung
comparative cost – komparative Kosten
comparative cost advantages – komparative Kostenvorteile
comparative static equilibrium analysis – komparativ-statische Gleichgewichts-Analyse
comparative statics – komparative Statik
comparator – Meßfühler (Regelkreis)
comparison test – Warenvergleichstest
compatibility – Kompatibilität
compensating error – ausgleichsfähiger Fehler
compensating item – Ausgleichsposten in der Zahlungsbilanz
compensation – Schadenersatz, Ausgleichszahlung; Abfindung; Vergütung
compensation(s) claim – Ersatz-, Regreßanspruch
compensatory dumping – Preisdifferenzierung multinationaler Firmen zwischen nationalen Märkten
compensatory duty → countervailing duty
compensatory finance – antizyklische Finanzpolitik
Compensatory Financing Facility (IMF) – Fazilität (des IWF) für kompensierende Finanzierung von Exporterlösausfällen
compensatory policy – antizyklische Politik
competition – Wettbewerb
competition from abroad – Konkurrenz des Auslands
competitive advantage – Wettbewerbsvorteil
competitive claims – Konkurrenzangebote
competitive demand – Zusatznachfrage (infolge zusätzlicher Käufer)
competitive devaluation – Abwertung zur Verbesserung der Exportfähigkeit
competitive (exchange) economy – Wettbewerbswirtschaft
competitive market – Wettbewerbsmarkt

competitive price – Wettbewerbspreis
competitive struggle – Konkurrenzkampf
competitor – Konkurrent(in)
compiled – 1. gesammelt, zusammengestellt 2. übersetzt (EDV)
compiler – Programm, mit Hilfe dessen die Programmiersprachen in die Maschinensprache des jeweiligen Computerfabrikats übersetzt werden (EDV)
complaint – Beanstandung, Beschwerde, Reklamation, Mängelrüge
complement – Komplement (einer Teilmenge), Komplementärgut
complementarity – Komplementarität
complementary demand – komplementäre Güternachfrage
complementary good – Komplementärgut
complexity – Komplexität
composite demand – zusammengesetzte Nachfrage (z.B. nach Kohle für Chemie und für Elektrizität)
composite flow – Summe aus privater und öffentlicher Entwicklungshilfe
compositional fallacy – Aggregationsfehlschluß von der Mikro- auf die Makro-Ebene
compound interest – Zinseszins
compound multiplier – Multiplikator unter Einschluß induzierter Investitionen, Gesamtausgabenmultiplikator
comprehensive insurance – kombinierte Haftpflicht- und Kaskoversicherung
comptroller – Rechnungs-, Kostenprüfer(in); Bilanzprüfer(in) (US); Revisor(in)
Comptroller General – Präsident(in) des Bundesrechnungshofs (US), Präsident(in) des Patentamtes (GB)
compulsion of labo(u)r – Zwangsbewirtschaftung der Arbeitskraft
compulsory – Zwangs~, Pflicht
compulsory arbitration by the government – staatliche Zwangsschlichtung
compulsory education – Schulpflicht
compulsory insurance – Pflichtversicherung
compulsory saving – Zwangssparen
computation – Rechnung, Berechnung
computation of taxable income – Ermittlung des steuerlichen Einkommens
computer – Elektronenrechner
computer-aided systems design – computerunterstützte Systeme
computer language – Computersprache
computer teller → automatic teller
computing – 1. Rechnen (auch mit einer elektronischen Datenverarbeitungsanlage) 2. Abschätzen 3. way of ~: Berechnungsmethode
concentration – Konzentration
conceptual framework – konzeptueller Rahmen
concerted action – konzertierte (abgestimmte) Aktion
concessionary element – Transferanteil (einer Entwicklungshilfeleistung z.B. Kredite mit Niedrigstzinsen)
conciliation – Schlichtung
concrete and abstract value – konkrete und abstrakte Arbeit (Marx)
conditional sale agreement – Kaufvertrag unter Eigentumsvorbehalt
conditioned – bedingt
conditions of repayment – Rückzahlungsbedingungen
conditions of sale – Verkaufsbedingungen
condominum – 1. gemeinsame Hoheit mehrerer Staaten über ein Gebiet 2. Gemeinschafts-, Miteigentum 3. Eigentumswohnung

confederation – Staatenbund, Konföderation; Verband
Confederation of British Industries – Bundesverband der britischen Industrie
confidence interval – Vertrauensbereich, -intervall, Konfidenzintervall
confidence limit – Vertrauensintervallgrenze
confirmation – 1. Bestätigung 2. Kenntnisnahme
confiscation – Beschlagnahme, Verfallserklärung, Einziehung, Konfiszierung
confiscatory tax – konfiskatorische Steuer
conflict of objectives – Zielkonflikt
congealed labo(u)r – vergegenständlichte Arbeit
congested area – Agglomerationsgebiet, Ballungsgebiet
conglomerate – diversifizierter (zusammengewürfelter) Konzern, Mischkonzern
conscious parallelism – abgestimmtes Verhalten von Konkurrenten
conserver society – umweltschonende Gesellschaft(sordnung) (energie- und rohstoffsparend)
consignee – Empfänger von Waren
consigner – (Ab-)Sender, Verfrachter
consignment – Übersendung
consignment note – Warenbegleitschein
consol – fundierte Staatsanleihe (GB)
consolidated accounts – konsolidierte Konten
consolidated balance sheet – Konzernbilanz, konsolidierte Bilanz
consolidated earnings statements (US) – Nachweis über den Reingewinn
consolidated policy – konsolidierte Bilanzmethode, Bilanzkonsolidierung
consolidation – 1. Konsolidierung, (Be)festigung 2. Fusion
conspicuous consumption – Demonstrationskonsum, demonstrativer (Prestige-) Konsum (Veblen)
constant capital – konstantes Kapital
constant returns to scale – konstante Skalenerträge
constant sum game – Fixsummenspiel
constitution – Satzung, Verfassung
constitutional contract – Verfassungsvertrag
constrained maxima – Maxima bei (einschränkenden) Nebenbedingungen
constraint – Restriktion, Beschränkung
construction industry – Baugewerbe
construction mortgage – Bauhypothek
consultant – Gutachter(in), Berater(in)
consulting engineering – Industrieberatung
consumer – Verbraucher(in), Konsument(in)
consumer advertising – Verbraucherwerbung
consumer behavio(u)r – Konsumentenverhalten
consumer's choice – Konsum(enten)-wahl
consumer credit – Konsumentenkredit (einschließlich des «Anschreibens» beim Kaufmann)
consumer durables – langlebige Gebrauchsgüter
consumer expenditure – gesamtwirtschaftliche Konsumausgaben
consumer good – Konsumgut
consumer market – Verbrauchermarkt
consumer nondurables – Verbrauchsgüter
consumer panel – 1. Gruppe von Musterhaushalten (zur Ermittlung von Standardwarenkörben) 2. repräsenta-

tive Testgruppe von Konsumenten (Marktforschung)
consumer(s') preference – Konsumentenpräferenz
consumer price index – Verbraucherpreisindex, Lebenshaltungskostenindex
consumer protection – Verbraucherschutz
consumer research – Konsumgütermarktforschung, Verbraucherforschung
consumer(s') sovereignty – Konsumentensouveränität; Konsumfreiheit
consumer surplus – Konsumentenrente (A. Marshall)
consumption – 1. Gesamtwirtschaftlicher Verbrauch (privat und öffentlich) 2. Konsum i.S. des Konsumierens
consumption expenditure – Konsumausgaben
consumption function – Konsumfunktion
consumption line – Verbrauchskurve, Konsumlinie
consumption term – Bezeichnung der Konsumvariablen
contact – Verbindung, Kontakt
container – Container, Behälter
contamination (of rivers) – Verseuchung (der Flüsse)
contango – Reportprämie, Kursaufschlag (GB)
content analysis – systematische Methode zur Bestimmung des Inhalts von Anzeigen in der Werbeforschung
contestable market – anfechtbarer Markt (Wettbewerbstheorie)
contingency – Zufallabhängigkeit, Eventualausgaben; Kontingenz
contingency planning – Ausweichplanung
contingency reserve – Sicherheitsrücklage, Delkredererückstellung
contingency table – Kontingenztafel, Frequenzverteilungssystem
contingent commodities – Güter, situationsabhängige, kontingente (z.B. Regenschirm bei gutem und schlechtem Wetter)
contingent market – Risikomarkt
contour line – Isokurve, Sammelbezeichnung für alle Indifferenzlinien
contraband – Konterbande, Schmuggelgut, Bannware
contract – Vertrag, Arbeitsvertrag
contract curve – Kontraktkurve, Tauschlinie (Wohlfahrtstheorie)
contract for services – Werkvertrag
contract of apprenticeship – Lehrvertrag
contract of employment – Arbeitsvertrag
contract work – Akkordarbeit
contracting – 1. Akkordwesen 2. Vertragswesen
contracting department – Einkaufsabteilung (für Dienstleistungen und Akkordarbeiten)
contraction of liquidity – Schrumpfen der Liquidität
contractor – Lieferant(in)
contractual income – kontraktbestimmtes Einkommen
contractual situation – Bedingungen, unter denen ein Gesellschaftsvertrag geschlossen wird
contradiction – Widerspruch
contributed capital – eingebrachtes Kapital
contribution – Beitrag, Zuschuß
contribution analysis – Vollkostenrechnungsanalyse
contribution margin – Deckungsbeitrag, Erfolgsbeitrag
contribution pricing – Preisbildung auf Basis von Deckungsbeiträgen
contributions deduction scheme – Abrechnung der Gewerkschaftsbeiträge durch den Arbeitgeber
control – Steuerung

control engineering – Maßnahmen zur laufenden Fertigungskontrolle
control system – Steuerungssystem
control unit – Steuereinheit
controllable decision variable – Instrumentvariable in Entscheidungsmodellen
controlled economy – gelenkte Wirtschaft
controlled sample – statistisch gelenktes Stichprobenverfahren
controller – 1. Stellglied (Regelkreis) 2. Leiter des gesamten internen und externen Rechnungs-, Daten und Finanzwesens in Unternehmen nach amerikanischem Muster. Seine Aufgabe ist die Informationsvermittlung und -aufbereitung für Entscheidungssituationen des Managements 3. → comptroller
conurbation – Ballungsgebiet
convenience food – Fertiggericht(e)
convenience goods – Bedarfsdekkungs-, Verbrauchsgüter
conventional fine – Konventionalstrafe
conventional necessities – Güter des gehobenen Bedarfs
convergence – Konvergenz
conversion – Umwandlung, Umstellung, Schuldablösung, Umtausch von Wertpapieren (Sorten) in andere
convertibility – Konvertibilität, Einlösbarkeit
convertible bond – Wandelschuldverschreibung
convertible debenture – Wandelanleihe
conveyancing – Eigentumsübertragung
cooling-off period – Abkühlungsfrist
cooperative credit bank – genossenschaftliche Kreditbank
cooperatively planned action → concerted action
copyhold – Lehnsgut
corner – temporäres (Anbieter-) Monopol, das durch Aufkauf und/oder Hortung bestimmter Güter zustande kommt (Rohstoffmärkte)
corporate governance (US) – Verwaltungs- oder Herrschaftsstruktur eines Unternehmens
corporate income tax – Körperschaftssteuer (US)
corporate internship – Praktikum
corporate planning – langfristige Unternehmensplanung
corporate rate – Sondertarif für Großbetriebe (von Zulieferbetrieben) (US)
corporate state – Ständestaat
corporate strategy – Unternehmensstrategie
corporation – Körperschaft; (US): Aktiengesellschaft
corporate tax (GB) – Körperschaftssteuer
corporation tax → corporate tax
corporatism – Korporatismus
correlation – Korrelation, mathematischer Zusammenhang zwischen zwei oder mehreren statistischen Reihen
correlation surface – Korrelationsebene
corvée – Fron(arbeit)
cosine – Cosinus
cost(s) – 1. Kosten (sowohl Opportunitätskosten als auch bewerteter Güterverzehr) 2. Kostenbetrag, Ausgaben, Auslagen, Aufwendungen
cost accountant – Betriebsbuchhalter(in)
cost accounting – Kostenrechnung
cost allocation – Kostenumlage, Kostenaufschlüsselung, Kostenzuteilung
cost analysis – Kostenanalyse
cost-benefit-analysis – Kosten-Nutzen-Analyse
cost breakdown – Kostenaufstellung
cost centre (~ center) – Kostenstelle

cost centre (~ center) accounting – Kostenstellenrechnung
cost control → cost accounting
cost curve – Kostenkurve
cost element – Kostenbestandteil
cost of capital – 1. durchschnittliche Kapitalkosten effektiver Zinsbelastung unter Berücksichtigung der verschiedenen Finanzierungsquellen eines Unternehmens 2. Kosten für zusätzliches Kapital
cost of collection – (Steuer-)Erhebungskosten
cost of funds – Finanzierungskosten
cost of living – Lebenshaltungskosten
cost-of-living index → consumer price index
cost-of-production theory of value – Produktionskostentheorie des Wertes
cost of purchase – Anschaffungskosten
cost of sales – Vertriebskosten
cost-of-service principle – Äquivalenzprinzip
cost-plus pricing – Zuschlagskalkulation
cost-plus system – Preisvereinbarungen bei öffentlichen Aufträgen, wobei der Preis als Summe aus Kosten und einem (vereinbarten) Gewinnzuschlag ermittelt wird
cost price – 1. Selbstkostenpreis, Einstandspreis 2. Kostpreis (Marx)
cost-push inflation – Kosteninflation
cost ratio – Produktivität(skennziffer), Ertrags-Kosten-Verhältnis
cost unit – Kostenträger
cost-unit accounting – Kostenträgerrechnung
cost value – Kostenwert
cost variance – Kostenabweichung
cost-volume-profit analysis – Umsatz- und Gewinnplanung mit proportionalen und fixen Kosten
costing – Kalkulation, Berechnung, Errechnung
cottage industry – Heimindustrie, kleine Hausindustrie
Council of the Stock Exchange – Börsenvorstand (London)
counter – Theke, Schalter, Ladentisch
counter-cyclical policy – antizyklische Politik
counter-offer – Gegenangebot
counter trading – zwischenstaatlicher Tauschhandel
counterfactual analysis – Alternativmodelle (in der wirtschaftsgeschichtlichen Forschung)
counterfeit money – Falschgeld
counterpart funds – Gegenwertmittel
countertrade – Kompensationsgeschäft(e), Gegengeschäft(e)
countervailing duty – Vergeltungszoll, Ausgleichszoll (i.S. einer Einfuhrausgleichssteuer), Ausgleichsabgabe, Retorsionszoll
countervailing power – gegengewichtige Macht, Gegenmarktmacht, Abwehrkartell (US)
coupon – Kupon, Gutschein, Rabattmarke, Zinsschein
coupon tax – Kuponsteuer
course of manufacture – Produktionsprozeß
covenant – Vertrag, Abmachung, Vereinbarung; Satzung, Statut
cover – Quotient aus Gesamtgewinn und ausgeschüttetem Gewinn
coverage – Deckung, Versicherungsschutz
covered warrants – gedeckte Optionsscheine
CPA → certified public accountant
CPU → central processing unit
craft (handicraft) – Handwerk
craft certificate – Facharbeiterbrief
craft union – Fachgewerkschaft
crash (of a bank, of a stock market) – (Bank-, Börsen)krach
crawling floating – Stufenflexibilität (der Wechselkurse)

crawling peg – mittelfristig garantierte, geplante stufenweise Wechselkursänderung
creation of money – Geldschöpfung
creative destruction – schöpferische Zerstörung (Schumpeter)
credit – 1. Guthaben, Kredit, Gutschrift, Akkreditiv 2. Haben(seite) der Bilanz bzw. eines Kontos
credit account – Kreditkonto
credit approval – Kreditzusage im Export
credit base – Geldbasis, monetäre Basis
credit ceiling – Kreditplafondierung, -kontingentierung, -obergrenze
credit charges – Kreditkosten
credit contract – Kreditvertrag
credit control – Kreditkontrolle; Kreditpolitik der Zentralbank
credit creation – Kreditschöpfung
credit entry – Gutschrift
credit expansion – Kreditexpansion
credit facility – Kreditfazilität
credit insurance – Kreditversicherung
credit limit – Kreditlimit
credit line – Kreditspielraum, Kreditrahmen
credit money – Kreditgeld, Giralgeld, Buchgeld
credit multiplier – Kreditschöpfungsmultiplikator, Giralgeldschöpfungsmultiplikator
credit note – Gutschrift(-smitteilung)
credit restriction – Kreditrestriktion, Kreditdrosselung
credit squeeze → credit restriction
credit standing – geschäftlicher Ruf
credit transfer – bargeldlose Überweisung
credit worthiness – Kreditwürdigkeit
creditability → credit worthiness
creditor – Gläubiger
creditor country – Gläubigerland
creditor nation – Land mit einem Zahlungsbilanzüberschuß (Gläubigerland)
creeping inflation – schleichende Inflation
crisis – Krise
crisis management – Krisenmanagement, Unternehmensführung unter Krisenbedingungen
crisis of confidence – Vertrauenskrise
cross-elasticity – Kreuzelastizität
cross-elasticity of demand – Kreuzpreiselastizität der Nachfrage
cross-investment – Kapitalbewegungen zwischen Industrieländern
cross product set – Mengenprodukt
cross rate – Kursverhältnis zweier Währungen im Verhältnis zu einer dritten Währung, Kreuzkurs, Usancenkurs
cross-reference – Querverweis
cross section – Querschnitt
cross-section(al) analysis – Querschnittsanalyse
cross-section study – Querschnittsuntersuchung
crossed cheque – Verrechnungsscheck (GB)
crowding out – Verdrängung privater Kreditnehmer durch öffentliche Kreditaufnahme
crude birthrate – Geburtenziffer (auf 1000 Einwohner)
crude deathrate – Sterbeziffer (auf 1000 Einwohner)
crude (oil) – Rohöl
crude quantity theory (of money) – naive Quantitätstheorie
crude trade – Außenhandelsziffern ohne Bereinigung der CIF- und FOB-Differenzen
crystallized labour – vergegenständliche Arbeit (Marx)
cubic function – kubische Funktion
cultivation – Bewirtschaftung
culture → cultivation
cumulative causation – kumulative Verursachung (Myrdal)
curb – Be-, Einschränkung

curbing - Zurückdrängen, in die Schranken verweisen, hindern
currency - Währung
currency appreciation - Währungs- bzw. Wechselkursaufwertung (bei flexiblen Kursen)
currency depreciation - Währungs- bzw. Kursverfall (bei flexiblen Kursen)
currency note - Banknote, Wechselkurs
currency reform - Währungsreform
currency snake - Währungsschlange
currency speculator - Währungsspekulant(in)
currency substitution - Währungsersatz
current account - 1. laufendes Girokonto, Sichteinlagen, täglich fällige Gelder, Kontokorrentkonto 2. Leistungsbilanz
current account deposit - Einlagen auf Kontokorrentkonten
current assets - Umlaufvermögen (Bilanz)
current balance - Leistungsbilanzsaldo
current business expenses - Betriebsausgaben
current expenditure - Ausgaben für laufenden Verbrauch (Haushalt, Unternehmen)
current income financing → pay-as-you-go
current liabilities - kurzfristiges Fremdkapital (bis zu einem Jahr)
current money figure - laufende Preise (im Gegensatz zu preisbereinigten Größen)
current price - Tagespreis
current ratio - 1. Liquiditätskennziffer 2. Finanzierungsgrundsatz der US-Banken bei Kreditwürdigkeitsprüfungen (Verhältnis von Umlaufvermögen und kurzfristigen Verbindlichkeiten im Verhältnis 2:1)
current tax year - laufendes Steuerjahr
current transactions - laufende Vorgänge/Umsätze
current transfers/transfer payments - laufende Transferzahlungen
current yield → net yield
curvature → curve
curve - Kurve, Krümmung
curvilinear function - nichtlineare, aber näherungsweise linearisierbare Funktion
cusp - symmetrischer Kurvenwendepunkt
custodian - Treuhänder(in)
custodianship - Effektenverwaltung, Depotgeschäft
custom-built - Einzelanfertigung
customer - Kunde, Kundin
customs and excise - Aufkommen an indirekten Steuern und Zöllen
customs drawback - Zollrückvergütung, z.B. bei Wiederausfuhr
customs duty - Zoll(steuer)
customs entry (GB) - Zolldeklaration
customs of trade - (übliche) Geschäftsbedingungen
customs policy - Zollpolitik
customs union - Zollunion
cut-off point - Schwelleneinkommen bei negativer Einkommensteuer (M. Friedman)
cut-off principle - statistisches Konzentrationsprinzip, Datenverdichtung
cut-off rate - endogener Zinssatz (Joel Dean)
cut-rate price - schärfstens kalkulierter Preis
cut-throat competition - Vernichtungswettbewerb
cuts - Ausgabenkürzungen
cybernetics - Kybernetik
cycle - Kreislauf
cyclical budgeting - Budgetausgleich, zyklischer
cyclical fluctuation - zyklische Fluktuation, Konjunkturschwankung

cyclical shock absorber – Konjunkturpuffer
cyclical unemployment – konjunkturelle Arbeitslosigkeit
cyclical voting – zyklisches Wahlverhalten (Intransitivität bei paarweisen Entscheidungen)

D

d/p → documents against payment
DAC (Development Assistance Commitee) – DAC, Entwicklungshilfeausschuß
daily hours of work – tägliche Arbeitszeit
daily working hours → daily hours of work
dairy products – Milchprodukte
damage – Schaden
damped oscillation – gedämpfte Schwingung/Schwankung
danger money – Gefahrenzulage
data – Daten, Angaben, Unterlagen
data bank – Datenbank
data base – Datenbasis
data files – Datenspeicher
data processing – Datenverarbeitung
day book – Journal
day labourer – Tagelöhner
day shift – Tagschicht
DCE → domestic credit expansion
de facto recognition – Defacto-Anerkennung
de-skilling of labo(u)r – Dequalifikation der Arbeitskräfte (Marx)
dead line – Fristablauf, (endgültiger) Termin
deadweight – Mitnahmeeffekt
deadweight debt – (öffentliche) Schuld aus Kreditaufnahmen für laufende Ausgabe (ohne entsprechende Vermögensbildung im öffentlichen Sektor)
dealer – Händler(in)
dealings for the account (settlement) – Termingeschäfte
dear money – teures Geld, knappes Geld, restriktive Geldpolitik
death benefit – Hinterbliebenenversorgung
death duty – Erbschaftssteuer
death grant – Sterbegeld
debasement (of coinage) – Münzverschlechterung
debasement of money – Verschlechterung des Geldes
debate on the budget → budget debate
debenture bonds – auf Inhaber lautende Schuldverschreibungen ohne besondere Sicherheit; Stückelung in gleich hohe Beträge
debenture capital – Anleihekapital
debenture stocks – auf den Inhaber lautende Schuldverschreibungen; Stükkelung in verschieden hohe Beiträge
debentures – Anleihen, festverzinsliche Wertpapiere (langfristige Finanzierung, 10–40 Jahre Laufzeit), Obligationen
debit – Soll, Belastung, Debet
debit and credit – Soll und Haben
debit entry – Lastschrift
debit note – Belastungsanzeige
debt – Schuld
debt conversion – Schuldablösung, Umschuldung, Eintausch bzw. Umwandlung von Wertpapieren in andere
debt-equity ratio – Verschuldungsgrad
debt-equity swap – Umwandlung von Schulden in Investitionskapital
debt financing – Fremdfinanzierung
debt-for-debt-swaps – Schuldumwandlung, Wandlung von Problemkrediten in Anleihen
debt investment – Wertpapierinvestition, speziell Darlehensvergabe
debt management – Staatsschuldenpolitik, Anleihepolitik der öffent-

lichen Hände, Staatsschuldenverwaltung
debt policy – Schuldenpolitik
debt ratio → debt-equity ratio
debt refunding – Umschuldung
debt service – Schuldendienst
debt to equity → debt-equity ratio
debtor – Schuldner
debtor nation – Land mit einem Zahlungsbilanzdefizit (Schuldnerland)
debts estimated to be doubtful – zweifelhafte Forderungen
debugging – Fehlersuche und -behebung in EDV-Programmen
decasualisation – Festanstellung (von Gelegenheitsarbeitern)
decentralization – Dezentralisation
decentralized decision making – dezentrale Entscheidungsstruktur, Marktsteuerung, freie Marktwirtschaft
decentralized planning – dezentrale Planung
decision maker – Entscheidungssubjekt, personaler Entscheidungsträger
decision making – Entscheidungsfindung
decision-making process – Entscheidungsprozeß
decision-making unit – Entscheidungsinstanz, funktionaler Entscheidungsträger
decision model – Entscheidungsmodell
decision rule – Entscheidungsregel
decision-table technique – Entscheidungstabelle Technik
decision theory – Entscheidungstheorie
decision tree – Entscheidungsbaum (mit Wahrscheinlichkeiten)
decision variable – Instrumentvariable (Entscheidungsmodell)
declaration – 1. Erklärung, Verkündung 2. Verzollung, Zollerklärung
decline – Rückgang, Abschwung
decline of business – Schrumpfung des Geschäftsvolumens
decline of industries – Niedergang (Schrumpfung) von Industriezweigen
declining balance method (of depreciation) – progressive Abschreibungsmethode
decomposition – Zerlegung, Disaggregierung
decomposition of tasks – Aufgliederung der Aufgaben
deconsolidated accounts – disaggregierte Rechnung, nichtkonsolidierter Abschluß
decreasing returns – abnehmende Erträge
decreasing returns to scale – abnehmende Skalenerträge
decumulation – allmähliche Reduktion (Gegensatz: accumulation)
deductible expenses – abzugsfähige Ausgaben
deductible tax – abzugsfähige Steuer
deduction – Abzug
deduction (of tax) at source – Quellenabzugsverfahren (Steuer)
deduction card – Lohnsteuerkarte
deduction of input tax – Vorsteuerabzug
deductive method – deduktive Methode
default – 1. (finanzielle) Handlungsunfähigkeit 2. Verzug
defect – Fehler, Mangel
deferred annuity – Anwartschaftsrente
deferred bond – 1. US: Obligation mit Zinsauszahlung nach bestimmten Bedingungen 2. Obligation mit allmählich ansteigender Verzinsung
deferred charges – aktive Rückstellungen, transitorische Rückstellungen
deferred demand – aufgeschobene Nachfrage
deferred expenses – transitorische Aktiva

deferred incomes – transitorische Passiva
deferred rebate – kumulativer Rabatt für wiederkehrende Käufe
deficiency payments – Verlustausgleichssubventionen; Agrarpreissubventionen in der Form eines Differenzbetrages zwischen (höherem) Erzeugerpreis und Marktpreis; garantiepreisbezogene Einkommenstransfers
deficit – Defizit, Fehlbetrag
deficit financing – defizitäre Politik der öffentliche Haushalte; auch: compensatory finance, pump priming
deficit spending – Verausgabung von öffentlichen Haushaltsmitteln zur Konjunkturbelebung in Zeiten wirtschaftlicher Depression
definitional equation – Definitionsgleichung
deflate – eine Deflation herbeiführen
deflation – 1. Deflation (Konjunktur) 2. Deflationierung (Preisbereinigung monetärer Größen in einer Zeitreihe)
deflator – Deflationierungsfaktor, Preisbereinigungsfaktor
deflection of trade currents – Handelsablenkung (Zollunion)
degeneracy – Entartung
degree of freedom – Freiheitsgrad (einer Gleichung)
delay – Verzögerung; Verzug
delegate – Delegierte(r), Vertreter(in)
delivery – (Aus-)Lieferung
delivery note – Lieferschein
demagogy – Demagogie
demand – (wirksame) Nachfrage
demand analysis – Bedarfsanalyse
demand curve – Nachfragekurve
demand curve for money – Geldnachfragekurve
demand-deficiency unemployment – Nachfragemangel-Arbeitslosigkeit
demand deposit – Sichteinlagen, sofort fällige Guthaben
demand for goods – Güternachfrage
demand for labo(u)r – Nachfrage nach Arbeitskräften (bei gegebenem Lohn)
demand for money – Geldnachfrage
demand forecasting – Bedarfsprognose
demand function – Nachfragefunktion, in der mehrere nachfragebestimmende Größen enthalten sind.
demand management – Nachfragesteuerung
demand price – Preis, den ein Käufer zu zahlen bereit ist
demand-pull inflation – Nachfrage(sog)inflation
demand schedule – Nachfragetabelle: Gegenüberstellung der bei verschiedenen Preisen absetzbaren Mengen (empirische Grundlagen einer Nachfragekurve)
demand shift – Nachfrageverlagerung, ~verschiebung
demand-shift-inflation → mixed inflation
demarcation dispute – Auseinandersetzung darüber, welche Gewerkschaft für eine (neue) Arbeit zuständig ist; Phänomen in einem System von Berufsgewerkschaften (GB)
demesne – Fronhof, Eigengut des Grundherren
demographic statistics – Bevölkerungsstatistik
demonetization – Demonetisierung (Gold), Aufhebung der Geldeigenschaft
demonstration effect – Demonstrationseffekt (Konsum)
demurrage – Konventionalstrafe für Liefer-/Leistungsverzug; Liege-, Standgebühren (bei Überschreitung einer Lagerfrist)
denationalisation – Reprivatisierung, Entsozialisierung
denomination – Stückelung, Nennwertbezeichnung
denominator – Nenner (Bruch)

department – 1. Verwaltungs-, Betriebsabteilung 2. Ministerium (US) 3. Geschäftszweig, -kreis

department of (social) production – Produktionsabteilung (Marx)

department store – Warenhaus

dependence – Abhängigkeit, Zusammenhang

dependent variable – abhängige Variable

depletion – Substanzverlust, Erschöpfung natürlicher Ressourcen (z. B. Erzvorkommen)

depopulation – Abwanderung, Entvölkerung

deposit – Anzahlung, Bankeinlage

deposit accounts – Termineinlagen (verzinslich, Kündigungsfrist)

deposit at call (GB) – Sichteinlage

deposit currency – Giralgeld, Buchgeld

deposit facility – Umschuldungskredit

deposit liability – Einlageverpflichtung

deposit money → deposit currency

deposit multiplier – Kreditschöpfungsmultiplikator, Giralgeldmultiplikator

deposit notice – Terminguthaben, Kündigungsguthaben, Termingeld

deposit rate – Habenzins

depreciable value – Abschreibungsgrundwert, abzuschreibender Wert

depreciation – 1. Abschreibung, Wertminderung; reducing-balance-method = degressive A. 2. Währungsabwertung, Kursverfall bei flexiblen Wechselkursen (entspricht Devaluation bei festen Kursen)

depreciation according to plan – ordentliche Abschreibungen

depreciation allowance – Abschreibungsrate, -satz

depreciation charge – Abschreibungsquote, -betrag

depreciation on replacement value – Abschreibung vom Wiederbeschaffungswert

depreciation reserve – Wertberichtigung des Anlagevermögens, Anlage-Abschreibungen

depreciation value – Abschreibungsgrundwert

depressed area – Rückstandsgebiet

depression – Depression, längerfristige Konjunkturflaute

depth interviews (market research) – Tiefeninterview

derating – (Steuer-)Befreiung von der Kommunalabgabe (GB)

deregulation – Deregulation

derivation – Ableitung (Funktion)

derivative – Differentialquotient, Ableitung, abgeleiteter Wert

derivative deposits – abgeleitetes/sekundäres Giralgeld, abgeleitete Depositen

derived demand – 1. abgeleitete Nachfrage (eines Produktionsfaktors von der Nachfrage nach Finalgütern) 2. verbundene Nachfrage (bei Komplementärgütern)

descriptive science – beschreibende Wissenschaft (z. B. Statistik) (J. B. Say)

descriptive statistics – beschreibende (deskriptive) Statistik

deseasonalised item – saisonbereinigte Größe

design of the detail structure – Gestaltung der Detailstruktur

design of the structural framework – Gestaltung der Rahmenstruktur

design strategy – Gestaltungsstrategie

design tactics → design strategy

designer – Konstrukteur(in), Gestalter(in)

desire to invest – Investitionslust

desired investment – freiwillige (erwünschte) Investition

desired savings – freiwillige (erwünschte) Ersparnis

desk research – sekundärestatistische Auswertung
desk-top-publishing → DTP
destination – Bestimmungsort, Ziel
destination of output – Inputsektor, empfangender Sektor
destitute – soziale Armut, Almosenempfänger, ärmste Bevölkerung
destitution – Elend, bitterste Not
destocking – Lagerabbau
destruction of money – Geldvernichtung
detailed design level – detaillierte spezielle Ebene
deterioration of the value of money – Geldentwertung
determinant – Determinante, Bestimmungsgröße
determination of national income – Nachfrageabhängigkeit des Volkseinkommens
deterministic function – determinierte Funktion
deterrent – Abschreckungsmittel, abschreckend
detriment – negative Externalität, Abträglichkeit, Nachteil
devaluation – Währungsabwertung (bei festen Wechselkursen)
devaluation of money – Geldentwertung
developer – Grundstücks-Entwicklungsgesellschaft, Firma zur Grundstückserschließung
developing country – Entwicklungsland (unterhalb der Schwelle des sich selbst tragenden Wachstums)
development area – Fördergebiet
development gains tax – Bodenwertzuwachssteuer
development planning – Entwicklungsplanung
deviance-amplifying – verstärkende (positive) Rückkopplung
deviation – Abweichung
device – Vorrichtung, Gerät
diagram(me) – Diagramm, Grafik, Schaubild
dialectical materialism – dialektischer Materialismus
diary method – Methode zur Erforschung des Verbraucherverhaltens, Tagebuchmethode
dictatorship of the proletariat – Diktatur des Proletariats
diet – legislative Versammlung eines Staates (Reichstag, Landtag, etc.)
differential advantage – Wettbewerbsvorteil
differential calculus – Differentialrechnung
differential coefficient – Differentialquotient
differential rent – Differentialrente
diffusion – Zerstreuung, Ausbreitung, Zersplitterung
diffusion index – Diffusionsindex
diffusion of purchasing power – Streuung der Kaufkraft
diffusion theory of taxation – Diffusionstheorie (Steuerüberwälzung)
digit – Ziffer
digital computer – Digitalrechner
dilutee – angelernter Arbeiter, angelernte Arbeiterin, Umschüler(in)
dilution – Dequalifikation (durch technische und organisatorische Änderungen), Rückstufung eines Arbeitsplatzes
dimensions of diffusion – Streuungsausmaße, Streuungsdimensionen
diminishing balance depreciation → declining balance depreciation
diminishing marginal returns – abnehmende Grenzerträge
direct access – direkter Zugriff
direct collection – direktes Inkasso
direct cost – Einzelkosten, variable Kosten
direct costing – Teilkostenrechnung
direct guiding of lending – direkte Kreditlenkung

direct investment – Direktinvestition(en) (Kapitalexport)
direct labo(u)r (cost) – Fertigungslöhne
direct materials cost – unmittelbarer Materialaufwand
direct-requirement matrix – Direktbedarfsmatrix
direct taxation – direkte Besteuerung (Lohn-, Einkommens-, Körperschaftssteuer; Vermögenssteuer)
directly unproductive profit-seeking activities (DUP) – Rentensuche, unproduktive
dirty floating – schmutziges Floaten
disability – Invalidität, Unfähigkeit
disability insurance – Invalidenversicherung
disabled person – Invalide
disadvantage – Nachteil
disarmament – Abrüstung
disaster area – Katastrophengebiet
discharge → dismissal
discommodities → bads
discontinuity – Diskontinuität, Unstetigkeit (eines Kurvenverlaufs bzw. einer Entwicklung)
discontinuous variable – diskrete Variable
discount – 1. Ermäßigung, Rabatt, Abschlag vom Nominalpreis; Skonto, Disagio 2. Diskont
discount charge – Diskontgebühr
discount house – 1. Discount-Laden, Billigladen 2. spezielle Londoner Banken, die im kurzfristigen Geldgeschäft und mit kurzfristigen Wertpapieren operieren
discount market – Markt für kurzfristige Wertpapiere (Wechsel, Schatzwechsel); oft synonym zu Geldmarkt (money market) benutzt
discount policy – Diskontpolitik
discount rate – 1. Diskontsatz der Zentralbank, Rediskontsatz 2. Skontosatz 3. Preisermäßigung(en)
discount window – Kreditfazilität bei der Zentralbank (Diskont- und Lombardkredit)
discounted cash flow method – Barwertrechnung
discounted future income stream – diskontiertes Zukunftseinkommen
discounting – 1. Abzinsung, Berechnung des Gegenwartswertes eines ertragbringenden Aktivums 2. Auswirkung künftiger Preis- bzw. Ertragsänderungen von Wertpapieren, Devisenkursen etc. auf den heutigen Markt 3. in den USA Bezeichnung für ein Lombardgeschäft, bei dem als Sicherheit Buchforderungen abgetreten werden
discounts and advances – Diskont- und Lombardkredite
discrete variable → discontinuous variable
discretionary economic policy – diskretionäre Wirtschaftspolitik
discretionary income – disponibles Einkommen
discretionary measure – diskretionäre Maßnahme
discretionary (market) power – Preissetzungsmacht der Großunternehmen (wörtlich: willkürliche Marktmacht)
discretionary provision – Kannbestimmung in Verträgen
discretionary stabilizer – wirtschaftspolitische ad-hoc-Maßnahme, diskretionärer Stabilisator
discriminating duty – diskriminierender Zollsatz
discrimination – Diskriminierung; Herabsetzung, Herabwürdigung; subjektive Unterscheidung
discursive techniques – diskursive Techniken
diseconomies of scale – Kostenprogression

disembodied technical progress - kapitalunabhängiger technischer Fortschritt
disequilibrium - Ungleichgewicht
disguised unemployment - versteckte/verborgene Arbeitslosigkeit, Unterbeschäftigung
dishoarding - Enthorten
disincentive - Leistungshemmung, leistungshemmender Faktor
disinflation - Inflationsabbau durch gezielte Maßnahmen
disintermediation - Kreditrückgang im Sinne einer Verminderung der über Kapitalsammelstellen laufenden Transaktionen
disinvestment - Desinvestition
disk (computers) - Platte
dismal science (Carlyle) - pejorative Bezeichnung für den malthusianischen Pessimismus
dismissal - Entlassung
dismissal without notice - fristlose Kündigung
dispatch - 1. (Waren-)Versand; Absendung 2. Depesche
dispensable - erläßlich, ersetzbar, entbehrlich
dispensation - Austeilung, Verteilung
dispersion - Streuung
displacement of labo(u)r - Arbeitsplatzvernichtung (durch Rationalisierungsinvestitionen), Freisetzungen
display - Auslage, Ausstellung, (optische) Informationsdarstellung jeglicher Art, speziell an Maschinen sowie auf Werbeträgern
disposable capital - Eigenkapital, über das die Hauptversammlung verfügen kann
disposable goods - Einweggüter, Wegwerfprodukte
disposable income - verfügbares Einkommen (Haushalte)
disposables - Verbrauchsgüter (des Konsums)
dispossession - Besitzentziehung, Enteignung
dispute - Kontroverse, Auseinandersetzung
dissaving - Entsparen
distortion - Verzerrung, Verdrehung
distressed area - Rückstands-, Notstandsgebiet
distributable income - ausschüttbarer Gewinn
distributed lag - periodenübergreifender Verzögerungseffekt
distributed lag bias - Verzerrung durch einen Verzögerungseffekt (z.B. in einer Schätzfunktion)
distribution - Verteilung
distribution according to need - Bedarfsprinzip (jeder nach seinen Bedürfnissen)
distribution cost - Vertriebskosten
distribution mix - Kombination der Vertriebssysteme bzw. Absatzwege
distribution of wealth - Vermögensverteilung
distributional adjustment - Verteilungskorrektur, -anpassung
distributions - Ausschüttungen
distributive justice - ausgleichende Gerechtigkeit
distributive shares - funktionale Verteilungsquoten (funktionale Einkommensverteilung)
distributor - Verteiler, Zwischenhändler
disturbance - (Gleichgewichts)störung
disturbance term - Störgröße (Ökonometrie)
disutil - negative Nutzeneinheit
disutility - Gegensatz von Nutzen i.S. von Leid, Mühe; negativer Nutzen
divergence - Divergenz, Scherenentwicklung

diversification – 1. Erweiterung der Produktpalette (Diversifikation), Sortimentserweiterung, -variierung 2. Risikostreuung (eines Portefeuilles)

diversion of manpower – Arbeitskräfteverteilung

divestitute – Konzentrationsverminderung durch Verkauf von Konzernbetrieben

divestment – Abstoß von unrentablen oder für das Unternehmen unpassenden Betrieben bzw. Betriebsteilen

divide and reign – teile und herrsche

dividend – Dividende, Gewinnauszahlungen an Aktionäre

dividend cover – Quotient aus Gewinn und Dividendenausschüttung

dividend limitation – (staatliche) Dividendenbegrenzung

dividend warrant – Dividendenschein, Kupon, Gewinnanteilschein

dividend yield – Effektivrendite; Dividende bezogen auf den Marktpreis einer Aktie

dividends on shares – Aktiendividenden

divisibility – Teilbarkeit

division – 1. Abteilung, Sparte (Organisation) 2. Division (mathem.)

division of labo(u)r – Arbeitsteilung

divisional organisation structure – arbeitsteilige Organisationsstruktur

divisionalisation – Divisionalisierung

doctrine of exclusive representation – Prinzip der ausschließlichen Vertretung

document – Urkunde, Dokument

documents against payment – Kasse gegen Dokumente

dole – Arbeitslosenunterstützung, Spende, Almosen

dole queue – Arbeitslosengeldempfänger(zahl), Arbeitslose

dollar abundance – Dollarüberfluß

dollar area – Dollarblock

dollar crisis – Dollarkrise

dollar gap – Dollarlücke

dollar parity – Dollarparität

domain – 1. Domäne, Herrschaftsbereich 2. Definitionsbereich (mathematische Funktion)

domestic activity – Binnenkonjunktur

domestic commerce – Binnenhandel

domestic concept – Inlandskonzept

domestic consumption – Binnenkonsum

domestic content – inländischer Wertschöpfungsanteil eines Produkts

domestic credit expansion (DCE) – Geldmengenwachstum, das um die Geldmengenwirkung der Veränderung der Währungsreserven bereinigt ist

domestic expenditure – inländische Verwendung

domestic investment – Inlandsinvestitionen

domestic labo(u)r – Haus(halts)arbeit

domestic liquidity – Inlandsliquidität

domestic market – Binnenmarkt, Inlandsmarkt

domestic price level – Inlandspreisniveau

domestic production – Inlandserzeugung

donation – Schenkung, (Geld)spende

donee country – Empfängerland

donor country – Geberland

doom school – Wachstumspessimisten, «Untergangsschule»

dormant account – inaktives Konto

dose of reflation – Konjunkturspritze

dotted line – punktierte Linie

double coincidence – doppeltes Zusammentreffen (Naturaltausch)

double counting – Doppelzählungen

double-digit inflation (rate) – zweistellige Inflationsrate
double-entry bookkeeping – doppelte Buchführung
double pricing – doppelte Preisauszeichnung (optische Preisreduzierung)
double taxation – Doppelbesteuerung
double taxation agreement – Doppelbesteuerungsabkommen
double time – Lohnzuschlag (für Feiertags-, Nachtarbeit etc.)
Dow-Jones Industrial Average – Dow- Jones-Index: gibt ungefähren Überblick der wichtigsten Kursbewegungen auf Grund der Gewichtung der an der New Yorker Börse erfaßten Aktien (US)
down payment – Anzahlung
downfall (of a society) – Niedergang (einer Gesellschaft)
downstream industries – nachgelagerte Industrien
downstream investment – Investitionen in nachgelagerte Produktionen
downswing – (konjunktureller) Abschwung
downturn – Rückgang, Abschwung
downward rigidity – Rigidität gegenüber Abwärtsbewegungen (z.B. bei Löhnen und Preisen)
draft – 1. Tratte, Wechsel 2. Entwurf, Skizze
drawback – 1. Nachteil 2. Zollrückvergütung (für Re-Exporte)
drawee – Bezogener, Trassat
drawing authorization – Ermächtigung zum Einziehen eines Wechsels
drift – Drift, (ungelenktes) Treiben
drop in – Störsignal in der EDV
drop in price – Preisrückgang
drop out – Signalausfall in der EDV
drop-out rate of capital – (makroökonomische) Verschrottungsrate
DTP (desktop publishing) – Textgestaltung am PC
dual character (of commodities) – Doppelcharakter (der Waren)
dual economy – duale Wirtschaft
dual problem – Dualproblem
dual standard – Doppelwährung
dual system – 1. Dual-, Binärsystem 2. Lohnrechnungsverfahren mit zwei Möglichkeiten
dual variable – duale Variable
dualistic development – Dualistische Entwicklung (Entwicklungstheorie)
due at call – täglich fällig
dummy tender – Scheinangebot
dummy variable – Dummyvariable, Hilfsvariable, Schlupfvariable
dumping – Dumping: 1. Unterbieten von Preisen 2. Ausfuhr von Waren zu Schleuderpreisen
dun – 1. dringende Zahlungsaufforderung 2. drängender Gläubiger
dunning letter – Mahnschreiben, -brief
duopoly – Duopol
duplicate – Duplikat; Zweitschrift
duplicator – Vervielfältigungsapparat
durability – Lebensdauer, Haltbarkeit
durable goods – dauerhafte Konsumgüter, langlebige Gebrauchsgüter
dutch auction – holländische Auktion; Auktion, bei der eine Reduktion des (zu hohen) Ausrufepreises erfolgt, bis sich ein Käufer findet
duty – 1. Gebühr, Taxe, Abgabe 2. Zoll
dynamic analysis – dynamische Analyse
dynamic equilibrium – dynamisches Gleichgewicht
dynamic model – dynamisches Modell
dynamic peg – stufenweise Wechselkursänderung
dynamic programming – dynamische Optimierung, Methode der Unternehmensforschung
dynamic programming models – dynamische Programmierungsmodelle

dynamic system – dynamisches System
dynamics – Dynamik

E

ear bashing – Seelenmassage (in der Wirtschaftspolitik), Maßhalteappelle
ear stroking → ear bashing
early shift – Frühschicht
early socialists – Frühsozialisten
early-warning system – Frühwarnsystem
earmarked – vorgemerkt, eingeplant
earmarking – Zweckbindung von Mitteln
earned income – Arbeitseinkommen
earnest money – Angeld, Anzahlung
earning assets – werbende Aktiva, produktive Anlagen
earning power – Ertragsfähigkeit, -kraft, Ertragspotential einer Investition, Rentabilität
earning yield – Ertragsergebnis
earnings – Gewinne, Einkommen
earnings-and-cost approach – Verteilungsansatz der Volkseinkommensrechnung
earnings of management – Unternehmerlohn, kalkulatorisches Unternehmergehalt
earnings-related insurance scheme – lohngekoppeltes Versicherungssystem
easy market – Markt mit hohem Geldangebot und niedrigem Zinssatz
easy money – Niedrigzins(politik)
echo-phenomenon (of replacement investments) – Echo-Effekt (der Ersatzinvestitionen)
eco-nut – Umweltschutzapostel
ecology – Ökologie
econometrics – Ökonometrie
economic – ökonomisch, wirtschaftlich
economic accounting – Volkswirtschaftliches Rechnungswesen
economic activity – ökonomische Aktivität
economic and social objectives – wirtschaftliche und soziale Ziele
economic and social policy – Wirtschafts- und Sozialpolitik
economic and social structure – wirtschaftliche und soziale Struktur
economic base ratio – regionaler Exportbasiskoeffizient
economic committee – Wirtschaftsausschuß (Betriebsverf.-Gesetz) (FRG)
economic contribution – volkswirtschaftlicher Beitrag
economic crisis – Wirtschaftskrise
economic cycle – Konjunkturzyklus
economic development – wirtschaftliche Entwicklung
economic efficiency – Wirtschaftlichkeit, ökonomisch effiziente Faktorkombination, Allokation
economic expansion – wirtschaftliche Expansion
economic geography – Wirtschaftsgeographie
economic good – ökonomisches (knappes) Gut
economic growth – wirtschaftliches Wachstum
economic history – Wirtschaftsgeschichte
economic indicator – Konjunkturindikator
economic justice → distributive justice
economic life – Nutzungsdauer (eines Aktivums)
economic miracle – Wirtschaftswunder
economic morphology – Marktmorphologie
economic order quantity (EOQ) – optimale Bestellmenge

economic performance – Wirtschaftsentwicklung einer Volkswirtschaft (beurteilt nach den Größen des magischen Vierecks)
economic planning – gesamtwirtschaftliche Planung
economic policy – Wirtschaftspolitik
economic policy tool – wirtschaftspolitisches Instrument
economic prospects – Konjunkturaussichten
economic rationality – wirtschaftliche Rationalität
economic reform – Wirtschaftsreform
economic refugee – Wirtschaftsflüchtling
economic region of production – Bereich sinkenden, aber noch positiven Grenzertrags (Ertragsgesetz)
economic rent – 1. Differentialrente; generell jener Rentenanteil eines Faktoreinkommens, der aufgrund relativer Seltenheit zustande kommt (z.B. Differenz zwischen dem Einkommen eines Herzspezialisten und dem Durchschnittseinkommen der Internisten) 2. Seltenheitsrente
economic self-sufficiency – Selbstversorgung, wirtschaftliche Autonomie
economic structure – Wirtschaftsstruktur
economic study – Rentabilitätsuntersuchung (Investitionsrechnung)
economic summit – (Welt)wirtschaftsgipfel
economic system – Wirtschaftssystem
economic table – tableau économique
economic theory – Volkswirtschaftstheorie
economic trend – Konjunktur
economic unit – Wirtschaftseinheit, Wirtschaftssubjekt
economic warfare – Wirtschaftskrieg
economical – sparsam
economically non-active population – Nicht-Erwerbspersonen
economics – Wirtschaftswissenschaft, Volkswirtschaftslehre
economics of control – planorientierte/interventionistische Marktwirtschaft (A. P. Lerner)
economics of education – Bildungsökonomie
economics of human capital → economics of education
economics of industrial organization – Industriepolitik, sektorale Strukturpolitik
economies of scale – Kostendegression
economise – einsparen
economist Volkswirtschaftler(in), Volkswirt(in)
economy – Wirtschaft, Volkswirtschaft
economy of time – Ökonomie der Zeit
ECSC → European Coal and Steel Community
ecosystem – Ökosystem
educational economics → economics of education
educational leave – Bildungsurlaub
EEC → European Economic Community
effect – Wirkung
effective demand – wirksame Gesamtnachfrage
effective function – tatsächliche Funktion
efficiency – Wirtschaftlichkeit
efficiency term – Wirkungsgrad
efficiency unit – Leistungseinheit
efficiency wages – Akkordlöhne, Leistungslöhne
effluent charge – Emissionssteuer
EGA → enhanced colo(u)r graphics adapter
elastic demand – elastische Nachfrage
elasticity – Elastizität

elasticity approach – Elastizitätstheorie (Zahlungsbilanz)
elasticity of demand – Nachfrage-Elastizität, Preiselastizität der Nachfrage
elasticity of factor substitution – technische Substitionselastizität, faktorielle Substitionselastizität
elasticity of production – Produktionselastizität
elasticity of substitution – Substitutionselastizität
elasticity of supply – Angebotselastizität
electorate – Wählerschaft, Wähler
electronics – Elektronik
element – Element, Bestandteil
elemental breakdown – Zerlegung eines Arbeitsvorganges in einzelne Arbeitsabschnitte
elementary form of value – einfache Wertform (Marx)
eligible liabilites – mindestreservepflichtige Einlagen/Verbindlichkeiten
eligible paper – rediskont- und lombardfähiges Wertpapier
embargo – Embargo, Liefersperre, Nachrichtensperre
embodied technical progress – investitionsabhängiger/inkorporierter technischer Fortschritt
emergence – Emporkommen, Entstehung
emergency – Notlage, Notfall
Emergency Powers Act – Notstandsgesetz
eminent domain – staatliches Enteignungsrecht
emoluments – Bezüge (allgemeiner Begriff); Einkommen; Nebeneinkünfte; Aufwandsentschädigungen
empirical testing – empirische Überprüfung von Theorien
employed labo(u)r force (GB) → total employed persons (US) → labo(u)r force
employed person – unselbständig Tätige(r)
employee – Arbeitnehmer(in), Angestellte(r)
employee benefits – Sachbezüge für Angestellte
employee participation – Mitbestimmung
employee protection act – Gesetz zum Schutz der Arbeitnehmer
employee suggestion schemes – betriebliches Vorschlagswesen
employees in employment (GB) – Lohnarbeiter
employer – Arbeitgeber(in), Unternehmer(in)
employer of the last resort – Staat als «letzter» Arbeitgeber
employers' association – Arbeitgeberverband
employers' federation – Arbeitgeberverband (stets nationale Ebene)
employment – Beschäftigung, Beschäftigungsverhältnis, Anstellung, Tätigkeit
employment agency – Stellenvermittlung(sbüro)
employment exchange – Arbeitsamt
employment level – Beschäftigungsniveau
employment office → employment exchange
Employment Service Agency – Anstalt für Arbeitsvermittlung
empty set – leere Menge (Null der Mengenlehre)
encirclement – Einkreisung
enclave-type development – gegen die Umgebung abgeschottete enklavenartige Entwicklung einer Region, einer Stadt oder eines Wirtschaftsbereichs
end consumer – Endverbraucher
end-of-pipe treatment – Umweltschutzinvestitionen (die zusätzlich erfolgen, also noch keinen umwelt-

freundlicheren Produktionsprozeß bedeuten)
end product – Endprodukt
end user → end consumer
endogenous variable – endogene Variable
endorsement – Indossament, Giro, Bestätigung, Billigung
endowment – Pfründe, Ausstattung
endowment assurance (GB) – Lebensversicherung
endowment insurance (US) → endowment assurance
endowment policy – Lebensversicherungspolice
energy equivalent – Steinkohlenäquivalent, Steinkohleneinheit
energy gap – Energielücke
enhanced colo(u)r graphics adapter (EGA) – Grafikkarte, 16 Farben und 640mal 350 Pixel
enhancement (credit) – (Problem-) Kredithilfen durch steuerliche Abschreibungsregelung
enigmatical character of the equivalent form – das Geheimnis der Äquivalentform (Marx)
Enlarged Access Policy (of the IMF) – erweiterter Zugang zu den Fondsmitteln (des IWF)
enlightener – Aufklärer (18. Jahrh.)
enlightenment – Aufklärung (18. Jahrh.)
enterprise – Unternehmen (im Unterschied zum Betrieb)
entity – Körperschaft, Einheit
entrained wants – Folgebedürfnisse
entrepoît – Zollager
entrepoît port – Freihafen
entrepreneur – Eigentümer-Unternehmer
entrepreneurial and property income – Einkommen aus Unternehmertätigkeit und Vermögen
entrepreneurship – Unternehmertum
entry – Buchung, Eintragung
enumeration – Aufzählung, Enumeration, Liste
envelope curve – Hüllkurve
environment – Umwelt, Umgebung
equal opportunity → equity of opportunities
equal pay – Lohngleichheit für gleiche Leistung, Prinzip «gleicher Lohn für gleiche Arbeit»
equalization (US) → equalization claims
equalization account – Interventionsfonds des britischen Schatzamtes zur Wechselkursregulierung
equalization claims (GB) – Ausgleichsforderungen (Deutsche Bundesbank)
equalization of burden fund – Lastenausgleichsfonds
equalizer – Ausgleichs-, Entzerrungsfaktor
equation – Gleichung
equi-marginal principle – Equimarginalprinzip
equidistant – äquidistant, abstandsgleich; parallel
equilibrium – Gleichgewicht
equilibrium growth – gleichgewichtiges Wachstum
equilibrium interest rate – Gleichgewichtszins
equilibrium level – Gleichgewichtszustand, Gleichgewichtsniveau
equilibrium position of the firm – Unternehmensgleichgewicht
equilibrium price – Gleichgewichtspreis
equilibrium quantity – Gleichgewichtsmenge
equimarginal sacrifice – gleiches Grenzopfer (Steuertheorie)
equipment – Anlagen, Ausrüstung, Ausstattung
equipment analysis – Maschinenbelegungsplan in der Fertigungsplanung
equities – Aktien, Dividendenpapiere

equity – 1. Billigkeit, Gerechtigkeit, Gleichheit 2. Grund-, Eigenkapital; Netto-, Reinvermögen

equity bank – Beteiligungsbank

equity capital – Eigenkapital

equity financing – Eigenfinanzierung

equity of opportunities – Chancengleichheit

equity-offering stock – junge Aktien, Kapitalerhöhung

equivalent – Gegenwert, äquivalent

ergonomics – Ergonomie, Arbeitswissenschaft

ERP → European Recovery Program

erratic trading – sprunghafter (Wertpapier-)Handel

error – 1. (statistischer) Fehler 2. Störgröße (Regelkreis)

error term – Störvariable, Irrtumsvariable

escalation clause – Gleitklausel (Preise), Wertsicherungsklausel

escalator clause → escalation clause

essence and appearance (essence and phenomenon) – Wesen und Erscheinung

essential feature – wichtiges Merkmal

essentialist argument – Definitionsstreit, Begriffsdisput

essentials – das Unabdingbare, wesentliche Punkte

established brand – gut eingeführte Marke

establishment – 1. Betrieb, Anlage 2. Gründung 3. herrschende Ordnung; Führungsschicht, Herrscherclique

estate duty – Erbschaftssteuer, Nachlaßsteuer

estimate (of cost) – Kostenvoranschlag

estimation – Hochrechnung, Schätzfunktionsberechnung

estimation of (a) parameter(s) – Parameterschätzung

estimator – Schätzgröße, Schätzfunktion

ethics – Ethik

euro-commercial papers – kurzlaufende Wertpapiere (Finanzwechsel) des Euromarkts

euronote facilities – Fazilitäten stellen eine Art Kreditrahmen dar, in dessen Höhe kurzlaufende Wertpapiere ausgegeben werden

European Atomic Energy Community – Europäische Atomgemeinschaft (Euratom)

European Coal and Steel Community (ECSC) – Montanunion, Europäische Gemeinschaft für Kohle und Stahl

European Currency Unit (ECU) – Europäische Währungseinheit (EWE)

European Economic Community (EEC) – Europäische Wirtschaftsgemeinschaft (EWG)

European Free Trade Association (or EFTA) – Europäische Freihandelszone (EFTA)

European Monetary Union – Europäische Währungsunion

European Recovery Program (ERP) – Europäisches Wiederaufbauprogram (Marshall-Plan)

European Unit of Account (ERE) – europäische Rechnungseinheit

evaluation – Aus-, Bewertung

evolution – Evolution

exaggerated expectations – übertriebene Erwartungen, erhöhte ~

excess capacity – Überkapazität, i. e. S. Produktion unterhalb der Schwelle, von der an sich die Vorteile der Massenproduktion einstellen (als Folge eines überbesetzten Marktes mit monopolistischem Wettbewerb)

excess capacity theorem – Überschußkapazitäts-Theorem

excess demand – Übernachfrage, Überschußnachfrage, Nachfrageüberhang
excess liquidity – Überliquidität
excess profits tax – Kriegsgewinnsteuer, Übergewinnsteuer
excess reserves – Überschußreserven
excess supply – Überangebot, Angebotsüberhang
excessive purchasing – Kaufkraftüberhang
excessive purchasing power – überschüssige Kaufkraft
exchange – Tausch
exchange control – Devisenkontrolle, Devisenbewirtschaftung
exchange economy – tauschwirtschaftliches System, Tauschwirtschaft
exchange equation – (Fisher's) Verkehrsgleichung
exchange of assets – Aktivatausch, Uminvestition
exchange of equivalents – Äquivalententausch
exchange of goods – Güteraustausch
exchange opportunity line – Tauschmöglichkeitskurve
exchange possibility curve → exchange opportunity line
exchange rate – Wechselkurs
exchange rate policy – Wechselkurspolitik
exchange ratio – Austauschverhältnis
exchange restrictions → exchange control
exchangeable value – Tauschwert
exchequer – 1. Konto der englischen Regierung bei der Bank of England, Zentralbankkonto des Staates 2. Fiskus
excise duty – Verbrauchssteuer
exclusion principle – Ausschlußprinzip, Exklusionsprinzip (Individualgüter)
exclusive agency – Generalvertretung, Alleinvertretung
exclusive dealing – Markenbindung des Handels (z.B. Vertragswerkstätten der Autofirmen)
execution – Ausführung, Durchführung
executive – Führungskraft, leitender Angestellter, leitende Angestellte
executive (director) – Vorstandsmitglied, Mitglied der Geschäftsleitung, Geschäftsführer(in)
executive board – Vorstand
exhaustive expenditure – Staatsausgaben für Güter und Leistungen (ohne Transfer), Summe aus Staatsverbrauch und Staatsinvestition
exhaustive expenditure multiplier – Staatsausgabenmultiplikator
exhibition – Ausstellung
exhibitor – Aussteller
exhibits – 1. ausgestellte Waren 2. Beweis-Ausstellungen
exit bonds – Ausstiegsanleihe
exogenous money → outside money
exogenous variable – exogene Variable
expanded form of value – entwikkelte (entfaltete) Wertform (Marx)
expanded reproduction – erweiterte Reproduktion (Marx)
expansion – Ausweitung, Ausbreitung, Expansion, Vergrößerung
expansion of international liquidity – Ausweitung der internationalen Liquidität
expansion of the money supply – Geldschöpfung
expansion path – Expansionspfad, Skalenlinie, Niveaulinie, Expansionskurve
expansionary measures – expansive Maßnahmen
expectational model – Modelle mit Erwartungsgrößen
expectational series – Zeitreihe von Erwartungsgrößen
expectations – Erwartungen

expectations of profit – Gewinnerwartungen
expected value – Erwartungswert (Statistik)
expenditure – Ausgaben, Aufwand
expenditure approach – Verwendungsrechnung des Volkseinkommens
expenditure cuts – Ausgabenkürzungen
expenditure on buildings – Bauinvestitionen
expenditure pattern – Ausgabenstruktur
expenditure reducing policy – nachfragereduzierende Wirkung (Wechselkurspolitik)
expenditure switching policy – nachfrageumlenkende Wirkung (Wechselkurspolitik)
expenditure tax – Verbrauchssteuer
expenditures – Verbrauch i.S. von Ausgaben, → expenditure
expense account – Spesenabrechnung
expense ratio(s) – Kostenkoeffizient(en), -quote(n)
expenses – Ausgaben, Spesen, Auslagen, Unkosten, Aufwendungen
expenses in employment – Werbungskosten
experimental gaming – Planspiele
experimental sciences – Wissenschaft von den Wirkungen der Dinge aufeinander, wozu Politische Ökonomie zählt (J.B. Say)
expiration – Ablauf, Erlöschen
explained variable – abhängige Variable, Zielvariable
explanatory variable – unabhängige/erklärende Variable
exploitation – Ausbeutung (Marx)
exporting country – Ausfuhrland
explosive cobweb – explodierendes Spinnwebsystem
exponential growth – exponentielles Wachstum
exponential smoothing – Methode der Bedarfsvorhersage
export base – Exportbasis (einer Region)
export base ratio → economic base ratio
export base theory – Exportbasis-Theorie (Regionalplanung)
export content – Exportquote, Exportanteil
export division – Exportabteilung
export incentives – Exportbegünstigungen (z.B. durch Subventionen, Kredite, Steuerpräferenzen)
export-led growth – exportinduziertes Wachstum
export licence – Ausfuhrgenehmigung
export multiplier – Außenhandels-(Export)multiplikator
export of goods – Warenexport
export promotion – Exportförderung
export refund – Exportvergütung
export surplus – Exportüberschuß, (positiver) Außenbeitrag
exportability – Exportfähigkeit
exporter – Exporteur
exporting country – Ausfuhrland
expropriation – Enteignung
expulsion – Ausschluß, Ausweisung
extended co-determination – erweiterte Mitbestimmung
extended family – «Groß»-familie
Extended Fund Facility (of the IMF) – Erweiterte Fondsfazilität (des IWF)
extension – Verlängerung, Ausdehnung
extension path → expansion path
extensive margin – Schnittpunkt der Grenz- und Durchschnittsertragskurve (Ertragsgesetz); Wendepunkt der Gesamtertragskurve
external accounts – Ausländerguthaben
external assets – Auslandsaktiva
external benefits – positive externe

Effekte, externe (volkswirtschaftliche) Ersparnisse

external costs – volkswirtschaftliche Kosten, Sozialkosten, externe Kosten

external debt – äußere (externe) Schuld

external deficit – Zahlungsbilanzdefizit (Syn.: balance of payments deficit)

external economies → external benefits

external economies of scale – extern bedingte Kostendegression

external effects – externe Effekte

external position – außenwirtschaftliche Position

external surplus – Zahlungsbilanzüberschuß (synonym: balance of payments surplus)

external transactions – Außenwirtschaft, Außenhandel

external value of money – Außenwert des Geldes

externalities → external effects

extractive production – Urproduktion

extraordinary depreciation – Sonderabschreibung

extraordinary general meeting – außerordentliche Hauptversammlung (AG)

extrapolation – Extrapolation

F

face value – Nominalwert

facility – Einrichtung, Vorrichtung

fact-finding survey – Lagebericht, Untersuchungsgutachten, -analyse

faction – Fraktion, politische Gruppe

factor earnings approach – Verteilungsansatz der Volkseinkommensrechnung nach Faktoreinkommen

factor endowment – Faktorausstattung eines Landes

factor income – Leistungseinkommen

factor intensity – Faktorintensität

factor-intensity criterion – Faktor-Intensitätskriterium: Beurteilungskriterium für die Produktion eines Gutes nach dem Einsatz und der Intensität der benötigten Faktoren

factor markets – Faktormärkte

factor mobility – Faktormobilität

factor movement – Faktorverschiebung, Faktorwanderung

factor payments – Faktorpreise, Faktoreinkommen

factor price equalization theorem – Faktorpreis-Ausgleichs-Theorem

factor shares – funktionale Verteilungsquoten

factorage – Kommissionsgeschäfte

factoring – Forderungsverkauf, Einziehung von Rechnungen durch besondere (Factoring-)Firmen

factors of production – Produktionsfaktoren i.S. von inputs

factory – Fabrik, -anlage, Werk

factory act – Fabrikgesetz

factory agreement – Betriebsvereinbarung

factory cost – Produktionskosten

factory girl (veraltet) – Fabrikarbeiterin

factory hand – Fabrikarbeiter(in)

factory inspector – Gewerbeaufsichtsbeamter, (-beamtin), Fabrikinspektor(in)

factory legislation – (Fabrik-) Industriegesetzgebung

factory operation rate – Kapazitätsauslastung der Industrie

factory system – Fabriksystem

factory woman – Fabrikarbeiterin

factory worker – Fabrikarbeiter(in)

factory workman → factory worker

fair – 1. Messe, Ausstellung 2. gerecht; anständig 3. durchschnittlich

fair deal – Sozialinterventionismus (Truman 1949)

fair quality – durchschnittliche Qualität, Verarbeitung
fair share policy – Soziale Symmetrie i.S. einer ausgewogenen Einkommenspolitik
fair sharing – gerechtes (Ver)teilen
fair trade – Lauterkeit des Wettbewerbs
fair trade agreements – Zolltarifabkommen
fair trade policy – Außenhandelspolitik auf der Basis gegenseitiger Vorteile (Reziprozität)
Fair Trade Regulation Rules (US) – Verbraucherschutzklauseln im US-Wettbewerbsrecht
fall-back pay – garantierter Mindestlohn
fall in prices – Preissturz, Preisrückgang
fallacy – Trugschluß, Fehlschluß, Täuschung
falling market – Baissemarkt
falling rate of profit – (Theorem der) fallende(n) Profitrate
fallow – brach, inaktiv, ungenutzt
false trading – Ungleichgewichtstransaktion, wirtschaftliches Handeln bei Ungleichgewichtspreisen, z.B. Mengeneffekte statt Preiseffekte bei Nachfrageverschiebung
falsification – Falsifikation, Widerlegung
family allowance – Familienbeihilfe
family helpers – mitarbeitende Familienangehörige (im Familienbetrieb)
family life-cycle – Nachfragezyklus in Abhängigkeit von den Stadien der Familienentwicklung
family of curves – Kurvenschar
family workers → family helpers
famine – Versorgungslücke (speziell bei Nahrungsmitteln), Hungersnot
fare – Fahrpreis, Fahrgeld
farmstead – Bauernhof, -gut
fast food – Schnellgericht(e)
fast-moving consumer goods (FMCG) – Waren mit hoher Umschlagsgeschwindigkeit
fast-selling item – «Selbstläufer», reißend absetzbares Produkt, «Renner»
fatigue – Ermüdung (Arbeitswissenschaft)
fault – Fehler
favo(u)ritism – Vettern-, Parteienwirtschaft
fear of inflation – Inflationsfurcht
feasibility study – Untersuchung über eine Projektdurchführungsmöglichkeit
feasible region – zulässiger Lösungsbereich
feasible solution – zulässige Lösung
featherbedding – Anstellung/Beibehaltung nicht benötigter Arbeitskräfte
feature – Merkmal, (herausragende) Eigenschaft
fecundity – Fruchtbarkeit
Federal Advisory Council – Beirat des Bundesbankrats (US)
Federal Agency (US) – Bundesbehörde
Federal Association of German Industry – Bundesverband der deutschen Industrie (BDI) (FRG)
Federal Bank – Bundesbank (FRG)
federal budget – Bundeshaushalt
Federal Central Bank → Federal Reserve
Federal Council – Bundesrat (FRG)
Federal Diet – Bundestag (FRG)
federal excise tax – Verbrauchssteuer
federal funds – Zentralbankgeld der Banken
federal gift tax – Schenkungssteuer
federal government – Bundesregierung (FRG; US)
federal income tax – (Bundes-)Einkommensteuer
Federal Insurance Contributions Act (Social Security) – Sozialversicherungsgesetz (US)

Federal Labo(u)r Office – Bundesanstalt für Arbeit

Federal Reserve – Bundesbank, Notenbank, Zentralbank

Federal Reserve Board – Zentralbankrat (US)

Federal Reserve Notes – Zentralbanknoten (US)

Federal Savings and Loan Insurance Corporation – Bundesaufsichtsamt für Bausparkassen (US)

Federal Trade Commission – Bundeskartellamt (US)

Federal Works Agency – Bundesamt für Arbeitsbeschaffung (US)

federation – 1. Föderation, Bundesstaat 2. Verband, Vereinigung

fee – Gebühr, Beitrag, Honorar

feedback – Rückkopplung, Rückmeldung

feedback effect – Rückkopplungseffekt (Entwicklungstheorie – Hirschman): Nachfrage bzw. angebotsorientierte produktionsanregende Auswirkungen einer Investition auf Lieferanten bzw. Abnehmer → backward and forward linkages

feedback signal – Stellgröße (Regelkreis)

fellow traveller – Sympathisant(in) kommunistischer Parteien

fence merchandise – Hehlerware

fertility → fecundity

fertility rate – Fruchtbarkeitsziffer (Geburten auf 1000 Frauen im gebärfähigen Alter)

fetichism of commodities – Warenfetischismus

FFE → furniture, fixtures and equipment

fiat money – ungedecktes Staats- oder Zentralbankgeld (gesetzliches Zahlungsmittel) mit Annahmegarantie, Nominalgeld; manipulierte Währung

FICA → Federal Insurance Contributions Act

fictious profit – Scheingewinn

fiduciary agent – Treuhänder(in)

fiduciary coemption – Kauf für einen Dritten

fiduciary issue – fiduziäre Geldmenge, nicht durch Edelmetalle gedeckte Banknoten

field force (marketing) – Außendienstkräfte

field research – Primärerhebung

field sales manager – Außendienstleiter(in)

field survey – Absatzforschung, Marktforschung

fifo → first-in-first-out

file – Ablage, Archiv, Akte

final consumer – Endverbraucher(in)

final consumption pattern – Endnachfragestruktur

final demand – Endnachfrage

final good – Endprodukt

final inventory – Endbestand (Lager)

final manufacturing estimates – endgültige Produktionsplanung in der Fertigungsplanung

final products – Finalgüter, Güter des Endverbrauchs

final resting point – (letzter) Steuerbelasteter (Begriff aus der Steuerinzidenzlehre)

final salary – Endgehalt

final utility – Grenznutzen

finance – 1. Geldwirtschaft, Finanzwesen, Geldwesen 2. Geld, Geldmittel 3. Finanzwissenschaft

finance act – Haushaltsgesetz

finance house – Finanzierungsinstitut

finance market – Finanzmarkt

financed from general taxation – finanziert aus allgemeinen Steuern

financial accounting – Finanzbuchführung, -haltung

financial activities – Finanzbuchhaltung (US)
financial aid – Finanzhilfe
financial assets – Geldvermögen
financial bookkeeping – Finanzbuchführung
financial flow – Kapitalstrom, Kapitalbewegung
financial futures – handelbare standardisierte Finanzkontrakte mit festem Fälligkeitsdatum, von denen sich die Vertragspartner per Gegengeschäft vor dem Fälligkeitsdatum trennen können
financial gearing – Fremdkapitalwirkung auf die Eigenkapitalrentabilität
financial intermediaries – Geld- und Kapitalvermittlungsstellen (Banken, Versicherungen etc.)
financial investment – Finanzinvestition, Geldanlage
financial leverage → financial gearing
financial management – Finanzplanung einer Firma, Finanzverwaltung
financial market – Finanzmarkt
financial ratios – 1. allgemein: finanzwirtschaftliche Kennziffern des Betriebes 2. speziell: Kennziffern zur Beurteilung der Kreditwürdigkeit
financial relations – Geschäftsbeziehungen zwischen Betrieb und Bank
financial resources – Finanzierungsquellen, sämtliche dem Unternehmen zur Verfügung stehenden Mittel
financial statement – Rechnungsaufstellung (US), Vermögenslage-Bericht, Vermögensstatus
financing sector – Finanzierungsrechnung, Finanzierungssektor (volkswirtschaftliches Rechnungswesen)
fine tuning – Feinsteuerung (Wirtschaftspolitik)
fineness – Feingehalt
finished good – Fertigerzeugnis
finished product → finished good
firm → company
firm optimum – Unternehmensoptimum
first-in-first-out – bilanzmäßige Vorratsbewertung unter der Annahme, daß die zuerst gekauften Waren zuerst verbraucht werden
fiscal drag – expansionsbedingte Steuerprogression (expansionsdämpfender Automatismus analog den built-in-stabilizern im Abschwung)
fiscal harmonization – Harmonisierung der Steuern
fiscal measure – steuerliche Maßnahme
fiscal policy – Fiskalpolitik, Finanzpolitik unter stabilitäts- bzw. konjunkturpolitischen Gesichtspunkten
fiscal year – Haushaltsjahr
Fisher diagram – Fisher-Diagramm, Zeitpräferenzkurve des Haushalts
fitting a curve – Kurvenanpassung
fixation of capital – Kapitalbindung
fixed assets – Sachanlagevermögen (Bilanz); i. d. R. Nettowerte
fixed budget – fester (starrer) Haushalt(splan)
fixed capital – Fixkapital
fixed capital formation – feste Kapitalbildung, Fixkapitalbildung
fixed charges → fixed cost
fixed claims – kontraktbestimmte Einkommen
fixed cost – Fixkosten, Generalunkosten, feste Kosten
fixed deposits – Festgelder
fixed exchange rate – fester Wechselkurs
fixed liabilities – langfristige Verbindlichkeiten
fixed parity – feste Parität
fixed proportion – Limitationalität
fixed proportions production function – limitationale Produktionsfunktion (Produktionsfunktion mit limitationalen Faktoren)
fixture – feste Einrichtung, Inventarstück, immobile Anlage

fixtures and fittings – Betriebs- und Geschäftsausstattung
flag of convenience – «Billigflagge»
flat-rate – Kleinverbrauchertarif (Gas, Strom etc.)
flat-rate benefits – Grundleistungen, Pauschalleistungen
flat-rate contribution – Grundbeitrag
flatation – Preisflaute, stabile Preissituation
flexibility – Flexibilität, Anpassungsfähigkeit
flexible exchange rate – flexibler Wechselkurs
flexible working hours scheme – gleitende Arbeitszeit
flextime – Gleitzeit
flight from currency – Kapitalflucht
flight of capital → flight from currency
flip-flop-floater – langlaufender Schuldtitel mit variabler Verzinsung, der in ein identisches Papier mit kürzerer Laufzeit umgetauscht werden kann und umgekehrt
float – die Summe der abgebuchten, aber noch nicht gutgeschriebenen, schwebenden Zahlungen im bargeldlosen Zahlungsverkehr
floatation – Kapitalbegebung, erstmalige Kapitalauflage einer Gesellschaft
floating – Floating: Schwankungen einer Währung im Verhältnis zum Goldpreis oder einer anderen Währung
floating a loan – eine Anleihe auflegen
floating assets – flüssige Anlagen (Anlagewerte)
floating capital – Umlaufkapital (working capital)
floating debt – schwebende Staatsschuld
floating exchange rate – freier flotierender Wechselkurs
floating rate notes – variable verzinsliche Anleihen, deren Verzinsung in Anlehnung in bestimmten Zeitabständen neu festgesetzt wird
floating the rate of exchange – Freigabe des Wechselkurses
floor price – Mindestpreis, Mindestkurs
flo(a)tation – Unternehmensgründung, Anleihebegebung
flow account – Stromgrößenrechnung
flow chart – Flußdiagramm
flow concept – Flußgrößen-Ansatz (z.B. Einkommen)
flow item – Flußgröße (z.B. Volkseinkommen)
flow-line production → assembly line production (US)
flow-of-fund accounts – Geldstromrechnung, Finanzstromrechnung
flow-of-fund approach – Verwendungsrechnung des Volkseinkommens
flow of investment – Investitionsstrom, -fluß
flow statistics – Verlaufsstatistik
flowing exchange rate – fließender Wechselkurs
fluctuation – Schwankung
fluctuation margin – Schwankungsbreite, Bandbreite
fluctuations in foreign exchange income – Fluktuationen bei den ausländischen Deviseneinnahmen
fluctuations of the money supply – (plötzliche) Unruhe auf Finanzmärkten (z.B. Devisenmarkt)
fluid assets → floating assets
flurry → fluctuations of the money supply
flux of money – Geldumlauf
fob → free on board
folder – Aktendeckel, Prospekt
follow-up – weiteres Nachgehen, Nachkontrolle (Organisation)
food aid – Nahrungsmittelhilfe
food-stamp program (US) – staatliche Nahrungsmittel-Beihilfe
foodstuffs – Lebens-, Nahrungsmittel

footloose industry - standortungebundene Industrie
forced currency - uneinlösliche Banknoten/Währung
forced frugality - Zwangssparen, unfreiwillige Ersparnis, erzwungene Ersparnis
forced loan - Zwangsanleihe
forced saving → forced frugality
forces of production - Produktivkräfte (Marx)
forecast - Vorhersage, Voraussage, Prognose
foreclosure - Verfallserklärung
foreign aid - Auslands-, Entwicklungshilfe
foreign assets position - saldierte Auslandsguthaben
foreign balance - Zahlungsbilanz
foreign capital - Auslandskapital
foreign claims - Auslandsforderungen
foreign competition - ausländische Konkurrenz
foreign currency - Devisen
foreign currency account - Devisenkonto
foreign exchange (receipts, earnings) - Deviseneinnahmen
foreign exchange control - Devisenkontrolle
foreign exchange illusion - Devisenillusion
foreign exchange market - Devisenmarkt
foreign exchange reserves - Devisenreserven
foreign experts - ausländische Experten
foreign funds - Sorten, Devisen
foreign investment - Auslandsinvestitionen (Direktinvestitionen und Portfolioinvestitionen)
foreign make - Auslandsfabrikat
foreign resident's account - Ausländerkonto
foreign sector - Außenwirtschaftsbereich
foreign trade - Außenhandel
foreign trade multiplier - Exportmultiplikator: Investitionsmultiplikator unter Berücksichtigung aller außenwirtschaftlichen Rückwirkungen
foreign worker - Gastarbeiter(in), Wanderarbeiter(in)
foreign workers' remittance - Gastarbeiterüberweisung
foreman - Vorarbeiter(in), Werkmeister(in), Meister(in)
foreshadowing indicator - Frühindikator
forestalling - projektionsorientierte Wirtschaftspolitik; Gegensteuerung, um unerwünschte Trends umzubiegen
forethought - Vorsorge, Vorbedacht, Voraussicht
forfeiture - Verwirkung, Strafe, Verfall
forgery - Fälschung
form and content - Form und Inhalt
form utility - verarbeitungsbedingter Nutzen
formation of capital - Kapitalbildung
formation of prices - Preisbildung
formula flexibility - Formelflexibilität, indikatorgebundene Maßnahmen der Wirtschaftspolitik
FORTRAN (formula translation) - problemorientierte Programmiersprache
forward contract - Terminabschluß
forward cover - Kurssicherung
forward exchange - Termindevisen
forward exchange market - Devisenterminmarkt
forward integration - vertikale Konzentration in nachgelagerte Produktionsstufen
forward linkage - Verflechtungsbeziehung zu nachgelagerten Industrien, absatzmäßige Verflechtung → linkage effect
forward market - Terminmarkt

forward price – Terminpreis (Warenbörse)
forward rate – Devisenterminkurs (s. Termingeld)
forward sales – Terminverkauf
forward transaction – Termingeschäft
forwarding agent – Spediteur
forwarding department – Versandabteilung
forwarding instructions – Versandvorschriften
fostering – Förderung, Begünstigung, Unterstützung
foundation – 1. Stiftung 2. Gründung 3. Fundament
fourth estate – Vierter Stand
fraction – Bruch
framework – Gerüst, Gefüge, (Struktur)rahmen
franchise – 1. politisches Wahlrecht 2. Lizenvergabe
franchising – Übertragung von Verkaufsrechten, Konzessionserteilung
fraternal insurance – Versicherung(sverein) auf Gegenseitigkeit (synonym: mutual insurance)
fraud – Betrug, Schwindel
fraudulent bankruptcy – betrügerischer Bankrott
FRB → Federal Reserve Board
free choice of the job – freie Wahl des Arbeitsplatzes
free competitive social market economy – freie soziale Marktwirtschaft
free currency – frei konvertierbare Währung
free depreciation – Bewertungsfreiheit
free economy – Freiwirtschaft (S. Gesell)
free enterprise economy – kapitalistische Marktwirtschaft, freie Marktwirtschaft
free forces of economy – freies Spiel der Kräfte in der Wirtschaft
free goods – freie Güter
free market – freier Markt, d.h. Markt ohne staatliche Interventionen
free market economy – freie Marktwirtschaft
free movement – Freizügigkeit
free movement of capital – freier Kapitalverkehr
free of tax – steuerfrei
free on board (fob) – internationale Handelsklausel: Verkäufer trägt die Kosten und Gefahren für die Ware bis zum Schiff, während der Käufer das Schiff chartern muß
free port – Freihafen
free reserves – Überschußreserven (im Gegensatz zur Mindestreserve)
free trade – Freihandel
free-trade area – Freihandelszone
free wage negotiations – freie Lohnverhandlungen
free will → freedom of will
freedom of association – Koalitionsfreiheit
freedom of bequest – Testierfreiheit
freedom of consumption – Konsumfreiheit
freedom of contract – Vertragsfreiheit
freedom of depreciation – Abschreibungsfreiheit
freedom of entry – freier Marktzutritt für jeden Anbieter
freedom of establishment – Niederlassungsfreiheit
freedom of movement – Freizügigkeit
freedom of movement for capital and labo(u)r – Freizügigkeit von Kapital und Arbeitskraft
freedom of (the) will – Willensfreiheit
freelance consultants – freiberufliche Berater
freight – Fracht(gut), -kosten
frequency – Häufigkeit
frequency distribution – Häufigkeitsverteilung

frequency response – Reaktionsgeschwindigkeit (Regelkreis)
friction – Friktion, Reibung, Behinderung
frictional unemployment – friktionelle Arbeitslosigkeit
friendly society → fraternal insurance
fringe benefits – lohnunabhängige Einkommens(vor)teile, z.B. betriebliche Sozialleistungen
front-door operation – Liquiditätsbeschaffung der Diskontbanken durch Verkauf von Schatzwechseln an die Zentralbank (Bank of England), und zwar zum Rediskontsatz
frozen account – Sperrkonto
frozen assets – nicht flüssige (eingefrorene) Guthaben
full cost – Vollkosten
full-cost pricing – Vollkostenrechnung, ~kalkulation der Preisbildung
full-cost principle – Vollkostenrechnung
full-cost theory of value – Faktorkostentheorie des Wertes (J. S. Mill)
full employment – Vollbeschäftigung
full-employment budget – (fiktiver) Staatshaushalt unter Vollbeschäftigungsbedingungen
full-employment equilibrium – Vollbeschäftigungsgleichgewicht
full-gold standard – Goldwährungssystem
full-line forcing – monopolistische Praxis, den Käufer zum Kauf von Komplementärgütern desselben Herstellers zu veranlassen (z.B. Film und Entwicklung)
full-time officials – hauptamtliche Funktionäre
function – 1. Funktion (mathematisch) 2. Zweck
functional distribution (of income) – funktionale Einkommensverteilung
functional finance – Fiskalpolitik i.S. gesamtwirtschaftlich orientierter Budgetfinanzierung des Staates (A.P. Lerner)
functional organization – funktionale Organisation
functions chart – Funktionsplan/Übersicht
fund – Kapital, Mittel, Gelder
funded debt – fundierte/konsolidierte Staatsschuld
funding – 1. Schuldenkonsolidierung, Konsolidierung von kurzfristigen Schulden, 2. Kapitaldeckungsverfahren (der Sozialversicherung)
funding operations – Schuldenkonversion zur Konsolidierung der Schuld
funds – Geldmittel, Kapital, Staatspapiere
funds flow analysis – Kontrolle der Zahlungsein- und ausgänge (entsprechend ihrer Ursachen im Unternehmen)
funds statement – Bewegungsbilanz, Finanzflußrechnung
funk money – heißes Geld
furniture, fixtures and equipment – Betriebseinrichtung
further training institutes – Weiterbildungsinstitute, Fortbildungsinstitute
fusion – Fusion, Verschmelzung, Vereinigung
futures – 1. Kontrakte auf Warenterminmärkten, Termingeschäfte, 2. Terminware
futures contract → contract for futures
futures market – Terminmarkt

G

gage – Spurweite, Eichmaß, Maß(stab)
gain – Gewinn, Vorteil, Zuwachs
gain sharing – Gewinnbeteiligung der Arbeitnehmer
gainful occupation – Erwerbstätigkeit

gainfully active population - Erwerbstätige
gains from specialisation - Spezialisierungsgewinne, -vorteile
gains from trade - Wohlstandseffekte des Außenhandels
galloping inflation - galoppierende Inflation
game theory - Spieltheorie
gap - Lücke, Bezeichnung für Blockzwischenraum auf magnetischen Bändern (EDV)
gap in the market - Marktlücke
«garbage-in garbage-out» (GIGO) - «Abfall rein, Abfall raus» beschreibt die Tatsache, daß bei schlechten Daten auch das Produkt der Computer-Analyse wertlos ist
gasoline tax - Kraftstoffsteuer
GATT (General Agreement on Tariffs and Trade) - Allgemeines Zoll- und Handelsabkommen
gauge → gage
gearing - 1. Anteil des festverzinslichen Kapitals am Gesamtkapital des Unternehmens 2. den Erfordernissen anpassend
general borrowing agreement - Allgemeine Kreditvereinbarungen (Int. Währungsfonds und Zehnerklub 1962; AKV)
general equilibrium - totales mikroökonomisches Gleichgewicht; Gleichgewicht auf allen Märkten
general equilibrium analysis - Analyse des mikroökonomischen Totalgleichgewichts (Walras)
general expenses - Gemeinkosten
general form of value - allgemeine Wertform (Marx)
general manager - Generaldirektor
general meeting - Hauptversammlung
general partnership - offene Handelsgesellschaft
general rate of profit - allgemeine Profitrate
general reserve - allgemeine, frei verfügbare Rücklagen
general sales tax - allgemeine Umsatzsteuer
general solution - allgemeine Lösung
general strike - Generalstreik
general terms - allgemeine (Geschäfts-, Vertrags)bedingungen
general transactions tax - allgemeine Verkehrssteuer
genesis - Genesis, allmähliche Entwicklung
gentlemens' agreement - stillschweigende Abmachung
geographical mobility of labo(u)r - regionale Arbeitskräftemobilität
geometric progression - geometrische Reihe (z.B. Multiplikatoranalyse)
German Trade Union Congress - Deutscher Gewerkschaftsbund (DGB) (FRG)
Germanic Confederation - Deutscher Bund (1815–66)
gestation lag → gestation period
gestation period - Ausreifungszeit (Investition), Gestationsperiode
Giffen effect - Giffen Effekt
gift tax - Schenkungssteuer
GIGO → «garbage-in garbage-out»
gilt-edged security - Staatsanleihe (GB)
giro (GB) → bank transfer (US)
giro system - Zahlungsverkehr durch Überweisungen
global fundamental design level - globale prinzipielle Gestaltungsebene
glut - Überangebot, -sättigung
GNP → gross national product
GNP use - Verwendung des BSP
go-slow - Bummelstreik
goal - Ziel
goal conflict - Zielkonflikt
going price - aktuell gültiger Preis
going rate - üblicher (Lohn-)Tarif

gold and foreign exchange reserves - Währungsreserven eines Landes inkl. eventueller Währungskredite
gold bullion standard - Goldkernwährungssystem
gold currency standard - Goldumlaufswährung
gold drain - Goldabzug
gold exchange standard - Golddevisenwährung, Golddevisenstandard
gold export point - Goldausfuhrpunkt
gold import point - Goldeinfuhrpunkt
gold reserves - Goldreserven
gold spiecie standard → gold currency standard
gold standard - Goldstandard, Goldwährungssystem
gold stock - Goldvorrat
gold value - Goldwert
golden handshake - Abfindung für vorzeitiges Ausscheiden leitender Angestellter
golden rule - goldene Regel
good - Gut, Ware
good will - guter Ruf, öffentliches Vertrauen einer Unternehmung; imaginärer (ideeller) Firmenwert
goods in progress - Halbfabrikate, Zwischenerzeugnisse
goods of massconsumption - Massenkonsumgüter
goods-producing industry - Produzierendes Gewerbe
GOP → gross operating profit
governer - Regler
government bank notes - Zentralbanknoten
government bond - Staatsschuldverschreibung
government borrowing - Staatsverschuldung
government consumption - öffentlicher Verbrauch, Staatsverbrauch
government controlled - vom Staate kontrolliert
government expenditure - Staatsausgabe
government expenditure function - Staatsausgabenfunktion
government expenditure multiplier - Staatsausgabenmultiplikator
government intervention - Eingriff der Regierung
government owned - (in) Staatsbesitz
government revenue - Staatseinnahmen
government sector - staatlicher Sektor
government security - Staatspapier
government stock - Summe aller an der Börse gehandelten Staatspapiere
government subsidy - Staatssubvention
government worker - Regierungsangestellte(r)
grace period - 1. tilgungsfreie Periode (Kredit), Zahlungsaufschub 2. Schonzeit
grade A - Güteklasse A
gradient - Neigung, Steigung
grading - Klassifikation, Qualitätsabstufung
graduated tariff - Stufentarif
graft - Korruption, Amtsmißbrauch, Bestechung(sgeld) (US)
grain - 1. Getreide, Korn 2. Gewichtseinheit (ca. 0,065 g)
grand total - Endsumme
grant - Zuschuß, Hilfszahlung
grant element - Transferanteil (z.B. Zinssubvention als Teil einer Leistung bei der Entwicklungshilfe)
grants economics - Transferökonomie
grants-in-aid - zweckgebundene Zuweisungen im vertikalen Finanzausgleich
gratuitous - ohne Gegenleistung
graph - Graphik, Schaubild, Diagramm
graphic - graphische Darstellung
graveyard shift - Nachtschicht

gravity model - Gravitationsmodell (Regionalwissenschaft)
Great Depression - Weltwirtschaftskrise
greed(iness) - Gier, Habsucht
greenback - Dollar(note) (US)
Gresham's Law: bad money drives out good - Gresham's Gesetz: schlechtes Geld verdrängt das bessere (Münzverschlechterung)
grid line - Rasterlinie
grievance - Beschwerde (Arbeitsrecht, i.d.R. Arbeitnehmer gegen Arbeitgeber)
grievance committee - Schlichtungsausschuß
grievance procedure - Beschwerdeverfahren
gripe → grievance
gross dividend - Bruttodividende
gross domestic capital formation - Bruttoinlandsinvestition
gross domestic fixed investment pattern - Struktur der Bruttoinlandsanlageinvestitionen
gross domestic investment → gross domestic capital formation
gross domestic product (GDP) - Bruttoinlandsprodukt, Bruttosozialprodukt zu Marktpreisen
gross domestic product at factor cost - Bruttosozialprodukt zu Faktorpreisen
gross fixed capital formation - Bruttoanlageinvestition
gross income - Bruttoeinkommen
gross incremental capital-output ratio - makroökonomischer Kapitalkoeffizient: Quotient aus dem Zuwachs von Bruttoinvestition und Bruttosozialprodukt
gross investment - Bruttoanlageinvestition
gross margin - Bruttohandelsspanne
gross national income - Bruttoinländerprodukt
gross national product (GNP) - Bruttosozialprodukt, Bruttoinländerprodukt
gross national product deflator - Deflator (Deflationierungsfaktor) für die Preisbereinigung des Bruttoinländerprodukts
gross national product gap - Vollbeschäftigungslücke, Differenz zwischen faktischem und Vollbeschäftigungseinkommen
gross national product in constant prices - Bruttosozialprodukt zu konstanten Preisen
gross national product in current prices - Bruttosozialprodukt zu laufenden Preisen
gross operating profit - Bruttobetriebsgewinn
gross output - Bruttoproduktionswert
gross product → gross output
gross profit - Bruttogewinn
gross receipts - Bruttoeinnahmen
gross sales - Bruttoumsatz
gross saving and investment accounts - Vermögensänderung(skonto) der volkswirtschaftlichen Gesamtrechnung (US)
gross value added → gross product
gross yield - Bruttoertrag
ground rent - Grundrente, Bodenrente, Landpacht-Zins
group balance sheet - Konzernbilanz
group incentives - Gruppenprämie
group method of training - Gruppendynamische Lehrmethode
Group of Ten - Zehnergruppe
group rationing - Produktgruppenrationierung
group working - (halb-)autonome Arbeitsgruppen
growth - Wachstum
growth chart - Arbeitsplanungs- und Kontrolldiagramm
growth mentality - Wachstumsmentalität
growth model - Wachstumsmodell

growth poles – Wachstumspole (Entwicklungstheorie): Rasch wachsende ökonomische Zentren, die an ihr Umland Wachstumsimpulse abgeben
growth rate – Wachstumsrate
growth term – Wachstumsgrad
guarantee – Bürgschaft, Garantie
guarantee fund – Garantiefonds
guaranteed prices – Garantiepreise
guaranteed wage – garantierter Mindestlohn
guardian's allowance – Vormundschaftsbeihilfe
guesstimate – grobe Schätzung
guidance – Führung, Weisung, Lenkung
guide price – Richtpreis (EG-Agrarmarkt)
guideline – indikative Richtlinie, Leitlinie
g(u)ild – Gilde, Zunft, Innung

H

habit of consumption – Konsumgewohnheit
habit-persistance-hypothesis – Stabilitätsthese des Konsumverhaltens (T.M. Brown)
haggling – Feilschen
hall-mark – Feingehaltsstempel
handicraft – Handarbeit
handicrafts – Handwerk
handling charge – Umlagekosten, Kontoführungsgebühr
Hanseatic League – Hanse(-Bund)
haphazard sample – Zufallsstichprobe
hard cash – Bargeld
hard-core (of) inflation – Inflationssockel
hard currency – harte Währung
hard selling – Anwendung von aggressiven Verkaufsmethoden
hard-to-fill – schwer besetzbar
hard-to place – schwer vermittelbar (Arbeitskräfte)
hardgoods – devisenstarke Waren
hardware – maschinentechnische Ausstattung einer EDV-Anlage
harmonic mean – harmonisches Mittel
harmonization (harmonisation) chart – Harmonisierungsübersicht/Harmonogramm
harmonization of taxes – Harmonisierung der Steuern, Steuerharmonisierung
Harrod-Domar-model – Harrod-Domar-Modell
haulage – Straßentransport
haulage contractor – Transportunternehmen
hazard – Risiko
head office – Hauptbüro, Zentralstelle
head tax – Kopfsteuer
head-word – Stichwort
headhunter – Personalabwerber(in)
headquarters – Unternehmenszentrale, Hauptniederlassung
health hazard – Gesundheitsrisiko
health service – Gesundheitswesen
heavy (large scale) consumer – Großverbraucher
heavy industry – Schwerindustrie
heavy worker – Schwerarbeiter(in)
hedge – (Waren-)Termingeschäft, um sich vor preisbedingten Verlusten zu schützen
hedging (a rate) – Kursabsicherung
hedonistic principle – hedonistisches Prinzip
help-wanted advertisements – Stellenanzeigen
hidden hand → invisible hand
hidden inflation – versteckte, latente Inflation
hidden labo(u)r force → marginal labo(u)r force → labo(u)r reserve

hidden (secret) reserves – stille Reserven
hidden taxes – verdeckte Steuern
hidden unemployment → disguised unemployment
hierarchal levels – hierarchische Ebenen
hifo → highest-in-first-out
higgling → haggling
high-consumption economy – Verbraucherwirtschaft, verbrauchsorientierte Wirtschaft
high gearing – Erhöhung der Fremdkapitalanteile; der Kapitalintensität
high-grade investments – erstklassige Kapitalanlagen
high-powered money – Bargeld, Zentralbankgeld
high-pressure economy – hochindustrialisierte Wirtschaft
high-pressure selling – Verkauf um jeden Preis
high-productivity sector – Hochleistungssektor
high technology – Großtechnologie, hochentwickelte Technologie
high-yield bonds – hochverzinsliche Obligationen
higher goods – Güter höherer Ordnung
highest-in-first-out (hifo) – bilanzmäßige Vorratsbewertung unter der Annahme, daß die am teuersten eingekauften Waren zuerst verkauft werden
hinterland – Einzugsgebiet (eines Geschäfts bzw. einer Stadt)
hire purchase – Ratenkauf, Abzahlungskauf, Mietkauf
histogram – Säulendiagramm, Histogramm: graphische Darstellung einer Häufigkeitsverteilung in Säulenform
historic-cost depreciation – Abschreibung nach Anschaffungswerten
historic(al) costs – Anschaffungskosten
historical materialism – historischer Materialismus
Historical School of Economics – Historische Schule (Schmoller)
history of economic thought (theory) – Dogmengeschichte, Geschichte der wirtschaftswissenschaftlichen Lehrmeinungen
history of political economy → history of economic thought
hoard – horten
hoarding – Horten
hog-cycle phenomenon – Schweinezyklus
hold-up – Stockung, Stauung; Überfall
holder – Inhaber
holding company – Holding: Verwaltungsgesellschaft für Aktien von Tochtergesellschaften
holding of money – Kassenhaltung
holiday allowance → vacation allowance
home economics – Hauswirtschaftslehre, Ökonomie des Familienlebens
home-industry – heimische Industrie
home loan – Wohnungsbaudarlehen
home market – Binnenmarkt, Inlandsmarkt
home office – Stammhaus, Hauptbüro
home population (GB) → non-institutional population (US)
home wage-earning – Heimarbeiterlohn, Heimarbeit
home worker – Heimarbeiter(in)
homeless – Obdachlose(r)
homogeneity – Homogenität, Gleichartigkeit
homogeneity of the degree k – Homogenität vom Grade k
homogeneous goods – homogene Waren
homogeneous product – homogenes Gut (vollständiger Wettbewerb)
homothetic production function – linear-homogene Produktionsfunktion
horizontal integration – Verschmelzung von Konkurrenzfirmen

horizontal union - Berufsgewerkschaft
hot bill - (Schatz-)Wechsel, der noch nicht am Geldmarkt abgesetzt wurde
hot issues - neu ausgegebene Aktien von Gesellschaften, die noch nicht lange existieren
hot money - heißes Geld, zins- oder spekulationsinduzierte kurzfristige internationale Kapitaltransfers
hourly earnings - Stundenlöhne
hourly productivity of labour - Stundenproduktivität
House floor (USA) - Plenum des Repräsentantenhauses
house-to-house selling - Tür-zu-Tür Verkauf
household - Haushalt
household essentials - lebenswichtige Haushaltungsgüter (z.B. Strom, Wasser)
household insurance - Hausratsversicherung
household sector - Haushaltssektor
household theory - Haushaltstheorie
householder - Haushaltsvorstand
housing - Wohnungsbau, Wohnungswesen, Wohnmöglichkeiten
housing act - Wohnungsbaugesetz
housing policy - Wohnungsbaupolitik
housing rehabilitation - Wohnungssanierung
housing start - Baubeginn
human capital - Humankapital: Kenntnisse, Techniken und Fertigkeiten, über die die Arbeitskräfte eines Landes (eines Unternehmens) verfügen
human relations - zwischenmenschliche Beziehungen; Betriebsklima
human resources - Personalressourcen
hunting and gathering economies - Jäger- und Sammlerwirtschaft
hyper-surface - Hyperraum (math.)
hyperemployment → over-full employment
hyperinflation - Hyperinflation
hypermarket - Großmarkt (mindestens 25 Kundenkassen)
hypothecary credit - Hypothekarkredit
hypothecated asset - sicherungsübereigneter Vermögensgegenstand
hypothecation - Hypothekisierung; Lombardierung
hypothesis - Hypothese

I

IC → integrated circuit
ICOR → incremental capital-output ratio
idealism - Idealismus
identity - Identität
identity equation - Identitätsgleichung
identity matrix - Einheitsmatrix
idle capacity - Leerlaufkapazität
idle money - gehortetes Geld (z.B. Keynes' Spekulationskasse)
idle time - Leerlaufzeit
illicit work - Schwarzarbeit
illiquidity - Illiquidität
ILO → International Labour Organization, International Labour Office
image - Image, Erscheinungsbild, Abbildung (Mengenlehre)
imbalance - Ungleichgewicht
IMF → International Monetary Fund
immanent contradiction - Grundwiderspruch
immigration - Immigration, Einwanderung
immiserization - wachsende Verelendung (Marx)
immiserizing growth - Wohlstandsverluste durch Außenhandelswachstum
immobility - Immobilität
impact - Auswirkung

impact effect – Anstoßeffekt: kurzfristiger Effekt einer Datenänderung im Gegensatz zum längerfristigen Effekt (long-term effect), z.B. kurzfristige Preisänderung infolge einer Nachfrageerhöhung

impact multiplier – Anstoßmultiplikator (Wirkung in der 1. Periode)

impact price elasticity – Initialpreiselastizität

impaired capital – vermindertes Kapital

impartial chairman – Vorsitzender des Schlichtungsausschusses (USA)

impartial chairperson – Vorsitzende(r)

impedance – Scheinwiderstand, außersektoraler Störeinfluß

impediment to trade – Handelsschranken

imperfect competition – unvollständige (monopolistische) Konkurrenz (Wettbewerb)

imperfect market – unvollkommener Markt, Markt mit monopolistischem Anbieterverhalten

impersonal account – Sachkonto

impetus to trade – Handelsauftrieb, -anreiz

implementation – Ausführung, Erfüllung

implication – Verwicklung, Teilnahme, Folgerung

implicit costs – kalkulatorische Kosten

implicit interest – kalkulatorischer Zins

implicit item – kalkulatorischer Posten

import deposits – Importdepots in Form von Waren- oder Bardepots zur Erschwerung der Einfuhr

import duty – Importzoll, Einfuhrabgaben

import levy – (Import-)Abschöpfungsbetrag (EG-Agrarmarkt)

import licence – Importgenehmigung

import of goods – Warenimport

import quota – Importkontingent, Einfuhrquote

import restriction – Importrestriktion, Einfuhrbeschränkung

import surcharge – Einfuhrzusatzabgabe; temporäre Importabgabe im Unterschied zu einem dauerhaften Importzoll

import tariff – Einfuhrzoll

imposition – Auferlegung (von Steuern, Zöllen, etc.)

impossibility theorem (Arrow) – Unmöglichkeitstheorem

impoverishment of the working class – Verelendung der Arbeiterklasse

imprest system – Betriebskostenkontrollsystem

impulse buying – Impulskauf

impulse goods – spontan gekaufte Waren

imputation – 1. Zurechnung (Grenznutzenschule) 2. Auszahlungszuweisung (Spieltheorie)

imputation system – Körperschaftssteueranrechnung (auf die Einkommensteuer)

imputation theory – Zurechnungstheorie (österreichische Grenznutzenschule)

imputations → implicit costs

imputed costs – kalkulatorische Kosten

imputed interest → implicit interest

imputed item → implicit item

imputed price – Schattenpreis

imputed rent – kalkulatorische Miete (z.B. für Eigentumswohnungen)

imputed transactions – unterstellte Transaktionen

in-company training – innerbetriebliche Weiterbildung

in-migration – regionale Zuwanderung
inactive money – gehortetes Geld
incentive – Anreiz (z.B. Lohnanreiz)
incentive for capital expenditure – Anreiz für Investitionen
incentive for saving – Sparanreiz
incentive scheme – Prämiensystem
incentive system – leistungsbezogenes Entlohnungssystem
incentive to buy – Kaufanreiz
incidence – Inzidenz, Eintreten, Wirkung
incidence of taxation – Steuerinzidenz, Steuerwirkung
incidental costs – Nebenkosten
incidental expenses of production – faux frais, unproduktive Kosten (Marx)
income – Einkommen, Einnahmen, Einkünfte, Erträge
income averaging – Durchschnittsbesteuerung
income bracket – Einkommensschicht, -gruppe, -klasse
income constraint – Einkommensrestriktion
income distribution – Einkommensverteilung
income effect – Einkommenseffekt einer Preisänderung (Mikroökonomie) im Unterschied zum Substitutionseffekt
income elasticity of demand – Einkommenselastizität der Nachfrage
income-expenditure model – (Keynes') makroökonomisches Einkommensmodell
income from abroad – Einkommen aus dem Ausland
income from all sources – Einkommen aus allen Quellen
income from employment – Einkommen aus unselbständiger Arbeit
income from real property – Einnahmen aus Grundbesitz
income from self-employment – Einkommen aus selbständiger Tätigkeit
income gearing (income leverage) – Fremdkapitalwirkung auf die Eigenkapitalrentabilität
income payment – Einkommenszahlung
income policy – Einkommenspolitik, → incomes policy
income ratio(s) – Ertragskoeffizienten, -quoten
income redistribution – Redistribution, Sekundärverteilung, Einkommensumverteilung
income schedule – Einkommenstabelle
income statement – Gewinn- und Verlustrechnung (US)
income subsidy – Einkommenssubvention
income tax – Einkommensteuer
income tax bracket – Einkommensteuer-Stufe
income tax obligation – Einkommensteuerpflicht
income tax relief – Einkommensteuererleichterung
income tax return – Einkommensteuererklärung
income unit – Bezeichnung des Einkommensteuerzahlers (gemeinsam veranlagte Ehepaare etc.)
income velocity of circulation – Kreislaufgeschwindigkeit des Geldes
income velocity of money – Umlaufgeschwindigkeit des Geldes
incomes policy – Einkommenspolitik durch Steuervariationen, die sich nach Lohn- und Preispolitik der Unternehmen richten
inconsistency – Inkonsistenz, Unvereinbarkeit, Unbeständigkeit; Bezeichnung für die Zinsunabhängigkeit von Sparen und Investieren (Keynes)
incorporation – Körperschaftsgründung, Eintragung, Registrierung

incoterms (international commercial terms) – Standardregeln für die Auslegung von neun Lieferklauseln im internationalen Handel
increase in population – Bevölkerungszuwachs
increase in taxes – Steuererhöhung
increasing returns to scale – steigende Skalenerträge
incremental capital-output ratio (I.C.O.R.) – marginaler Kapitalkoeffizient
incremental cost → marginal cost
identure – Vertrag(surkunde)
independent contractor – Werkvertrag-Nehmer/Verpflichteter
independent variable – unabhängige Variable
index-linked – der Inflationsrate angeglichen
index linking – Indexbindung
index number – Indexzahl
index of retail prices – Einzelhandels-(Verbraucher-)preisindex
index of stocks – Aktienindex
index of wholesale prices – Großhandelspreisindex
indexation – Indexbindung (z.B. von Löhnen)
indexing → indexation
indicative planning – indikative Planung
indicator – Indikator, Meßgröße
indifference analysis – Indifferenzkurvenanalyse
indifference curve – Indifferenzkurve
indifference hyper-surface – Indifferenz(hyper)ebene (bei mehr als zwei Gütern)
indifference map – Indifferenzkurvenschar
indifference surface – Indifferenzebene (bei 2 Gütern)
indirect cost – Gemeinkosten
indirect labour costs – Gemeinkostenlöhne
indirect material cost – Materialgemeinkosten
indirect tax – indirekte Steuer
indirect taxation – indirekte Besteuerung (Umsatz-, Verbrauchssteuern)
indispensable – unerläßlich, nicht ersetzbar, unentbehrlich
individual contract – Einzelvertrag
indivisibility – Unteilbarkeit (der Produktionsfaktoren)
induced development – induzierte Entwicklung
induced investment – induzierte Investition
induced mechanism – induzierter Mechanismus
inducement to buy – Kaufanreiz
inductive method – induktive Methode
industrial accident – Betriebsunfall, Unfall am Arbeitsplatz
industrial action – Streikmaßnahmen
industrial classification – Industrieklassifikation
industrial conflict – Arbeitskonflikt, -kampf
industrial conscription – Arbeits-, Dienstverpflichtung
industrial court – Arbeitsgericht
industrial democracy – Wirtschaftsdemokratie
industrial dispute – Arbeitskampf
industrial dynamics – Methode zur Analyse von industriellen Systemen (Forester) mit Hilfe eines Simulationsverfahrens
industrial engineering – Fertigungsplanung; Anwendung von technischen und wirtschaftswissenschaftlichen Prinzipien zur Rationalisierung industrieller Arbeitsprozesse
industrial espionage – Industriespionage
industrial estate – (geplantes) Industriegelände, Gewerbegebiet mit zentralen Einrichtungen
industrial goods – Investitionsgüter

industrial health – betriebliches Gesundheitswesen
industrial injuries plan – Berufsunfallversorgung
industrial injuries scheme – Berufsunfallversorgung
industrial injury – Arbeitsunfall
industrial life – Arbeitsleben
industrial market – Investitionsgütermarkt, Investitionsindustrie
industrial market research – Produktionsgütermarktforschung
industrial park – Industriepark (US); → industrial estate
industrial peace – Arbeitsfrieden
industrial policy – Industriepolitik
industrial relations – Beziehungen zwischen den Sozialpartnern (Arbeitgeber und Arbeitnehmer)
industrial reserve army – industrielle Reservearmee
Industrial Revolution – Industrielle Revolution
industrial system of accounts – Industriekontenrahmen (IKR) (FRG)
industrial targeting – verbraucherbezogene Exportanreize; branchenbezogener Protektionismus (Exporthilfe)
industrial training – gewerbliche Ausbildung
Industrial Training Board – Ausbildungskammer
industrial union – Industriegewerkschaft, Einheitsgewerkschaft
industrialist – Industrieller
industrialized countries – Industrieländer
industry – Industrie, Wirtschaftszweig
industry level → industrywide
industry-wide agreement – Tarifvereinbarungen für einen gesamten Industriebereich, Manteltarifvertrag
inefficiency – Wirkungslosigkeit, geringe Wirksamkeit, Ineffizienz
inequality – Ungleichheit
inertia – Trägheit, Immobilismus
infant industry – (schutzbedürftige) Industrie, vor allem in Entwicklungsländern
infant-industry argument – Erziehungszoll-Argument
inference – Folgerung, Schluß, Inferenz
inferior goods – minderwertige Güter, inferiore Güter
infinite – unendlich
infinite series – unendliche Reihe
inflation – Inflation
inflation accounting – inflationsbezogenes Rechnungswesen
inflationary gap – Inflationslücke
inflationary policy – Inflationspolitik
inflationary pressures – inflationäre Kräfte, Inflationsdruck
inflationary spiral – Inflationsspirale
inflection point – Wendepunkt (Funktion)
inflession – Inflession: synchron verlaufende Inflation und Rezession
inflexibility – Anpassungsunfähigkeit
influx – Zufluß
influx of foreign capital – Zufluß ausländischen Kapitals
informal sector – informeller Sektor
information – Nachricht, Mitteilung, Wissen, Auskunft
information-market-techniques – Informationsmarkttechniken
information processing – Informationsverarbeitung
information retrieval – Informationswiedergewinnung im Rahmen der EDV
information systems – Informationssysteme
information theory – Informationstheorie
infrastructure – Infrastruktur
ingenuity – innovativer Geist, Erfindergeist
ingot – Barren
inheritance tax – Erbschaftssteuer

initial allowance – Sofortabschreibung
initial cost(s) – Anschaffungskosten
initial period – Anlaufzeit
initial value – Anfangswert
injections – Bezeichnung für die Summe aus Investitionen, Staatsausgaben und Exporten im Keynesschen Einkommensmodell
injunction – Auflage, zu erfüllende Bedingung
inland revenue – Aufkommen an direkten Steuern (einschließlich Schenkungs-, Erbschafts- und Stempelsteuern)
Inland Revenue Office – (britische) Einkommensteuerverwaltung, Finanzamt
innovation – Neuerung, Innovation, umgesetzte Erfindung
input – Einsatzmenge
input coefficient – Vorleistungsanteil, Vorleistungskoeffizient
input-output analysis – Input-Output- Analyse: Untersuchung von Liefer- und Empfangsbeziehungen
input-output coefficient – Verflechtungskoeffizient, Input-Output-Koeffizient
input-output structure – industrielle Verflechtungsstruktur
input tax – Vorsteuer
inquiry – Anfrage, Erkundigung
inside lag – Handlungslag, Handlungsverzögerung
inside money – Innengeld, endogenes Geld, das auf den Verbindlichkeiten eines Systems basiert (z.B. Giralgeld des privaten Bankensystems)
insider dealings – Aktiengeschäfte durch Eingeweihte
insider trading → insider dealings
insolvency – Insolvenz
insolvent – zahlungsunfähig
inspection – Überwachung, Inspektion, Kontrolle
installations – Anlagen, Einrichtungen
instal(l)ment – Abzahlung, Ratenzahlung
instal(l)ment credit – Ratenkredit, Teilzahlungskredit
instal(l)ment credit business – Teilzahlungsgeschäft
instal(l)ment payment – Ratenzahlung
instant food – Fertiggericht(e)
Instinct – Bezeichnung für ein computerisiertes System des Wertpapierhandels (US, New York)
institution – Institution, Anstalt
institutional investor – Kapitalsammelstelle (Banken, Investmenttrusts etc.)
institutional monopoly – Meinungsmonopol
instruction – Anweisung; Ausbildung
instructor – Ausbilder(in)
instrument variable – Instrumentvariable
instruments of labo(u)r – Arbeitsmittel
insurance business – Versicherungsgeschäft
insurance coverage – Versicherungsschutz
insurance policy – Versicherungspolice
insurance premium – Versicherungsprämie
intangible assets – immaterielle Anlagewerte (Bilanz)
intangibles – immaterieller Wohlstand
integer – ganze Zahl (math.)
integer multiple – ganzzahliges Vielfaches
integer programming – ganzzahlige Programmierung
integral calculus – Integralrechnung
integrated circuit (IC) – integrierte Schaltung, Chip

intellectual frame of reference – gedanklicher Bezugsrahmen
intensity of competition – Wettbewerbsintensität
intensive margin – Gesamtertragsmaximum; Nullpunkt des Grenzertrags
inter-company sales – konzerninterne Umsätze
inter-industry analysis – Input-Output-Analyse, Verflechtungsbilanzanalyse
interbank facility – Geldhandelslinie
intercensal estimate – Fortschreibung (Zeitreihe)
intercept – Koordinatenabschnitt
inter-company comparison → interfirm comparison
interest – Zins
interest-bearing capital – Zinskapital (Marx)
interest equalization tax – Zinsausgleichssteuer (auf ausländische Wertpapiererträge)
interest on loans – Darlehenszinsen
interest rate – Zinssatz, -fuß
interest sensitivity – Zinsempfindlichkeit
interest yield – Zinsertrag
interested – (mit)beteiligt
interface – Interaktion, Schnittstelle
interference – staatliche Eingriffe
interfirm comparison – Betriebsvergleich
intergeneration equity – Intergenerationen-Ausgleich (Staatstätigkeit)
interim bond – vorläufiger Schuldschein
interim dividend – Zwischendividende
interim report – Zwischenbericht
interlocked capital – verschachteltes Kapital, Kapitalverflechtung
interlocking directorates – personelle Verflechtung der Führungsgremien der Aktiengesellschaften, Überkreuzverflechtungen
intermediary – Vermittler(in), Zwischenhändler(in)
intermediate good – Zwischenprodukt, Halbfabrikat
intermediate input – Vorleistung
intermediate lag – Anlaufverzögerung
intermediate output – intermediärer Ausstoß, Vorleistung
intermediate product → intermediate good
intermediate technology – alternative (angepaßte) Technologie
intermediate transactions – Vorumsätze
intermediation – Geld- und Kapitalvermittlung (Funktion der Banken als Kapitalsammelstelle und Kreditgeber)
internal audit – innerbetriebliche Rechnungsprüfung
internal calculation – innerbetriebliche Leistungsverrechnung
internal check – Betriebskontrolle, automatische Leistungskontrolle innerhalb eines Betriebes
internal control – innerbetriebliche Erfolgskontrolle (Oberbegriff zu → internal audit und → internal check)
internal debt – interne Schuld
internal economies of scale – interne Kostendegression
internal effects – interne Effekte: private Erträge oder Kosten
internal market – Binnenmarkt
internal price – Verrechnungspreis
internal rate of return – interner Zins
Internal Revenue Office – Finanzamt
Internal Revenue Service – Steuerverwaltung (US)
internal value – Inlandwert, Binnenwert
internalization – Internalisierung
International Bank for Reconstruction and Development – Internatio-

nale Bank für Wiederaufbau und Entwicklung, Weltbank
International Chamber of Commerce – Internationale Handelskammer
international commercial terms → incoterms
international commodity agreement – internationales Rohstoffabkommen
international company → multinational company
international competitiveness – internationale Wettbewerbsfähigkeit
international division of labo(u)r – internationale Arbeitsteilung
international economics – Außenwirtschaftstheorie, Außenwirtschaftspolitik, Theorie der internationalen Wirtschaftsbeziehungen
International Energy Agency (IEA) – Internationale Energiekommission
International Finance Corporation (IFC) – Internationale Finanzierungsgesellschaft der UNO
international financial reserves – Devisenreserven, -polster
International Labo(u)r Office – Internationales Arbeitsamt, Weltarbeitsamt
International Labo(u)r Organization – Internationale Arbeitsorganisation
international linkage – internationale Verflechtung
international liquidity – internationale Währungsreserven, Weltwährungsreserven, internationale Liquidität
International Monetary Fund – Weltwährungsfonds
international monetary system – internationales Währungssystem
international multiplier – internationaler Multiplikator; Multiplikator einer offenen Volkswirtschaft
international payments – internationale Zahlungen
international settlements – internationaler Zahlungsausgleich
international trade – internationaler Handel
international transmission of growth – internationale Übertragung des Wachstums
interpersonal comparison – intersubjektiver Vergleich
interplay – Zusammenspiel
interregional multiplier – interregionaler Multiplikator
intersection – Schnitt (zweier Kurven), Durchschnitt (Mengenlehre)
interval estimation – Intervallschätzung, Hypothesentest
intervention – (staatliche) Intervention, Einmischung
intervention board for agricultural produce – Einfuhr- und Vorratsstelle für landwirtschaftliche Erzeugnisse
intervention price – Interventionspreis (EG-Agrarmarkt)
interventionism – Interventionismus
interview – Interview, (Einstellungs-) Gespräch
intrinsic value – (stofflicher) Eigenwert, Substanzwert
introduction – Vorstellung, Einführung
inutility – Nutzlosigkeit
invalid – 1. Invalide, Invalidin 2. ungültig
invalidity – 1. Invalidität 2. Ungültigkeit
invention – Erfindung
inventories – Warenläger, Lagervorräte, Bestände
inventory – Inventar, Bestandsliste, Inventur
inventory accumulation – Lageraufbau, Aufbau der Lagerbestände
inventory changes – Lagerbestandsveränderungen
inventory cycle – Lagerzyklus

inventory decumulation – Lagerabbau, Abbau der Lagerbestände
inventory fluctuation – Lagerhaltungsschwankung
inventory investment – Vorratsinvestition, Vorratsveränderung
inventory investment cycle – Lagerzyklus
inventory loan – Lagerfinanzierung durch mittel- oder langfristigen Kredit
inventory par – Inventursoll(wert), Warensoll(wert)
inventory reserve – Rückstellungen in der Bilanz für Lagerabwertungen
inventory turnover (rate) – Umschlaghäufigkeit des Lagerbestandes, Quotient aus Durchschnittsumsatz und durchschnittlichem Lagerbestand
inventory valuation adjustment – Wertberichtigung des Vorratsvermögens
inverse of a matrix – invertierte Matrix, inverse Matrix
investigation – Untersuchung
investment – Investition, Anlage; Einlage, Beteiligung, Kapitaleinlage
investment abroad – Auslandsinvestition(en)
investment account – Vermögensrechnung, Vermögensveränderungskonto
investment allowance – Investitionsvergünstigung, Investitionsfreibetrag (Prozentsatz der Investitionssumme, der vom versteuerbaren Einkommen zusätzlich zur Abschreibung abziehbar ist)
investment anticipation – erwartete Höhe der Investition(en)
investment appraisal – 1. Rentabilitätsschätzung einer Investition 2. Investitionsberatungsfirma
investment criterion – Investitionskriterium
investment decision – Investitionsbeschluß
investment demand curve – Nachfragekurve für Investitionskapital bei verschiedenen Einsätzen
investment function – Investitionsfunktion
investment fund – Investmentfonds
investment good – Produktionsgut
investment grants – Investitionszuschüsse, staatliche Investitionshilfen (direkte Subventionen)
investment grants towards capital expenditure – Investitionszuschüsse zur Kapitalaufwendung
investment in human capital – Bildungsinvestition
investment in showpieces – Musterinvestition, «Parade»-Investition
investment incentive – Investitionsanreiz
investment income – Kapitaleinkünfte
investment income tax – Kapitalertragsteuer
investment multiplier – Investitionsmultiplikator
investment on equipment – Ausrüstungsinvestition(en)
investment opportunities – Investitionsgelegenheiten, ~möglichkeiten
investment opportunity curve – Beziehung von Investitionsvolumen und Investitionsrentabilität (I. Fischer)
investment-oriented economy – investitionsorientierte Wirtschaft
investment outlet – Anlagemöglichkeit
investment portfolio – Wertpapierportfeuille
investment ratio – Investitionsquote
investment-saving curve – Investitions-Spar-Kurve (IS-Kurve)
investment schedule – Investitionstabelle, Investitionsfunktion
investment tax credit – Steuerabzug für Investitionen, Investitionsprämie

investment trust – Investmentfonds
investor – Anleger(in), Investor(in)
investor protection – Anlegerschutz
invisible assets → intangible assets
invisible balance – Dienstleistungsbilanz, unsichtbare Ein- und Ausfuhr
invisible exports – unsichtbare Exporte, aktive Dienstleistungen
invisible hand – unsichtbare Hand (A. Smith)
invisible imports – unsichtbare Importe, passive Dienstleistungen
invisibles – unsichtbare Exporte und Importe, Dienstleistungsverkehr mit dem Ausland
invitation for (to) tender – Ausschreibung
invoice – Rechnung, Faktura
invoice price – Rechnungspreis
involuntary saving – Zwangssparen
involuntary unemployment – unfreiwillige Arbeitslosigkeit
IOU (I owe you) – Schuldschein
irredeemable security – ewige Anleihe, Konsols
irrigation – Bewässerung
iron law of wages – ehernes Lohngesetz
IRS → Internal Revenue Service
IS schedule – IS-Kurve
ISDN (integrated services digital network) – internationales Breitbandübertragungsnetz
iso-cost curve – Isokosten-Kurve (-gerade); Isotime
iso-cost line → iso-cost curve
iso-expenditure line – Budgetlinie
iso-product curve – Isoproduktkurve, Isoquante
iso-profit curve – Isogewinnkurve
iso-utility curve – Indifferenzkurve
isodapane – Isogesamttransportkostenlinie, Isodapane
isolated selling – homogenes Monopol
isoquant – Isoquante, Isoproduktkurve
isoquant curve – Isoquante, Isoertragskurve
isoquant map – (graphische Darstellung einer) Isoproduktkurvenschar, Isoquantenschar
isotim – Kostenindifferenzkurve, Ausgabenindifferenzkurve, Isotransportkostenlinie
issue – 1. Ausgabe (Zeitung, Aktien) 2. Angelegenheit, Streit-, Kern-, Angelpunkt
issue price – Emmissionskurs
issued capital – ausgegebenes Kapital
item – 1. Tagesordnungspunkt (Merkposten) 2. Bilanzposten 3. Gegenstand
itinerary – Route, Reiseplan

J

J-curve – zeitlicher Verlauf der Zahlungsbilanzentwicklung nach einer Abwertung in Kurvendarstellung (mit J-förmigem Verlauf)
jaw-bone (~ boning) – Wirtschaftssteuerung durch Überredung
job – Arbeitsplatz, Tätigkeit
job analysis – Arbeitsplatzanalyse
job costing – Einzel-, Auftragskalkulation
job description – Arbeitsplatzbeschreibung
job evaluation – Arbeits(platz)bewertung
job rate – Akkordrichtsatz (Lohnverfahren)
job rating – Arbeitsbewertung
job redesign – alternative Arbeitsgestaltung i.S. der Reduktion von Entfremdung
job rotation – Mitarbeiterschulung durch innerbetriebliche Stellenrotierung

job satisfaction – Arbeits(platz)zufriedenheit
job security – Arbeitsplatzsicherung
job-sharing → work-sharing
job specification – Anforderungsprofil
jobbing production – Auftragsfertigung, Einzel- oder Kleinserienfertigung
Johnson Act (US) – Gesetz über das Verbot der Kreditgewährung an sozialistische Staaten
joint action – Konzertierte Aktion
joint consultation – konzertierter Rat
joint control – Mitkontrolle
joint costs – Schlüssel-, Umlagekosten
joint credit – Konsortialkredit
joint demand – verbundene Nachfrage (Komplementärgüter)
joint floating – gemeinsames Floaten, Blockfloating
joint negotiating panel – gemeinsamer Verhandlungsausschuß
joint negotiation committee – gemeinsamer Verhandlungsausschuß
joint owner – Mitbesitzer(in)
joint product – Kuppelprodukt
joint production – verbundene Produktion
joint stock bank – (private) Depositenbank
joint stock company – Kapitalgesellschaft (US); OHG auf Aktien (GB)
joint supply – verbundenes Angebot
joint tax return – gemeinsame Steuererklärung
joint venture – Gemeinschaftsgründung; Beteiligungsgesellschaft
journal – Geschäftsbuch
journeyman – (Handwerks-)Geselle
junior partner – Juniorpartner(in): später (nach Geschäftsgründung) hinzugekommener Gesellschafter mit Minderheitsanteil
junk pile – Schrott-, Ausschußlager
just price – gerechter Preis
justice – Gerechtigkeit; Justiz

K

keep up with the Joneses – Jones-Effekt: Mitläufereffekt, Konsumkonformismus, Referenzgruppenkonsum
kerb market (GB) – Freiverkehrsbörse
key-account-management (KAM) – Kundengruppenmanagement (Konzentration von Marketingpolitik auf Hauptabnehmer)
key currency – Leitwährung
key-day (key-date) – Stichtag, Berichtszeitpunkt
key industrial emporium – wirtschaftliche Schlüsselstellung
key worker – hochqualifizierter Facharbeiter; Arbeiter für Spezialaufgaben
keynesian – keynesianisch
kick-back – Schmierprovision, illegale provisionsähnliche Zahlung
kindling the economy – die Wirtschaft anheizen, – ankurbeln
kinked demand curve – geknickte Nachfragekurve (Oligopol)
kite mark – (britischer) Standardnormstempel
knife-edge equilibrium – instabiler Wachstumspfad
knife-edge problem – Problem des «Wachstums auf des Messers Schneide» (Wachstumstheorie)
know-how – 1. Sachkenntnis, Fachwissen 2. theoretische Erkenntnisse und praktische Erfahrungen eines Unternehmens, die nicht rechtlich geschützt werden können

L

label – Etikett, Aufkleber, Zettel
labo(u)r – 1. Arbeit(skraft) 2. Arbeitnehmerschaft
labo(u)r agreement – Tarifvertrag
labo(u)r-augmenting progress – arbeitsvermehrender technischer Fortschritt, Harrod-neutraler technischer Fortschritt
labo(u)r bureau – Arbeitsamt
labo(u)r cost – Arbeitslöhne, Lohnkosten
labo(u)r court – Arbeitsgericht
labo(u)r displacement – Freisetzung
labo(u)r dispute – Lohnstreit
labo(u)r economics – volkswirtschaftliche Theorie der Arbeit
labo(u)r exchange – Arbeitsvermittlung, Arbeitsamt
labo(u)r force – Arbeitspotential, Arbeitskräftepotential, Arbeitsheer
labo(u)r force time lost (US) – verlorene Arbeitszeit durch Arbeitslosigkeit und Kurzarbeit im Verhältnis zur tariflichen Arbeitszeit
labo(u)r-intensive industry – lohnkostenintensive Industrie
labo(u)r law – Arbeitsrecht
labo(u)r-management relations – Verhältnis zwischen den Tarifpartnern
Labo(u)r-Management Relations Act – Betriebs-Verfassungsgesetz
labo(u)r market – Arbeitsmarkt
labo(u)r money – Arbeitsgeld (Owen)
labo(u)r power – (Ware) Arbeitskraft
labo(u)r productivity – (gesamtwirtschaftliche) Arbeitsproduktivität
labo(u)r relations → labo(u)r-management relations
labo(u)r rent – Arbeitsrente (Marx)
labo(u)r representation – Arbeitnehmerschaftvertretung
labo(u)r supply – Arbeitsangebot
labo(u)r theory of value – Arbeitswerttheorie
labo(u)r turnover – betriebliche Fluktuationsrate der Arbeit
labo(u)r turnover rate – Fluktuationsrate
labo(u)rer – ungelernter Schwerarbeiter, ungelernte Schwerarbeiterin
lack of capital – Kapitalmangel
lag – Anpassungsverzögerung
laggard – langsam, träge, saumselig
lagged consumption function – verzögerte Konsumfunktion
lagged output term – verzögerte Ausstoßvariable
lagged variable – verzögerte Variable
lagging indicator – Spätindikator, verzögerter Indikator
Lagrangian optimization – Lagrange-Optimierung
lame duck – 1. nicht lebensfähige Firma (GB) 2. ruinierter (Börsen)spekulant 3. nicht wiedergewählter Politiker (US)
LAN (local area network) – lokales Netz
land hoarding charge – Baulandsteuer
land registration – Eintragung ins Grundbuch
land-use planning – regionale Planung
landed property – Landbesitz, Liegenschaften
landlady – 1. Vermieterin 2. (Groß)grundbesitzerin
landlord – 1. Vermieter(in) 2. (Groß)grundbesitzer(in)
landmark – Wendepunkt
lapse (of a patent) – Ablauf, Erlöschen (eines Patentes)
large landed property – Großgrundbesitz
large-scale production – Massenproduktion, Serienfertigung
last-in-first-out – bilanzmäßige Vorratsbewertung unter der Annahme, daß die zuletzt gekauften Waren zuerst verkauft werden

latecomer – Zuspätkommender; Nachzügler (Entwicklungstheorie)
launching – 1. Ingangsetzung, Starten 2. Stapellauf
law of comparative advantages – Gesetz der komparativen Vorteile
law of comparative costs – Gesetz der komparativen Kosten
law of contract – Vertragsrecht
law of demand – Nachfragesatz
law of diminishing marginal utility – Gesetz des abnehmenden Grenznutzens (1. Gossensches Gesetz)
law of diminishing returns – Gesetz vom abnehmenden Grenzertrag, Ertragsgesetz
law of indifference – Prinzip der Preisunterschiedslosigkeit
law of large numbers – Gesetz der großen Zahl
law of markets (Say's law) → Say's law
law of nature – Naturgesetz
law of substitution – 1. zweites Gossensches Gesetz (Equimarginalprinzip) 2. Theorem der effizienten Faktorkombination
law of supply – Gesetz des Angebots
law of the diminishing (tendancy of the) rate of profit – Gesetz des tendenziellen Falls der Profitrate (Marx)
law of the increasing misery of the working class – Verelendungsgesetz (Marx)
law of tort – Vermögensschadensrecht (GB)
law of value – Wertgesetz
law of variable proportions – Gesetz variabler Grenzerträge (schließt das Ertragsgesetz ein), Ertragsgesetz im weiteren Sinne
law on co-management – Gesetz über die Mitbestimmung
law on labo(u)r relations at the workplace – Betriebsverfassungsgesetz
lawsuit – Prozeß, Rechtsstreit
lay-off – zeitweilige Entlassung (wegen streikbedingter Unterbrechung der Vorproduktlieferungen)
LCM → lower-of-cost-or-market
LDC (Less Developed Country) – UN-Klassifizierung: Entwicklungsland (s. LLDC)
leading agreements – beispielsetzende Lohnrunde, deren Abschlüssen andere Gewerkschaften, Branchen etc. folgen
leading indicator – Frühindikator, prognostischer Indikator
leading sector – Wirtschaftssektor, in dem sich primär Wachstumsimpulse bemerkbar machen
leads and lags – 1. Variation der Devisenreservehaltung im Außenhandelsgeschäft, um Kursänderungen auszunutzen 2. (positive und negative) Phasenverschiebung
leadtime – Vorlaufzeit (z.B. zwischen Auftragserteilung und Liefertermin); Lieferzeit
leaflet – Prospekt, Werbezettel
leakage – einkalkulierter Warenverlust
leakage effects – Sickereffekte
leap-frogging – Überspringen (von Gehaltsstufen)
lease – Pacht; Mietvertrag
leasehold – Erbpacht, Erbbaurecht
leasing – 1. Mieten, Miete; Vermietung 2. Pacht, Verpachtung 3. mietweise Überlassung von Investitionsgütern
least-cost combination – Minimalkostenkombination
least-outlay combination – Minimal(faktor)kostenkombination
least-square bias – Kleinstquadratbias, Kleinstquadratverzerrung
least-square estimator – Kleinstquadratschätzfunktion (Statistik)
least-square(s) method – Methode der kleinsten Quadrate

leave (of absence) – Urlaub (eines Arbeitnehmers) (US)
ledger – Buchhaltungsbuch
ledger type journal – amerikanisches Journal (Geschäftsbuch)
legacy – Legat, Vermächtnis
legal being – juristische Person
legal maximum price – gesetzlicher Höchstpreis
legal minimum price – gesetzlicher Mindestpreis
legal representative – 1. gesetzlicher Vertreter 2. Justitiar, Syndikus
legal reserve requirements – Mindestreservenerfordernis, Mindestreserve (US)
legal reserves – gesetzliche Rücklagen
legal tender – gesetzliches Zahlungsmittel
legally fixed ratio of exchange – gesetzlich festgelegtes Aus-, Umtauschverhältnis
leisure – Muße, Freizeit
lender – Kreditgeber(in), Gläubiger(in)
lender of last resort – Kreditgeber(in) letzter Instanz
lending – Kreditvergabe
lending commitment – Kreditzusage
lending rate – Sollzins
less developed country → LDC
lessee – Pächter(in)
lessor – Verpächter(in)
letter of credit – Kreditbrief
level – 1. Niveau, Höhe 2. absoluter Wert
level of employment – Beschäftigungsstand
level of technology – Stand der Technik
levels function – Funktion mit absoluten Werten
levels of hierarchy – Hierarchieebenen
leverage – 1. Anteil des festverzinslichen Kapitals am Gesamtkapital des Unternehmens 2. Disproportionalität 3. Druckmittel
leverage ratio – Verschuldungsgrad, Fremdkapital-Quotient (Fremdkapital durch Nettovermögen)
leverage risk – Verschuldungsrisiko
leveraged buyouts (LBO) – Unternehmensauskauf (i. d. R. kreditfinanziert)
leveraged position – disproportionale Gewinnsituation
levy – Wertsteuer, Abschöpfungsbetrag
liabilities – 1. Verbindlichkeiten, Haftpflicht, Haftbarkeit 2. Passivseite der Bilanz
liability – Passivum
liability for contributions – Beitragspflicht
liability insurance – Haftpflichtversicherung
liability to tax – Steuerschuld
licence – Konzession, Lizenz
licence duty – Konzessionsabgabe
licencing – Vermietung eines patent- oder urheberrechtlichen Verfahrens
licensing system – Konzessionsordnung
lien – Pfandrecht, Eigentumsvorbehalt
life (of a loan) → life span (duration)
life-cycle hypothesis – Lebenszyklushypothese (Konsumtheorie)
life insurance premium – Lebensversicherungsprämie
life of an asset – Lebensdauer eines Anlageguts
life span – Lebensdauer
lifo → last-in-first-out
light-industry products – Leichtindustrieprodukte
lightning strike – Blitzstreik
limit – Grenze, Preisgrenze
limit price – Höchstpreis
limit-pricing – monopolistische (Niedrig-)Preispolitik zur Abwehr potentieller Konkurrenten
limitation period – Verjährungsfrist

limitational input – limitationaler Input
limited – begrenzt, beschränkt
Limited (Ltd.) – Gesellschaftsform mit beschränkter Haftung
limited liability – beschränkte Haftung der Eigner (z.B. GmbH)
limited partner – beschränkt haftender Gesellschafter, Kommanditist, Teilhaber
limited partnership – Kommanditgesellschaft
limited wants – begrenzte Bedürfnisse
limiting case – Grenzfall
line – Befehlskette
line function – unmittelbare Aufgabe einer Unternehmung, wie Beschaffung, Produktion und Absatz
line of business – Branche, Geschäftszweig
line of command – Instanzenweg
line of credit – Kreditlinie
line of equality – Gleichheitslinie, 45-Grad-Linie
line of goods – Warensortiment
line organisation – Linienorganisation
line relationship – (formale) Anweisungsbeziehung, Vorgesetzten-Untergebenen-Linie
line systems – Liniensysteme
linear function – lineare Funktion
linear programming (LP) – lineare Programmierung, lineare Optimierung, lineare Planungsrechnung, Linearplanung: mathematisches Verfahren zur Bestimmung optimaler Verhaltensweisen von Wirtschaftssubjekten
link – Verbindungsglied
linkage – 1. Verflechtungsbeziehungen zwischen Industrien 2. Koppelung (von Modellen)
linkage effect – Verflechtungseffekt (Entwicklungstheorie: Hirschmann) → backward, forward linkage
liquid assets – Aktiva hoher Liquiditätsstufe
liquid ratio – Liquiditätskennziffer (Quotient aus Umlaufvermögen, vermindert um Lager- und Halbfabrikatbestände und kurzfristigen Verbindlichkeiten) syn.: acid-test ratio
liquidation – Firmenliquidation
liquidity – Liquidität
liquidity balance – Liquiditätsbilanz
liquidity preference – «Liquiditätsvorliebe»
liquidity ratio → acid test
liquidity trap – Liquiditätsfalle
little man – Kleinbürger, der kleine Mann
livelihood – Lebensunterhalt, Subsistenz, Auskommen, Existenz(grundlage)
livery companies – Bezeichnung der mittelalterlichen Gilden Londons
livestock – Vieh
living labo(u)r – lebendige Arbeit (Marx)
living wage – Subsistenzlohn
LLDC (Least developed country) – UN-Klassifizierung: am wenigsten entwickelten Entwicklungsland
LM schedule – LM-Kurve
load factor – Kapazitätsauslastungsquotient (Produktion/Kapazität · 100)
loan – Anleihe, Kredit, Darlehen
loan account – Darlehenskonto
loan authorities – Anleihebehörden (Gemeinden und Gemeindeverbände)
loan capital – Kreditkapital
loan interest – Anleihzins
loan-market line – Kreditmarktlinie
loan shark – Kredithai
loanable funds – Summe aller für das Geld- und Kreditangebot maßgebenden Größen, z.B. Sparen, Enthorten, Geldmengenvermehrung

lobby – Lobby: Macht-, Interessengruppe (die Abgeordnete zu beeinflussen sucht)
local – 1. örtlich, lokal 2. Gewerkschaftsortsverband
local area network → LAN
local public finance – Kommunalhauswirtschaft, kommunale Finanzwirtschaft
local tax – Gemeindesteuer
location – Standort
location analysis – Standortanalyse
location model – Standortmodell
location quotient – Standardquotient
location theory – Standorttheorie
lock-out – Aussperrung
locking-in-effect – Portfolio-Effekt (Kreditverfügbarkeitstheorie): Wertpapiere verlieren durch Kurssenkungen ihr Liquidationspotential
logarithmic scale – logarithmischer Maßstab
loggar – Gerät zur Erfassung und Verarbeitung von Meßwerten in der EDV
logrolling – zeitweises Bündnis von Kongreßabgeordneten zur Durchsetzung von Gruppeninteressen
lombard rate – Lombardsatz
long bond – Anleihe mit über zwanzig Jahren Laufzeit
long-dated gilt – börsengängiges Staatspapier mit über 10jähriger Laufzeit
long-dated gilt edged security → longdated gilt
long-range plan – langfristiger Plan
long-run – langfristige Periode, in der Preisänderungen auch zu Angebots- und Allokationsänderungen führen
long-run analysis – langfristige Analyse
long-run average costs – langfristige Durchschnittskosten
long-run costs – langfristige Kosten
long-run multiplier – dynamischer Multiplikator
long swings → long waves
long-term contract – langfristiger Vertrag
long-term liabilities – langfristiges Fremdkapital, langfristige Verbindlichkeit
long waves – lange Wellen
longevity – Langlebigkeit
longitudinal analysis – Längsschnittanalyse
longshoremen – Hafenarbeitergewerkschaft (US)
loop – (Rückkopplungs-)Schleife
loophole – Schlupfloch, Lücke (z.B. Steuergesetzgebung)
loot – Plündergut
loss – Verlust
loss carry-over – Übertrag eines Verlustes
loss in the value of money – Geldentwertung
loss leader – Lockvogelangebot (Preis unter Kosten)
loss of production – Produktionsausfall
loss relief – Verlustabzug
lot – 1. Teil, Anteil 2. Waren-, Lieferposten, Partie 3. Gelände, (Grundstücks)parzelle
low – Tiefstand, niedrig
low-consumption economy – Niedrigkonsumwirtschaft: nicht auf Verbrauchsgüterüberfluß ausgerichtete Wirtschaft
low-cost housing – sozialer Wohnungsbau
low gearing – Herabsetzung des Fremdkapitalanteils
low-powered money – Geld mit niedrigem Kreditschöpfungsmultiplikator
low-pressure economy – träge Wirtschaft
lower-income bracket – unterer Einkommensbereich
lower intervention point – unterer Interventionspunkt

lower-of-cost-or-market principle – Niederstwertprinzip (Kostenrechnung)
lower-order good – Gut niederer Ordnung
lower price limit – Niedrigstpreisgrenze
LP → linear programming
LTD. → Limited
lull – vorübergehendes Abklingen, Geschäftsstille, Flaute
lump-of-labo(u)r fallacy – Trugschluß, der auf der Annahme einer feststehenden Arbeitsmenge in einer Volkswirtschaft beruht
lump sum – Pauschalbetrag
lump sum contract – Werkvertrag zu einem Pauschalpreis
lump sum tax – einmalige Steuer
lumpen-proletariat(e) – Lumpen-Proletariat
luncheon vouchers – Essensmarken (für Belegschaftsangehörige)
Lundberg-Lag – Investitionslag, Lundberg-Lag: $I_t = f(C_{t-1}, I_{t-1})$
luxuries – Luxusgüter
luxury goods → luxuries
luxury tax – Luxussteuer

M

machine-down time – Maschinenstillstandszeit (z.B. für Reparaturen)
machine-idle time – Maschinenausfallzeit (z.B. wegen Zulieferausfällen)
machine language – Maschinensprache
machine loading – optimale Maschinenauslastung
machine wrecking – Maschinenstürmerei
macro-dynamics – makrodynamische Analyse
macroeconomic model of income determination – gesamtwirtschaftliches Kreislaufmodell (volkswirtschaftliche Gesamtrechnung)
macroeconomics – Makroökonomik, Makroökonomie
magic polygon – magisches Vieleck
mail order business – Versandgeschäft
mail order firm – Versandhaus
mailing list – Anschriftenkartei
main point – Schwerpunkt
mainstream corporation tax – Hauptkörperschaftssteuer
mainstream tax – Hauptkörperschaftssteuer
maintaining capital intact – Abschreibung im Rahmen der volkswirtschaftlichen Gesamtrechnung (Erhaltung der Produktionskapazität)
maintenance – Wartung, Instandhaltung
maintenance cost – Instandhaltungskosten
maintenance engineering – Maßnahmen der Instandhaltung und Pflege der Anlagen
maintenance margin – Nachschuß
maintenance shift – Wartungsschicht
major shareholder – Hauptaktionär(in)
majority – Mehrheit, Majorität
make-work – Arbeitsbeschaffungspraktiken der Gewerkschaften
maker – Hersteller
making a loan – Kreditvergabe
making-up price – Abrechnungskurs
maladjustment – Fehlanpassung
maldistribution – Mißverteilung, schlechte Verteilung
maldistributionist theory – Theorie der nicht optimalen Verteilung
malleable capital – homogenes und unendlich teilbares Produktionskapital
malnutrition – Unterernährung
man-hour – Arbeitsstunde

managed currency - manipulierte Währung (interventionistisch regulierter Währungskurs)
managed money → managed currency
management - 1. Betriebsleitung, -führung 2. Arbeitgeberschaft (allgemeiner Begriff)
management appraisal - Bewertung der Management-Leistung
management audit - Prüfung der Management-Tätigkeit
management board - Vorstand
management by objectives (MBO) - Unternehmensführung durch Zielvorgaben
management consultant - Unternehmensberater(in)
management development - Planung der Aus- und Weiterbildung von Führungskräften
management education - Weiterbildung von Führungskräften
management game - Management - Planspiel
management of the economy - sinngemäß: staatliche Stabilitätspolitik
management style - Führungsstil
manager - Manager(in), Geschäftsführer(in), Filialleiter(in), Abteilungsleiter(in)
managerial grid - Verhaltensgitter, Matrixdarstellung des Führungsverhaltens, Management-Netz
managing director - Vorstandsvorsitzende(r) (GB)
mandatory - obligatorisch, verordnet, zwingend
manning level - Ebene für Personalentscheidungen
manor (GB) - Grundherrschaft(ssystem)
manorial system - Grundherrschaft (Feudalismus)
manpower - 1. Arbeitskraft 2. volkswirtschaftliches Arbeitskräftepotential
manpower planning - 1. Personalplanung 2. volkswirtschaftliche Planung der Beschäftigung
Manpower Services Commission - Landesamt für Arbeitsvermittlung und Berufsausbildung
mantissa - Mantisse
manual worker - Handarbeiter(in)
manual workers' union - Arbeitergewerkschaft, Gegensatz → white collar union
manufactory - Manufaktur
manufacture - das Produzieren industrieller Erzeugnisse
manufactured goods (manufactures) - Fertigerzeugnisse, Industrieerzeugnisse, Manufakturwaren
manufacturer - Hersteller
manufacturing - weiterverarbeitende Industrie; produzierendes Gewerbe
manufacturing analysis - Arbeitsplanung innerhalb der Fertigplanung
manufacturing and extractive industry → (goods-producing) industry
manufacturing cost - Herstellungskosten
manufacturing planning - Fertigungsplanung
manufacturing process - Fertigungsverfahren, Herstellungsverfahren
manufacturing review - Arbeitsbericht
manufacturing worker - Produktions-, Fabrikarbeiter(in)
mapping - Abbildung, Funktion, Elementzuordnung (Mengenlehre)
margin - 1. (Gewinn-, Handels-) Spanne 2. Rand
margin of cultivation - Bebauungs-, (Produktions)grenze
margin of error - Fehlergrenze, -bereich
margin of fluctuation - Schwankungsbreite
margin of profit - Gewinnspanne
marginal - Grenzwert, Grenzrate, Veränderungsrate im Grenzbereich

marginal analysis – Marginalanalyse, Grenzbetrachtung
marginal approach – Lösung durch Differentiation
marginal borrower – Grenznachfrager nach Kredit, Grenzkreditnehmer
marginal buyer – Grenz-, Marginalkäufer, Grenz-, Marginalnachfrager
marginal capital-output ratio – Grenzkapitalkoeffizient
marginal cost(s) – Grenzkosten
marginal cost pricing – Marginalkostenpreis (vollständige Konkurrenz)
marginal costing – Grenzkostenrechnung
marginal disutility of labo(u)r – Grenzleid der Arbeit
marginal efficiency of capital – Grenzleistungsfähigkeit des Kapitals, interner Zinsfuß
marginal employment subsidies – Arbeitsplatzzuschüsse für strukturell schwache Arbeitsplätze und Problemgruppen
marginal firm – Grenzbetrieb
marginal growth contribution – marginaler Wachstumsbeitrag, besteht aus zwei Teilen: 1. aus dem durch den Wert des gegenwärtigen Konsumstroms gegebenen Wirkungsgrad 2. aus dem aus zusätzlichem Konsum entstehenden Wachstumsgrad
marginal income – Grenzeinkommen
marginal land – Grenzboden
marginal lender – Grenzanbieter von Kredit, Grenzkreditgeber
marginal physical product – physisches (reales, naturales) Grenzprodukt
marginal physical productivity – physische Grenzproduktivität
marginal pricing – Festlegung des Verkaufspreises in Höhe der Grenzkosten
marginal producer – Grenzbetrieb, Grenzanbieter
marginal product – Grenzertrag (bei Vermehrung eines Faktors um eine Einheit)
marginal productivity – Grenzproduktivität
marginal productivity criterion – Grenzproduktivitätskriterium (Entwicklungstheorie)
marginal productivity of capital → marginal efficiency of capital
marginal productivity theory of wages – Grenzproduktivitätstheorie des Lohnes
marginal profit – Grenzgewinn
marginal propensity – Grenzneigung
marginal propensity to consume – marginale Konsumneigung, Grenzneigung des Konsums
marginal propensity to export – Grenzhang zum Export, marginale Exportquote
marginal propensity to import – Grenzhang zum Import, marginale Importquote
marginal propensity to invest – marginale Investitionsneigung
marginal propensity to save – marginale Sparneigung
marginal propensity to spend – marginale Ausgabenneigung
marginal rate – Grenzrate
marginal rate of substitution – Grenzrate der Substitution (Konsumtheorie)
marginal rate of taxation – Grenzsteuersatz
marginal reinvestment criterion – marginales Reinvestitionskriterium (Entwicklungstheorie)
marginal return – Grenzertrag
marginal returns to scale – Niveaugrenzprodukt, -ertrag, marginaler Skalenertrag
marginal revenue – Grenzerlös
marginal revenue product – Grenzwertprodukt

marginal seller – Grenz-, Marginalverkäufer; Grenz-, Marginalanbieter
marginal social cost – volkswirtschaftliche Grenzkosten
marginal social product – marginale gesellschaftliche Wohlstandszunahme infolge des Mehreinsatzes eines Faktors (Berücksichtigung externer Effekte)
marginal tax rate – Marginalsteuersatz
marginal theory of distribution – Theorie der Grenzproduktivität (Verteilungstheorie)
marginal utility – Grenznutzen
marginal utility school of economics – Grenznutzenschule
marginal value product → marginal revenue product
marginal yield – Grenzertrag
marginalism – marginale Betrachtungsweise, grenztheoretische Methode
marginalist – Vertreter der marginalen Betrachtungsweise
mark-down – Preisabschlag, Preisermäßigung
mark-up – Aufschlag; Bruttogewinnspanne, Handelsspanne
mark-up inflation – Gewinndruckinflation
marked cheque (check) – bestätigter Scheck (GB), gekennzeichneter Scheck (US)
marked inflation – versteckte, latente Inflation
market – Markt
market analysis – Absatzforschung, Marktforschung
market and non-market forces – Kräfte innerhalb und außerhalb des Marktes; Marktkräfte und marktunabhängige Einflußgrößen
market basket – Warenkorb, Waren- und Dienstleistungskorb
market coverage – Marktanteil
market demand – Marktnachfrage
market dominant (position) – marktführend, hoher Marktanteil
market economy – Marktwirtschaft
market fluctuation – Konjunkturschwankung
market forces – Marktkräfte
market imperfection – Marktunvollkommenheit
market intervention – Marktintervention
market leader – Marktführer(in)
market mechanism – Marktmechanismus
market oriented – marktorientiert
market penetration – Marktdurchdringung (des Artikels im Bewußtsein der Marktteilnehmer)
market positioning – absatzpolitisches Erringen eines höheren Marktanteils, Verdrängungspolitik
market potential – Marktpotential
market price – Marktpreis
market report – Marktbericht
market research – Marktforschung, Absatzforschung
market saturation – Marktsättigung
market segmentation – Marktsegmentierung
market share – Marktanteil
market socialism – Marktsozialismus, sozialistische Marktwirtschaft
market structure – Marktstruktur
market supply – Marktangebot
market trend – Marktentwicklung
market value – Marktwert
marketable – marktfähig
marketable securities – kurzfristige Anleihen hohen Liquiditätsgrades (werden in der Bilanz wie Kasse gehandhabt)
marketing – 1. Absatz, Verkauf, Vertrieb 2. Gesamtheit aller Maßnahmen, ein Unternehmen auf die Erfordernisse eines Marktes auszurichten

marketing area – Absatzgebiet, Verkaufsbezirk
marketing audit – vertriebs- und marktpolitische Unternehmensanalyse
marketing mix – Absatzplanung, Kombination absatzpolitischer Instrumente
marketing plan – Absatzplan
marketing planning – Absatzplanung
marketing research – Absatzforschung, Marktforschung
marketplace – Markt, Marktplatz
markup pricing – Zuschlagskalkulation
married personal allowance – Steuerfreibetrag für Verheiratete
marxism – Marxismus
mass incomes – Masseneinkommen
mass of profit – Profitmasse (Marx)
mass picketing – Aufstellung von Streikposten
mass production – Massenproduktion
master budget – Gesamtetat
master craftsman – Meister(in)
material analysis – Rohstoffeindekkungsplan bei der Fertigplanung
material product system (MPS) – Nationaleinkommensrechnung, volkswirtschaftliche Gesamtrechnung der Staatshandelsländer
material(s) control – Materialprüfung
materialist conception of history – materialistische Geschichtsauffassung, historischer Materialismus
materialized labo(u)r – vergegenständlichte Arbeit (Marx)
maternity allowance – Mutterschaftsbeihilfe
maternity grant – Mutterschaftszuschuß
matrices – Matrizenrechnung
matrix – Matrix
matrix algebra – Matrizenalgebra
matrix notation – Matrix-Schreibart
maturity – 1. Fälligkeit(stermin), Restlaufzeit 2. Reifestadium
maximization – Maximierung
maximum benefit – größtmöglicher Nutzen
maximum period of repayment – Höchstdauer für die Abzahlung
mean – (arithmetischer) Mittelwert
mean deviation – (einfache) mittlere Abweichung, Streuungsmaß
mean(s) test – Bedürftigkeitsnachweis, Feststellung der Einkommens- und Vermögensverhältnisse
means – Mittel
means for deferred payments – Wertübertragungsmittel für spätere Zahlungen
means of production – Produktionsmittel
measure – 1. Maß 2. Maßnahme
measure of central tendency – Mittelwert, Zentralwert
measure of dispersion – Streuungsmaß
measure of value – Wertmaßstab, Wertausdrucksmittel
measured income – tatsächliches (expost) Einkommen (Konsumtheorie)
mechanical engineering – Maschinenbau
media – Werbeträger, Medien
media analysis – Werbeträgeranalyse
media research – Werbeträger-Wirkungsforschung: Untersuchung von Zahl, Art und Verhalten der Leser, Hörer oder Zuschauer von Werbeträgern
median – Medianwert
mediation – Arbeitskampf-Schlichtung (neutraler Dritter)
mediator – Schlichter(in), Vermittler(in)
Medicaid – Gesundheitsdienst für Bedürftige (US)
Medicare – staatlicher Gesundheitsdienst (für über 65jährige) (US)

medium-dated gilt – börsengängiges Staatspapier von fünf bis zehn Jahren Laufzeit (GB)
medium-dated gilt edged security → medium-dated gilt
medium income groups – mittlere Einkommensgruppen
medium of exchange – Tauschvermittler, Zwischentauschmittel
medium range – mittelfristig(er Bereich)
medium-sized firm – mittlerer Betrieb
medium term – mittelfristig
medium-term note – Kassenobligation, Schatzanweisung
meeting demand, requirements, etc. – Nachfrage, Anforderungen, etc. gerecht werden
member (of set) – Element einer mathem. Menge
member bank – 1. Mitgliedsbank des US Federal Reserve Systems 2. britische Geschäftsbank, die der Girozentrale (bankers' clearing house) angeschlossen ist
member country – Mitgliedsland
memo(randum) – 1. Aktenvermerk (innerorganisatorische Mitteilung) 2. Lieferschein (im Kommissionsverkauf) 3. Vereinbarung
memorandum of association – Satzung, Statut eines Unternehmens
memory – Computer-Speicher
mental and manual labo(u)r – geistige und manuelle Arbeit, Kopf- und Handarbeit
mercantile law – Sammelbegriff für Handels-, Verkehrs- und Seehandelsrecht
mercantile system – Merkantilismus, Kameralismus
merchandise – Waren, Handelsgüter
merchandise import – Warenimport
merchandising – 1. Verkaufsraumwerbung des Einzelhandels 2. Warenabsatz, Warenvertrieb, Vertriebsplanung, Verkaufspolitik
merchant – Kaufmann(-frau), Händler(in)
merchant bank – Handelsbank
merchanting trade (GB) – Transithandel
merger – Vereinigung, Verschmelzung, Fusion; Verschmelzungsvertrag; Fusionsvertrag
merit good – meritorisches Gut, quasiöffentliches Gut
merit payment – Leistungszulage
merit rating – Einstufung nach Leistung
merit want – quasi-öffentliches Bedürfnis, meritorisches Bedürfnis
meso-economic firm – Bezeichnung für Großunternehmen entsprechend ihrer Stellung zwischen Makro- und Mikroebene
metamorphosis – Metamorphose
metamorphosis of commodities – Warenmetamorphose (Marx)
métayage – Naturalpachtsystem
method of customs valuation – Verfahren der Zollbewertung
method of fluxions – Differential- und Integralrechnung
methodology – Methodologie
methods-time measurement (MTM) – Methoden-Zeitmessung: Verfahren zur Zerlegung manueller Arbeitsgänge in Grundbewegungen
microeconomics – Mikroökonomik, Mikroökonomie
middle management – mittlere Führungsschicht zwischen top management und Meistern (foremen), mittleres Management
middle price – Durchschnitt aus An- und Verkaufspreis eines Wertpapiers
middleman – Zwischenhändler(in), Handelsmann(-frau)
migrant worker → foreign worker
migrant workers' remittances – Gastarbeiterüberweisungen

milk lakes – «Milchsee» (Bezeichnung für die Milchüberproduktion der EG)
minimization – Minimierung
minimum age – Mindestalter
minimum (initial) deposit – Mindestanzahlung
minimum economic size – wirtschaftliche Mindestgröße
minimum lending rate – Rediskontsatz der Bank von England (seit 1972)
minimum pension age – Mindestrentenalter
minimum period of notice – Mindestkündigungsfrist
minimum price – Mindestpreis
minimum reserve ratio – Mindestreservesatz
minimum reserve requirements – Vorschriften über die Mindestreserven der Banken
minimum subsistence level – existenznotwendiger Lebensunterhalt, Existenzminimum
minimum wage – Mindestlohn
mining – Bergbau
minister of finance – Finanzminister(in)
minority – Minderheit, Minorität
minority interest – Minderheitsbeteiligung
mint – Münzprägeanstalt
mintage – Münzprägekosten, Schlagschatz
minutes of a meeting – Protokoll einer Sitzung
misallocation – Fehlleitung, Fehllenkung, Fehlinvestition
missing factor income – statistische Einkommenslücke, nicht erfaßte Faktoreinkommen (z.B. Schwarzarbeit)
mix of goods – Warenkorb (Indexberechnung)
mixed economic system – ökonomisches Mischsystem
mixed economy – gemischte Wirtschaftsordnung
mixed inflation → demand-shift inflation
MLR → minimum lending rate
mob-rule – Pöbelherrschaft
mobility of labo(u)r – Arbeitskräftemobilität
mobility of workers → mobility of labo(u)r
mode – Modalwert, dichtester Wert, häufigster Wert
mode of production – Produktionsweise (Marx)
modem – Modulator/Demodulator, Übertragungshardware für Einspeisung ins öffentliche Telefonnetz
moderation – Mäßigung
modern sector – industrieller Sektor (Entwicklungstheorie)
modest – bescheiden
modification – Erneuerung, Veränderung, Abänderung
modular housing (system) – Fertigbauweise, vorfabrizierte Wohnungseinheiten (s.a. prefabrication)
MOF → Multiple Option Financing Facility
«mom-pop» operation – «Tante-Emma»-Laden
monetarism – Monetarismus
monetary aggregate – Geldgesamtbestand
monetary base – Geldbasis, monetäre Basis
monetary conference – Währungskonferenz
monetary contraction – Einschränkung der Geldmenge
monetary correction – System der Wertsicherung durch Indexkoppelung
monetary crisis – Währungskrise
monetary economics – Geldtheorie; Geldpolitik
monetary flow – monetärer Strom, Geldstrom
monetary growth rate – Zuwachsrate der Geldmenge

monetary history - Währungsgeschichte
monetary inflation - Geldmengen-Inflation (Quantitätstheorie)
monetary policy - Währungspolitik, Geldpolitik; sinngemäß: Zentralbankpolitik
monetary reform - Währungsreform (Neufestsetzung der Geldeinheit)
monetary reserves - Währungsreserven
monetary theory - Geldtheorie
monetary union - Währungsunion
monetary variable - monetäre Variable, währungspolitische Größe
monetary wealth - Geldvermögen
monetization - Geldeigenschaft erlangen
monetization of the debt - Erhöhung des Zahlungsmittelumlaufs
money - Geld
money at call and short notice - Tagesgeld, kurzfristige Geldmarktkredite
money capital - Geldkapital
money changer - Geldwechsler
money economy - Geldwirtschaft
money flow - monetärer Strom
money gross national product - monetäres Bruttosozialprodukt
money holding propensity - Neigung zur Kassenhaltung
money illusion - Geldillusion
money in circulation - umlaufendes Geld, Transaktionskasse
money lender - Geldverleiher
money market - Geldmarkt
money market conditions - Geldmarktkonditionen, Kreditbedingungen am Geldmarkt
money market fund - Geldmarktfonds
money order - Geld-, Postanweisung
money output - monetär bewertete Produktionsmenge
money proper - Bargeld, Zentralbankgeld
money rent - Geldrente (Marx)
money stock - Geldvolumen
money substitute - Geldsurrogat
money supply - Geldangebot, Geldversorgung
money supply concept - Geldgesamtheit, Geldmengendefinition, Geldmengenbegriff
money supply expansion multiplier - Kreditschöpfungsmultiplikator, Geldschöpfungsmultiplikator
money unit - Währungseinheit
money value - Geldwert
money wage - Geldlohn, Nominallohn
moneyage - Münzgerechtigkeit
monoculture - Monokultur
monopolist - Monopolist
monopolistic competition - monopolistische Konkurrenz, monopolistischer Wettbewerb
monopoly - Monopol
monopsony - Nachfragemonopol, Monopson
monotonic function - monotone Funktion
monthly figures - Monatszahlen
monthly instal(l)ment - Monatsrate
monthly settlement - monatliche Abrechnung
moonlighting → illicit work
moral depreciation - moralischer Verschleiß (Marx)
moral hazard - subjektives Risiko (Versicherung)
moral philosophy - Gesellschaftswissenschaften (Moralphilosophie: bezeichnete im 18. und 19. Jahrhundert das Gesamtgebiet von Theologie, Recht, Staatswissenschaft)
moral sentiments - ethische Empfindungen (Smith)
moral suasion - Wirtschaftssteuerung durch Überredung, «Seelenmassage», Maßhalteappelle

morphological analysis – morphologische Analyse
mortality – Sterblichkeits(ziffer), Sterbehäufigkeit
mortality table – Sterblichkeitstabelle
mortgage – Hypothek, Pfandrecht
mortgage bond – Hypothekenpfandbrief
mortgage loan – Anleihe, Kredit, gesichert durch Hypotheken und Grundpfandrechte
most favoured nation clause – Meistbegünstigungsregel, -klausel
motion – Antrag (in einer Versammlung)
motion study – Bewegungsstudie (Arbeitswissenschaft), Zeitstudie
motivation(al) research – Motiv(ations)forschung (Marketing)
motive force – (technische) Antriebskraft, alle vom Menschen genutzten Bewegungskräfte (Zugtier, Wasser etc.)
motor insurance – Kraftfahrzeugversicherung
motor vehicle duty – Kraftfahrzeugsteuer
moving average – gleitender Durchschnitt
moving parity – gleitende Parität
MP (Member of Parliament, GB) – Mitglied des Parlaments
MTM → methods time measurement
muddling through – Politik des Durchwurstelns, um Revidierbarkeit zu erhalten (Popper)
multi-collinearity – Multikolliniarität
multi-industry firm – Mischkonzern, diversifizierender Großkonzern
multi-market firm → multi-industry firm
multi processing – Verfahren in der EDV, mit dessen Hilfe zwei oder mehrere Datenverarbeitungssysteme zu einem System zusammengeschlossen werden, um eine Parallelverarbeitung zu ermöglichen
multi-quadrant aggregative model – mehrquadrantisches Aggregationsmodell
multi-valued function – mehrwertige Funktion
multilateral – multilateral
multilateral trade – multilateraler Handel
multinational company → multinational firm
multinational firm – multinationaler Konzern, «Multi»
multiple equilibrium – multiples Gleichgewicht 1. bei mehreren Unternehmenszielen neben der Gewinnerwirtschaftung 2. mehrere Schnittpunkte von Grenzkosten- und Grenzerlöskurve
multiple exchange rates – multiple Wechselkurse
Multiple Option Financing Facility (MOF) – Absicherungsfazilität, die dem Kreditnehmer im Gegensatz zur Note Issuance Facility (NIF) die Möglichkeit der Finanzierung des Kapitalbedarfs über eine Palette kurzfristiger Finanzierungsinstrumente eröffnet
multiple piecework system – Stücklohnverfahren
multiple-product-system – Mehrproduktfall, ~system
multiple regression – multiple Regression, Mehrfachregression
multiple shops – Kettenläden (ältere Bezeichnung)
multiple stage sales tax – Mehrphasen-Umsatzsteuer
multiple taxation – Mehrfachbesteuerung
multiple unit retailing organization – Filialunternehmen im Einzelhandel
multiplier – Multiplikator
multiplier analysis – Multiplikatoranalyse

multiplier effect – Multiplikatorwirkung
municipal bond – Kommunalobligation
municipal enterprise – Kommunalbetrieb
municipal housing construction – Wohnungsbau, kommunaler
Murphy's law – Murphys Gesetz («Was schiefgehen kann, wird auch schiefgehen»)
mutual aid – gegenseitige Hilfe
mutual company – Gesellschaft auf Gegenseitigkeit (z.B. Genossenschaften)
mutual fund – Investmentfonds
myopia – Kurzsichtigkeit im Konsumverhalten (z.B. unzureichende Zukunftsvorsorge)

N

nadir – Tiefpunkt
NAIRU → non-accelerating inflation rate of unemployment
naive model – naives Modell
naive set theory – naive (d.h. nicht axiomatische) Mengenlehre
national accounting – volkswirtschaftliches Rechnungswesen
national accounts (statistics) – volkswirtschaftliche Gesamtrechnung
national banks – Banken mit bundesstaatlicher Konzession (US)
national budget – Nationalbudget
national currency – Landeswährung
national debt – Staatsschuld, Summe der öffentlichen Schulden
National Economic Development Council – Wirtschaftsrat (seit 1960) dem Staat, Verbraucher, Gewerkschaften und Arbeitgeber angehören (GB)
national health – Volksgesundheit
National Health Service – staatlicher Gesundheitsdienst
national income – Nationaleinkommen; wird, sofern nicht weiter spezifiziert, als Bezeichnung sowohl für das Brutto- als auch das Nettosozialprodukt zu Faktorpreisen benutzt
national income accounts – Volkswirtschaftliche Gesamtrechnung
national income accounts budget – Budget auf der Basis der volkswirtschaftlichen Gesamtrechnung
national income analysis – Volkseinkommensanalyse
national income theory – (makroökonomische) Einkommenstheorie
national insurance (GB) → social insurance (US)
National Insurance Act – Sozialversicherungsgesetz (GB)
national insurance card – Sozialversicherungskarte
national insurance contribution – Beitrag zur Sozialversicherung
national insurance number – Sozialversicherungsnummer
national planning – gesamtwirtschaftliche Planung
national product – Nationalprodukt, Sozialprodukt, Inländerprodukt
national wealth – Volksvermögen
nationalization – Verstaatlichung
nationalized industry – verstaatlichter Industriezweig
natural economy (proper) – Naturalwirtschaft
natural increase – natürlicher Bevölkerungszuwachs einer bestimmten Periode
natural interest rate – natürlicher Zins, originärer Zins
natural law – Naturrecht, Naturgesetz
natural level of unemployment – natürliche Arbeitslosigkeit (M. Friedman)
natural monopolies – Monopole, die aufgrund produktionstechnischer (unbegrenzt sinkender Grenzkosten)

Bedingungen entstehen (z.B. Versorgungs- und Leitungsnetze)
natural order - natürliche Ordnung (Physiokraten)
natural rate of interest - natürlicher Zins (Wicksell)
natural resources - Bodenschätze
natural right - Naturrecht
natural wastage - natürlicher Abgang von Arbeitskräften (z.B. Rentner)
nature of things (J. B. Say) - Natur der Sachen i.S. ihrer wesentlichen Eigenschaft, ihrer «Wahrheit»
NAWRU → non-accelerating wage rate of unemployment
NC → numerical control
near money - Quasigeld: Aktiva hoher Liquiditätsstufe
near-term effect - kurzfristiger Effekt
necessaries - lebensnotwendige Güter
necessary good - notwendiges Gut (Einkommenselastizität zwischen Null und eins)
necessity → necessary good
NEDDY → National Economic Development Council
need - Bedarf
negation - Negation
negative cash flow - Überhang der Zahlungsausgänge gegenüber den Zahlungseingängen (z.B. infolge langfristiger Zahlungsziele)
negative income tax - negative Einkommensteuer (M. Friedman)
negative investment - Desinvestition, negative Investition
negotiable - 1. umsetzbar, verkäuflich, durch Indossament übertragbar 2. verhandlungsfähig, aushandelbar
negotiable instruments - Effekten
negotiated wage - (vereinbarter) Tariflohn
negotiating right - Verhandlungsrecht
neighbourhood effects - Externalitäten, externe Effekte
neoclassical growth theory - neoklassische Wachstumstheorie
nepotism - Vetternwirtschaft
net assets - Summe aus Anlagen- und Umlaufvermögen, vermindert um die kurzfristigen Verbindlichkeiten
net book amount - wertberichtigtes Anlagevermögen
net cash flow - Summe aus Abschreibungen und nicht ausgeschütteten Gewinnen
net current assets - Umlaufvermögen
net dividend - Nettodividende
net domestic product - Nettosozialprodukt zu Faktorpreisen
net earnings → take-home-pay
net economic welfare - bereinigte ökonomische Wohlfahrt (Samuelson)
net exports - Nettoexport, Außenbeitrag, Exportsaldo
net factor income from abroad - Saldo der aus dem Ausland gezahlten und aus dem Ausland empfangenem Faktoreinkommen
net financial investment - Finanzierungssaldo
net flow - Nettoleistung
net in-migration - positiver Wanderungssaldo
net income - Nettoeinkommen
net income from abroad - Nettoeinkommen aus dem Ausland (Saldo der Einkommen aus Arbeit und Vermögen aus dem Ausland)
net income ratio - Anteil des Nettoeinkommens am Erlös
net investment - Nettoinvestition (Zuwachs zum Kapitalstock)
net investment spending - Nettoinvestitionsausgaben
net invoice price - Nettorechnungswert
net loss - Nettoverlust
net margin → net profit

net national product – Nettonationalprodukt, Nettosozialprodukt

net national product at market prices – Nettonationalprodukt, Nettosozialprodukt zu Marktpreisen

net operating income – Netto-Betriebserfolg, Nettoertrag

net out-migration – negativer Wanderungssaldo

net output – Nettoproduktionswert (Wertschöpfung)

net-present-value method – Kapitalwertmethode (Investitionsrechnung)

net private domestic investment (NPDI) – private Nettoinlandsinvestitionen

net profit – Reingewinn

net reproduction rate – Nettoreproduktionsrate

net return – Nettoertrag

net sales – Nettoumsatz

net social benefit – volkswirtschaftlicher, gesellschaftlicher Netto-Nutzen, volkswirtschaftlicher Wert

net tax liability – Nettosteuerschuld

net value added – Nettowertschöpfung, Nettoproduktionswert

net wage → take-home-pay

net worth – Nettoanteil, Eigenkapital einer Gesellschaft

net yield – effektive Rendite

network – 1. Netz(werk), System 2. Rundfunksender (US)

network analysis – Netzplantechnik

neutral rate of interest – Gleichgewichtszins

New Deal – «(Um)verteilung der Spielkarten», Reformprogramm des F. D. Roosevelt (1933)

new entrants – 1. neu ins Arbeitsleben tretende Personen (z.B. Schulabgänger) 2. Firmenneugründungen

New Industrial State – neuer Industriestaat (Galbraith)

New International Economic Order – Neue Weltwirtschaftsordnung (UNO 1974)

new money facility – Neukredit

New Town – Satellitenstadt (GB)

NIF → Note Issuance Facility

night-shift – Nachtschicht

no-claims bonus – Schadensfreiheitsrabatt

no-rent land – rentenloses Land (Ricardo)

nodal region – Ballungsregion

nodality – Knotung, Polarisierung (einer Region)

node – Knoten, Agglomerationskern

nominal account – Erfolgskonto

nominal balance – Sollbestand (Bilanz)

nominal capital – Grundkapital

nominal gross national product – nominelles Bruttosozialprodukt

nominal price – nominaler Preis i.S. eines Listen-, Katalog-, Schätzpreises usw. (Gegensatz: Marktpreis)

nominal value – Nominalwert (eines Wertpapiers)

nominal yield – Nominalverzinsung (eines Wertpapiers)

nominee shareholder – Strohmann-Aktionär

non-accelerating inflation rate of unemployment (NAIRU) – Arbeitslosenrate, preisniveaustabilisierende

non-accelerating wage rate of unemployment (NAWRU) – Lohnsatz, beschäftigungsstabilisierender

non-basic employment – nahbedarfstätige Personen

non-basic income – Nahbedarfseinkommen

non-basic sector – Folgeleistungssektor, nahversorgender Sektor

non-basic variable – Nichtbasis-Variable (Lineare Programmierung)

non-basics – Nicht-Basisgüter (Sraffa)

non-cash benefit → benefit in kind

non-contributory pensions - freiwillige Pensionsleistungen des Arbeitgebers, Betriebsrenten (beitragsfrei für die Begünstigten)
non-disposable capital - Stammkapital, gesetzliche Rücklage
non-durable good - Verbrauchsgut
non-essential good - nicht lebenswichtiges Gut
non-excludability - Nichtausschließbarkeit (öffentliche Güter)
non-expectational model - (mechanische) Modelle ohne ex-ante-Größen
non-factor cost(s) - nichtfaktorbezogene Kosten
non-income charges - einkommens-(gewinn-)unabhängige Belastung
non-income determinants - nicht einkommensbestimmte Determinanten
non-interest-bearing Treasury Bond - U-Schätze, U-Schein (unverzinsliche Schatzanweisung)
non-linear programming - nichtlineare Planungsrechnung
non-linearity - Nichtlinearität
non-manual workers' union - Angestelltengewerkschaft
non-market-clearing (prices) - nicht- markträumende (Preise)
non-market forces - außerhalb des Marktes stehende Kräfte, marktunabhängige Einflußgrößen
non-monetary advantages and disadvantages - immaterielle (und daher nichtmonetäre) Vorzüge und Nachteile eines Arbeitsplatzes
non-monetary gold - nicht monetäres Gold
non-negativity requirement - Nichtnegativitätsbedingung
non-negotiable - nicht verhandlungsfähig; nur zur Verrechnung; nicht übertragbar
non-negotiable findings - Importkontrollzeugnis
non-operational - betriebsfremd
non-pecuniary advantages and disadvantages → non-monetary advantages
non-pecuniary costs and benefits - immaterielle Kosten und Erträge
non-price competition - alle Wettbewerbsmaßnahmen unter Ausschluß von Preiswettbewerb (Werbung, Produktvariation u.a.)
non-profit (making) organization - gemeinnützige Organisation
non-recurring profit - außerordentlicher Ertrag
non-recursive systems - nicht-rekursive Systeme
non-reproducable assets - nicht reproduzierbares Realvermögen (z.B. Bodenschätze, Kunstwerke)
non-resident convertibility - Ausländerkonvertierbarkeit
non-rivalness in consumption - Ausschluß der Konsumentenkonkurrenz (Kollektivgüter)
non-singular matrix - nicht singuläre Matrix
non-tariff barriers (NTB) - nichttarifäre Handelshindernisse
non-taxable income - steuerbefreites Einkommen (z.B. Arbeitslosenunterstützung)
non-trivial solution - nicht-triviale Lösung
non-unique equilibrium → multiple equilibrium
non-voting shares - stimmrechtslose Aktien
nonwage benefits - Lohnnebenkosten
normal consumer - Normalverbraucher(in)
normal curve - Normalverteilungskurve
normal distribution - Gaußsche Normalverteilung
normal distribution curve - Normalverteilungskurve

normal good – Konsumgüter mit einer Einkommenselastizität der Nachfrage zwischen Null und Eins

normal working-day – normaler Arbeitstag

normative – normativ, wertend i.S. von Werturteilen

normative economics – normative Ökonomie

notation – Schreibart, Anschreibart (von Gleichungen etc.)

note – Banknote, Wechsel

Note Issuance Facility (NIF) – Absicherungsfazilität, die auf dem konzeptionellen Ansatz der RUF basiert. Sie unterscheidet sich von dieser hauptsächlich darin, daß die Notes nicht vom Sole Placing Agent sondern von einem Tender Panel am Primärmarkt plaziert werden

notes receivable – Schuldscheine, Solawechsel

notice – Kündigungsbescheid

notice of assessment – Veranlagungsbescheid

notional function – Gleichgewichtsfunktion (Ungleichgewichtstheorie); konjunkturale geplante Funktion (partielle Angebots- und Nachfragefunktion ohne Ungleichgleichgewichte auf anderen Märkten, keine «Mengenrationierung» auf irgendeinem Markt)

notional income – fiktives Einkommen (z.B. aus einer eigengenutzten Eigentumswohnung)

notional value – fiktiver Wert

NPDI → net private domestic investment

NRP (National Recovery Plan) → New Deal

NTB → net-tariff barriers

null hypothesis – Nullhypothese

number of transactions – Handels-, Transaktionsmenge

numbered account – Nummernkonto (Schweiz)

numerator – Zähler

numerical control – numerische Steuerung (der Produktion)

NYSE (New York Stock Exchange) – New Yorker Wertpapierbörse

O

oath of manifestation – Offenbarungseid

objective – Ziel, qualitatives Globalziel

objective function – Zielfunktion

obligation – 1. Pflicht 2. Schuldschein

obsolescence – Obsoleszenz, Verschleiß, Unbrauchbarkeit, technische Veralterung

obsolete – überholt, ausgedient, überflüssig geworden

occupancy – ursprüngliche Landnahme, Besitznahme, Okkupation

occupation – Beruf, Beschäftigung

occupational accident – Arbeitsunfall

occupational disease – Berufskrankheit

occupational guidance service – Berufsberatungsdienst

occupational hazard – Arbeitsunfallrisiko, Berufsrisiko

occupational mobility of workers – berufliche Arbeitskräftemobilität

occupational pensions scheme – Betriebsrenten(-vereinbarung)

occupational union – Berufsgewerkschaft

ochlocracy – Ochlokratie, Pöbelherrschaft (Entartung der Demokratie)

odd jobs → casual work

off-the-record statement – inoffizielle Aussage

offense – Verstoß, Vergehen

offensive – 1. Vorstoß, Offensive 2. offensiv
offer – (An)gebot, Offerte, Vorschlag
offer curve – Tauschkurve; Angebotskurve eines Angebotskurve eines Landes für ein Gut auf dem Weltmarkt
Office of Management and Budget – Budgetamt (US)
office worker – Bürokraft
official action – organisierte Kampfmaßnahme
official channel – Dienstweg
official reserves – amtliche Reserven
offset account – Verrechnungskonto
offshore banking – Bankgeschäfte außerhalb der nationalen Grenzen bzw. der Währungsgesetzgebung eines Landes
ojt → on-the-job-training
old-age benefit → old-age pension
old-age insurance – Altersversicherung
old-age pension – Altersrente
old debt – Altschulden
oligarchy – Oligarchie
oligopoly – Oligopol
oligopsony – Oligopson
OMB → Office of Management and Budget
on call – auf Abruf
on cost – Gemeinkostenzuschlag (zu den direkten Produktionskosten)
on par – 1. gleichwertig, Vergleich standhaltend 2. (Plan-)Sollerfüllung
on-the-job-training – Ausbildung am Arbeitsplatz
one-off production – Sonderanfertigung, Auftragsproduktion
one-sector model – Einsektormodell
one-stage tax – Einphasensteuer
online – Direktleitung (EDV)
onset – erster Ansturm (Börse)
open cheque – Barscheck
open loop – offene Regelstrecke
open-market operations – Offenmarktgeschäfte, -politik
open market policy – Offenmarktpolitik
open-market value – Marktwert
open-mouth policy – Hochzinspolitik eines Landes, die zu Devisenzuflüssen führt und damit Abwertung anderer Währungen bewirkt
open price system – System offener Preise: Informationssystem innerhalb eines Unternehmensverbandes über Preise und Lieferbedingungen der Mitglieder
open pricing – Preismitteilungen zwischen Konkurrenten (Vorstufe zu Preisabsprachen)
open shop – nicht gewerkschaftspflichtiger Betrieb
opening – 1. (Er)öffnung 2. offene Stelle
opening inventory – Anfangs-, Eröffnungsinventur
opening price – Eröffnungspreis (Börse)
opening stock – Anfangs-, Eröffnungsinventar
operating assets – Betriebsvermögen
operating budget – Betriebsvoranschlag für einen zur Ausführung beschlossenen Plan
operating capital – Betriebskapital
operating chart – Arbeitsplan
operating costs – Betriebskosten, variable Kosten
operating efficiency – Wirtschaftlichkeit
operating expense ratio – Quotient zwischen variable Kosten und Erlös
operating expenses → operating costs
operating function – unmittelbare Aufgabe einer Unternehmung wie Beschaffung, Produktion und Absatz
operating income ratio – Quotient zwischen Erträgen und Erlösen
operating leverage – Hebelwirkung der Fixkosten
operating loss – Betriebsverlust, Geschäftsverlust

operating profit – Differenz aus Gesamtgewinn und variablen Kosten, Betriebsgewinn; Geschäftsgewinn
operating rate – Grad der Kapazitätsauslastung (US)
operating ratios – Meßziffern zur Effizienzbeurteilung (z.B. Kapazitätsauslastung, Lagerumsatz)
operating result – Betriebsergebnis
operating statement – Betriebsergebnisrechnung, ausführliche Gewinn- und Verlustrechnung
operating supply – Hilfs- und Betriebsstoffe
operating surplus – Betriebsgewinn, Geschäftsgewinn
operation – 1. Betrieb, Geschäft 2. Verfahren, Vorgang, Prozeß 3. Arbeitsgang
operation analysis – Betriebsanalyse
operation job card – Arbeitskarte
operational – 1. betriebsspezifisch, betriebs~ 2. in Betrieb(sbereitschaft)
operational game – Unternehmensplanspiel
operational gearing – Hebelwirkung der Fixkosten für Betriebsanlagen
operational leverage → operational gearing
operations research (OR) – 1. Optimalplanung 2. Anwendung mathematischer Methoden zur Vorbereitung optimaler Entscheidungen
operator – 1. Fabrikant(in) 2. Börsenspekulant(in), Börsenspieler(in) 3. Operateur (z.B. einer EDV-Anlage)
opinion leaders – Meinungsbildner
opinion poll – Meinungsumfrage
opinion polling – Meinungsbefragung
opinion research – Meinungsumfrage
opportunity cost – Opportunitätskosten, Alternativkosten
opportunity curve – Budgetgerade, Einkommensgerade, Bilanzgerade (Indifferenzkurvenanalyse)
optimal quantity of money – optimale Geldmenge (M. Friedman)
optimisation of organisational rules – Optimisierung der Organisationsregeln
optimum order quantity – optimale Auftragsgröße
optimum pattern of production – optimale Struktur von Produktion und Handel
OR → operations research
order book – Auftragsbuch; Auftragsbestand, Bestand an unerledigten Aufträgen
order intake – Auftragseingang
order of merit-rating – Vergleichsindex eines Werbewirksamkeitstests
order of preference – Präferenzordnung
order position – Auftragslage
order to negotiate – anglo-amerikanische Sonderform des Akkreditivs
ordered array – Reihenfolge, Rangordnung
orderly marketing agreement – Selbstbeschränkungsabkommen, «freiwillige» Exportbeschränkung
ordinal utility – ordinal meßbarer Nutzen
ordinary depreciation – Normalabschreibung
ordinate – Ordinate
ore deposit – Erzlager
organ company – Organgesellschaft (unter völliger Kontrolle der Muttergesellschaft)
organic composition of capital – organische Zusammensetzung des Kapitals (Marx)
organization (organisation) and methods (O and M) – Organisationsanalyse
organization chart – Organisationsplan
organization(al) development – Organisationsentwicklung

organization manual – Organisationshandbuch
organization structure → process organisation
organizational culture – Organisationskultur
organizational design – Organisationsgestaltung
organizational structure – Organisationsstruktur
organized labo(u)r – gewerkschaftlich organisiert
organized market – organisierter Markt, Punktmarkt
origin – (Koordinaten-)Ursprung
origin (background), social – (soziale) Herkunft
original cost – Anschaffungskosten, Herstellungskosten
original goods – freie Naturgüter (z.B. Wasserquelle)
original producer – eigentumsfreie Naturgüter sowie Anbieter von Arbeit
orthodox monetary policy – orthodoxe Geldpolitik
oscillating system – Schwingungssystem
oscillation – Schwingung, Oszillation
oscillation component – Schwingungskomponente, oszillatorische Komponente
oscillatory model – oszillierendes Modell
other things remaining equal – ceteris paribus
out-of-court settlement – außergerichtlicher Vergleich
out-of-pocket costs – variable Kosten
out-turn – 1. Ist-Ergebnis, faktische Leistung 2. (tatsächliches) Steueraufkommen
out-work – Heimarbeit (Verlagssystem)
outlay tax – Ausgabensteuer
outlays – Kostenaufwand (bewerteter Güterverkehr), Ausgaben
outlet – Vertriebsstelle, Niederlassung, Zweigstelle; Absatzmarkt
outline collective agreement → umbrella agreement → industry-wide-agreement
output – Ausstoß, Ausbringung
output capacity – Produktionskapazität, Stückleistung
output gap – Deflationslücke
output-income lag – Ertrags-Einkommens-Lag
output per man – Ausstoß je Arbeitskraft
output per man-hour – Ausstoß je Arbeitskraft pro Arbeitsstunde
output tax – Bruttomehrwertsteuer (GB)
outright purchase – fester Abschluß eines Kaufvertrages
outside consultants – externe Berater
outside lag – Wirkungsverzögerung, Außenverzögerung
outside money – exogenes Geld eines Systems, z.B. Zentralbankgeld für das private Bankensystem (Gegensatz: inside money)
outstandings – Außenstände, ausstehende Gelder, unbeglichene Rechnungen
over-full employment – Überbeschäftigung
over-investment theory – Überinvestitions-, Überproduktionstheorie
over-saving theory – Theorie des Unterkonsums infolge ungleichmäßiger Einkommensverteilung
over-subscription – Überzeichnung (einer Anleihe)
over-the-counter market – 1. Börsenfachausdruck für den nicht zum offiziellen Handel zugelassenen Wertpapierhandel (US) 2. Wertpapiergeschäft am Bankschalter (GB)
over time – im Zeitablauf
overaccumulation – Überakkumulation
overagio – Extraprämie, Aufgeld (GB)

overall unemployment – Gesamtarbeitslosigkeit
overcapacity – Überkapazität
overcapitalise – überkapitalisieren
overcharge of tax – Steuerüberzahlung
overdraft – Überziehungskredit, Kontokorrentkredit
overdrawn account – überzogenes Konto
overhead(s) → overhead cost(s)
overhead absorption – Gemeinkostenverrechnung
overhead capital – Allgemeinkapital
overhead cost(s) – Gemeinkosten; indirekte, dem Investitionsobjekt nicht zurechenbare Kosten
overhead rate – Gemeinkosten-Zuschlagssatz
overheated economy – überdrehte (heißgelaufene, abgenutzte) Wirtschaft
overkill – Übertreiben eines Arguments, einer Propagandakampagne und dgl.; → overselling
overlapping authorities – Kompetenzgerangel
overloaded economy – Volkswirtschaft mit zurückgestauter Inflation
overmanning – Überbesetzung mit Arbeitskräften
overproduction – Überproduktion
overseas income – Auslandseinkommen
overseer – Aufseher(in)
overselling – überzogene Absatzpropaganda (bewirkt Abwehr beim Beworbenen)
overspill – (Bevölkerungs)überschuß, der auf benachbarte Gebiete ausweicht
overspill areas – Entlastungsgebiete
overstaffing → overmanning
overstock – Übervorratung
overtime – Überstunden
overtime ban – Überstundenverweigerung; Überstundenverbot
overtime pay – Lohn für Überstundenarbeit
overtrading – Unterschreiten der finanziellen Kapazität (Liquiditätsschwierigkeiten infolge zu hoher Lagerhaltung)
overvalued currency – überbewertete Währung
overvaluation – Überbewertung
own capital – Eigenkapital
own make – Eigenfabrikat, eigenes Erzeugnis
owner – Eigentümer(in) (juristisch)
owners' (owner's) equity – Eigentümeranteil(sanspruch) am Nettovermögen
ownership – Eigentum (juristisch)
ownership and management – Eigentümer- bzw. Familienunternehmen

P

P.A. (power of attorney) → proxy
p.a. → **particular average**
package deal – Verhandlungskompromiß, Koppelungsgeschäft
packaged good – abgepackte Ware
packaging – Verpackungsgestaltung
paid-in capital – Einlagekapital, eingezahltes Kapital
paid out – ausbezahlt, -gezahlt
paid up – abgezahlt, abgetragen
paid-up capital – begebenes Aktienkapital (im Gegensatz zum beschlossenen Kapital), eingezahltes Kapital
panel – 1. Ausschuß, Gremium 2. Befragtengruppe 3. Kassenärztliche Vereinigung (GB)
paper currency → paper money
paper money – Banknoten, Papiergeld
paper profit – 1. unrealisierter Gewinn 2. Inflations(schein)gewinn: Scheingewinn infolge inflatorischer

Preissteigerung und Unterbewertung von Materialien
par – Pari, Nennwert, Sollwert
par of exchange – Wechselkurs
par value – Ausgabewert eines Wertpapiers (Nominalwert)
paradigma-shift – Paradigma-Wandel
paradox of thrift – Sparparadoxon, Widersinn des Sparverhaltens
paradox of value – Wertparadoxon
paradox of voting (Arrow) – Abstimmungsparadoxon
parallel pricing – Preispolitik, gleichgerichtete (Oligopol)
parameter – Parameter
parent company – Muttergesellschaft, Obergesellschaft
pareto-optimality – Pareto-Optimalität
parity – Parität
parity of purchasing power – Kaufkraftparität
parity price – Paritätspreis (US)
part payment – Teilzahlung
part-time worker → short-time worker
partial derivative – partielle Ableitung
partial equilibrium – partielles Gleichgewicht
partial equilibrium analysis – partielle Gleichgewichtanalyse (Marshall), Partialanalyse
partial unemployment – partielle Arbeitslosigkeit
participating preference share (GB) – mit zusätzlicher Gewinnbeteiligung ausgestattete Vorzugsaktie (i.d.R. für Betriebsangehörige)
participation – Beteiligung
participation in decision-making – Entscheidungsbeteiligung
participation rate – Erwerbstätigenquote; Quotient aus der Zahl der Personen im arbeitsfähigen Alter und der Gesamtbevölkerungszahl
participative management – Entscheidungs- und Verantwortungsprozesse durch innerbetriebliche Beteiligung der Mitarbeiter
particular average – bestimmter Durchschnitt
partnership – 1. Partnerschaft, Zusammenarbeit 2. Personengesellschaft (KG, OHG)
party to contract – Vertragspartner(in)
passing along → passing on
passing from quantity into quality – Qualitätensprung, Umschlagen der Quantität in Qualität
passing on – abwälzen (z.B. Kosten)
passive – Bezeichnung für ein Defizit der Leistungsbilanz
path of the economy – Konjunkturverlauf, Trendlinie einer Volkswirtschaft
pattern – Muster, Schablone, Schema, Struktur
pattern of final consumption – Endnachfragestruktur
pauperism – Armut, Pauperismus
pawn shop – Pfandhaus
pawnbroker – Pfandleiher
pay – Lohn, Gehalt, Bezahlung
pay-as-you-earn system – Lohnsteuer-Abzugsverfahren: Quellenbesteuerung von unselbständigen Einkommen (GB)
pay-as-you-go – Lohnsteuerabzugsverfahren
pay-as-you-go system – Umlagensystem, Quellenbesteuerung (US)
pay-back – Frist, in der die Investitionskosten durch die kumulierten Nettoerlöse zurückfließen
pay-back period – Amortisationsdauer (Investitionsrechnung)
pay code – einkommenspolitische Normen für Löhne und Gehälter

pay-day – 1. Zahltag, Erfüllungstag 2. Erfüllungstag bei Termingeschäften (Londoner Börse)
pay increase – Lohnerhöhung
pay-off matrix – Auszahlungsmatrix (Spieltheorie)
pay-off period → pay-back period
pay-out time – Der Zeitraum, der notwendig ist, einen investierten Geldbetrag über verdiente Abschreibungen wieder zurückzugewinnen
pay pause – Lohn- und Gehaltsstop
payables – Fälligkeiten, Schulden
payee – Zahlungsempfänger
payer – Zahler
payment according to benefit received – Äquivalenzprinzip (Besteuerung)
payment by piecework – Stücklohn
payment by results – Stücklohn; Leistungslohn (im Dienstleistungssektor)
payment in advance – Vorauszahlung
payment in full – volle Zahlung
payment in kind – Trucksystem, Naturalentlohnung
payment interval effect – Zahlungsintervalleffekt
payment of wages – Lohnauszahlung
payment on account – à Konto- Zahlung
payment-pattern effect – Zahlungsrhythmuseffekt
payments during sickness and unemployment – Zahlungen bei Krankheit und Arbeitslosigkeit
payroll – Lohn-, Gehaltsabrechnung, Lohnliste
payroll deductions – Lohnsteuerabzüge; Abrechnung der Gewerkschaftsbeiträge durch den Arbeitgeber
payroll tax – Lohnsummensteuer
peaceful picketing – legale (gewaltlose) Abwehr von Streikbrechern
peak – Konjunkturgipfel, Zyklusspitze, Scheitel, Höhepunkt, Gipfel, oberer Wendepunkt der Konjunktur
peak capacity – Höchstleistungsgrenze
peak capitalism – Hochkapitalismus
peak demand – Spitzenbedarf
peak load – 1. Nachfragespitze 2. Höchstlast, Spitzenbelastung
peak of demand – Spitzenbedarf
peak of production – Produktionshöchststand
pecuniary return – monetärer Ertrag, monetär bewerteter Ertrag
pecuniary spill-over – monetärer externer Effekt
peddler (US), pedlar (GB) – Hausierer(in)
peer-group – Gleichaltrigengruppe
peg – fester Preis, fester Kurs, Parität
pegged rates – Wechselkurse, feste
pegging the exchanges – Wechselkursstabilisierung (durch Zentralbankinterventionen am Devisenmarkt)
penetration – Durchdringung
penetration pricing – Preispolitik bei der Einführung neuer Produkte
pension – Rente
pension age – Pensionsalter
pension fund – Pensionsfonds, -kasse
pension plan – Pensionsplan
pension scheme → pension plan
pensionable earnings – pensionsanrechnungsfähiges Einkommen
peonage – Tagelohn, Schuldknechtschaft
per capita – pro Kopf
per capita income – Einkommen pro Kopf, Durchschnittseinkommen
perceivable risk – kalkulierbares Risko, übersehbares Risiko
percentage (rate) – Prozentsatz
percentile – Perzentil
perfect competition – vollkommener Wettbewerb, vollständ. Konkurrenz
perfect elasticity – vollkommene Elastizität, unendliche Elastizität
perfect flexibility – vollkommene Flexibilität

perfect knowledge of a market – vollkommene Markttransparenz
perfect market – vollkommener Markt
performance – Leistung, Verhalten, Handlung, Erfüllung
performance bond – Gewährleistungsgarantie
performance criteria – Durchführungsrichtlinien (z.B. Kreditkonditionen)
performance review – Leistungsbesprechung
peril point – kritische Schwelle von Zollsenkungen, von der an die Inlandsindustrien der Importkonkurrenz nicht mehr standhalten können (US)
period – Periode
period of guarantee – Garantiezeit
period of usefulness – Nutzungsdauer
perishable goods – leicht verderbliche Waren
permanent accounts – Bestandskonten
permanent assignment – feste Anstellung
permanent income – permanentes Einkommen, Dauereinkommen, langfristig erwartetes Einkommen
permanent income hypothesis – Dauereinkommenshypothese
permissible margin of fluctuation – zulässige Schwankung
permission – Genehmigung
permit → permission
perquisites – Nebeneinkommen, Sondervergütung (GB); Selbsterworbenes (US)
personal account – Personenkonto
personal allowance – persönlicher Freibetrag, Steuerermäßigung wegen persönlicher Verhältnisse
personal consumption – privater Konsum
personal direct taxation – persönliche und direkte Besteuerung
personal distribution of income – personelle Einkommensverteilung
personal income – persönliches Einkommen
personal income tax – persönliche Einkommensteuer
personal loan – Personalkredit
personal property tax – Vermögenssteuer
personal sector – Teil der nicht profitwirtschaftlich arbeitenden Privatwirtschaft (z.B. private Wohlfahrtseinrichtungen), Haushaltssektor
personal selling – Direktverkauf
personal share (GB) – Namensaktie
personal tax – Personensteuer (z.B. Einkommenssteuer)
personnel – Personal
personnel department – Personalabteilung
personnel management – Personalverwaltung, Personalführung, Personalleitung
personnel representative – Belegschaftsvertreter
personnel selection – Personalauswahl
petit bourgeois – Kleinbürger
Petrodollars – Öl-, Petrodollar
petty bourgeois – kleinbürgerlich
petty cash – Bargeldkasse
Petty's Law – Zunahme des tertiären Sektors
phase – Phase
phasing out – 1. Gesundschrumpfung, gewolltes Auslaufen strukturschwacher Industrie 2. Auslaufen eines Produkts (i.d.R. durch neues Modell allmählich ersetzt)
Phillips loop – Phillips-Schleife
physical composition of capital – technische Zusammensetzung des Kapitals (Marx)
physical control – Bewirtschaftungsmaßnahme, naturale Produktionslenkung und Konsumrationierung

physical distribution – betriebliche Warenverteilung: die Überbrückung der räumlichen und zeitlichen Differenzen zwischen der Produktion von Gütern und ihrer Konsumtion
physical means – verfügbare Hilfsmittel
physical output – mengenmäßiger Ausstoß
physical production surface – Produktionsmengengebirge, Ertragsgebirge
physical stocktaking – Warenbestandsaufnahme
physiocrats – Physiokraten
picket – Streikposten
pie chart – grafische Darstellung von Prozentanteilen als Segmente eines Kreises («Tortenform»)
piece-rate – Stücklohn
piecework – Stückarbeit, Akkordarbeit
pig cycle – Schweinezyklus
pilferage – Plünderung (in kleinen Mengen, z.B. von Material)
pilot lot – Nullserie, Versuchslauf
pilot production – Prototyp-Produktion
pilot projects – Pilot (Versuchs-)Projekte
Pink Book – populäre Bezeichnung der jährlichen Zahlungsbilanzstatistik Großbritanniens
pirating – Abwerbung von fremden Arbeitskräften
pixel – Kurzform von Picture, Element, Bildpunkt
placing – Plazierung einer Neu-Emission
plan – Plan
planned economy – Planwirtschaft
planned obsolescence – geplanter Verschleiß
planning – Planung, Entwurf einer Planung
planning agreement – freiwillige Planabsprache zwischen Regierung, Gewerkschaften und Großinvestoren (GB)
planning blight – (bauleit-)planungsbedingter Schaden (z.B. Fabrikneubau in der Nähe eines Wohnhauses)
plant – Werk, Fabrik, Betriebsanlage, Betriebsstätte
plant agreement – Betriebsvereinbarung
plant bargaining talks – innerbetriebliche Tarifverhandlungen
plant capacity – Betriebskapazität; Fabrikkapazität
plant-lease – Verpachtung von Fabrikationsanlagen
plant management – Betriebs-, Produktions-, Fabrikleitung
plant, property and equipment (PPE) – langlebige Produktionsanlagen, Anlagevermögen
plastic credit – Kreditkarten
plastic money → plastic credit
pledge – 1. Zusage, Zeichnung 2. Pfand
plenty and dearth – Überfluß und Mangel
plethora – Kapitalüberfülle (Marx) (wörtlich: Blutandrang)
plough back profits – Reinvestierung von Gewinn
ploughed-back profit – einbehaltener Gewinn
plow back (US) → ploughed back profit
plutocracy – Plutokratie
point elasticity – Punktelastizität
point estimation – Punktschätzung
point of purchase – Verkaufsstelle, -moment
point of sale – Verkaufsplatz für Produkte
point-of-sale advertising – Werbung am Verkaufsort
point of tangency – Tangentenpunkt
point rationing – Produktgruppenrationierung

polarization - Polarisierung, widersprüchliche Entwicklung
polarization effect - Polarisierungseffekt
policy - Taktik, Politik, Versicherungspolice
policy-effect lag - Auswirkungsverzögerung politischer Maßnahmen
policy-holder - Versicherungsnehmer
policy mix - Abstimmung und Integration wirtschaftspolitischer Instrumente
policy of cheap money - Politik des billigen Geldes
policy of deficit spending - Defizitpolitik
policy of exhortation - Wirtschaftssteuerung durch Überredung
policy of income distribution - Verteilungspolitik
policy of money supply - Geldmengenpolitik
policy simulation - wirtschaftspolitische Simulation
policy variable - Instrument(en)variable
political - politisch
political arithmetic - Politische Arithmetik: Bezeichnung für die statistischen Forschungen im 17. und 18. Jahrhundert
political economy - Nationalökonomie, Volkswirtschaftslehre, Politökonomie
political market - Markt für öffentliche Güter
political strike - politischer Streik
politico-economic effects - politisch- ökonomische Wirkungen
poll - Umfrage; Wahl, Wahlgang
poll tax - (kommunale) Kopfsteuer
polling - EDV: Abrufbetrieb von gespeicherten Daten bei mehreren geographisch getrennten Anlagen
pollution - (Umwelt-)Verschmutzung
pool - Pool, Ring, kartellierte Absprache, Interessengemeinschaft, Kartell, (Einkaufs)genossenschaft
poorhouse - Armenhaus
popular front - Volksfront
population census - Bevölkerungsbefragung, Volkszählung
population density - Bevölkerungsdichte
population explosion - Bevölkerungsexplosion
population growth - Bevölkerungswachstum
population overspill - (abgewanderter) Bevölkerungsüberschuß
population potential - Bevölkerungspotential
population pressure - Bevölkerungsdruck
population projection - Bevölkerungsprognose
population pyramid - Alterspyramide
portfolio - Wertpapierportefeuille eines Investors
portfolio investment - indirekte Investition, Erwerb von Wertpapieren
portfolio management - Portefeuillezusammensetzung, -verwaltung
position - 1. Position, Posten, Stellung 2. Haltung, Stellungnahme
positioning - absatzpolitisches Erringen eines klaren Marktanteils, Marktabgrenzung gegenüber Konkurrenzprodukten
positive economics - positive Wirtschaftstheorie (im Gegensatz zur normativen Ökonomie)
positive feed-back (process) - positive (verstärkende) Rückkopplung
possession - Besitz (juristisch)
possessor - Besitzer(in) (juristisch)
post constitutional - nach dem Zeitpunkt der Vereinbarung der Verfassung

post office savings bank – Postsparkasse
posted price – Listenpreis
poster – Plakat
posttest – Nachher-Prüfung
potential entrant – potentieller Anbieter, potentielle Anbieterin
potential gross national product – potentielles Bruttosozialprodukt
potential output – potentieller Ausstoß einer Volkswirtschaft oder eines Unternehmens
poverty – Armut
poverty test → means test
poverty trap – Lähmung der Arbeitsbereitschaft durch Fürsorgeleistungen etc. (wörtlich: Armutsfalle)
power of attorney → proxy
PPE → plant, property and equipment
PR → public relations
pre-emption – Vorkaufsrecht
pre-tax profit – Gewinn vor Steuerabzug
precautionary demand – Geldnachfrage aus Vorsorgegründen
precautionary motive – Vorsichtsmotiv (Kassenhaltung)
precondition – Voraussetzung
predation (Pareto) – Ressourcenverbrauch ohne Output
predatory pricing – Vernichtungspreis, Preis unter Kosten
predetermined variable – exogen oder durch dynamische Funktionen bestimmte Variable in einem simultanen Gleichungssystem
prediction – Vorhersage
predictive record – (erwiesene) prognostische Effizienz
prefabrication – Fertigbau(weise)
preference scale – Nutzenskala
preference share – Vorzugsaktie
preferential duty – Vorzugszoll
preferred stock – Vorzugsaktien(kapital) (US)
preferred trading nation – bevorzugte Handelsnation
preindustrial sector – vorindustrieller Sektor (Entwicklungstheorie)
prejudice – Vorurteil
preliminary expenses – Gründungskosten (einer Firma)
premature retirement – vorzeitige Pensionierung
premium – 1. Versicherungsprämie 2. (positive) Differenz zwischen Kurs- und Nominalwert eines Wertpapiers; Kursaufschlag
premium exchange rate – Devisenvorzugskurs
premium paid on accident and health insurance policy – Prämien auf Unfall- und Krankenversicherungspolice
premium pay – Prämienlohn
premium savings bond (premium bond) – Prämienschein
prepaid – 1. kurzfristige Abgrenzungsposten 2. vorausbezahlt
prepaid premium – Vorauszahlung
preparatory work – Fertigungsvorbereitung, vorbereitende Arbeiten
prerequisite for development – Entwicklungsvoraussetzung
present value – diskontierter Gegenwartswert
preserved work – vorgetane Arbeit
president – Vorstandsvorsitzende(r)
pressure group – Interessengruppe
prestabilized harmony – prästabilisierte Harmonie
prestige good – Prestigegut
pretest – Vorprüfung
prevalence – Überlegenheit, Vorherrschaft; allgemeine Gültigkeit
preventive measure – Präventivmaßnahme
previous accumulation (A. Smith) – ursprüngliche Akkumulation
price – Preis

price administration - Preisadministration
price bid - Preisangebot
price ceiling - Preisobergrenze
price competition - Preiskonkurrenz, Preiswettbewerb
price control - Preiskontrolle, Preisüberwachung
price cut - Preissenkung
price deflator - Preisbereiniger, Deflationierungsfaktor
price discrimination - Preisdifferenzierung
price-earnings ratio - Kurs-Gewinn-Rate (Wertpapiere)
price elasticity of demand - Preiselastizität der Nachfrage
price estimate - Preiskalkulation
price ex works - Preis ab Werk
price expectation - Preiserwartung
price-fixing - Preisfestsetzung, staatliche Preisregelung
price floor - Preisuntergrenze
price freeze - Preisstop
price guarantee - Preisgarantie
price hike - (allgemeiner) Preisanstieg
price increase - Preissteigerung
price index - Preisindex
price indicator - Preisindikator
price intervention - Preisintervention
price leader - Preisführer
price leadership - Preisführerschaft
price leading - Preisführerschaft
price line - Bilanzgerade
price list - Preisliste
price maintenance - Preisbindung
price maker - Monopolist
price making - Preisfestsetzung
price mechanism - Preismechanismus
price method - Stücklohnverfahren (US)
price of production - Kosten plus Zuschlag eines Normalgewinns
price policy - Preispolitik
price range - Preisspanne
price ratio - Preisrelation
price reduction - Preisherabsetzung
price regulation - Preisregulierung
price restriction - Preisbeschränkung
price ring - Preiskartell
price rule - Preisvorschrift
price searcher - Preisfixierer, Monopolist
price setter → price searcher
price signal - Preissignal
price stability - Preisstabilität
price supervision - Preisüberwachung
price support - Preisstützung, Intervertionspreissystem (Agrarpolitik)
price surveillance → price supervision
price-taker - Preisnehmer; Mengenanpasser
prices of production theory - Produktionspreistheorie (Marx)
pricing policy - Preispolitik eines Unternehmens
primary accumulation - ursprüngliche Akkumulation
primary commodity - Primärgut, Rohstoff
primary data - Primärdaten
primary deposits - durch Einzahlungen entstandene Einlagen, ursprüngliche Depositen, unmittelbares Giralgeld
primary export - primärer Export
primary factor of production - ursprünglicher Produktionsfaktor
primary fuel - Primärenergie (z.B. Kohle)
primary income - Primäreinkommen
primary input - primärer Input, primäre Aufwendungen
primary market - Primärmarkt, Markt für Neumissionen auf dem Wertpapiermarkt

primary money - originäres Geld, Primärgeld
primary producer - Erzeugerland von Primärgütern, Rohstoffland
primary production - Primärgüterproduktion, Rohstofferzeugung
primary products - Grundstoffe
primary sector - Urproduktion; Grundleistungssektor
primary trend - Grundtrend (z.B. bei Aktienkursbewegungen)
prime acceptances - Privatdiskonten
prime costs - 1. synonym zu variablen Kosten 2. variable Kosten plus der Fixkostenanteile, die bei Einstellung der Produktion einzelner Sparten fortfallen
prime rate - Eckkreditzinssatz, Sollzinsfuß für erste Adressen (US), Primärrate
primitive accumulation - ursprüngliche Akkumulation
principal - Darlehenssumme
principal budget factor - Hauptrestriktionsgröße für die Entwicklung eines Unternehmens (z.B. Absatz)
principal objective - Hauptziel
principal value - Kapitalwert
principle - Prinzip, Grundsatz
principle of efficiency - Leistungsprinzip
principle of equal advantage - Prinzip vom gleichen Vorteil
print-out - Computer-Ausdruck, -Bogen
prior charges - Summe aus Anleihezinsen und Vorzugsdividende
priority - Priorität, Vorrang, Vorzug
prisoner's dilemma - Gefangenen-Dilemma
private company - Privatunternehmen
private consumption - privater Konsum
private costs - private Kosten, individuelle Kosten
private enterprise - 1. Privatwirtschaftssystem 2. privatwirtschaftliche Aktivität
private net product - Nettosozialprodukt zu Faktorpreisen (Pigou) im Unterschied zum «social net product», das die externen Kosten berücksichtigt
private ownership of the means of production - Privateigentum an den Produktionsmitteln
private property - Privateigentum, Sondereigentum
private sector - Privatsektor
private want - privates Bedürfnis, individuelles Bedürfnis
privately owned - in Privatbesitz
privileges - Privilegien, Erleichterungen, Begünstigungen
pro-cyclical - prozyklisch
pro-cyclical policy - prozyklische Politik
probability - Wahrscheinlichkeit
probability calculus - Wahrscheinlichkeitsrechnung
probability distribution - Wahrscheinlichkeitsverteilung
probability sample - Wahrscheinlichkeitsstichprobe
probationary period - Probezeit
procedure - Verfahren, Ablauf
procedure oriented language - verfahrensorientierte Programmiersprache
procedures - Verfahrensordnung in Verwaltungsabläufen
proceeds - Erlös, Ertrag
process - Vorgang, Prozeß
process chart - Ablaufplan
process control - Prozeßkontrolle
process industry - verarbeitende Industrie
process model - Ablaufmodell
process planning - Prozeßplanung
process ray - Prozeßgerade (Produktionstheorie)
proclaiming a state of emergency - Notstand ausrufen

procuration – Zeichnungsberechtigung, Unterschriftsvollmacht, Prokura
procurement – Beschaffung, Anschaffung
procurement tying – Beschaffungsbindung
prodigality – Verschwendung, Überfluß
produce – Produkt, Naturerzeugnis
produce exchange (market) – Warenbörse
producer – Hersteller, Erzeuger
producer price index – Erzeugerpreisindex
producer rent – Produzentenrente
producers' durable equipment – Ausrüstungsinvestitionen
producer's sovereignty – Produzentensouveränität
producer's surplus (A. Marshall) → producer rent
producing industries – Produktionswirtschaft
producing sector – produzierendes Gewerbe
product – 1. Erzeugnis, Produkt 2. Ertrag
product contour – Isoproduktkurve
product differentiation – Produktdifferenzierung
product exhaustion – Nullgewinn-System (Modelltheorie)
product for further processing – Vorerzeugnis
product mix – Produktionsprogramm
product mix planning – Planung eines gemischten Sortimentsangebots
product policy – Produktdifferenzierung, Produktpolitik
product test – Warentest
production – Erzeugung, Herstellung, Fertigung, Produktion, Fabrikation
production approach – Entstehungsrechnung
production budget – Produktionsbudget
production coefficient – Produktionskoeffizient, Vorleistungskoeffizient
production control – Überwachung des Produktionsablaufs
production cost – Herstellungskosten
production drop – Produktionsrückgang
production facility – Produktionseinrichtung, Produktionsstätte
production figure – Produktionsziffer, -rate
production frontier – Produktionskapazitätskurve
production function – Produktionsfunktion
production indifference curve – Transformationskurve, Produktionskapazitätskurve
production line – Fließband
production management – Organisation und Führung des Fertigungsbereiches einer Unternehmung
production overheads – Fertigungsgemeinkosten
production plan – Produktionsplan
production planning – Fertigungsplanung
production possibility boundary – Produktionsmöglichkeitskurve, Transformationskurve, Produktionsgrenze
production possibility curve → production possibility boundary
production possibility frontier → production possibility boundary
production potential – Produktionspotential
production process – Produktionsprozeß
production rate → production figure
production schedule – Produktionsplan
production statement (of a firm) – Produktionskonto (eines Unternehmens)
production surface – Ertragsgebirge

productive burden centre (~center) – Fertigungskostenstelle
productive capacity – Leistungsfähigkeit
productive expenditure – wachstumsfördernde Staatsinvestitionen
productive function – produktive Aufgabe
productive potential – volkswirtschaftliches Produktionspotential
productive power – Produktionskraft
productive resource – Produktivkraft, Produktionsfaktor
productive service – Faktorleistung, Produktivleistung
productivity – Produktivität, Ertragsfähigkeit, Rentabilität
productivity agreements/deals – Produktivitätsabkommen
productivity bargaining – 1. produktivitätssteigernde (Betriebs-)Vereinbarungen 2. produktivitätsorientierte Tarifpolitik
productivity curve – Ertragskurve
productivity deal → productivity agreement
productivity incentive system – Anreizsystem zur Produktivitätssteigerung
productivity theory of interest – Produktivitätstheorie des Zinses
professional qualification – berufliche Qualifikation, fachliche Eignung
profit – Profit, Gewinn, Ertrag, Nutzen, Verdienst, Vorteil
profit and loss – Gewinn und Verlust
profit-and-loss account – Gewinn- und Verlustrechnung, Erfolgsrechnung; Erfolgskonto
profit before taxes – Gewinn vor Steuern
profit center – Erfolgsbereich einer Unternehmung
profit contribution – Deckungsbeitrag, Erfolgsbeitrag
profit expectation – Gewinnerwartung
profit incentive – Anreiz, um Profit zu erzielen
profit making – Gewinnerzielung
profit margin – Gewinnspanne
profit maximization – Gewinnmaximierung
profit motive – Gewinnstreben, Profitorientierung
profit-push-inflation → markup-inflation
profit rate – Profitrate (Marx)
profit sharing – Gewinnbeteiligung
profit taking – Gewinnmitnahmen (Aktienmarkt)
profitableness – Wirtschaftlichkeit, Rentabilität
profiteer – Schieber, Kriegsgewinnler
profits lost – entgangener Gewinn
prognosis – Prognose
program(me) – EDV: Programm
program(me) description – EDV: Programmbeschreibung, Programmdokumentation
program(me) evaluation and review technique (PERT) – Netzplantechnik
program(me) flow – Programmablaufplan
programmed instruction – programmiertes Lernen, programmiertes Lehrmaterial
programming criterion – Programmierungskriterium; Ausgangspunkt: Problem der Herstellung eines Gleichgewichts zwischen Angebot und Nachfrage verschiedener Güter und Faktoren
progressive scales of tax rates – progressiver Steuertarif
prohibition of interest – Zinsverbot
project management – Planung, Organisation, Durchführung und Kontrolle einer größeren Aufgabe innerhalb einer Organisation
project manager – Projektleiter(in)
project planning – Projektplanung

project tying – Projektbindung, Zweckbindung
projection – Vorhersage, Prognose
proletariat(e) – Proletariat
prolongation – Verlängerung
promissory note – Schuldschein, Eigen-, Solawechsel
promotion – Werbung, Beförderung, Förderung
promotional mix – Verkaufsförderungsmethoden
proof – 1. Korrekturabzug, Fotoabzug 2. Beweis
propensity – Neigung
propensity to consume – Konsumneigung, Konsumquote
propensity to export – Exportneigung, Exportquote
propensity to import – Importneigung
propensity to invest – Investitionsneigung
propensity to save – Sparneigung
propensity to spend – Ausgaben-, Konsumneigung
property – Eigentum(srecht), Titel, Vermögen, Vermögensgegenstand; Liegenschaften, Immobilien, (bauliches) Objekt
property tax – Vermögenssteuer, Grundsteuer
proportional rate – Proportionalsatz
proportional schedule of tax rates – proportionaler Steuertarif
proposed distribution of profit – Gewinnverteilungsvorschlag
proprietor – Eigentümer(in), Inhaber(in), Besitzer(in)
proprietor income – Einkommen aus Vermögen und Besitz
prospectus – Zeichnungsangebot (Aktien) in einer Zeitungsanzeige
prosperity – Prosperität, Hochkonjunktur
protection – Schutz
protection against dismissal – Kündigungsschutz
protectionism – Protektionismus
protective duty – Schutzzoll
protective food – bewirtschaftete Lebensmittel
provision – 1. Beschaffung 2. Vorrat 3. Provision 4. Provisorium
proxy – Stellvertreter(in), Stellvertretung, Vollmacht
proxy variable – beobachtbare Größe/Variable, die stellvertretend für eine nichtbeobachtbare Variable steht
public – Öffentlichkeit, gemeinnützig, Staats~
public bond – Staatsschuldverschreibung (US)
public choice – kollektive Entscheidungen
public company – (eingetragene) Kapitalgesellschaft
public consumption – Staatskonsum
public debt – öffentliche Verschuldung
public deposits – Zentralbankguthaben der öffentlichen Hände
public enterprise – ökonomische Tätigkeit des Staates, öffentliche Unternehmen (gemischte Wirtschaft)
public expenditure(s) – Ausgaben der öffentlichen Hände und öffentlichen Unternehmen
public expenditure multiplier – Staatsausgabenmultiplikator
public finance – Finanzwissenschaft
public good – öffentliches Gut, Kollektivgut
public interest – öffentliches Wohl
public investment – öffentliche Investition
public limited company – Aktiengesellschaft (GB)
public opinion – öffentliche Meinung
public overhead capital – Infrastruktur

public ownership – Staatsbesitz, öffentliches Eigentum
public relations – Kontaktpflege
public revenue – Staatseinnahmen
public sector – öffentlicher Sektor, Staatssektor
public sector borrowing requirement – Kreditbedarf der öffentlichen Hand
public service – öffentlicher Dienst
public spirit – Gemein(schafts)sinn
public utility – 1. öffentliches Versorgungsunternehmen 2. gesellschaftlicher Nutzen
public want – öffentliches Bedürfnis, Kollektivbedürfnis
public works – öffentliche Arbeiten (i. S. von Arbeitsbeschaffungsmaßnahmen)
publicity – Publizität, Reklame, Werbung
publisher – Verleger(in)
puffer – Person ohne Kaufabsicht, die nur bietet, um den Preis hochzutreiben
pull effect – Sogwirkung
pulverization – Zerfall, Zerlegung
pump priming – Ankurbelungsmaßnahme, konjunkturelle Initialzündung, Konjunkturspritze
punch(ed) card – Lochkarte
punch(ed) tape – Lochstreifen
purchase order – Kaufauftrag, Kundenauftrag
purchase pattern – Käuferverhalten
purchase permit – Bezugsschein, Bezugsgenehmigung (Kriegswirtschaft)
purchase price – Einkaufspreis
purchase proposition – Verkaufsargumentation
purchase tax – Verbrauchssteuer, Kaufsteuer
purchasing – Beschaffung(swesen), Einkauf
purchasing officer – Einkäufer(in)
purchasing power – Kaufkraft
purchasing power parity theory – Kaufkraftparitätentheorie
pure competition – vollständige Konkurrenz, vollkommene homogene Konkurrenz
pure monopoly – homogenes Monopol
pure public good – spezifisch öffentliches Gut
pure theory of international trade – reine (reale, güterwirtschaftliche) Außenwirtschaftstheorie
purposive sample – bewußte Stichprobe
pursuit of profit – Gewinnstreben
purveyor – Lieferant
putting-out system – Heimarbeit (Verlagssystem)
putty-clay – wörtlich: Kitt-Ton 1. Irreversibilität der Technikwahl nach vollzogener Investition eines Unternehmens 2. Wachstumsmodell mit ex-post- Technikauswahl
pyramid selling (scheme) – Schneeball-Verkaufs-System (Kette von Verkäufern und Unterverkäufern)
pyramiding – 1. Unternehmensbeherrschung durch Holding-Gesellschaften, Verschachtelung 2. Benutzung noch nicht realisierter Gewinne zu neuen Spekulationen 3. Einlage-Kreditkette, Kreditkettenbildung

Q

quadrant – Quadrant
qualification – Qualifikation
qualification system – Qualifikationssystem/Qualifizierungssystem
quality – Qualität, Beschaffenheit, Güte
quality assurance analysis – Qualitätskontrolle
quality circle – Qualitätszirkel

quality control → quality assurance analysis
quality label – Gütezeichen
quality of life – Lebensqualität
quantitative restriction – Mengenbeschränkung
quantity – Menge, Quantität
quantity adjuster – Mengenanpasser
quantity control – Mengenregulierung
quantity demanded – Nachfragemenge
quantity discount – Mengenrabatt
quantity equation – Verkehrsgleichung
quantity rebate → quantity discount
quantity relative – Quotient aus Gegenwartsmenge und Menge der Basisperiode, Mengenmeßziffer
quantity supplied – Angebotsmenge
quantity theory of money – Geldmengentheorie, Quantitätstheorie des Geldes
quarter – 1. Viertel 2. (Jahres-)quartal 3. Vierteldollar (US)
quarterly figures – Vierteljahreszahlen
quartile – Quartil
quasi-private good – quasi-privates Gut, meritorisches Gut
quasi-private want – quasi-privates Bedürfnis, meritorisches Bedürfnis
quasi-public good – quasi-öffentliches Gut, meritorisches Gut
quasi-public want – quasi-öffentliches Bedürfnis, meritorisches Bedürfnis
quasi-rent – Quasirente (Marshall), temporärer Unternehmergewinn bei vollständigem Wettbewerb
queuing model – Warteschlangenmodell
queuing theory – Warteschlangentheorie
quick assets – Aktiva hoher Liquiditätsstufe (US)
quick (assets) ratio – Liquiditätsgrad, -kennziffer im Sinne des acid-test
quota – Importkontingent
quota of expenditure – Ausgabenquote
quotation – 1. Kursnotierung, Preisangabe 2. Börsenzulassung (Wertpapiere) 3. Klausel (eines Vertrages); Zitat

R

R+D → research and development
rack-jobber – Großhändler, Herstellungsfirma, die bei einem Einzelhändler einen Teil der Verkaufsfläche anmietet, um dort Produkte auszustellen und anzubieten
radical equation – Wurzelgleichung
RAM → random access memory
ramification – Verzweigung, Abzweigung, (Company) Zweiggesellschaft
random – Zufall
random access – Zufallsauswahl
random access memory – Arbeitsspeicher, lösch- und beschreibbar
random check → random sample
random error – Zufallsfehler
random sample – (Zufalls-)Stichprobe
random selection → random sample
random variable – Zufallsvariable, -größe, stochastische Größe
randomisation – Zufallssteuerung, Anwendung des Zufallsprinzips
range – Bereich, Umfang, Reichweite, Spielraum; Auswahl, Sortiment, Palette; Spannweite, Variationsbreite
range noun – Spanne, Sortiment
rank-and-file – Gewerkschaftsbasis
rank-and-file vote – Urabstimmung
rank order – Rangordnung
rapid transportation – öffentlicher Nah-Schnell-Verkehr
rare commodity – Seltenheitsgut
rare good → rare commodity

ratchet effect – Sperrklinken-, Trägheitseffekt (Konsum)
rate – 1. Satz, (Zins-)Fuß 2. Rate, Prozentsatz, Geschwindigkeit, Tempo 3. Kurs, Preis 4. Tarif, Gebühr 5. Lokalsteuern, Gemeindesteuern (GB)
rate deficiency payment – Zuweisung im vertikalen Finanzausgleich
rate for central bank lending on securities – Lombardsatz
rate of absenteeism – Abwesenheitsquote, Fehlquote (Personal)
rate of depreciation – Abschreibungsrate
rate of exchange – Wechselkurs
rate of exploitation – Ausbeutungsrate, Mehrwertrate (Marx)
rate of growth – Wachstumsrate
rate of increase – Zuwachsrate
rate of increment – Zuwachsrate
rate of inflation – Inflationsrate
rate of interest – Zinssatz
rate of price rise – Rate des Preisanstiegs
rate of return – interner Zinsfuß, innerer Ertragssatz
rate of return function – Kapitalverzinsungsfunktion
rate-of-return (on investment) – Kapitalrentabilität, Rendite, Kapitalertragsrate
rate of surplus value – Mehrwertrate, Ausbeutungsgrad (Marx)
rate of technical substitution – technische Grenzrate der Substitution
rate of time preference – Zeitpräferenzrate
rate on investment – interner Zinsfuß, innerer Ertragssatz
rate support grant – Globalzuweisung im Rahmen des britischen Finanzausgleichs an die Lokalbehörden
rateable value (of premises) – Einheitswert (Grundstück)
rates – Zinspolitik, zinspolitische Maßnahmen der Notenbank
rating authority – besteuernde Behörde
ratio – Quotient, Bruch, Verhältnis, Meßziffer
ratio delay studies – Multimomentverfahren der Arbeitswissenschaft zur Ermittlung der Arbeitszeit auf Stichprobenbasis
ratio function – Funktion mit Verhältniswerten
ratio of wages and salaries to national product – Lohnquote
ratio scale – logarithmischer Maßstab
rational expectation – rationale Erwartung (alle Informationen werden berücksichtigt)
rationality – Rationalität
rationalization – Rationalisierung
rationing by the purse – «Rationierung» nach dem Geldbeutel
raw material – Rohstoff
ray – Strahl, Halblinie
re-alignment – Neubereinigung
re-privatisation → denationalisation
reaction curve – Reaktionskurve (Duopol)
ready – 1. verfügbar, (einsatz)bereit 2. hohe Liquidität
real – real, mengenmäßig, gütermäßig
real account – Bestandskonto
real amount – Istbestand
real analysis – güterwirtschaftliche Analyse, reale Analyse
real assets – unbewegliches Vermögen
real balance effect – Realkassenhaltungseffekt
real balances – Realkassenhaltung
real bill – guter Handelswechsel
real capital – Realkapital, Sachkapital
real estate – Immobilien, Grundstück(e), Grundeigentum
real flow – realer Strom
real gross national product – reales Bruttosozialprodukt
real income – Realeinkommen

real interest rate – realer Zinssatz, reale Verzinsung
real money supply – reale Geldmenge
real property → real estate
real property tax – Grundsteuer
real term – 1. reale Größe im Gegensatz zu Wertgrößen 2. preisbereinigte Größe (z.B. Produktions- oder Außenhandelsvolumen)
real theory of investment – reale Theorie des Zinses
real-time – Echtzeit
real-time processing – EDV: Real-Zeitverarbeitung, Echtzeitverarbeitung; Bearbeitungsverfahren bei einer Vielzahl von externen Stellen
real wage – Reallohn
realizable, payable – liquidierbar
realization crisis – Realisierungskrise, Absatzkrise (Marx)
realized investment – realisierte Investition
reallocating of labo(u)r – Umgruppierung der Arbeitskraft
reallocation – Reallokation
reallocative incidence – Eintreten eines Umverteilungseffektes
realtor – Grundstücksmakler(in) (US)
realty – 1. Grundstücksgesellschaft (US) 2. → real estate
reasonability – Verantwortlichkeit, Vernunft
rebate – Rückvergütung
recall test – Methode zur Ermittlung der Aufmerksamkeitswirkung von Werbemitteln
recapitalization – Refinanzierung
receipt – Quittung
receipts – Einnahmen
receivable suretyship – Bürgschaft in Form einer kumulativen Schuldübernahme
receivables turnover – Umschlagsfähigkeit der Forderungen, Forderungsumschlag
receivables turnover rate – Wirkungsgrad des eingesetzten Kapitals bei Kundenkrediten (Quotient zwischen Nettokundenkrediten und durchschnittlichen Außenständen)
recession – Rezession
recipient – Zahlungsempfänger(in)
recipient country – Empfängerland
recipient of income – Einkommensbezieher
reciprocal demand – reziproke Nachfrage (Außenhandel)
reciprocal trading – Gegenseitigkeitsabkommen
reciprocitation – Wechselwirkung
reciprocity – Reziprozität, Gegenseitigkeit (Außenhandelspolitik)
recognition lag – Erkennungsverzögerung
recommended retail selling price – unverbindliche Preisempfehlung
Reconstruction Loan Corporation – Kreditanstalt für Wiederaufbau (KfW) (FRG)
recontracting – 1. Walras'sche Gleichgewichtspreisbildung 2. Vertragserneuernd (US)
record – Aufzeichnung, Unterlage
recording – Aufzeichnung (Tonträger)
recovery (of the economy, of business activity) – Erholung (Konjunktur), Aufschwungphase
recreation – Erholung
recruiting – Rekrutierung, Anwerbung (von Arbeitskräften)
recursive system – rekursives System
redeemability – Einlösbarkeit
redeemable security – Wertpapier mit vereinbartem Einlösungstermin
redemption – Auslösung, Tilgung
redemption date – Rückzahlungszeitpunkt einer Anleihe etc.
redeployment – (organisierte) Umsetzung von Arbeitskräften, Umstrukturierung
rediscount – Rediskont

rediscount quota – Rediskontkontingent
rediscount rate – Rediskontsatz
redistribution – Neu-, Umverteilung
redistribution of income and wealth – Umverteilung von Einkommen und Vermögen
redistributive effect – umverteilende Wirkung, Redistributionseffekt
reducing-balance (depreciation)-method – degressive Abschreibung
reduction (of skilled labour) – Reduktion (komplizierter Arbeit)
redundancy – 1. Redundanz 2. Bezeichnung für Arbeitskräfteüberfluß in einem Unternehmen infolge Rationalisierungen
redundancy payment – (gesetzliche) Abfindungszahlung für freigesetzte Arbeitskräfte bei Stillegungen (GB); entspricht etwa dem deutschen Sozialplan
redundancy payment fund – Kompensationsfonds für freigesetzte Arbeitskräfte (i. S. eines Sozialplans)
reference cycle – Referenzzyklus (konjunkturelle Präsenzindikatoren), Basiszyklus
reference value → benchmark
refined birthrate – (geschlechts- oder altersspezifische) Geburtenziffer
refined deathrate – (geschlechts- und/ oder alters-) spezifische Sterbeziffer
reflation – 1. Reflation (Zurückführung eines während einer Rezession oder Depression gesunkenen Preisniveaus auf die wünschenswerte Höhe) 2. expansive Konjunkturpolitik, Konjunkturbelebungsmaßnahmen, Lockerung der Geldpolitik
reflationary – reflationär, expansiv, stimulierend
reform bill – Reformgesetz
refraining from consumption – Konsumverzicht
refugee capital – fluktuierendes Geld, heißes Geld
refund – Rückvergütung, Erstattung
refusal (of goods) – Annahmeverweigerung (von Waren)
regime – 1. Regime : Mengenrationierungskonstellation in der Theorie der (makroökon.) Ungleichgewichte 2. Regime: staatliche Herrschaft 3. (eheliches) Güterrecht
region – Raum, Gebiet, Region
regional accounts – regionale Gesamtrechnung, regionalwirtschaftliche Gesamtrechnung
regional analysis – Regionalforschung
regional development corporation – regionale Entwicklungsgesellschaft
regional economics – Regionalökonomie
regional government multiplier – regionaler Multiplikator
regional planning → land-use planning
regional policy – Regionalpolitik
regional science – Regionalwissenschaft(en)
regional specialization – regionale Spezialisierung
registered trademark – eingetragenes Warenzeichen
registered unemployed – gemeldete Arbeitslose
regression analysis – Regressionsanalyse
regressive scale of tax rates – regressiver Steuertarif
regressive supply curve – inverse (regressive) Angebotskurve
regrouping of labo(u)r – Umgruppierung der Arbeitskraft
regular depreciation – normale, regelmäßige Abschreibung
regulation – Regelung, Vorschrift
regulations on hire purchase terms – Teilzahlungsbedingungen

regulator - Bezeichnung für konjunkturpolitische Steuerzuschläge bzw. -abschläge auf dem Weg der Rechtsverordnung

reimbursement - Entschädigung, Vergütung, Erstattung

reinsurance - Rückversicherung

reinvestment of profits - Reinvestition von Gewinnen

reisemark - Reisemark, allgemeine Bezeichnung für (verbilligte) Touristendevisen

REIT (real estate investment trust) - Immobilien-, Immobiliarinvestmentfonds

rejection (of goods) - Zurückweisung (von Waren)

relations of production - Produktionsverhältnisse (Marx)

relationship - Beziehung, Verhältnis

relative form of value - relative Wertform (Marx)

relative income - relatives Einkommen

relative income hypothesis - relative Einkommenshypothese

relative price - Quotient aus Gegenwarts- und Basisperiodenpreis

relative surplus population - relativer Bevölkerungsüberschuß

relaxation - Entspannung, Auflockerung

reliability - Zuverlässigkeit

reliability of operation - Betriebssicherheit

relief work (public) - (staatliche) Arbeitsbeschaffungsmaßnahme, (öffentliche) Notstandsarbeiten

remaining life → unexpired residual term

reminder - Mahnung, Erinnerung

remittance - Überweisung

removal (of taxes, duties, restrictions, etc.) - Beseitigung, Aufhebung (von Steuern, Zöllen, Beschränkungen etc.)

remuneration - Entgelt

renewal plan - Sanierungsplan

rent - Rente i. S. eines dauerhaften Ertrages eines Aktivums; Miete, Pacht

rent control - staatliche Mietpreisregulierung (Wohnraumbewirtschaftung), Mietpreisbindung

rent in kind - Naturalrente (Marx)

rent payments - Renteneinkommen (Miet- und Pachteinkommen)

rent regulation - (staatliche) Mietpreisfestsetzung (auf Antrag des Vermieters)

rent seeking - Suche nach gesichertem Einkommen

rent under lease - Pachteinnahme

rental - Pacht, Miete

renting - Vermietung von Anlagegütern u. Standardgütern

repair - Reparatur

repatriation - Kapitalrücktransfer

repayment - Rückzahlung, Erstattung

repercussion - Rückwirkung, Rückstoß

replacement - Ersatz, Auswechslung

replacement cost - Wiederbeschaffungskosten

replacement-cost depreciation - Abschreibung nach Wiederbeschaffungskosten

replacement demand - Ersatznachfrage, Ersatzbedarf

replacement fund - Abschreibungsfonds

replacement investment - Ersatzinvestition, Reinvestition

replacement price - Wiederbeschaffungspreis

replacement theory - Erneuerungstheorie: Theorie über den Ersatz von Maschinen und Anlagen

replacement value - Wiederbeschaffungswert

replenishment – 1. Wiederauffüllung (eines Vorrats) 2. Refinanzierung des IWF bei Mitgliedern
replication – multiplikative Erhöhung der Ausbringungsmenge
report of findings – Importkontrollzeugnis
reported profits – ausgewiesene Gewinne
repossession – Wiedererlangung (der Besitzrechte, insbes. aufgrund Zahlungsunfähigkeit des Schuldners bei Termingeschäften)
representative – 1. Vertreter(in) (Firma) 2. Abgeordnete(r) (US)
representative firm – repräsentatives Unternehmen (A. Marshall)
repressed inflation – zurückgestaute Inflation
reproducible assets – reproduzierbares Realvermögen
reproduction on an extended scale – Reproduktion auf erweiterter Stufe
reproduction rate – Reproduktionsziffer, Reproduktionsindex
reproduction scheme – Reproduktionsschema (Marx)
reproductive debt – werbende Schulden (öffentlicher Kredit)
reputation monopoly – Meinungsmonopol
required reserve – Mindestreservesoll
required reserve ratio – Mindestreservesatz
requirement – Anforderung, Bedarf
requisition – 1. Anforderung(smitteilung) 2. Requirierung, Erfassung
resale price – Wiederverkaufspreis
resale price maintenance – Preisbindung zweiter Hand, vertikale Preisbindung
rescinded – außer Kraft
rescission – Aufhebung, Nichtigkeitserklärung
rescue scheme – Sanierungs-, Rettungsplan
research – Forschung
research and development – (produktbezogene) Forschung und Entwicklung
reserve army of unemployed labo(u)r – industrielle Reservearmee
reserve asset – Reservemedium, -mittel, Liquiditätsreserve
reserve currency – Reservewährung
reserve ratio – Mindestreservesatz
reserve requirements – Mindestreserven
reserve transactions – Reservetransaktionen
reserves – Rückstellungen für unvorhergesehene Risiken, Reserven
resettlement – Wiedereingliederung, Umsiedlung
resettlement transfer schemes – Mobilitätsbeihilfen
reshuffling – Um-, Neubesetzung
resident convertibility – Inländerkonvertierbarkeit
resident direction – ortsansässige Betriebsleitung, Bezirksleitung
residential construction – Wohnungsbau
residential investment – Wohnungsbauinvestition(en)
residual – Restwert, Restgröße
residual error – ungeklärte Differenz (z.B. ungeklärte Beträge der Zahlungsbilanz); unerklärte Streuung (einer Regression)
residual income – Residualeinkommen, Unternehmergewinn
residual item – Restposten
residual payment → residual income
residual unemployment – Restarbeitslosigkeit, «Bodensatzarbeitslosigkeit»
residual value – Restwert
residue – Restbestand; Reststreuung
residuum – unterste Einkommensgruppe
resignation – Rücktritt, Demission
resistance to taxation – Steuerwiderstand

resource allocation – Allokation, Ressourcenverteilung
resource market – Faktormarkt
resources – Ressourcen i.S. der Leistungsfähigkeiten der Produktionsfaktoren
resources allocation – BWL: Kapazitätsbedarfsermittlung
responsive to cyclical fluctuations – konjunkturempfindlich, reagibel
rest-of-the-world account – Auslandkonto
restraint of trade – Wettbewerbsbeschränkung
restriction – Restriktion, Beschränkung
restrictive covenant – Zwangsklausel (Vertrag)
restrictive practices – Wettbewerbsbeschränkung, wettbewerbsbeschränkende Praktiken
retail – Einzelhandel, Kleinhandel; Kleinverkauf, Ladenverkauf
retail gravitation – Anziehungskraft eines Einzelhandelsgeschäfts
retail price – Einzelhandelspreis
retail price index – Einzelhandelspreisindex, Verbraucherpreisindex
retail price maintenance – Preisbindung zweiter Hand
retail sale – Einzelhandelsumsatz
retail trade – Einzelhandel
retained earnings – einbehaltene Gewinne, nichtausgeschüttete ~
retained profits → retained earnings
retaliation – Vergeltung(smaßnahme) bei Handelsprotektionismus
retaliatory tariff – Vergeltungszoll; Retorsionszoll
retarded growth – verzögertes (verspätetes) Wachstum
retention – einbehaltener Betrag
retentions – Summe aus Abschreibungen und Gewinnen (net cash flow)
retinue – höhere (leitende) Angestellte(nschicht)
retirement – Pensionierung, Verrentung, Ruhestand
retirement insurance – Ruhestandsversicherung
retirement pension – Altersruhegeld, Altersrente
retraining – Umschulung
return – Ertrag
return on capital employed – Rentabilität des bilanzmäßigen Eigenkapitals
return on equity ratio – Quotient aus Nettoerlösen und Eigenkapital
return on investment – Rendite, Kapitalertrag; Rückfluß des investierten Kapitals durch Erträge
returns to scale – Skalenerträge
revaluation – Aufwertung
revealed preference – bekundete Präferenz, faktische Präferenz
revenue – 1. Erlös, Umsatz, Einnahmen 2. Steueraufkommen
revenue duty – Finanzabgabe
revenue expenditure – Betriebsausgaben
reverse form – Verkehrte Form (Marx)
reverse (negative) income tax (RIT) – negative Einkommenssteuer, umgekehrte ~
reverse multiplier – negativer Multiplikator
reverse take-over – Übernahme öffentlicher Unternehmen durch Privatfirmen, Kauf des großen durch das kleine Unternehmen
reverse yield gap – Bezeichnung für eine Dividendensituation, in der die Rendite von Dividendenpapieren unter der 2½ % Konsols (gilt-edged security) liegt (GB)
revival – Konjunkturaufschwung
revocation of authority – Widerrufung der Vollmacht
revolutionisation – Revolutionierung

revolving credit – periodische Erneuerung eines Bankkredits
revolving loan – feste Kreditzusage ohne bestimmte Terminierung
Revolving Underwriting Facility (RUF) – Finanzierungskonzept, bei dem das kapitalsuchende Unternehmen, unter Vermittlung einer Bank (Arrangeur) mit einer Bankengruppe einen Vertrag schließt
Ricardo effect – Ricardo-Effekt
ridge line – Scheidelinie, die jene Punkte einer Isoquantenschar verbindet, an denen die Grenzprodukte der Faktoren null sind (Begrenzung des Produktionsbereichs)
right of asylum – Asylrecht
right to organize – Grundrecht der Koalitionsfreiheit
right to work – 1. Recht auf Arbeit 2. freie Berufswahl
right to work legislation – gesetzliches Verbot des → «closed shop» (US)
rights issue – 1. Bezugsrecht-Angebot an die Aktionäre eines Unternehmens 2. Gratisaktien
rigidity of prices – Preisstarrheit
rigidity of supply – Inelastizität des Angebots
ring – Kartell (syn.: pool, cartel, trust)
rise – 1. Aufstieg 2. Ordinatenrichtung
risk – Risiko
risk analysis – Risikoanalyse
risk aversion – Risikoaversion
risk capital – Risikokapital
risk theory – Theorie des Risikos
RIT → reverse income tax
rival – Rivale, Konkurrent
rival commodities – enge Substitute, «rivalisierende Güter»
road tax – Kraftfahrzeugsteuer
road vehicle building – Straßenfahrzeugbau
rock-bottom price – absoluter Tiefstpreis
role conflict – Rollenkonflikt
rollback – (amtlich verordnete) Zurücknahme von Preiserhöhungen
rolling budget – überlappende (Finanz ~) Planung
rolling plan – rollender Plan
rolling-stock – Wagenpark, rollendes Material, speziell die beweglichen Betriebsmittel der Eisenbahn
ROM (road only memory) – Festspeicher, nur lesbar
Roosa-effect → locking-in-effect
rotation of crops – Wechselwirtschaft, Fruchtwechsel
round-about methods of production – Produktionsumwege, Umwegproduktion (unter Einsatz irgendwelcher Produktionsmittel)
round lot – gebräuchlichste Form der Globalaktie zu 1000 Anteilen (US)
row – Zeile (einer Matrix)
row vector – Zeilenvektor
rows and columns of a determinant – Zeilen und Spalten einer Determinante
royalties – Konzessionseinnahmen, Lizenzen, Tantiemen, Nutzungsgebühren
RUF → Revolving Underwriting Facility
ruling price – geltender, herrschender Preis
run – 1. Ansturm, Run 2. Abszissenrichtung
run-down processing → liquidation
runaway inflation – galoppierende Inflation
running costs – Betriebskosten

S

sabotage – Sabotage
saddle point – Sattelpunkt
safeguard – Vorsichtsmaßnahme, Sicherstellung, Vorkehrung
safety measures – Sicherheitsmaßnahmen

safety on the job – Sicherheit am Arbeitsplatz
salaried man – Angestellter, Gehaltsempfänger
salary – Gehalt, Besoldung
salary promotion – Gehaltsentwicklung
salary review – Gehaltsüberprüfung
salary structure – Gehaltsstruktur
sale – Verkauf, Vertrieb, Absatz
sale and lease back – spezielles Leasing-Verfahren, in dem der Unternehmer aus seinem Betriebs- oder Privatvermögen Mobilien oder Immobilien verkauft und die verkauften Objekte als Mieter weiterbenutzt
sale by auction – Versteigerung, Verkauf auf einer Auktion
saleable value – Liquidationswert
sales audit – Absatzprüfung
sales budget – Absatzplan
sales control – Absatzkontrolle
sales costs – Absatzkosten
sales drive – Verkaufskampagne
sales elasticity – Absatzelastizität
sales force – Verkaufsaußendienst eines Unternehmens
sales forecast – Absatzprognose
sales management – Verkaufsleitung eines Unternehmens
sales manager – Verkaufsleiter(in)
sales people – Verkaufspersonal
sales planning – Absatzplanung
sales policy (selective) – Absatzpolitik, selektive Absatzpolitik
sales promotion – Verkaufsförderung, die über traditionelle Anzeigenwerbung hinausgeht (z.B. Schaufenster- und Verkaufsraumwerbung)
sales quota – Absatzquote
sales reprentative – Handelsvertreter(in)
sales revenue – Umsatzerträge
sales revenue maximization – Umsatzmaximierung (verstanden als Alternative zur Gewinnmaximierung)
sales talk – Verkaufsgespräch
sales tax – Umsatzsteuer, Verbrauchssteuer
sales territory – Verkaufsbezirk
sales volume – Mengenumsatz
salesman – Verkäufer, Handelsreisender, Vertreter
saleswoman – Verkäuferin, Handelsreisende, Vertreterin
salvage – 1. Bergungsprämie (Havarie) 2. Schrottwertanrechnung (Versicherungsschaden)
sample – 1. Stichprobe, repräsentativ ausgewählte Gruppe von Personen 2. Warenprobe, Muster
sample design – Stichprobenplan(ung)
sample survey – Repräsentativerhebung
sampling error – Stichprobenfehler
sampling size – Stichprobengröße (Umfang)
satellite industries – Satellitenindustrien; Nebenindustrien
satiety – Übersättigung, Ekel, Sattheit, Überdruß
satisfaction – Bedürfnisbefriedigung
saturation – Sättigung
saturation of a market – Marktsättigung
saturation point – Sättigungspunkt
save as you earn – britisches (Prämien-) Sparsystem mit einer Art Indexbindung der Sparbeträge
saving – Sparen
saving bond – Sparbrief
saving proportion – gesamtwirtschaftliche Ersparnis
saving schedule – Spartabelle
saving through building societies – Bausparen
savings – Ersparnis(se)
savings account – Sparkonto
savings and loan association – Baufinanzierungsgenossenschaft (US)
savings bank – Sparkasse
savings deposits – Spareinlagen

savings intermediary – Kapitalsammelstelle
savings rate – volkswirtschaftliche Sparquote
Say's law of markets – Saysches Theorem
SBA → Small Business Association
scab – Streikbrecher
scab work – Streik-, Schwarzarbeit, Arbeit unter Tariflohn
scalar chain – Liniensystem (H. Fayol)
scalar product – Skalarprodukt (Matrizenrechnung)
scale – Maßstab, Umfang, Größe, Größenordnung, Produktionsniveau
scale effect – Kostendegression der Massenproduktion
scale line – Expansionspfad
scaler chain – Befehlskette
scarce – knapp
scarce currency – synonym zu: hard currency, harte Währung
scarcity – Knappheit
scarcity of goods – Güterknappheit
scarcity value – Seltenheitswert
scatter diagram(me) – Streudiagramm (Regression), Punktdiagramm
schedules – britische Einkommensteuerklasse nach (sechs) Einkommensarten
scheduling – Ablaufplanung
scheme – Projekt, Plan, Programm
scholasticism – Scholastik
school of thought – Lehrmeinung, wissenschaftliche Schule
science-based industries – (technologische) Wachstumsindustrie (z.B. Elektronik)
scientific management – systematische (wissenschaftliche) Betriebsführung
scientific socialism – wissenschaftlicher Sozialismus
scissors of price movements – Preisschere
scope – geistiger Bereich, Umfang, Sachgebiet
scoring technique – Punktbewertung
scrap – Schrott, Abfall, Ausschuß
scratch-pad memory – EDV: Schnellspeicher mit geringer Kapazität; Notizblockspeicher
scrip (dividend) – Zwischenschein (bei Aktien), Interimsschein; Gutschein
scrip issue – Gratisaktienausgabe
search process – Suchprozeß
search unemployment – Sucharbeitslosigkeit
seasonal adjustment – Saisonbereinigung (Zeitreihenanalyse)
seasonal fluctuation – Saisonschwankung, jahreszeitliche Schwankung
seasonal unemployment – saisonale Arbeitslosigkeit
SEC → Securities and Exchange Commission
secluding – abschließen, absondern
second-best theory – Theorie des Zweitbesten
second partial derivative – zweite partielle Ableitung
secondary boycott – indirekter Boykott
secondary consequence – Nebeneffekt, Nebenwirkung
secondary credit – Gegenakkreditiv (wird ausgestellt, wenn die Übertragbarkeit des Akkreditiv nicht ausdrücklich zugelassen ist)
secondary effect – Sekundäreffekt
secondary fuel – Sekundärenergie (z.B. Strom)
secondary market – Neben-Markt, der sich neben amtlich kontrollierten Märkten entwickelt, z.B. der Freiverkehr am Aktienmarkt
secondary production – Produktion des sekundären Sektors (Industrie)

secondary sector – sekundärer Sektor, Fertigungssektor
secret reserves – stille Reserven
section – Abschnitt, Absatz
sector (public, private) – (öffentlicher, privater) Sektor, Bereich
sector of the economy – Wirtschaftszweig
sectoral inflation – sektoral induzierte Inflation
sectoring – Sektorbildung, sektorale Abgrenzung
secular inflation – säkulare Inflation
secular trend – säkularer Trend, langfristige Entwicklung
Securities and Exchange Commission (SEC) – Börsenaufsichtsbehörde (US)
security – 1. allgemein: jedes Wertpapier, das den Anspruch auf Eigentum und/oder regelmäßige Erträge sichert 2. speziell: ertragbringendes Papier, das am Wertpapiermarkt gehandelt wird, vor allem als Aktie und Anleihe; Kreditmarktpapier
security of tenure – Mieterschutz
segregation – (Rassen-)trennung
seigniorage – Münzprägegewinn (ursprünglich: Ausprägungskosten)
seizure – Beschlagnahme, Sicherstellung, Pfändung
selective employment tax (SET) – Arbeitskraftsteuer
selective perception – selektive Wahrnehmung
selective sales policy – selektive Absatzpolitik
self-employed person – selbständig Tätige(r), Selbständige(r)
self-financing – Selbstfinanzierung
self-fulfilling prophecy – selbsterfüllende Prognose (R. K. Merton)
self-government – Selbstverwaltung
self-healing power – Selbstheilungskraft (der Marktwirtschaft)
self liquidating – sich selbst amortisierend, kostendeckend
self-management – (Arbeiter-)Selbstverwaltung
self-occupied → self employed person
self-reliance – Selbstversorgung, -hilfe, Autarkie
self-service – Selbstbedienung
self-sufficiency – Autarkie, Selbstversorgung, Eigenversorgung
self-supply – Eigenverbrauch
sell short – Leerverkauf vornehmen
sellers' market – Verkäufermarkt
selling costs – Absatzkosten, Verkaufskosten, Vertriebskosten
semi-durable consumers' good – kurzlebiges Gebrauchsgut (z.B. Kleidung)
semi-finished product – Halbfertigfabrikat
semi-luxuries → semi-necessities
semi-manufactured good – Halberzeugnis, Halbfabrikat, Vorerzeugnis
semi-necessities – nicht lebenswichtige Güter mit unelastischer Nachfrage (z.B. Alkohol); Güter des gehobenen Bedarfs
semi-skilled worker – angelernter Arbeiter, angelernte Arbeiterin
semi-variable costs – (synonym: stepped costs) intervallfixe Kosten
senior executive – leitende(r) Angestellte(r)
senior manager → senior executive
senior partner – bereits länger im Geschäft befindlicher Gesellschafter(in) mit Mehrheitsanteil
sensitive indicator – zukunftssensibler Frühindikator
sensitivity analysis – Sensitivitätsanalyse: Verfahren zur Analyse der Stabilität bzw. möglicher Änderungen von Optimallösungen bei Veränderungen der Ausgangsdaten
separability – Trennbarkeit
separable programming – separable Planungsrechnung
separable utility function – zerlegbare Nutzenfunktion

separation of ownership from control – Anonymisierung des Kapitalbesitzes, der zur Trennung von Unternehmer- und Eigentümerfunktion führt («Regime der Manager»)
separation of powers – Gewaltenteilung
separation of tax sources – Trennsystem (nach Form des Finanzausgleichs)
sequential analysis – Sequenzanalyse, Verlaufsanalyse; Sequentialtestverfahren, Sequentialanalyse
serfdom – Leibeigenschaft, Hörigensystem
serial manufacture – Serienproduktion
service – Dienst, Kundendienst
service charge – Bearbeitungsgebühr
service economy – Dienstleistungsgesellschaft
service industry – Dienstleistungsindustrie, Dienstleistungsgewerbe
service life – Nutzungsdauer
service-yielding assets – Dienstleistungsanlagen
services – Dienstleistungen
services sector – Dienstleistungssektor
servicing – Wartung
session – Tagung, Sitzung(speriode)
SET → selective employment tax
set – Menge
set of data – Datenkranz
set theory – Mengentheorie, Mengenlehre
set-up – Gliederung, Aufbau, Lage
settlement – 1. Abrechnung im Wertpapierhandel 2. Zahlungsausgleich
severance payment – Abfindungszahlung (Arbeitsvertrag)
shadow economy → black economy → hidden economy → informal economy → parallel economy → invisible economy → twilight economy → underground economy
shadow price – Schattenpreis
shadow wage – Schattenlohn
shake-out – Personalabbau, Umstrukturierung der Verwaltung
shake-up → shake out
shaky currency – instabile Währung
share – Aktie, Anteil
share capital – Aktienkapital
share certificate – Aktienzertifikat
share circulation – Aktienumlauf
share index – Aktienindex (GB)
share indices – Aktienkurs-Indices
share of inheritance – gesetzliches Erbteil, Pflichtteil (US)
share of profits – Profitanteil, Profitquote
share of the state in distribution – Staatsquote, Staatsanteil
share premium – Emissionsagio
share tenancy – in Naturalien zahlbare Pacht (Feudalsystem)
share under an intestancy – gesetzliches Erbteil, Pflichtteil (GB)
shareholder – Aktionär
shareholders' equity – Eigenkapital
shareholders' representative – Aktionärsvertreter
shares authorized – Nominalkapital
shares issued – ausgegebene Aktien
shift – 1. (Arbeits-)Schicht, Arbeitstag, 2. Wandel, Verlagerung, Verschiebung
shift-and-share analysis – Shift-Analyse, Verschiebungs-Analyse (Untersuchung der Verschiebung des relativen Anteils eines Teilaggregates am Gesamtaggregat)
shift in demand – Nachfrageverschiebung
shift in supply – Angebotsverschiebung
shift working – Schichtarbeit

shifting of a tax – Überwälzung einer Steuer
shipment – Versand, Lieferung
shipping – 1. Schiffahrt 2. → shipment
shipping conference – Schiffahrtskonferenz
shipping documents – Versandpapiere
shipyard – Werft
shock variable – stochastische Störvariable
shop audit – Bestandsüberprüfung im Einzelhandel
shop lifter – Ladendieb
shop stewards – gewerkschaftliche Vertrauensleute (sinngemäß), aber oft mit weitreichenden Funktionen; Betriebsobleute
shopfloor participation – Mitbestimmung am Arbeitsplatz
short-dated gilt – börsengängiges Staatspapier bis fünf Jahre Laufzeit (GB)
short-dated gilt edged security → short-dated gilt
short-period-flow equilibrium – kurzfristiges Gleichgewicht, ohne Kapitalstockänderung
short-range plan – kurzfristiger Plan
short-run – kurzfristig; die Periodenlänge ist i.d.R. auf den Zeitbedarf für bestimmte Anpassungen bezogen, z.B. Produktionsumstellungen
short-run analysis – kurzfristige Analyse
short-run costs – kurzfristige Kosten
short-run cost curves – kurzfristige Kostenkurven
short seller – Leerverkäufer(in) (Börse)
short term (bond) fund – Kurzläuferfonds
short-term liabilities – kurzfristiges Fremdkapital
short-term loan – kurzfristige Ausleihungen
Short Term Note Issuance Facility – andere Bezeichnung für NIF
short-term planning – kurzfristige Planung
short-time worker – Kurzarbeiter(in)
short-time working – Kurzarbeit
shortage – Verknappung, Fehlbedarf, Mangel, Knappheit
shortage of skilled workers – Mangel an Fachpersonal
shortfall – Ausfall, Minderertrag
showroom – Ausstellungsraum
shrinkage – Schrumpfungsprozeß
shrinking process → shrinkage
shut-down – vorübergehende Stillegung
shut-down point – Betriebsminimum, Produktionsschwelle
sick-out – (Bummel)streik durch Krankmeldungen der Gewerkschaftsmitglieder
sickness benefit – Krankengeld
side condition – Randbedingung
side effect – Nebenwirkung
sideline – 1. Nebenberuf 2. Nebensortiment
sight deposits – Sichteinlagen
significance – Signifikanz (Statistik)
silent partner → sleeping partner
simple and skilled labour – einfache und komplizierte Arbeit (Marx)
simple commodity production – einfache Warenproduktion
simple interest – im Gegensatz zum Zinseszins die «einfache» Verzinsung des Kapitals
simple regression – Einfachregression, einfache Regression
simple reproduction – einfache Reproduktion (Marx)
simplex-method – Simplex-Methode: gebräuchlichste Methode zur Lösung linearer Optimierungsprobleme
simulation – Simulation; realitätsnahe Nachbildung eines Vorgangs oder Systems mit Hilfe von Modellen

simultaneous equations – simultanes Gleichungssystem
single-entry-bookkeeping – einfache Buchführung
single-product-system – Ein-Produkt- Fall
single-stage turnover tax – Einphasenumsatzsteuer
single tax – (synonym : impoît unique) Einsteuer (Physiokraten), Alleinsteuer
sinking fund – 1. Amortisationsfonds, Schuldentilgungsfonds 2. thesaurierte Sparraten plus Zinsen
sit-down strike – Streik ohne Verlassen des Arbeitsplatzes
site value – Bodenwert entsprechend dem Verwendungszweck (Einfluß des Bebauungsplans)
situation report – Lagebericht
skewed distribution – schiefe (anormale) Verteilung
skewness – schiefe (statistische) Verteilung
skilled staff – Fachpersonal
skilled trade – Fachberuf
skilled worker – Facharbeiter(in)
skills analysis – Ausbildungsoptimierungsanalyse
skimming-off (of purchasing power) – (Kaufkraft-)Abschöpfung
skimming price – überzogener Preis
slack – Leistungsreserven durch Leerlauf im Arbeitsprozeß
slack period – Flaute, Pufferzeit
slack variable – Schlupfvariable, Leerlaufvariable
sleeping partner – stiller Teilhaber, stille Teilhaberin
sliding parity – stufenflexibler Wechselkurs
sliding peg → sliding parity
sliding scale – gleitende Lohn-, Zoll- u.ä. -sätze nach Maßgabe einer anderen Größe, z.B. Preisindex
slope – Steigung
slot machine – 1. Verkaufsautomat für verpackte Ware 2. Glücksspielautomat
slow business – stockendes Geschäft, Flaute
slowdown – Drosselung, Nachlassen des Wirtschaftswachstums, Verlangsamung der Konjunktur
sluggish economy – träge, schwerfällige Wirtschaft
sluggishness – Trägheit
sluice-gate price – Schleusenpreis (EG- Agrarmarkt)
slum clearance – Sanierung der Elendsviertel, der Slums
slump – 1. Kurs- oder Preissturz 2. Depression
slumpflation – Zusammentreffen von Inflation und scharfer Rezession
slush fund – Schmiergeldfonds
small business – gewerblicher Mittelstand
Small Business Association – gewerblicher Mittelstandsverband (der Klein- und Mittelbetriebe) (US)
small income relief – Steuererleichterung für kleine Einkommen
small industry – Kleinindustrie
small-scale production – Kleinbetrieb
SNIF → Short-Term Note Issuance Facility
social accounting – volkswirtschaftliche Gesamtrechnung, i.d.R. als Input- Output-Tabelle dargestellt
social accounts – (die Konten der) volkswirtschaftliche(n) Gesamtrechnung, volkswirtschaftliches Rechnungswesen
social aggregate – volkswirtschaftliches Aggregat, Globalgröße
social balance – Gleichgewicht zwischen privater Produktion und öffentlichem Leistungsangebot (Galbraith)
social balance sheet – Sozialbilanz
social benefits – 1. sämtliche Wohlstandssteigerungen, die aus einer öko-

nomischen Aktivität folgen 2. Wohlstandssteigerungen, die i.S. von externen Effekten Dritten zukommen; volkswirtschaftliche Ersparnisse, positive externe Effekte

social capital - (gesamtwirtschaftlicher) Kapitalstock

social choice → public choice

social class - soziale Schicht, Klasse

social costs - volkswirtschaftliche Kosten, im Unterschied zu den privaten Kosten; social costs sind somit nicht identisch mit dem Begriff der Sozialkosten, die zusammen mit den privaten Kosten die volkswirtschaftlichen Kosten bilden

social credit - Sozialkredittheorie (Douglas/Aberhart), ähnlich der Freiwirtschaftslehre (S. Gesell)

social discount rate - kalkulatorischer gesellschaftlicher Diskontsatz

social fetters upon the development of means of production - soziale Fesseln (der Produktionsmittelentwicklung)

social formation - Gesellschaftsformation (Marx)

social history - Sozialgeschichte

social income - Volkseinkommen

social indifference curve - volkswirtschaftliche, gesellschaftliche, soziale (Bergson-)Indifferenzkurve

social inflation - pejorative Bezeichnung für die in den USA steigenden Schadensersatzsummen für ärztliche Kunstfehler (US)

social insurance - Sozialversicherung

social labo(u)r - gesellschaftliche Arbeit

social marginal productivity - marginale Sozialproduktivität

social order - Sozialordnung

social overhead capital - allgemeines Sozialkapital; immaterielles und materielles Infrastrukturkapital

social partner - Sozialpartner(in)

social responsibility - soziale Verantwortung

social security - 1. Sozialversicherung (US) 2. Sozialfürsorge, Sozialhilfe

Social Security Act - Sozialversicherungsgesetz

social security payroll tax - Arbeitgeberanteil bei der Sozialversicherung (US)

social security tax - Sozialversicherungssteuer

social want - spezifisch öffentliches Bedürfnis, kollektives Bedürfnis

social welfare - gesellschaftlicher Wohlstand, Gemeinwohl

social welfare function - gesellschaftliche bzw. soziale Wohlstandsfunktion

social welfare principle - Sozialstaatsprinzip

social welfare program(me) - Sozial-, Wohlfahrtsprogramm, «soziales Netz»

socialization - Vergesellschaftung, Sozialisierung

socialized production - vergesellschaftete Produktion

socialism - Sozialismus

socially necessary labo(u)r - gesellschaftlich notwendige Arbeit

socially necessary labo(u)r-time - gesellschaftlich notwendige Arbeitszeit

society - Gesellschaft

socio-economic formation - sozioökonomische Formation

sociology of work - Industriesoziologie

soft currency - weiche Währung

soft goods - einmalig benutzbare Güter; kurzlebige Konsumgüter

soft loan - zinsbegünstigte Anleihe (Entwicklungspolitik)

software - nicht-maschinelles Zubehör einer EDV-Anlage, z.B. Programme
soil - Boden, Erde
sole bill - Solawechsel
sole proprietor - Einzelkaufmann (-frau)
sole proprietorship → sole proprietor
sole trader → sole proprietor
solicitation of orders - Auftragsbesorgung, ~ -beschaffung
solidarity - Solidarität
solution - Lösung
solvency - Zahlungsfähigkeit
source language - EDV: vom Menschen lesbares Programm
source of energy - Energieträger
source of power → source of energy
source of revenue - Einnahmequelle
space - Raum
span of control - (Bezeichnung für die) Zahl der unmittelbaren Untergebenen, Kontrollbefugnis
spatial economics - Raumwirtschaftslehre
spatial economy - Raumwirtschaft
spatial mobility of labo(u)r - regionale Arbeitskräftemobilität
spatial structure - Raumstruktur
special charge - Sonderabgabe
special deposits - Mindestreserven, Sonderreserven
Special Disbursement Account - Konto (beim IWF) für Sonderverwendungen (Goldauktionserlöse)
special drawing rights - Sonderziehungsrechte (beim IWF)
special partner - stiller Gesellschafter
specialization - Spezialisierung (Arbeitsteilung)
specie - 1. Münzgeld 2. synonym zu: Gold als internationalem Zahlungsmittel
specie flow mechanism - Geldmengen-Preis-Mechanismus
specie points - Goldausfuhr-(einfuhr) -Punkte
specific duty - Mengenzoll; Gewichtszoll
specific factor of production - nicht substituierbarer Produktionsfaktor
specific rationing - produktspezifische Rationierung
specific tax - spezifische Steuer
specified reserve assets - vorgeschriebene liquide Anlageformen
specimen - Musterstück, Probestück
speculation - Vermutung, gewagtes Unternehmen, Spekulation
speculative cycle - Kreislauf der Spekulation
speculative motive - Spekulationsmotiv (Kassenhaltung)
speculator - Spekulant
spending behavio(u)r of consumers - Ausgabenverhalten der Konsumenten
spill-over (effect) - Nebeneffekt, externer Effekt
spillage - 1. Warenverlust infolge schlechter Verpackung 2. → spill-over
spin-off - Abstoßen von Geschäftszweigen oder Ausgliederung von Produktionsprogrammen, Übertragung von Innovationen aus einem Bereich in einen anderen (z.B. zivile Nebeneffekte der Rüstungsforschung)
spin-off product - Neben-, Abfallprodukt
splitting - 1. Aufspaltung der Einkommenbesteuerung eines Haushaltes in separate Besteuerungen der einzelnen Ehegatten 2. Teilung des Nennwertes einer Aktie bzw. Investmentanteils bei stark gestiegenem Kurswert
spoilage - natürlicher Verderb
spoiliation of the soil - Auslaugen des Bodens, Raubbau
spoils system - Vettern-, Parteienwirtschaft
sponsor - 1. Förderer, Geldgeber, Gönner 2. Bürge 3. reklamemachende Firma

spot – kurze Werbesendung in Rundfunk, Fernsehen
spot aid – Soforthilfe
spot check – Stichprobe, Prüfung an Ort und Stelle
spot goods – Kassawaren (im Gegensatz zu Terminwaren)
spot market – Kassa-, Lokomarkt (im Gegensatz zum Terminmarkt)
spot price – Kassapreis
spot rate – Platzkurs (stock exchange); Kassasturz
spread – 1. Streuung, Verteilung, Vielfalt 2. Abweichung 3. Marge, Preisdifferenz, Kursdifferenz
spread of interest rates – (Zins)streubreite
spread of risk – Risikostreuung
spreads – Zinskonditionen (bei internationalen Krediten), Zinsalternativen i.S. von Zuschlägen zu alternativ wählbaren Referenzgrößen (wie Prime-Rate, Libor, u. a.)
SQL (structured query language) – Abfragesprache für Datenbanken
square matrix – quadratische Matrix
square root – Quadratwurzel
squatter – Land-, Hausbesetzer(in)
squatting – illegale Landbesetzung
squeaky wheel principle – Investitionsprinzip, demzufolge zuerst die verschlissensten Anlagen bzw. Teile erneuert werden
squeeze – restriktive Wirtschaftspolitik, (Kredit-)Bremse
stability – Stabilität
Stability and Growth Law (FRG) – Stabilitätsgesetz
stability of value – Wertbeständigkeit
stabilization (stabilisation) – Stabilisierung
stabilization levy – Stabilitätsabgabe
stabilization loan – Stabilisierungsanleihe
stabilization policy – Stabilisierungspolitik, Konjunkturpolitik
stabilizer (stabiliser) – Stabilisator
stabilizing scheme – Stabilitätsprogramm
staff – (Mitarbeiter-)Stab
staff function – Stabsfunktion
staff manager – Personalchef(in)
staff relationship – Beratungsbeziehung (Organisation)
stage of distribution – Distributionsstufe (Absatzlehre)
stages of economic development – Wirtschaftsstufen (historische Schule), ökonomische Entwicklungsstufen (Marx)
stagflation – Stagflation
staggered working – Staffelung der Arbeitszeit
stagnation – Stagnation
stagnation thesis – Stagnationsthese
staking up – Anheizen
stamp duty – Stempelsteuer; Börsenumsatzsteuer (GB)
stand-by credit – Beistandskredit (zwischen Banken auf Gegenseitigkeit)
standard commodity – Standardgut (Sraffa)
standard costing – Normalkostenrechnung
standard deviation – Standardabweichung
standard of interest – Zinsfuß, -satz
standard of living – Lebensstandard
standard of value – Wertausdrucksmittel
standard of output – Vorgabeleistung
standard rate – Einheitssteuersatz, Einheitssatz
standard time (for a job) – Vorgabezeit
standardization – Normung, Standardisierung
standards of performance – Leistungskennzahlen
standing – Bank- und Börsensprache: finanzielle Situation von Kreditinstituten

standing order – Überweisungsauftrag, Dauerauftrag
standstill agreement – Stillhalteabkommen
staple product – wichtigstes (Export-) Produkt eines Landes
state capitalism – Staatskapitalismus
state central banks (subsidiaries of the Federal Reserve) – Landeszentralbanken (FRG)
state conciliation – staatliche Schlichtung (Arbeitskampf)
State-of-the-Union-Message – Bericht zur Lage der Nation (US)
state planning – (synonym zu : central planning) staatliche Planung (gemischte Wirtschaften, Planwirtschaften)
state sales tax – Umsatzsteuer
state subsidiary banks → state central banks
statement – 1. Aufstellung, Bilanz 2. Vermögensstand, Kontoauszug 3. Voranschlag 4. (mathematischer) Ansatz
statement of account – Kontoauszug
statement of condition – Bilanz (US)
statement of earned surplus – Posten für die Veränderung des Gewinnvortrags (US)
statement of income – Ermittlung des Periodengewinns in der GuV-Rechnung (US)
statement of profit and loss – Gewinn- und Verlustrechnung (US)
static analysis – statische Analyse
stationary economy – stationäre Wirtschaft
stationary model – stationäres Modell
stationary state – stationärer Wirtschaftszustand
stationery – Schreibwaren
statistical discrepancy – statistische Abweichung
statistical index – langfristiger Preisindex des britischen statistischen Amtes für ausgewählte Produkte (Lebensmittel, Rohstoffe)
statistical inference – statistische Schätzung, Berechnung der Schätzfunktion, statistisches Prüfungsverfahren, schließende Statistik
statistical method – statistische Methodenlehre, theoretische Statistik
statistical population – statistische Bevölkerung, Grundgesamtheit (in der Bevölkerungsstatistik)
statistical terms – statistische Fachbegriffe; – Maßstäbe
statistician – Statistiker
statistics – Statistiken, Statistik
status – Status, Stellung
status consciousness – Statusbewußtsein
status inquiry – Untersuchung der Kreditwürdigkeit
status symbol – Statussymbol
statutory – satzungsgemäß; gesetzlich
statutory agent – gesetzlicher Vertreter
steadiness – Solidität, Kontinuität
steady demand – stabile, unveränderte Nachfrage
steady-state economy – statische Gleichgewichtswirtschaft
steady-state growth – Wachstum mit konstanter Rate (Modelltheorie)
steepness of slope – Steigung (einer Kurve)
step-by-step filling of jobs – Schritt für Schritt Besetzung von Stellen
stepped costs – (synonym : semi-variable costs) intervallfixe Kosten
stepping-stone method – vereinfachte Rechenmethode der linearen Programmierung
steward → shop stewards
stickiness – Starrheit, Inflexibilität
stimulation – Anregung, Belebung, Anreiz, Stimulierung

stipulated damages – Konventionalstrafe
stipulation – Bedingung, Abmachung
stir → stimulation
stochastic function – stochastische Funktion
stochastic variable – Zufallsgröße, stochastische Variable
stock – 1. Wertpapier, Aktie 2. Warenlager, Lagerbestand, Vorrat 3. → stock (item)
stock (item) – Bestandsgröße (z.B. Kapitalstock)
stock account – 1. Bestandsrechnung, -konto 2. Kapital-, Effektenkonto (GB)
stock-adjustment function – Kapitalanpassungsfunktion
stock analysis – Lagerbestandsanalyse (BWL); Bestands-Strom-Analyse (VWL); Synonym: inventory analysis
stock and flow analysis → stock analysis
stock car – 1. Serienauto 2. Viehwaggon
stock concept – Bestandsgrößen-Ansatz (z.B. Kapitalstock), Bestandsgrößenbasis
stock control – Bestandsüberwachung
stock corporation – Kapitalgesellschaft (US)
stock cover – Reichweite des Materiallagerbestands eines Unternehmens
stock exchange – Aktien-, Wertpapierbörse
stock holdings – Aktienbesitz
stock in trade – 1. Warenbestand 2. Betriebsmittel
stock jobber – Börsenmakler(in), -spekulant(in)
stock keeping – Lagerhaltung
stock level – Warenbestandsmenge
stock market credit – Lombardkredit
stock of capital – Kapitalstock
stock of monetary gold – Währungsgold
stock option plans – genehmigtes Kapital
stock right – Bezugsrecht (US)
stock-sales ratio – Lagerumsatz (synonym zu: inventory turnover).
stock split – Splitting (Aktien)
stock turnover – Lagerumschlag, Lagerumschlagshäufigkeit
stock variable – Bestandsgröße
stock voting – Abstimmen der stimmberechtigten Anteilseigner, Hauptversammlungsbeschluß
stock warrant – Berechtigungsschein (für den Bezug neuer Aktien)
stockbroker – Börsenmakler(in)
stockholder – Aktionär(in)
stockholding cost – Lagerhaltungskosten
stockpile – (staatliche) Vorratslager
stockpiling – Bildung von Vorratslagern (Rohstoffpolitik)
stockpiling behavio(u)r – Lagerdispositionen
stocktaking – Inventur, Bestandsaufnahme
stop and go – konjunkturpolitischer Zickzack-Kurs, Hü-Hott-Politik
stop-payment notification – Zahlungssperren-Anweisung (z.B. für Schecks)
stoppage – Ausstand
stopped cheque (check) – gesperrter Scheck
storage – Lagerung, EDV-Speicher
storage charges – Lagergebühren
store – Lager, Laden; Vorrat
store of value – Wertaufbewahrungsmittel, Thesaurierungsmittel
stored-up labo(u)r – vergegenständlichte Arbeit (Marx)
straight-line depreciation – lineare Abschreibung
straight-line function – lineare Funktion
straight-line (depreciation) method – lineare Abschreibung
strategy – Strategie

stratification – Schichteneinteilung, Schichtung
stratified sample – geschichtete Stichprobe
stratified sampling – geschichtete Stichprobenuntersuchung
stratum – Schicht
strike – Streik
strike-breaker – Streikbrecher(in) i. e. S., angeheuerte Ersatzkräfte während eines Streiks
strike provisions – Streikbestimmungen
strike record – Streikbilanz
structural interdependence – strukturelle Interdependenz, gegenseitige Abhängigkeit einzelner Industrien und Branchen, → feed-back effects
structural investment – Bauinvestitionen
structural rigidity theory – strukturelle Rigiditätstheorie (Inflationstheorie)
structural unemployment – strukturelle Arbeitslosigkeit
structure – Struktur
study of commerce – Handelsbetriebslehre
stylized facts – stilisierte Fakten
subcontractor – Subunternehmer(in)
subject – 1. Thema, Gegenstand, Schlagwort (Lexikon) 2. Untertan (Feudalsystem)
subject index – Schlagwort-Register
subliminal advertising – unterschwellige Werbung
subordinate – Untergebene(r)
subscriber – Abonnent(in), Zeichner(in)
subscription – Subskription, Zeichnung, Abonnement
subscription certificate → scrip
subsequent costs – Folgekosten
subset – Teilmenge
subsidiary – Tochtergesellschaft, Niederlassung
subsidies – Preissubventionen und andere preisbezogene Transferzahlungen des Staates
subsidy – Subvention
subsidy on interest – Zinssubvention
subsistence – Lebensunterhalt
subsistence economy – Subsistenzwirtschaft, Bedarfsdeckungswirtschaft
subsistence level – Existenzminimum
subsistence theory of wages – Subsistenztheorie (Lohnfondstheorie)
substance of labo(u)r – Wertsubstanz
substandard risk – anomales Risiko
substitute – Substitutionsgut, Ersatz
substitution effect – Substitutionseffekt (Nachfragetheorie)
substitutional input – substituierbare Einsatzmenge
subvention – Subvention (aus strukturpolitischen Motiven)
success criterion – Erfolgskriterium
suffrage – Wahlrecht
suggestion scheme – betriebliches Vorschlagswesen
suit – 1. Klage, (Zivil)prozeß 2. Ausrüstung
suitable – passend, geeignet
sum insured – Versicherungssumme
sum total – Gesamtsumme
summit (meeting) – Gipfel(konferenz)
sumptuary law – Luxusgesetz (Besteuerung)
sumptuous living – aufwendige Lebenshaltung
sun-spot theory – Sonnenfleckentheorie (Konjunktur)
sundry expenditure – außerordentlicher Aufwand
sundry revenue – außerordentlicher Ertrag
sunk costs – Kosten eines spezifischen Anlageguts ohne alternative Verwendungsmöglichkeit
super-annuation – Pensionierung, Pension

superimposing curve – überlagernde Kurve
superior-subordinate continuum – (Länge der) Vorgesetzten-Untergebenen-Linie
supermarket – Supermarkt
superstructure – Überbau (Marx)
supervision – Aufsicht
supervisor → overseer
supervisory board – Aufsichtsrat
supplementary – Ergänzend, Zusatz
supplementary benefit – Zusatzrente für Angehörige
supplementary costs – veraltete Bezeichnung für Fix- und Gemeinkosten
Supplementary Financing Facility (of the IMF) – zusätzliche Finanzierungsvorkehrung im IWF
supplementary systems – ergänzende Systeme
supplier – Lieferant
supplier debt(s) – Lieferantenschulden, Kreditor(en)
supplies – Hilfs- und Betriebsstoffe
supply – Versorgung, Angebot, Lieferung
supply bottleneck – Versorgungsengpaß
supply curve – Angebotskurve
supply curve of money – Geldangebotskurve
supply schedule – Angebotstabelle
supply shift – Angebotsverschiebung
supply shocks – Angebotssprünge
supply-side economics – angebotsorientierte Wirtschaft(slehre)
support buying – Stützungskäufe
suppressed demand – zurückgestaute Nachfrage
suppressed inflation – zurückgestaute Inflation
surcharge – Aufschlag, Mehrbelastung, Nachgebühr, Steueraufschlag, Zusatzabgabe
surety – Sicherheit, Bürgschaft, Bürge
surface – Funktions-Ebene, -Gebirge
surface phenomenon – Oberflächenerscheinung
surplus – Überschuß, Überangebot, Gewinn: Überschuß der Einnahmen über die Ausgaben; 1. Bezeichnung des Gewinns der nationalisierten Industrien 2. Gegensatz von einem staatlichen Budgetdefizit 3. Zunahme der Devisenreserven 4. die Produktionsmenge übersteigt bei gegebenen Preisen die Nachfrage
surplus capacity – Überschußkapazität
surplus labo(u)r – Mehrarbeit (Marx)
surplus produce – Mehrprodukt (Marx)
surplus value – Mehrwert (Marx)
surplus variable – Schlupfvariable in einem Minimierungsprogramm
surrogate price – Surrogatspreis
surtax – Zusatzsteuer
survey – 1. Umfrage, Übersicht 2. (Land)vermessung
survivors' insurance – Hinterbliebenenversicherung (US)
susceptibility – Beeinflußbarkeit
suspense account – Interimskonto
suspension of payment – Zahlungseinstellung
sustained growth – Wachstum, nachhaltiges
sustaining program(me) – Hilfs-, Stützprogramm
sustenance – (Lebens)unterhalt
suzerain – Feudalherr, Grundherr
swap – Swap (Kombination eines Devisenkassageschäftes mit einem Devisentermingeschäft)
swap rate – Swapsatz
sweated labour – unterbezahlte Arbeit
sweating – Ausbeutung (von Arbeitskräften)
sweating system – frühkapitalistisches Fabriksystem, Auspressen der Arbeitskraft

swing – Schwingungsbreite: höchste Kreditgrenze, die sich zwei Länder im gegenseitigen Außenhandel einräumen
switching – 1. Umweg über ein Drittland bei Außenhandelsgeschäften aus devisenwirtschaftlichen Gründen 2. Änderung der Kombination von Kapital- und Arbeitseinsatz; 3. Wechsel in der Zusammensetzung eines (Wertpapier-) Portefeuilles
sympathetic strike – Sympathiestreik
sympathizer – Sympathisant
sympathy strike → sympathetic strike
syndicate – Interessengemeinschaft, auch Gangsterorganisation, Konsortium
syndicated loan – Konsortialanleihe
syndicated market research – gemeinschaftliche Marktforschung
synergy – Ergebnispotenzierung
syne(c)tics – Methode für schöpferisches Gruppendenken
synthetics – Kunststoffe
system – System, Methode
system of cities – Siedlungsstruktur
system of taxation – Steuersystem
systems analysis – Systemanalyse
systems analyst – Systemanalytiker(in)
systems selling – Verkauf von kompletten Systemen
systems theory – Systemtheorie

T

table – Tabelle, Liste, Aufstellung, Verzeichnis
tabulation – tabellarische Anordnung
take-home pay – effektiv ausbezahlter Lohn
take-off – 1. Start, Absprung 2. Startphase (z.B. wirtschaftliche Entwicklung, konjunktureller Aufschwung)
take-over – Übernahme bzw. Aufkauf eines Unternehmens (i.d.R. gegen den Willen der übernommenen Firma)
take-over bid – öffentliches Übernahmeangebot
take stock – Inventur machen, Bilanz ziehen
takings – Einnahmen
tangency – Tangenz, tangentiale Berührung
tangible assets – materielle Vermögensgegenstände
tangible goods – tangible Güter
tangible property → tangible assets
tap issue – Ausgabe von Staatspapieren ohne Zwischenschaltung des Marktes
tap stocks – (staatliche) Finanzierungspapiere mit fixiertem Ausgabepreis, die nicht am Markt gehandelt werden, aber stets angeboten werden
target – 1. Ziel, Soll 2. quantifizierte Zielsetzung (Präzisierung von → objectives)
target amount – Zielsumme (bei Lebensversicherungen und Bausparverträgen), Sollmenge
target audience – Zielgruppe
target costs – vorkalkulierte Kosten
target market – Zielmarkt
target price – Richtpreis
target-pricing – Zielpreisbestimmung, Zuschlagskalkulation
target projection – Zielplan, -vorhersage, -funktion
target rate of return on investment – Zielverzinsung, Zielzinssatz
target-setting – Zielgrößenbestimmung
target variable – Zielvariable
target-versus-actual – Soll-Ist-Vergleich
tariff – Zoll, Zolltarif, Tarif, Preisliste (GB), Gebührentarif
tariff barrier – Zollschranke

tariff for infant industries – Erziehungszoll

tariff legislation – Zollgesetzgebung

task(s) – Aufgabe(n); EDV: 1. Teile eines Programms, die nacheinander oder gleichzeitig ablaufen 2. Programmkette, aus mehreren Programmen bestehend

task force – Arbeitsstab

taîtonnement – Walras'sche Gleichgewichtspreisbildung

tax – Steuer

tax allowance – Steuerfreibetrag

tax assessment – Steuerveranlagung, Steuerbescheid

tax authority – Steuerbehörde

tax avoidance – Steuermeidung, Steuervermeidung, Steuerumgehung

tax base – Steuerbemessungsgrundlage

tax-based income policy (TIP) – Einkommenspolitik durch Steuervariationen, die sich nach Lohn- und Preispolitik der Unternehmen richten

tax bill – Steuerlast, Steuerschuld, Zahllast, (Höhe der) Steuervorschreibung

tax break – steuerliche Begünstigung, Steuervorteil (US)

tax burden – Steuerbelastung

tax concession – Steuernachlaß, -vergünstigung

tax credit – Steuergutschrift

tax-credit system – Steuergutschriftensystem bei einer negativen Einkommensteuer

tax cut – Steuersenkung

tax deduction – Steuerabzug

tax demand – Steuerforderung

tax dodging – Steuerabwehr, Steuerausweichung

tax equity – Steuergerechtigkeit

tax evasion – Steuerhinterziehung

tax exemption – Steuerbefreiung, Steuerpräferenz

tax free – steuerfrei

tax gatherer – Steuereinnehmer

tax guide line – Steuerrichtlinie

tax haven (tax heaven) – Steueroase

tax impact – Steueranstoß

tax incidence – Steuerinzidenz

tax increase – Steuererhöhung

tax inflation – Steuerinflation

tax laws – Steuergesetze

tax liability – Steuerverpflichtung

tax loophole – Steuerschlupfloch

tax (change) multiplier – Steuermultiplikator

tax on capital and wealth – Kapital- und Vermögenssteuer

tax on expenditures – Aufwandsteuer

tax on land and buildings – Grundsteuer

tax on value added – Mehrwertsteuer

tax passed on – Steuerüberwälzung

tax payer – Steuerzahler

tax privileges – Steuervorteile

tax rate – Steuersatz

tax rebate – Steuerermäßigung

tax receipt(s) – Steuereinnahmen

tax refund – Steuerrückerstattung

tax relief – Steuererleichterung

tax reserve for anticyclical purposes – Konjunkturausgleichsrücklage

tax return – Steuererklärung

tax rolled forward → tax passed on

tax schedule – Einkommensteuerklasse

tax secrecy – Steuergeheimnis

tax sharing – Beteiligung am Steueraufkommen (US)

tax shelter – Steueroase

tax shifting – Steuerüberwälzung

tax system – Steuersystem

tax take – fiskalische Abschöpfung, Steueraufkommen

tax threshold – Steuerschwelle

tax voucher – Steuerbeleg

tax year – Steuerjahr

taxable base – Steuerbemessungsgrundlage
taxable capacity – steuerliche Belastungsfähigkeit
taxable income – zu versteuerndes Einkommen
taxable income base – (Einkommens-)Steuerbemessungsgrundlage
taxable transaction – versteuerbarer Umsatz
taxable turnover → taxable transaction
taxation – Besteuerung
teamsters' union (USA) – Transportarbeitergewerkschaft
teamwork – Gruppenarbeit, Teamarbeit
technical assistance – technische Hilfe
technical cooperation – technische Zusammenarbeit
technical innovation(s) – technische Neuerung(en)
technical know-how – technisches Wissen
technical maintenance – technische Instandhaltung
technical progress – technischer Fortschritt
technical term – Fachbegriff
technique – Methode, Technik
technological advance – technologischer Fortschritt, Vorsprung
technological change – technologische Veränderung
technological efficiency – technische Effizienz
technological forecasting – Technikprognose, Prognose technisch-wissenschaftlichen Fortschritts
technological progress → technological advance
technology – Technologie
technology arrestment → technology harassment
technology assessment – Technologiefolgenabschätzung
technology harassment – Technologieskepsis (etwa durch Aufweisen negativer Folgen)
technology information – Informationstechnologie
technology push – Technologieauftrieb; forschungs- und entwicklungsinitiierte Innovation
telechirics – ferngesteuerte Geräte
telecommunications – Fernmeldewesen
telecommuting – Telearbeit
teller – Kassierer(in), Kassenbeamter(-beamtin)
temporary work – Zeitarbeit
tenant – Mieter(in)
tenant protection – Mieterschutz
tender – 1. Angebot, Zahlungsangebot, Anerbieten 2. Submissionsangebot (aufgrund einer Ausschreibung) 3. Ausschreibung(-sverfahren)
tendering – anglo-amerikanische Form der Wertpapierplazierung, Tenderverfahren
tenet – Lehrsatz, Grundsatz, Lehrauffassung, Schule, These
tenure – Pacht, Anstellung auf Lebenszeit
term – 1. Frist, Zeitdauer 2. Bedingung 3. Begriff
term loan – mittelfristiger Kredit
term structure of interest rates – zeitliche Zinsstruktur
terminal – EDV: Datenein- und -ausgabegerät
terminal utility – Endnutzen
terms of delivery – Lieferbedingungen
terms of notice – Kündigungsfrist
terms of payment – Zahlungsbedingungen
terms of trade – reale Austauschverhältnisse
tertiary sector → services sector

test marketing – Erprobung eines Produkts auf dem Markt
test of need – Bedürftigkeitsprüfung
theorist – Theoretiker(in)
theory of consumer choice – Theorie der Konsumentenentscheidungen
theory of demand – Nachfrage-, Konsumtheorie
theory of economic development – Entwicklungstheorie, Theorie der wirtschaftlichen Entwicklung
theory of economic stages – ökonomische Stufentheorie
theory of employment – Beschäftigungstheorie
theory of falling profit rate – Theorie der fallenden Profitrate
theory of games – Spieltheorie
theory of income determination – Theorie der Einkommensbestimmung, makroökonomische Beschäftigungstheorie
theory of increasing misery – Verelendungstheorie
theory of probability – Wahrscheinlichkeitstheorie
theory of socio-technical systems – Theorie der sozio-technischen Systeme
theory of surplus value – Mehrwerttheorie (Marx)
theory of transfer prices – Theorie der Transferpreise
thesis – 1. These 2. wissenschaftliche (Examens-)Arbeit
think tank – Planungsstab
third-party insurance – private Haftpflichtversicherung
three-shift system – Dreischichtensystem
threshold agreement (GB) → escalator clause (US) → escalator → indexation clause
threshold payment – indexgebundene Lohnerhöhung
threshold price – Schwellenpreis (EG- Agrarmarkt)
thrift deposit → savings deposit
thriftiness – Sparsamkeit, Wirtschaftlichkeit
throughput – Durchflußmenge pro Zeiteinheit
throughput economy – Durchflußwirtschaft (Wiederverwendung von Rohstoffen durch Recycling)
thruster – aktive Führungskraft
tied ~ – Vertrags ~ (Vertragswerkstätte mit Markenbindung analog: Vertragsgaststätte einer Brauerei, Geschäft mit Vertriebsbindung etc.)
tied aid – gebundene Entwicklungshilfe
tied garage – Vertragswerkstatt mit Markenbindung
tied house – Heimfallunternehmen
tied loan – gebundener Kredit
tied public house – Vertragsgaststätte einer Brauerei
tied shop – Geschäft mit Vertriebsbindung
tight money – knappes Geld, restriktive Kreditpolitik
time allowed – Vorgabezeit
time and a half – Lohnzuschlag (für Nacht-, Sonntags-, Feiertagsarbeit)
time and elasticity – Zeitabhängigkeit der Nachfrage- und Angebotselastizität
time and motion study – Zeitstudie (Refa)
time deposit – Termineinlage
time horizon – Zeithorizont, Entscheidungszeitraum, zeitlicher Entscheidungsrahmen
time lag – zeitliche Verzögerung bis zum Eintritt der Folgen einer Maßnahme
time money → time deposit → term money → forward rate
time path – Zeitpfad, Verlaufsstruktur
time preference – 1. Zeitpräferenz 2. Gegenwartspräferenz

time preference theory of interest – Zeitpräferenztheorie des Zinses (Böhm- Bawerk: Minderschätzung künftiger Bedürfnisse)
time rate – Zeitlohnsatz
time scale – Zeitvorgabe
time series – Zeitreihe
time-space coefficient – Raum-Zeit-Koeffizient
time work → temporary work
TIP → tax-based income policy
tithe – Zehnter
title – Verfügungsrecht, Anrecht, Rechts-, Besitzanspruch
token – Marke, Gutschein, Zeichen
token coin – 1. Scheidemünze 2. Jeton, → token money
token investments – symbolhafte Investitionen
token money – Not-, Ersatzwährung, Sonderwährung (für bestimmte Zwecke, z.B. Telefon-, U-Bahn-Münzen)
token strike – Warnstreik
toll – Benutzergebühr für Brücken, Straßen etc., Maut
tool – Werkzeug, Instrument
top-level official – Spitzenfunktionär
topic – Thema, Diskussionspunkt, Gesprächsgegenstand
total – 1. Endsumme 2. Gesamt~
total assets – Gesamtvermögen: Aktivseite der Bilanz
total balance – aggregierter Saldo
total costs – Gesamtkosten
total demand curve – Gesamtnachfragekurve
total employed persons → employed labo(u)r force → labo(u)r force
total expenditures – Gesamtausgaben
total fixed costs – gesamte fixe Kosten
total income – Gesamteinkommen
total loss – Totalschaden
total output – Gesamtausstoß, Bruttoproduktion
total product – Gesamtertrag
total receipts – Gesamterlös
total revenue – Gesamterlös
total taxation – (gesamtes) Steueraufkommen
total variable costs – gesamte variable Kosten
towards the bigger unit – Zug zur größeren Einheit
town and country-side – Stadt und Land
trade – Handel, Handwerk
trade agreement – Handelsvertrag
trade and traffic – Handel und Wandel
trade association – Fachverband
trade barrier – protektionistische Handelsschranken
trade bill – Warenwechsel, Handelswechsel
trade council – Orts- oder Bezirksverwaltung einer Gewerkschaft
trade-creating effect – handelsschaffender Effekt (Zollunion)
trade credit – Lieferantenkredit (auch als Wechselkredit)
trade cycle – Konjunkturzyklus, synonym: business cycle
trade deficit → trade gap
trade discount – Rabatt
trade diversion – Handelsablenkung
trade-diversion effect – handelsablenkender Effekt (Zollunion)
trade facility – Außenhandelskredit
trade figures – Außenhandelszahlen, -ergebnisse
trade gap – Handelsbilanzdefizit, Leistungsbilanzdefizit
trade investment – Beteiligungen (Bilanzposten unter den Finanzanlagen)
trade mark – Warenzeichen, Markenzeichen
trade mission – Handelsdelegation
trade name – Handelsname

trade-off – Abtausch(-verhältnis), graduelle Substitution bzw. Substitutionsmöglichkeit zweier konkurrierender Ziele
trade position – Marktstellung eines Unternehmens oder Produkts
trade price – Großhandelspreis, Einkaufspreis (des Einzelhändlers)
trade promotion – Handelswerbung
trade reference – Kreditauskunft
trade relations – Handelsbeziehungen
trade restriction – Handelsbeschränkung
trade returns – Außenhandelszahlen, Außenhandelsergebnisse
trade secret – Geschäftsgeheimnis
trade tax – Gewerbesteuer
trade terms – international gebräuchliche Lieferungs- und Zahlungsbedingungen
trade union – Gewerkschaft
trade union dues – Gewerkschaftsbeiträge
trade unionist – Gewerkschafter(in)
trade union movement – Gewerkschaftsbewegung
trade union policy – Gewerkschaftspolitik
trade unionism → trade union movement
trade volume – Handelsvolumen
Trades Union Congress – Gewerkschaftsdachverband (GB)
trading account – Betriebskonto
trading estate → industrial estate
trading margin – Einschuß
trading partner – Handelspartner(in)
trading profit – Betriebsgewinn (GB)
trading stamp – Rabattmarke
trading up – Diversifizierung in höhere Preis- bzw. Qualitätsklasse
trainee – Praktikant(in), Auszubildende(r)
training allowance – Umschulungs-, Ausbildungsbeihilfe
training course – Ausbildungskurs
training levy – Ausbildungsabgabe
training programmes – Ausbildungsprogramme
Training Services Agency – Anstalt für Berufsausbildung
transactions balances – Transaktionskasse, Umsatz, Transaktionsgeld
transaction cost(s) – Transaktionskosten: Nebenkosten (z.B. für Werbung, Dokumente, Transport), die für die Geschäftsabwicklung notwendig sind
transaction tax – Verkehrssteuer
transactions demand – Geldnachfrage aufgrund des Transaktionsmotivs
transactions demand for money – Transaktionsnachfrage nach Geld
transactions frequency – Transaktionshäufigkeit, -frequenz
transactions motive – Transaktionsmotiv (Kassenhaltung)
transactions velocity (of money) – Umlaufgeschwindigkeit (des Geldes)
transducer – Stellglied, Übertragungsglied
transfer – 1. Übertragung von Rechten und Vermögensgegenständen 2. (Bank)überweisung
transfer bank – Girobank
transfer costs – Transportkosten; Überweisungskosten
transfer earnings – Normaleinkommen eines Faktors; Opportunitätseinkommen
transfer expenditure multiplier – Multiplikator der Transferausgaben
transfer income – Transfereinkommen, Nicht-Leistungseinkommen
transfer of ownership – Eigentumsübergang
transfer of technology – Technologietransfer

transfer payments – Transferzahlungen, Transfereinkommen, Einkommensübertragungen
transfer price – Transferpreis, konzerninterner Preis
transfer problem – Transferproblem
transfer stamp – Effekten-, Übertragungsstempel (GB)
transfer tax – Erbschaftssteuer (US)
transfer theory – Theorie der außenwirtschaftlichen Wertübertragung
transferor – Überweiser(in)
transformation – 1. Transformation, Umwandlung 2. Abbildung (Matrizenrechnung)
transformation curve – Transformationskurve
transformation problem – Transformationsproblem (Marx)
transition period – Übergangsperiode
transitional arrangement – Übergangsregelung
transitory income – transitorisches Einkommen (=permanentes Einkommen abzüglich des laufenden Einkommens)
transmission – Übertragung, Übermittlung
transparency – Transparenz, Durchsichtigkeit, Verständlichkeit
transport – 1. → transportation 2. Spedition
transport costs – Transportkosten
transportation – Beförderung; Verkehr(swesen)
transportation facilities – Verkehrseinrichtungen
transpose of a matrix – transponierte Matrix
transputer – Rechner-Chip mit paralleler Architektur
travellers' cheques (checks) – Reiseschecks
travelling salesman (traveller) – Handlungsreisender, Reisevertreter
traverse between equilibrium levels – Übergangspfad, Übergang zwischen Gleichgewichtsniveaus
treasurer – Finanzdirektor(in), Kassenwart(-wärtin), Schatzmeister(in)
treasury (department) – Schatzamt
treasury bill(s) – Schatzwechsel
treasury bond – Schatzanweisung
treasury discount paper – Schatzanweisung, unverzinsliche
treasury loan – (langfristige) Staatsanleihe, häufig umtauschbar in Schatzanweisungen
treasury stock – 1. (US): Verwaltungsaktien, d.h. eine Aktiengesellschaft darf unter gewissen Bedingungen eigene Aktien aufkaufen 2. (GB): Staatsanleihe
trend estimate – Hochrechnung
trend extrapolation → trend estimate
trend reversal – Trendumkehr
trial and error method – Versuch-Irrtum-Methode
trial balance – Probebilanz
trial order – Probeauftrag
trickling down effect – Sickereffekt (Entwicklungstheorie: Hirschman)
tricks of the trade – Branchenkenntnisse
trigger-price – Importmindestpreis (bei deren Unterschreiten Importbeschränkungen erfolgen), Referenzpreis (US)
trillion – Trillion (GB), Billion (US)
trivial solution – triviale Lösung
trough – Tiefpunkt, Talsohle der Konjunktur
truck system – Trucksystem, Naturallohnsystem
true value – Real-, Istwert
truncated multiplier – verkürzter Multiplikator, kumulativer
trust – 1. Trust, Großkonzern, Kartell 2. Treuhandschaft, Stiftung 3. Treuhandvermögen, -fonds 4. Treu und Glauben, Zu-, Vertrauen

trust busting – Zerschlagung von Monopolkonzernen, Kartellentflechtung
trust fund – Sonderfonds für zweckgebundene Steuern (US)
trustee – Treuhänder(in), Vermögensverwalter(in)
trustee savings bank (UK) – Sparkasse
TUC → Trades Union Congress
tulipmania – Preisexplosion (eines Gutes)
turnaround → turning point → landmark
turning point – Wendepunkt
turnover – Umschlag, Umsatz, Erlös
turnover tax – (kumulative) Umsatzsteuer, auch: cascade tax
two-earner family – Doppelverdiener-Haushalt
two-fold character of labo(u)r – Doppelcharakter der Arbeit
two-part tariff – kombinierter Tarif (z.B. Telefongebühren)
two-stage least squares – zweistufige kleinste Quadrate
two-to-one rule – Finanzierungsgrundsatz der US-Banken bei der Kreditwürdigkeitsprüfung; Umlaufvermögen zu kurzfristigen Verbindlichkeiten im Verhältnis 2:1
twotier board – gespaltenes, zweistufiges Führungsgremium
twotier gold market – gespaltener Goldmarkt
tycoon – Großindustrieller, Wirtschaftskapitän

U

UAW (United Auto Workers' Union) – Automobilarbeitergewerkschaft (US)
ultimate consumer → end consumer
ultimate taxpayer – Steuerträger(in)
ultra-cheap money policy – Tiefstzinspolitik
umbrella agreement → industry-wide agreement
umbrella effect – Schirmeffekt von Großunternehmen gegenüber kleineren Konkurrenten
umbrella organization – Dachorganisation
unavoidable costs – unvermeidliche Kosten, Fixkosten
unbalanced growth – ungleichgewichtiges Wachstum (Entwicklungstheorie)
uncalled capital – noch nicht eingezahltes Kapital
uncertainty – Unsicherheit, Ungewißheit (im Gegensatz zum Risiko)
unconstitutional strike – vertragswidriger Streik
uncontrollable cost – nicht beeinflußbare Kosten
uncontrollable factors – nicht beeinflußbare äußere Gegebenheiten
undated security – ewige Anleihe, Konsols
undercapitalised – unterkapitalisiert
undercharge of tax – zu niedrige Steuerzahlung
underconsumption theory – Unterkonsumtionstheorie
underdeveloped country – Entwicklungsland, unterentwickeltes Land (veraltet; jetzt: developing country)
underdeveloped region – unterentwickeltes Gebiet
underdevelopment – Unterentwicklung
underemployment – Unterbeschäftigung, versteckte Arbeitslosigkeit
underemployment equilibrium – Gleichgewicht bei Unterbeschäftigung (Keynes)
underground economy → black economy
undermanning – Personalunterbesetzung

undertaking - Unterfangen, Unternehmen
undervaluation - Unterbewertung
undervalued currency - unterbewertete Währung
underwriter - Assekurant, Versicherer, Garant einer Wertpapieremission
underwriting - Risikoversicherung
underwriting agent - Versicherungsagent(in)
underwriting group - Bankenkonsortium mit dem Ziel gemeinsamer Wertpapieremission
underwriting share - Konsortialaktie, -beteiligung
undistributed corporate profits - unverteilte Unternehmensgewinne
undistributed profits - nicht ausgeschüttete Gewinne
unearned income - Besitzeinkommen
unearned increment (J. S. Mill) - Bodenwertsteigerung ohne Leistung des Eigentümers
unearned investment income - Kapitaleinkommen
uneasy triangle - Magisches Dreieck
uneconomical - unwirtschaftlich, unrentabel
unemployable persons - Dauerarbeitslose i.S. nichtvermittelbarer Erwerbspersonen (Bodensatzarbeitslosigkeit)
unemployed - arbeitslos
unemployment - Arbeitslosigkeit
unemployment benefit - Arbeitslosenunterstützung, Arbeitslosengeld
unemployment insurance - Arbeitslosenversicherung
unemployment percentage rate (GB) → unemployment rate (US)
unemployment rate - Arbeitslosenquote
uneven distribution - ungleichmäßige Verteilung
unfair competition - unlauterer Wettbewerb
unfair labo(u)r practice - unzulässige Verhaltensweise im Arbeitsleben
uniform system of accounts - Einheitskontenrahmen, normiertes Kontensystem (US)
unilateral flow - einseitiger Strom (z.B. Transferzahlungen)
unilateral transfers - (Bilanz der) unentgeltliche(n) Leistungen, Übertragungsbilanz, Schenkungsbilanz
unincorporated enterprise - Unternehmen ohne eigene Rechtspersönlichkeit
union (trade union) - Gewerkschaft
union agreement - Tarifvertrag
union due - Gewerkschaftsbeitrag
union member - Gewerkschaftsmitglied
union official - Gewerkschaftsfunktionär(in)
union set - Vereinigungsmenge (math.)
union shop - gewerkschaftspflichtiger Betrieb
unique mapping - eindeutige Abbildung (Mengenlehre)
unique solution - eindeutige Lösung
unit - 1. Einheit, Wirtschaftssubjekt 2. Betrieb, Unternehmen 3. Vermögensanteil (Investmentfonds)
unit cost - Durchschnittskosten, Stückkosten
unit elasticity - Elastizität mit dem Wert eins
unit labo(u)r cost(s) - Lohnstückkosten
unit of account - Recheneinheit, Rechnungseinheit
unit of cost - Kostenträger
unit of currency - Geldeinheit, Währungseinheit
unit of output - Produkteinheit (z.B. 1 Tonne Stahl, 1 Pkw)
unit price - Stückpreis
unit trust - Investmentfonds (GB)
unit vector - Einheitsvektor

unitary tax – Gewinnsteuer einer Tochtergesellschaft gemäß anteilsmäßigen Konzerngesamtgewinn (soll Gewinnverlagerungen vor allem bei «Multis» vorbeugen)
united action – Konzertierte Aktion
unity and struggle of opposites – Einheit und Kampf der Gegensätze
unity of command – Alleinzuständigkeit (Organisation), Einzelunterstellung
unknown – Unbekannte (Mathematik)
unofficial strike – nichtgewerkschaftlicher Streik
unplanned saving – ungeplantes Sparen
unrequested receipts – einseitige Übertragungen, Transfers (Zahlungsbilanz)
«unrequired» exports – Exporte, die zur Begleichung von Auslandsschulden dienen, z. B. Reparationsleistungen (wörtlich: nicht vergütete Exporte)
untaxed reserves – steuerfreie Rückstellungen
unused capacity – brachliegende Kapazitäten
upkeep – Lebensunterhalt
upper intervention point – oberer Interventionspunkt
upper price limit – Höchstpreisgrenze
upswing – (konjunktureller) Aufschwung
upturn → upswing
upvaluation – Aufwertung
urban-base studies – Exportbasisforschung im städtischen Bereich
urban expansion – städtische Ausdehnung
urbanization – Verstädterung
U. S. Saving Bonds – Sparbriefe der Vereinigten Staaten
use – Gebrauch, Nutzen, Verwendung
use value – Nutzwert
useful life (of an asset) – ökonomische Lebensdauer (unter Berücksichtigung des physischen Verschleißes und der technologischen Alterung)
user charge – (staatliche) Gebühren
user cost – 1. Nutzungskosten 2. Kapitalkosten (Keynes)
usufruct – Nießbrauch
usufructuary – Nutznießer
usurer – Wucherer
usurious terms – Wucherbedingungen
usury – (Zins-)Wucher
util – Nutzeinheit (bei kardinalem Nutzen)
utilitarianism – Lehre der Nutzentheoretiker, Utilitarismus
utilities – Versorgungswerke (z.B. Gas, Wasser, Strom, Verkehrswesen)
utility – subjektiver Nutzen, Nützlichkeit
utility function – Nutzenfunktion
utility maximization – Nutzenmaximierung
utility possibility curve – Nutzenmöglichkeitskurve (Pareto)
utility tree – Nutzenbaum
utilization – Ausnutzung
utilization of capacity – Ausnutzung der Kapazität
utopian socialism – utopischer Sozialismus, Frühsozialismus

V

vacancy – offene Stelle
validity – Gültigkeit
valorization – Aufwertung; Preisstabilisierung (US)
valorization scheme – Valorisationsmaßnahmen; angebotsbeschränkende Preisstützungspolitik (z.B. Abschlachtprämien, Anbaubeschränkungen)
valuation – Schätzung, Schätzwert

valuation function – Bewertungsfunktion, Zielfunktion
valuation items – Wertberichtigung
valuation method – Bewertungsansatz, -verfahren
value – Wert: 1. Gesamtnutzen eines Gutes (value in use) 2. Tauschwert (value in exchange), Preis
value added – Wertschöpfung, synonym: net output
value added tax (VAT) – Mehrwertsteuer
value analysis – Wertanalyse
value-free fact – wertfreie Tatsache
value in exchange – Tauschwert
value in use – Gebrauchswert
value judgment – Werturteil
value rationing – (fix-)preisbezogene Rationierung (z.B. Fleisch)
value to the business – Teilwert
valued – bewertet
valuing of items – Bewertung der einzelnen Posten
valuing politics – Bewertungspolitik
variable – Variable
variable capital – variables Kapital
variable costs – variable Kosten
variable elasticity of substitution – variable Substitutionselastizität
variable recources – im Einsatz variable Produktionsfaktoren
variance – 1. Uneinigkeit, Disput 2. (Bau-)Ausnahmegenehmigung
variance (of a sample) – Varianz
variation of the tax rate – Veränderung des Steuersatzes
variations – Variationsrechnung
variety – Vielfalt; Sortimentsbreite
VAT → value added tax
Veblen effect – Veblen Effekt, Prestige Effekt
veil of ignorance – Schleier des Nicht-Wissens
veil of money – Geldschleier
velocity – Geschwindigkeit
velocity of circulation – Umlaufgeschwindigkeit (Geldtheorie)
vending machine – Verkaufsautomat
vendor – Verkäufer, Lieferer
vendor credit – Kaufkredit, Verkäuferkredit
vent for surplus – Außenhandelsvorteile durch Beschäftigung ungenutzter Faktoren
venture – Wagnis; Unternehmen
venture capital – Risikokapital
venture of exchange – Valutarisiko
vertical integration – vertikale Integration bzw. Konzentration
vertical maladjustment – vertikales Mißverhältnis
very heavy worker – Schwerstarbeiter(in)
vested interest – persönliches Interesse, wohlerworbene Rechte, althergebrachte Ansprüche
VGA (video graphics array) – Hochleistungs-Grafikkarte zur Farb- und Grafikdarstellung
vicious circle – Teufelskreis, circulus vitiosus
vintage model – wörtlich: Jahrgangsmodell; Wachstumsmodell mit investitionszeitpunktabhängiger Technik
visible and invisible exports – sichtbare und unsichtbare Exporte
visible and invisible imports – sichtbare und unsichtbare Importe
visible balance – Handelsbilanz, sichtbarer Import/Export
visible trade – Warenhandel
vital industries – lebenswichtige Industrien
vital statistics – 1. Bevölkerungsstatistik 2. Konjunkturstatistik, volkswirtschaftliche Kennzahlen
vocation – Beruf(ung)
vocational – Berufs ~
vocational guidance – Berufsberatung
vocational rehabilitation – berufliche Umschulung

vocational training – Berufsausbildung
void – ungültig, nichtig; leer
volume discount – Mengenrabatt
volume of production – Produktionsvolumen
volume of transactions – Transaktionsvolumen
voluntary unemployment – freiwillige Arbeitslosigkeit
vote of non-confidence – Mißtrauensvotum
voting shares – Stimmrechtsaktien
voucher – 1. Beleg 2. Bürge
vulgar (bourgeois) political economy – Vulgärökonomie
vulgarisation – Vulgarisierung

W

wage – Lohn
wage adjustment – Lohnanpassung
wage and salary workers → employees in employment
wage bargaining – Lohnverhandlungen
wage bill – Lohnsumme, Personalaufwand
wage claim – Lohnforderung
wage demand – Lohnforderung
wage differential – Lohnabstand, Lohnvorsprung
wage drift – Lohndrift
wage-earning staff – Lohnempfänger (Plural)
wage freeze – Lohnstop
wage-fund doctrine – Lohnfondstheorem
wage-fund theory – Lohnfondstheorie
wage hike – (allgemeine) Lohnerhöhung
wage incentive – Lohnanreiz
wage-incentive analysis – Lohnanreizanalyse
wage increase – Lohnerhöhung
wage labo(u)r – Lohnarbeit
wage lag – Lohnanpassungsverzögerung
wage payments – Lohnzahlungen
wage policy – Lohnpolitik
wage price «guideposts» – Lohn-Preis Leitlinien
wage-price spiral – Lohn-Preis-Spirale
wage-push inflation – Lohninflation
wage raise (US) → wage increase
wage rate – Lohnsatz
wage restriction – Lohnbeschränkung
wage rise → wage increase
wage settlement – Lohnabschluß
wage share – Lohnquote
wage stabilization – Lohnausgleich
wage worker – Lohnarbeiter(in)
wages in kind – Deputatlohn, Naturallohn
wages policy → wage policy
waiting-line theory – Warteschlangentheorie
waiver – Ausnahmeregelung, Verzicht auf Anwendung eines Grundprinzips in Sonderfällen (z.B. gilt für Zollunionen nicht die Meistbegünstigungsklausel des GATT)
walk-out – Streik, Ausstand
want(s) – Bedürfnis(se)
want creation – Bedürfniserregung (Werbung)
war-risk insurance – Kriegsrisiko-Versicherung
ware housing – Lagerhaltung, Lagerung von Erzeugnissen
warehouse – Lagerhaus
warrant – Optionsanleihe, die dem Obligationär ein Bezugsrecht auf Aktien zu einem bestimmten Kurs gewährt
warranted rate of growth – «gerechtfertigte» Wachstumsrate

warranty – 1. Garantie, Gewährleistung 2. Wechselbürgschaft

waste – Abfall

waste disposal – Abfallbeseitigung, Entsorgung

waste product – Nebenprodukt

wasting assets – 1. nicht reproduzierbares Realvermögen 2. Vermögensgegenstände, die der Abnutzung unterliegen

way of computing – Berechnungsmethode

ways and means advances – Kassenkredite der Zentralbank an öffentliche Haushalte

Ways and Means Committee (USA) – Haushaltsausschuß des Kongresses

weak currency – schwache Währung

wealth – Gesamtheit des ertragbringenden Vermögens einschließlich der beruflichen Befähigung eines Individuums

wealth-creating sector – produktiver Sektor, Industrie (in Abgrenzung zu unproduktiven Bereichen)

wealth effect – Pigou-Effekt

wealth tax – allgemeine Vermögenssteuer

wear and tear – Abnutzung, Verschleiß

weekly or monthly payment of wages – wöchentliche oder monatliche Lohnzahlung

weekly return – Wochenauszug der Bank von England

weighted average – gewichtetes arithmetisches Mittel

weighted index – gewichteter, gewogener Index

welfare – Wohlergehen, Wohlfahrt, Sozialhilfe (US)

welfare benefit – Wohlfahrtszahlung, Sozialhilfe

welfare economics – Wohlfahrtstheorie, Wohlfahrtsökonomik, Allokationstheorie

welfare effect – Wohlfahrtseffekt

welfare fund – Wohlfahrtsfonds

welfare indicator – Wohlfahrtsindikator

welfare payment – Unterstützungsleistung der öffentlichen Hand, Sozialfürsorge

welfare state – Wohlfahrtsstaat

white-collar differential – Lohngefälle zwischen Arbeitern und Angestellten

white-collar worker – Angestelle(r) (im Gegensatz zum Arbeiter)

white-collar union – Angestelltengewerkschaft

White Paper – Weißbuch: Bezeichnung für alle aktuellen Berichte der britischen Regierung speziell zur Wirtschafts- und Sozialpolitik

White Plan (American Plan) – Whiteplan (Internationaler Währungsfonds)

wholesale – Großhandel

wholesale export prices – Grossisten-Ausfuhrtarif

wholesale price index – Großhandelspreisindex

wholesale writing-down – Pauschalabschreibung

wholesaler – Großhändler

widow's allowance – Witwenbeihilfe

widow's cruse (Keynes) – «Krug der Witwe», «unerschöpfliche Quelle»; Bezeichnung für die im Zuge der staatlichen Vollbeschäftigungspolitik ansteigenden Steuern, sowie Selbstfinanzierungseffekt der Investitionen

widow's pension – Witwenrente

wildcat strike – Spontanstreik, wilder Streik

windfall gains – 1. Zufallsgewinn, unerwartetes, nicht geplantes Einkom-

men 2. dynamische Differentialeinkommen 3. Marktlagengewinne
windfall profits → windfall gains
winding up → liquidation
window dressing – Manipulationen zur Verbesserung des ausgewiesenen Liquiditätsstatus, generell: manipulative Beschönigung in Bilanzen u.a. Dokumenten
withdrawal – 1. Entzug, Stillegung, (autonome) Kontraktionsgröße 2. Abhebung, Auszahlung 3. Rückzug
withheld profits – einbehaltene (nicht ausgeschüttete) Gewinne
withholding tax – Abzugsteuer, Kapitalertrags-, Quellensteuer
wolf point – Nutzenschwelle der Konsumfunktion
work council – Betriebsrat
work-factor-system – System vorbestimmter Zeiten zur Arbeitszeitermittlung und Arbeitsgestaltung
work group – Arbeitsgruppe
work-house test – Arbeitshaustest (englische Armengesetzgebung des 19. Jh.)
work-in – Streikform, bei der entgegen der Anweisung der Firmenleitung weitergearbeitet wird
work in progress – (Bilanzierungswert der) noch im Produktionsprozeß gebundenen Fabrikate, in Arbeit befindliche Erzeugnisse
work measurement – Arbeitszeitermittlung
work permit – Arbeitserlaubnis
work room – Werkstatt
work-sharing – Arbeitsneuverteilung durch Arbeitsplatzspaltung u.a. zur Minderung der Arbeitslosigkeit (Arbeits(platz)teilung)
work stoppage – Arbeitsunterbrechung
work study – Arbeitsstudie (Refa)
work terms – Arbeitsbedingungen
work to rule – Dienst oder Arbeit nach Vorschrift, Bummelstreik
workday – Arbeitstag
worker – Arbeiter(in)
worker director – Arbeitsdirektor(in), aber auch alle anderen von der Belegschaft gewählten Vorstandsmitglieder (GB)
workers' co-determination – Mitbestimmung
workers' control – Arbeiterselbstkontrolle
workers' council – Betriebsrat
workers' participation → workers' co-determination
workers' representative(s) – Arbeitnehmervertreter(in)
workers' surplus – Arbeitnehmerrente (A. Marshall)
workhouse – Arbeitshaus
working atmosphere – Betriebsklima
working capital – Differenz aus Umlaufvermögen und kurzfristigen Verbindlichkeiten
working capital loan – Betriebskredit
working capital turnover – Quotient zwischen Nettoumsatz und durchschnittlichem → working capital: Effizienzmaß
working class(es) – Arbeiterklasse
working condition – Betriebszustand
working conditions – Arbeitsbedingungen (am Arbeitsplatz)
working day → workday
working hour – Arbeitsstunde
working hours – Arbeitszeit
working majority – arbeitsfähige Mehrheit (Parlament)
working period – Produktionsperiode
working person – Erwerbsperson
working population (GB) → labor force (US)
working power – Arbeitskraft

working relations - Arbeitsbedingungen

working-to-rule - Dienst nach Vorschrift

working week - Arbeitswoche

workman - körperlich Arbeitender

workmen's compensation insurance - (betriebliche) Unfallversicherung

workmen's compensation payments - Entschädigungszahlungen an Arbeiter

Works Constitution Act - Betriebsverfassungsgesetz

works council → workers' council

World Bank - Weltbank

world economy - Weltwirtschaft

world trade - Welthandel

writing-down allowances - laufende Abschreibungen

written-down value - abgeschriebener Wert, Abschreibung vom jeweiligen Buchwert

X

x-efficiency - X-Effizienz (Leibenstein)

Y

year-end entry - Jahresabschlußbuchung

year under review - Berichtsjahr

yearly writing-down allowance - jährliche laufende Abschreibung

yield - Effektivrendite, Ertrag

yield gap - Differenz zwischen Effektivertrag eines Wertpapiers und den sogenannten → «gilt-edged securities», s. a. → reverse yield gap

yield on bonds outstanding → net yield

yield to the revenue - Steueraufkommen

Z

zero bond - festverzinsliches Papier mit Ertragsausschüttung am Ende der Laufzeit (US)

zero growth - Nullwachstum

zero-productivity of labo(u)r - Grenzproduktivität der Arbeit von Null (Entwicklungstheorie)

zero-sum game - Nullsummenspiel

zoning - 1. territoriale Marktaufteilung (Kartell) 2. Aufstellung von Flächennutzungsplänen

Deutsch–Englisch

A

Abbildung (math.) - mapping, image
Abbildung, eindeutige - unique mapping
Abbildung, eineindeutige - biunique mapping
Abdankung (eines Monarchen) - abdication
Abfall - waste
Abfallbeseitigung, Entsorgung - waste disposal
Abfallprodukte - spinoff products, byproducts
Abfindung - compensation
Abfindung bei Freisetzungen - redundancy payment (GB)
Abfindung für vorzeitiges Ausscheiden leitender Angestellter - golden handshake
Abfindungszahlung (Arbeitsvertrag) - severance payment
Abfindungszahlung (gesetzliche) für freigesetzte Arbeitskräfte bei Stilllegungen (GB); entspricht etwa dem deutschen Sozialplan - redundancy payment
Abfragesprache für Datenbanken - SQL: structured query language
Abgabe, einkommensunabhängige - non-income charge
Abgang, natürlicher, von Arbeitskräften (z.B. Rentner) - natural wastage, attrition
Abgestimmtes Verhalten von Konkurrenten - conscious parallelism
Abgrenzungskonflikt (Auseinandersetzung darüber, welche Gewerkschaft für eine (neue) Arbeit zuständig ist; Phänomen in einem System von Berufsgewerkschaften) (GB) - demarcation dispute, jurisdictional dispute
Abgrenzungsposten - prepaid
Abhebung (Konto) - withdrawal
Abkühlungsfrist - cooling-off period
Ablage, Archiv - file
Ablaufdiagramm - block diagramm
Ablaufmodell - process model
Ablaufplan - process chart
Ablaufplanung - scheduling
Ableitung (math.) - derivative, derived function, derivation
Ableitung (erste), abgeleiteter Wert - (first) derivative
Ableitung, partielle - partial derivative
Ableitung, zweite partielle - second-order partial derivative
Abnutzung, Verschleiß - wear and tear
Abnutzungsvermögen, nicht reproduzierbares Realvermögen - wasting assets
Abonnement → Subskription
Abonnent, Zeichner - subscriber
Abrechnung (im Wertpapierhandel) - settlement
Abrechnung, monatliche - monthly settlement
Abrechnungsdatum für alle Wertpapiertransaktionen - account day
Abrechnungskurs - making-up price
Abrüstung - disarmament
Absatz, Umsatz - sale
Absatzanalyse → Marktanalyse
Absatzelastizität - sales elasticity
Absatzförderung - sales promotion
Absatzforschung, Marktforschung - marketing research, market analysis, field survey
Absatzgebiete, Verkaufsbezirke - marketing areas
Absatzkontrolle - sales control
Absatzkosten - selling costs, sales costs

Absatzkurve, geknickte – kinky demand curve
Absatzplan – marketing plan, sales budget
Absatzplanung, Kombination absatzpolitischer Instrumente – marketing mix, marketing planning, sales planning
Absatzpolitik, Verkaufspolitik – sales policy, marketing policy, merchandising
Absatzprognose – sales forecast
Absatzpropaganda, überzogene, so daß Abwehr beim Beworbenen eintritt – overkill, overselling
Absatzprüfung – sales audit
Absatzquoten – sales quotas
Absatzwege – channels of distribution
Abschätzung, Bewertung – appraisal
Abschlag – discount
Abschluß, nichtkonsolidierter – deconsolidated accounts
Abschlußbuchungen – closing entries
Abschluß-Inventur – closing inventory
Abschnitt, Absatz – section
abschöpfen (Kaufkraft) – skim off (purchasing power)
Abschöpfung, fiskalische, Steueraufkommen – tax take
Abschöpfungsbeträge (Import) (EG Agrarmarkt) – import levies
Abschreibung – depreciation
Abschreibung, degressive/vorzeitige/erhöhte – accelerated depreciation
Abschreibung im Rahmen der volkswirtschaftlichen Gesamtrechnung (Erhaltung der Produktionskapazität) – maintaining capital intact
Abschreibung, laufende jährliche – yearly writing-down allowance, annual allowances, writing down
Abschreibung, lineare – straight-line depreciation
Abschreibung nach Anschaffungswerten – historic-cost depreciation
Abschreibung nach Wiederbeschaffungswerten – depreciation on replacement value, replacement-cost depreciation
Abschreibung, normale/regelmäßige – regular depreciation
Abschreibung, steuerrechtlich zulässige – capital allowances
Abschreibung, zusätzliche – additional depreciation
Abschreibungen, ordentliche – depreciation according to plan
Abschreibungsbetrag pro Jahr – annual allowances
Abschreibungsfonds – replacement fund
Abschreibungsfreiheit – freedom of depreciation
Abschreibungsgrundwert – depreciation value
Abschreibungsmethode, progressive – declining balance method (of depreciation)
Abschreibungsrate – depreciation allowance, depreciation charge, rate of depreciation
Abschwung, Wachstumsretardierung – downturn, decline, slow-down, downswing
(Ab-)Sender, Verfrachter – consigner
Absentismus → Abwesenheit
Absicherung (z.B. Inflations-Absicherung) – proofing (f.e. inflation-proofing), (gegen Preis- und Kursänderungen) –, hedging
Absolute Rente – absolute rent
Absorptionsfähigkeit, Aufnahmefähigkeit eines Landes für produktionssteigernde Investitionen – absorptive capacity
Absorptionstheorie (Zahlungsbilanz) – absorption approach
abstandsgleich – equidistant
Abstimmung, geheime – ballot

Abstimmung nach Stimmrechten (Hauptversammlung) – poll
Abstimmungsparadoxon → paradox of voting, voting paradox
Abstinenztheorie des Zinses – abstinence theory of interest
Abszisse – abscissa, horizontal axis
Abszissenrichtung – run
Abteilung, Sparte (Organisation) – division
Abteilungsleiter – manager
Abteilungsleiterin – manageress
Abtretung von Forderungen – assignment of accounts
Abwanderung, Entvölkerung – depopulation
Abwanderung, regionale – out-migration
Abwehrkartell – countervailing powers (US)
Abweichung – deviation
Abweichung, (einfache) mittlere, Streuungsmaß – mean deviation
Abweichung, statistische – statistical discrepancy
Abwerbung (von Arbeitskräften) – pirating
Abwertung (bei festen Wechselkursen) – devaluation
Abwertung, Währungs- bzw. Kursverfall (bei flexiblen Kursen) – (currency) depreciation
Abwertungskonkurrenz, Abwertung zur Verbesserung der Exportfähigkeit – competitive devaluation
Abwesenheit, Personalausfall, Absentismus – absenteeism
Abwesenheitsquote, Fehlquote (Personal) – rate of absenteeism
Abwicklung – liquidation, winding up, run-down processing
Abzahlung, Ratenzahlung – instal(l)ment
Abzug – deduction
Abzugsteuer – withholding tax
Adaptive Erwartung – adaptive expectation
Additionstheorem → Eulersches Theorem
ADV-Anwendungssysteme – ADP-application systems
äquidistant – equidistant
Äquivalententausch – exchange of equivalents
Äquivalentform, das Geheimnis der (Marx) – enigmatical character of equivalent form
Äquivalenzprinzip (Besteuerung) – benefit principle, benefit approach, cost-of-service principle, payment-according-to-benefit-received
Affidavit, eidesstattliche Versicherung – affidavit
AFL – American Federation of Labor
Agentur, Vertretung – agency
Agglomeration, Ballungsraum – agglomeration
Agglomerationsersparnisse, Fühlungsvorteile – agglomeration economies
Agglomerationsgebiet, Ballungsgebiet – congested area
Agglomerationskern – node
Agglomerationskosten – agglomeration costs
Aggregat – aggregate
Aggregation – aggregation
Aggregationsfehlschluß von der Mikro- auf die Makro-Ebene – compositional fallacy
Agrarmarkt – agricultural commodities market
Agrarpolitik – agricultural policy
Agrarpolitik der Europäischen Gemeinschaft – Common Agricultural Policy (CAP)
Agrarpreissubventionen in der Form eines Differenzbetrages zwischen (höherem) Erzeugerpreis und Marktpreis – deficiency payments
Agrarprodukte für Exporte (speziell zur Devisenbeschaffung der Entwicklungsländer) – cash crops

Akkordarbeit – contract work, contracting

Akkordlöhne, Leistungslöhne – efficiency wages, payment by results

Akkordrichtsatz – job rate

Akkreditivkredit (US) – order to negotiate

Akkumulation – accumulation

Akkumulation des Elends – accumulation of misery

Akkumulation, ursprüngliche – primary accumulation, previous accumulation (A. Smith)

à **Konto**-Zahlung – payment on account

Akte, Ablage, Archiv – file

Aktenvermerk, (innerorganisatorische Mitteilung) – memo(randum)

Aktien – shares, equities, stocks, securities

Aktien, ausgegebene – shares issued

Aktien mit hohen Börsenumsätzen – active market

Aktien, neu ausgegebene, von Gesellschaften, die noch nicht lange existieren – hot issues

Aktien, stimmrechtslose – A-shares, non-voting shares

(Aktien-)Aufspaltung, Splitting – splitting

Aktienbesitz – stock holdings

Aktienbörse – stock exchange, bourse

Aktiendividenden – dividends on shares

Aktiengeschäfte durch Eingeweihte – insider dealings, insider trading

Aktiengesellschaft – joint stock company, public limited company (GB)

Aktienindex – index of stock, share index (GB)

Aktienkapital → Kapital – capital stocks, share capital

Aktienkurs-Indices – share indices

Aktienumlauf – share circulation

Aktienzertifikat – share certificate

Aktion, abgestimmte – concerted action

Aktionär – stockholder (US), shareholder

Aktionärsvertreter – shareholders' representatives

Aktiva, Aktivposten in der Bilanz – assets

Aktiva hoher Liquiditätsstufe – quick assets (US), liquid assets, near money

Aktiva, immaterielle – invisible assets, intangible assets

Aktiva, Sollbestand der, – calculated assets

Aktiva, transitorische – deferred expenses

Aktiva, werbende, produktive Anlagen – earning assets

Aktivatausch, Uminvestition – exchange of assets

Aktivatausch – switching a) Änderung der Kombination von Kapital- und Arbeitseinsatz; b) Wechsel in der Zusammensetzung eines (Wertpapier-)Portefeuilles

Aktivforderungen → Außenstände

Aktivität, ökonomische, Leistung – economic activity

Aktivitätsanalyse – activity analysis

Aktivposten in der Bilanz → Aktiva

Akzelerationsprinzip – acceleration principle

Akzelerator – accelerator

Akzelerator(größe) – accelerator coefficient

Akzept, angenommener Wechsel – acceptance

Algorithmus – algorithm

Alleinsteuer, Einsteuer – single tax, impôt unique

Alleinvertretung, Generalvertretung – exclusive agency

Alleinzuständigkeit (Organisation), Einzelunterstellung – unity of command

Allgemeine Geschäftsbedingungen – general terms

Allgemeine Kreditvereinbarungen (Int. Währungsfonds und Zehnerklub,

1962) AKV - general borrowing agreements
Allgemeines Zoll- und Handelsabkommen - GATT: General Agreement on Tariffs and Trade
Allgemeinkapital - overhead capital
Allgemeinverbindlichkeitserklärung: Kollektiv- bzw. Tarifverträge, die für allgemeinverbindlich erklärt wurden bzw. gelten - collective agreement in law
Allmende, Gemeindeland - common land
Allokation, Ressourcenverteilung - (resource) allocation
Allokationsabteilung (Musgrave) - allocation branch
Allokationseffizienz - allocative efficiency
Allphasen-Umsatzsteuer - all-stage turnover (tax)
Almosen - alms, dole
Almosenempfänger → Armut, Soziale
Altenrente, britische (ab 80 Jahre) - old-age pension (GB)
Alternativkosten, Opportunitätskosten - opportunity costs
Alternativmodelle (in der wirtschaftsgeschichtlichen Forschung) - counterfactual analysis
Altersfreibetrag - age exemption
Alterspyramide - population pyramid
Altersrente - retirement pension, Old- Age Pension, old-age benefit
Altersruhegeld - retirement pension
Altersstruktur - age distribution, age structure
Altersversicherung - old-age insurance
Alterung, biologische - ageing
Altschulden - old debt
Amerikanisches Journal - ledger type journal
Amortisation, Tilgung, Abschreibung - amortization
Amortisationsfonds, Schuldentilgungsfonds - sinking fund
Amt → Behörde
Amtsmißbrauch, Bestechung, Korruption - graft (US)
Analogie - analogy
Analogrechner - analog computer
Analyse, Theorie, Untersuchung, Betrachtung - analysis
Analyse, dynamische - dynamic analysis
Analyse, kurzfristige - short-run analysis
Analyse, langfristige - long-run analysis
Analyse, morphologische - morphological analysis
Analyse, statische - static analysis
Anbaufläche, Flächenumfang - acreage
Anbaugrenze (Thünen) - margin of cultivation
Anbieter - supplier, seller
Anbieter, potentieller auf einem Markt - potential entrant
Aneignung - appropriation
Anfangsabschreibung - initial allowances
Anfangs(lager)bestand - beginning inventory
Anfangsinventar - opening stock
Anfangs-, Eröffnungsinventur - opening inventory
Anfangswert - initial value
Anforderung, Bedarf - requirement
Angebot - supply
Angebot, Anerbieten - tender
Angebot, gesamtwirtschaftliches - aggregate supply
Angebot, verbundenes - joint supply
Angebotselastizität - elasticity of supply
Angebotsgesetz - law of supply
Angebotskurve - supply curve
Angebotskurve eines Landes für ein Gut auf dem Weltmarkt, Tauschkurve - offer curve

Angebotskurve, inverse (regressive) - regressive supply curve, backward-bending supply curve
Angebotsmenge - quantity supplied
Angebotsorientierte Wirtschafts-Politik/-Lehre - supply-side economics
Angebotssprünge - supply shocks
Angebotstabelle - supply schedule
Angebotsüberhang - excess supply
Angebotsverschiebung - supply shift, shift in supply
Angeld - earnest money
Angestelltengewerkschaft - non-manual workers union, white collar union
Angestellter - white-collar worker, white-collar employee, salaried man
Angestellter, leitender - senior manager
Angleichung - adjustment
Ankaufssatz - buying rate
Ankündigungseffekt - announcement effect
Ankurbelungsmaßnahmen, konjunkturelle Initialzündung, Konjunkturspritze - pump priming
Anlage (Brief), Einhegung, Umzäunung - enclosure
Anlage, immobile - fixture
Anlageabschreibung - capital allowance
Anlageformen, vorgeschriebene liquide - specified reserve assets
Anlagegüter - capital goods
Anlagemöglichkeit - investment outlet
Anlagen, Ausrüstung - equipment
Anlagen, produktive → Aktiva, Werbende ~
Anlagenerweiterung → Erweiterungsinvestition
Anlagevermögen - capital assets, capital investment
Anlagevermögen i.S. langlebiger Produktionsanlagen - plant, property and equipment (PPE)
Anlagevermögen, wertberichtigtes - net book amount
Anlagewerte, immaterielle (Bilanz) - intangible assets
Anlaufverzögerung - intermediate lag
Anlaufzeit - initial period
Anleger, Investor - investor
Anlegerschutz - investor protection
Anleihe - loan
Anleihe, ewige - irredeemable security, undated security
Anleihe, zinslose, bei der die laufende Zinszahlung zugunsten eines niedrigen Ausgabekurses entfällt (Null-Kupon-Anleihe) - zerobond
Anleihebegrenzung → Unternehmensgründung
Anleihekapital - debenture capital
Anleihen, festverzinsliche Wertpapiere (langfristige Finanzierung 10–40 Jahre Laufzeit) - debentures
Anleihen, variabel verzinsliche, deren Verzinsung in bestimmten Zeitabständen neu festgesetzt wird - floating rate notes
Anleihen mit über zwanzig Jahren Laufzeit - long bonds
Anleihen, Wertpapiere, speziell öffentliche - bonds
Anleihen, zinsbegünstigte (Entwicklungspolitik) - soft loans
Anleihezins - loan interest
Anlernen am Arbeitsplatz - on-the-job-training
Anlernling, Umschüler - dilutee
Annahmebereich - acception region
Annahmen der Wirtschaftstheorie (Oberbegriff zu Definition und Hypothese) - assumption
Annahmeverweigerung (von Waren) - refusal (of goods), rejection ~
Annonce → Anzeige
Annuität, konstante jährliche Zahlung - annuity

Annullierung, Stornierung - cancellation

Anomie (E. Durkheim) - anomie

Anonymisierung des Kapitalbesitzes, der zur Trennung von Unternehmer- und Eigentümerfunktion führte - separation of ownership from control

Anpassungsfähigkeit - flexibility

Anpassungskosten - adjustment costs

Anpassungsverzögerung - lag

Anpassungszeit (Kapital-/Angebots) - capital-adjustment period

Anrechnungssystem - imputation system

Anrechtsschein auf eine (später auszahlbare) Dividende - scrip dividend

Anreiz für Investitionen - incentive for capital expenditure

Anreize - incentives

Anreizsystem, leistungsbezogenes Entlohnungssystem - incentive system

Anschaffungskosten, Anschaffungswert, Herstellungskosten - historical/historic costs, initial costs, cost of purchase, original cost

Anschaffungswert → Anschaffungskosten

Anschriftenkartei - mailing list

Anspruch - claim

Anstalt → Institution

Anstellung - employment

Anstellung auf Lebenszeit - tenure

Anstellung nicht benötigter Arbeitskräfte - featherbedding

Anstoßeffekt, kurzfristiger Effekt einer Datenänderung im Gegensatz zum längerfristigen Effekt (long-term effect), z.B. kurz- und langfristige Preisänderung infolge einer Nachfrageerhöhung - impact effect

Anstoßmultiplikator (Wirkung in der 1. Periode) - impact multiplier

Antike - antiquity

Antimonopolgesetzgebung - antimonopoly legislation, anti-trust legislation

Antithese - antithesis

Antizyklische Politik - counter-cyclical/compensatory policy

Antrag - application

Antrag (in einer Versammlung) - motion

Antragsformular - application form

Antriebskraft (technische), alle vom Menschen genutzten Bewegungskräfte (Zugtier, Wasser etc.) - motive force

Anwartschaftsrente - deferred annuity

Anweisung (an Untergebene) - instruction, briefing

Anweisungsbeziehung, (formale), Vorgesetzten-Untergebenen-Linie - line relationship

Anwendungssoftware (Programme für bestimmte Aufgaben) - software

Anwerbung (von Arbeitskräften) - recruiting

Anzahlung - deposit, down payment, earnest money

Anzeige, Inserat, Annonce - ad(vertisement)

Anzeigeninhaltsanalyse - content analysis

Anzeigenwerbung, klassische - above- the-line advertising

Anziehungskraft eines Einzelhandelsgeschäfts - retail gravitation

Apologie - apologia

Arbeit - labour, work

Arbeit, abstrakte (Marx) - abstract labour

Arbeit, einfache (Marx) - simple labour

Arbeit, gesellschaftlich notwendige - socially necessary labour

Arbeit, gesellschaftliche - social labour

Arbeit, komplizierte (Marx) – composite labour, skilled labour
Arbeit, konkrete – concrete labour
Arbeit, lebendige – living labour
Arbeit nach Vorschrift – work-to-rule
Arbeit, unterbezahlte – sweated labour
Arbeit, vergegenständlichte – stored-up labour, crystallised labour, materialized labour, congealed labour
Arbeit, vorgetane – accumulated labour, preserved labour
Arbeiten, öffentliche (i. S. von Arbeitsbeschaffungsmaßnahmen) – public works
Arbeitender, körperlich, Handarbeiter – workman
Arbeiter – worker, blue-collar worker, wage earner
Arbeiter, angelernter – semi-skilled worker
Arbeiter, qualifizierter – skilled worker
Arbeitergewerkschaft – manual workers union
Arbeiterklasse – working class(es)
Arbeiterselbstkontrolle – worker's control
Arbeiterselbstverwaltung – (workers') self-management
Arbeitgeber – employer, boss
Arbeitgeberanteil bei der Sozialversicherung – social security payroll tax (US)
Arbeitgeber-Arbeitnehmer-Verhältnis – labor relations, labor management relations
Arbeitgeber-Gewerkschaft – company union
Arbeitgeberverband – employers' association, employers' federation
Arbeitnehmer – employee
Arbeitnehmerrente (A. Marshall) – worker's surplus
Arbeitnehmervertreter – workers' representative
Arbeitsablauf-Zerlegung – elemental breakdown
Arbeitsamt – employment office, employment exchange, Labour Exchange, Labour Bureau
Arbeitsangebot – labour supply
Arbeitsbedingung – work terms
Arbeitsbedingungen (am Arbeitsplatz) – working conditions
Arbeitsbeschaffungsmaßnahmen (staatliche) – relief work
Arbeitsbeschaffungspraktiken der Gewerkschaften – make-work
Arbeitsbewertung – job rating
Arbeitsbeziehungen, gute (enge) – close working relations
Arbeitsdirektor, aber auch alle anderen von der Belegschaft gewählten Vorstandsmitglieder (GB) – worker director
Arbeitseinheit – labour unit
Arbeitseinkommen – earned income
Arbeitserlaubnis – work permit
Arbeitsfrieden – industrial peace
Arbeitsgeld (Owen) – labour money
Arbeitsgericht – labour court, industrial court
Arbeitsgliederungsplan – activity chart
Arbeitsgruppe – work group
Arbeitsgruppen, (halb-) autonome – group working, autonomous work groups
Arbeitsgruppen-Produktion – cell production
Arbeitshaus – workhouse
Arbeitshaustest (englische Armengesetzgebung des 19. Jahrh.) – work house test
Arbeitskarte – operation job card
Arbeitskonflikt, Arbeitskampf – (labor) dispute, industrial dispute, industrial conflict
Arbeitskräftehortung → Arbeitskräfteüberbesatz
Arbeitskräftemobilität – mobility of labour 1. berufliche Mobilität – occupational mobility of labour 2. regio-

nale Mobilität - spatial/geographical mobility of labour

Arbeitskräftepotential (volkswirtschaftliches) - manpower, labo(u)r force, working force

Arbeitskräfteüberbesatz, Arbeitskräftehortung - overmanning, overstaffing

Arbeitskräfteverteilung - diversion of manpower

Arbeitskraft (Ware) - labour-power

Arbeitskraftsteuer - selective employment tax (GB)

Arbeitsleben - industrial life

Arbeitslöhne - labour costs

arbeitslos - unemployed

Arbeitslose, erfaßte/gemeldete - registered unemployed

Arbeitslosengeld - unemployment benefit, dole

Arbeitslosengeldempfänger(zahl), Arbeitslose - dole queue

Arbeitslosenquote - unemployment percentage rate (GB), unemployment rate (US)

Arbeitslosenrate, preisniveauneutrale - non accelerating inflation rate of unemployment (NAIRU)

Arbeitslosenunterstützung - unemployment benefits, dole

Arbeitslosenversicherung - unemployment insurance

Arbeitslosigkeit - unemployment

Arbeitslosigkeit, freiwillige - voluntary unemployment

Arbeitslosigkeit, friktionelle - frictional unemployment

Arbeitslosigkeit, konjunkturelle - cyclical unemployment

Arbeitslosigkeit, Nachfragemangel ~, demand-deficiency unemployment

Arbeitslosigkeit, natürliche (M. Friedman) - natural level of unemployment

Arbeitslosigkeit, partielle - partial unemployment

Arbeitslosigkeit, saisonale - seasonal unemployment

Arbeitslosigkeit, strukturelle - structural unemployment

Arbeitslosigkeit, unfreiwillige - involuntary/forced unemployment

Arbeitslosigkeit, versteckte/verborgene disguised/hidden unemployment

Arbeitsmarkt - labour market

Arbeitsministerium - Department of Employment/Labour

Arbeitsmittel - instruments of labour

Arbeitspläne - operating charts

Arbeitsplanung innerhalb der Fertigungsplanung - manufacturing analysis

Arbeitsplanungs- u. Kontrolldiagramm - growth chart

Arbeitsplatz - job

Arbeitsplatzanalyse - job analysis

Arbeitsplatzbeschreibung - job description

Arbeits(platz)bewertung - job evaluation

Arbeitsplatzbewertung, analytische - analytical job evaluation

Arbeitsplatzgestaltung, (neue) i.S. von Umstellungen - job redesign

Arbeitsplatz-Rotation - job rotation

Arbeitsplatzsicherheit i.S. Sicherheit am Arbeitsplatz - safety at work, job safety; i.S. Schutz vor Entlassung: job security

Arbeitsplatzsubvention → Arbeitsplatzzuschüsse

Arbeitsplatzvernichtung (durch Rationalisierungsinvestitionen), Freisetzungen - displacement of labour

Arbeitsplatzwahl, freie - free choice of the job

Arbeitsplatzzuschüsse (für strukturell schwache Arbeitsplätze und Problemgruppen) - marginal employment subsidies

Arbeitspotential - working force, labour force

Arbeitsproduktivität, Arbeitsproduktivitätskoeffizient – labour-output ratio
Arbeitsproduktivität (gesamtwirtschaftliche) – labor productivity
Arbeitsrecht – labo(u)r law
Arbeitsrente (Marx) – labo(u)r rent
Arbeitsrückstand, Warenrückstand – backlog
Arbeitsspeicher, lösch- und beschreibbar – RAM: random access memory
Arbeitsstab – task force
Arbeitsstudie (Refa) – work study
Arbeitsstückkosten – unit labo(u)r costs
Arbeitsstunde – working hour, man-hour
Arbeitstag – workday, working day
Arbeitstag, normaler – normal working-day
Arbeitsteilung, internationale – international division of labo(u)r
Arbeitsumverteilung durch Arbeitsplatzspaltung (mehrere Arbeitskräfte teilen sich einen Arbeitsplatz) – work-sharing
Arbeitsunfall – industrial injury, occupational accident
Arbeitsunfallrisiko – occupational hazard
Arbeitsunterbrechung – work stoppage
Arbeitsvermittlung, Amt für, und Berufsausbildung – Manpower Services Commission
Arbeitsvermittlung, Arbeitsamt – labour exchange
Arbeitsverpflichtung → Dienstverpflichtung
Arbeitsvertrag – contract of employment
Arbeitswerttheorie – labour theory of value
Arbeitswissenschaft → Ergonomie
Arbeitswoche – working week
Arbeitszeit – working hours, hours of working
Arbeitszeit, gesellschaftlich notwendige (Marx) – socially necessary labour-time
Arbeitszeit, gleitende (Gleitzeit) – flexible working hours scheme
Arbeitszeit, tägliche – daily hours of work, daily working hours
Arbeitszeit (verlorene) durch Arbeitslosigkeit und Kurzarbeit im Verhältnis zur tariflichen Arbeitszeit – labor force time lost (US)
Arbeitszeitermittlung – work measurement
Arbeitszeitvorgabe-System – work-factor-system
Arbeitszufriedenheit – job satisfaction
Arbitrage – arbitrage
Argument (einer Funktion) – argument (of a function)
Arithmetische Reihe – arithmetic progression
Armenhaus – alms house, poorhouse
Armut, Pauperismus – poverty, pauperism
Armut, (die) soziale, Almosenempfänger, ärmste Bevölkerung – destitute
Armutsfalle: Lähmung der Arbeitsbereitschaft durch Fürsorgeleistungen etc. – poverty trap
Assekurant, Versicherer, Garant einer Wertpapieremission – underwriter
Assekuranz → Lebensversicherung
Assignaten – assignats
Assoziationismus, Assoziismus – associationism
Assoziierten-Status – associate status
Asylrecht – right of asylum
Atom-Energie Behörde – Atomic Energy Commission
Aufgabe – task

Aufgabenplanung und -durchführung (in einer Organisation) – project management
Aufgeld – overagio (GB)
Aufgliederung – breakdown
Aufgliederung der Aufgaben – decomposition of tasks
Aufhebung (der Zölle) – abolition (of tariffs), removal (of taxes, duties, restrictions etc.)
Aufkauf eines Unternehmens u. anschließende Anlagenausschlachtung – asset stripping
Aufkaufabkommen, globales – bulk buying agreement
Aufklärer (18. Jahrh.) – enlightener
Aufklärung (18. Jahrh.) – (the) Enlightenment
Aufkommenselastizität (überproportionale) der Steuereinnahmen – fiscal drag
Auflage, zu erfüllende Bedingung – injunction
Auflage und Zuteilung (von neuen Wertpapieren) – application and allotment
Aufnahmefähigkeit eines Landes für produktionssteigernde Investitionen → Absorptionsfähigkeit
Aufschlag, Kalkulationszuschlag – surcharge, mark-up
Aufschlag, Mehrbelastung, Nachgebühr – surcharge
Aufschwung (konjunktureller) – upswing, upturn, revival
Aufschwung, säkularer, (im Gegensatz zur säkularen Stagnation) – secular boom
Aufschwungphase – recovery, upswing
Aufseher – overseer
Aufseher, Vorgesetzter – supervisor
Aufsicht – supervision
Aufsichtsrat – board of supervisors, supervisory board
Aufstellung, Bilanz – statement
Auftragsbesorgung – solicitation of orders
Auftragsbestand, Bestand an unerledigten Aufträgen – order book
Auftragsbestand (unerledigter) – backlog of orders
Auftragseingang – order intake, orders received
Auftragsfertigung, Einzel- oder Kleinserienfertigung – jobbing production, one-off-production
Auftragsgröße, optimale – optimum order quantity
Auftragslage – order position
Aufwand (Kosten) – outlay
Aufwand, außerordentlicher – sundry expenditure
Aufwandsentschädigung – emoluments
Aufwandssteuern – taxes on expenditure, outlay taxes
Aufwendungen, primäre → Input, primärer
Aufwertung bei festen Wechselkursen – revaluation
Aufwertung, Höherbewertung – upvaluation
Aufwertung, Werterhöhung, Wertzuschreibung, Wechselkursaufwertung bei freier Kursbildung (entspricht der revaluation bei festen Kursen) – appreciation
Aufzählung, Enumeration, Liste – enumeration
Aufzeichnung – recording, record
Auktion, Versteigerung – auction
Auktion, holländische, Diminuendolization – Dutch auction
Ausbeutung (Marx) – exploitation
Ausbeutung i. S. des Auspressens von Arbeitskräften (z. B. illegaler Arbeitskräfteverleih) – sweating
Ausbeutungsrate (Marx), Mehrwertrate – rate of exploitation, rate of surplus value
Ausbeutungssystem, frühkapitalistisches Fabriksystem, Auspressen der

Arbeitskraft, Schwitzsystem - sweating system
Ausbilder - instructor, trainer
Ausbildung am Arbeitsplatz - on-the-job training
Ausbildung, gewerbliche - industrial training
Ausbildungsabgabe - training levy
Ausbildungskammer - Industrial Training Board
Ausbildungskurs - training course
Ausbildungsoptimierungsanalyse - skills analysis
Ausbildungsprogramm - training programme
Ausbreitung, Streuung, Diffusion - diffusion
Ausdehnung, Verlängerung - extension, prolongation
Ausführung, Durchführung - execution
Ausführungsanzeige - advice notice
Ausfuhrgenehmigung - export licence
Ausfuhrland - exporting country
Ausgabe (Zeitung, Aktien) - issue
Ausgaben, Aufwand, Kosten - expenditure, outlay
Ausgaben für laufenden Verbrauch (Haushalt, Unternehmen) - current expenditure
Ausgaben der öffentlichen Hände und öffentlichen Unternehmen - public expenditures
Ausgabeneigung, marginale - marginal propensity to spend
Ausgabengruppe - class of expenditure
Ausgabenkürzungen - expenditure cuts, cuts
Ausgabenpolitik, defizitäre → Defizitpolitik der öffentlichen Hände
Ausgabenquote - quota of expenditure
Ausgabensteuer - outlay tax
Ausgabenstruktur - expenditure patterns
Ausgabenumschichtungs-Politik (zur Reduktion von Leistungsbilanzdefiziten, Importsubstitution) - expenditure switching policy, expenditure reducing policy
Ausgabeverhalten der Konsumenten - spending behavior of consumers
Ausgabewert eines Wertpapiers (Nominalwert) - par value
Ausgangszollsatz - basic duty
Ausgleichsabgabe, Zoll - countervailing duty, compensatory duty
Ausgleichsforderungen (Deutsche Bundesbank) - equalization-claims
Ausgleichsgröße - equalizer
Ausgleichsposten - balancing item
Ausgleichsposten in der Zahlungsbilanz - compensating item
Ausgleichstransaktionen (Zahlungsbilanz) - accomodating transactions
Ausgleichszahlung - compensation
Ausgleichszahlungen (Agrareinkommen) - deficiency payments
Ausländerguthaben - external accounts
Ausländerkonto - foreign resident's account
Ausländerkonvertibilität - non-resident convertibility
Auslage, Ausstellung - display
Auslandsaktiva - external assets
Auslandsanleihe - foreign loan
Auslandseinkommen - overseas income, income from abroad, foreign income
Auslandsfabrikat - foreign make
Auslandsforderungen - foreign claims
Auslandsguthaben, saldierte - foreign assets position
Auslandshilfe - foreign aid
Auslandsinvestitionen (Direktinvestitionen und Portfolioinvestitionen) - foreign investment, investment abroad
Auslandskapital - foreign capital

Auslandskonkurrenz - competition from abroad

Auslandskonto - rest-of-the-world account

Auslandspassiva - external liabilities

Auslastungsgrad (Kapazität) - capacity utilization

Ausleihungen, Bankkredite - advances

Ausleihungen, kurzfristige - short-term loan

Auslieferungs-Vertrag - extradition treaty

Auslösung, Tilgung, Einlösung - redemption

Ausnahmeregelung, Verzicht auf Anwendung eines Grundprinzips in Sonderfällen (z.B. gilt für Zollunionen nicht die Meistbegünstigungsklausel des GATT) - waiver

Ausnützung - utilization

Ausreifungszeit (Investition) - gestation period, gestation lag

Ausrüstung, Ausstattung, Anlagen - equipment

Ausrüstungsinvestitionen - producers' durable equipment, capital expenditure, investment on equipment

Ausschlachten eines Unternehmens (Verkauf einzelner Aktiva) - asset-stripping

Ausschließlichkeitsprinzip gewerkschaftlicher Vertretung - doctrine of exclusive representation

Ausschlußprinzip, Exklusionsprinzip (Individualgüter) - exclusion principle

Ausschreibung(-sverfahren) - tender, invitation to tender, invitation for tenders

Ausschreibungsabsprache (z.B. bei öffentlichen Bauvorhaben), Submissionskartell - collusive tendering

Ausschüttung - distributions

Ausschüttungsrate, reziproke, Quotient aus Gesamtgewinn und ausgeschüttetem Gewinn - cover

Ausschuß → Behörde, → Abfall

Außenbeitrag, Exportsaldo - net exports, (of goods and services)

Außendienst → Verkaufsdienst

Außendienstkräfte - field force (marketing)

Außendienstleiter - field sales manager

Außengeld, exogenes Geld - exogenous money, outside money

Außenhandel - foreign trade

Außenhandelsdefizit, Außenhandelslücke - trade gap

Außenhandelskredit - trade facility

Außenhandels-(Export) **multiplikator** - export multiplier

Außenhandelspolitik auf der Basis gegenseitiger Vorteile (Reziprozität) - fair trade policy

Außenhandelssituation (im Gegensatz zur Autarkie) - after trade

Außenhandelsvorteile durch Beschäftigung ungenutzter Faktoren - vent for surplus

Außenhandelszahlen, -ergebnisse - trade figures, trade returns

Außenhandelsziffern ohne Bereinigung der CIF- und FOB-Differenzen - crude trade

Außenstände, Aktivforderungen - accounts receivable, outstandings

Außenwert des Geldes - external value of money

Außenwirtschaft(sbereich) - foreign sector, external transactions

Außenwirtschaftstheorie, Außenwirtschaftspolitik, Theorie der internationalen Wirtschaftsbeziehungen - international economics

Außenwirtschaftstheorie, reine, reale - pure theory of international trade

Aussperrung - lock-out

Ausstand - walk-out, stoppage

Ausstattung → Ausrüstung, endowment
Aussteller – exhibitor
Ausstellung – exhibition
Ausstellungsraum – showroom
Ausstellungswaren, ~stücke – exhibits
Ausstiegsscheine – Exit-Bonds
Ausstoß – output
Ausstoß je Arbeitskraft – output per man
Ausstoß je Arbeitsstunde – output per man-hour
Ausstoß, mengenmäßiger – physical output
Austauschverhältnis – exchange ratio
Austauschverhältnis, gesetzlich fixiertes – legally fixed ratio of exchange
Austauschverhältnisse, reale – terms of trade
Auswechslung → Ersatz
Ausweichplanung – contingency planning
Ausweisung – expulsion
Ausweitung, Ausbreitung, Expansion – expansion
Auswertung, sekundärstatistische – desk research
Auswirkung – impact
Auswirkungsverzögerung – policy-effect lag
Auszahlungsmatrix (Spieltheorie) – pay-off matrix
Auszahlungssperre (Schecks etc.) – stop payment notification
Auszahlungszuweisung (Spieltheorie) – imputation
Auszubildender – trainee
Autarkie, Selbstversorgung – autarky, self-sufficiency
Autokorrelation – auto-correlation
Automatenverkauf – automatic vending
Automation – automation
Automatisierung – automation
Automobilarbeitergewerkschaft United Auto Workers' Union (UAW), (US)
Autonomie, Selbstverwaltung – autonomy, self-government
Autonomie vor Beginn der Außenhandelstätigkeit – autonomy before trade
Autoregression – autoregression

B

Baisse – bear market
Baissemarkt – falling market, bear market
Baisse-Spekulation – bear operation
Baissier, Börsenspekulant à la baisse – bear
Ballungsgebiet – conurbation
Ballungsregion – nodal region
Bancor: Benennung der internationalen Reserveeinheit, wie sie nach dem Keynes-Plan bei den Bretton Woods-Verhandlungen vorgeschlagen und nicht akzeptiert wurde – Bancor
Bandbreite – within a limit of
Bank für Internationalen Zahlungsausgleich, BIZ – Bank for International Settlements, BIS
Bankauskunft – banker's reference
Bankauszug, Kontoauszug – bank statement
Bankdarlehen, Darlehen einer Bank i. d. R. für eine feste Frist – bank loan
Bankeinlage – deposit
Bankeinlagen – bank deposits, bank account
Bankenkonsortium (Emission) – underwriting group
Bankensektor – banking sector
Bankgeheimnis – banker's duty of secrecy
Bankgeschäft, bezeichnet die Tätigkeiten der Banken bei der Entgegennahme und Ausleihe von Geld – banking, banking business

Bankgeschäfte außerhalb der nationalen Grenzen bzw. der Währungsgesetzgebung eines Landes – offshore banking
Bankkonto – bank account
Bankkredit – bank loan
Banknote – bank-note, paper money, currency note
Banknoten, uneinlösliche, Währung – forced currency
Bankrott – bankruptcy
Bankrott, betrügerischer – fraudulent bankruptcy
Bankscheck – banker's draft (bankdraft)
Banküberweisung, Überweisungsauftrag – banker's order, standing order
Bankwesen – banking
Bardepot für Importe – import deposit in cash
Bargaining-Theorie, Lohntheorie, die den Verhandlungsprozeß der Tarifpartner in den Vordergrund stellt – bargaining theory of wages
Bargeld – hard cash
Bargeld, Zentralbankgeld – cash, money proper, high-powered money
Bargeldautomat – cash dispenser, automatic teller
Bargelddeckungsrate (Bank) – cash ratio
Bargeldkasse – petty cash
Barrabatt – cash discount
Barren (Edelmetall) – ingot
Barrengold, Edelmetall in Barrenform – bullion
Barreserven – cash reserves
Barrückkauf (von Problemkrediten) – Cash-Buy-Bonds
Barscheck – open cheque
Barverkauf, Kassageschäft – cash transaction
Barverkauf (zum Mitnehmen) – cash and carry
Barwert – collection value
Barwertrechnung – discounted cash flow method
Barzahlung bei Auftragseingang – cash with order (cash w/o)
Barzahlung bei Lieferung – cash on delivery
Barzahlungspreis – cash price
Basis, monetäre → Geldbasis
Basiseinkommen(höhe), Y = C – break-even level of income
Basiseinkommenspunkt (Y = C), Gewinnschwelle – break-even point
Basisgüter (Sraffa) – basics
Basisindustrien – basic industries
Basisjahr (Index) – base year
Basislohn → Ecklohn
Basisvariable (Simplexmethode) – basic variable
Basiszeitraum (z.B. Index) – base period
Basiszyklus, konjunktureller Referenzzyklus – reference cycle
Baubeginn – housing start
Bauernhof, -gut – farmstead
Baugenossenschaft, Bausparkasse, Wohnbaufinanzierungsgesellschaft – building and loan association, savings and loan association (US), building society (GB)
Baugewerbe – construction industry
Bauhauptgewerbe – building industry proper
Bauhypothek – construction mortgage
Bauinvestitionen – structural investment, structures, expenditure on buildings
Baulandsteuer – land hoarding charge
Bausparen – saving through building societies
Bausparkasse → Baugenossenschaft
Beamter, öffentlicher Bediensteter – civil servant, public servant
Beamter, vereidigter – bonded official
Bearbeitungsgebühr – service charge
Bedarf – need

Bedarfs(-Güter des gehobenen) – conventional necessities
Bedarfsanalyse – demand analysis
Bedarfsprinzip (jeder nach seinen Bedürfnissen) – distribution according to need
Bedarfsprognose – demand forecasting
Bedarfsstruktur – pattern of wants
Bedingung, notwendige und hinreichende – necessary and sufficient condition
Bedingungen, unter denen ein Gesellschaftsvertrag geschlossen wird – contractual situation
Bedürfnis – want, desire, need
Bedürfnisbefriedigung – (want) satisfaction
Bedürfniserregung (Werbung) – want creation
Bedürfniskoinzidenz – coincidence of wants
Bedürftigkeitsnachweis – means test, poverty test
Bedürftigkeitsprüfung – means-test
Befehlskette – chain of command
Befehlsstrecke (Länge der) Vorgesetzten-Untergebenen-Linie – superior/subordinate continuum
Befehlswirtschaft – command planning system, command economy
Beförderung, Werbung – promotion
Befragtengruppe, Gremium, Ausschuß – panel
Befragung → Bevölkerungszählung
Begleichung – settlement (of accounts)
begrenzte Bedürfnisse – limited wants, kollektives Bedürfnis – social want, meritorisches Bedürfnis – merit want, privates/individuelles Bedürfnis – private want
Begriff – concept, notion
Begriffsstreit → Definitionsstreit
Begünstigungen – privileges
Begünstigungsklausel – benefit clause
Behörde – authority
Behörde, besteuernde – rating authority
Beirat – advisory board (advisory committee)
Beistandskredit zwischen Banken auf Gegenseitigkeit – stand-by-credit
Beiträge zur Sozialversicherung – National Insurance contribution
Beitrag – contribution
Beitrag, volkswirtschaftlicher – economic contribution
Beitragsklassen – classes of contribution
Beitragspflicht – liability for contributions
Belastung i. S. von Auferlegen (von Steuern, Zöllen, etc.) – imposition
Belastungsanzeige – debit note
Belastungsfähigkeit (steuerliche) – taxable capacity
Beleg – voucher
Belegschaftsbeteiligung (am Unternehmen) – co-partnership
Belegschaftsvertreter – personal representative
Bemessungsgrundlage (steuerliche) – tax base
Benutzergebühr für Straßen, Tunnel etc., Maut – toll
Beobachtungsfehler – ascertainment error
Berater, externe – outside consultants
Berater, freiberufliche – freelance consultants
Berechnung, Rechenkalkulation – computation
Berechnungsverfahren, Art und Weise der Kalkulation – way of computing
Berechtigungsschein (für den Bezug neuer Aktien) – stock warrant (USA)
Bereich, geistiger, Umfang, Sachgebiet – scope

Bereich (privater/öffentlicher) – private/public sector
Bereich, Umfang, Reichweite, – range
Bereitschaftskredit-Versicherung – stand-by arrangement
Bergbau – mining
Bergungsprämie (Havarie) – salvage
Bericht zur Lage der Nation (US) – State-of-the-Union-Message
Berichtigungsbuchung – adjusting entry
Berichtsjahr – year under review
Beruf, Beschäftigung – occupation, profession, vocation
Berufsausbildung – vocational training
Berufsberatung – vocational guidance
Berufsberatungsdienst – occupational guidance service
Berufsgewerkschaft – horizontal union, occupational union
Berufskrankheit – occupational disease
Berufsunfallversorgung – industrial injuries scheme/plan
Berufsverläufe, typische – career patterns
Berufswahl (freie) – right to work
Beschäftigte, abhängig – employees in employment (GB), wage and salary workers (US)
Beschäftigung → Beruf
Beschäftigung (exportabhängige) einer Region – base/basic employment
Beschäftigung, Anstellung, Tätigkeit – employment
Beschäftigungsniveau – employment level
Beschäftigungstheorie – theory of employment, theory of income determination
Beschäftigungsverhältnis – employment
Beschäftigungszustand – level of employment
Beschaffung, Einkauf – purchasing
Beschaffungsbindung – procurement tying
Beschlagnahme – seizure, confiscation
Beschlagnahmung, Einkommenspfändung – attachement
Beschleunigung der Geldvermehrung – acceleration of an increase in money supply
Beschränkte Haftung – limited (Ltd.) liabilities
Beschränkungen – constraints, restrictions
Beschwerdeverfahen – grievance procedure
Besetzungshäufigkeit – cell
Besitz (juristisch) – possession
Besitzeinkommen – unearned income
Besitzer (juristisch) – possessor
Bestände – inventories
Bestandsgröße (z.B. Kapitalstock) – stock (item), stock variable
Bestandsgrößen-Ansatz (z.B. Kapitalstock) – stock concept
Bestandskonten – balance sheet accounts, permanent accounts
Bestandskonto – real account
Bestandsliste → Inventar
Bestandsrechnung, Bestandskonto – stock account
Bestandsüberprüfung im Einzelhandel – shop audit
Bestandsüberwachung – stock control
Bestechung(sgeld) – graft (US)
Bestellmenge, optimale – economic order quantity (EOQ)
Besteuerung – taxation
Besteuerung, direkte/indirekte – direct/indirect taxation
Besteuerung (persönliche) – personal taxation
Besteuerung von Wohlfahrtstransfers – clawback
Besteuerungs-Grundsätze – canons of taxation

Besthaupt, Erbstück für den Feudalherren – heriot, mainmorte; als Geldabgabe: tallage
Bestimmungsort, Ziel – destination
Beteiligung – participation
Beteiligung an Entscheidungen – participation in decision-making
Beteiligungen (Bilanzposten unter den Finanzanlagen) – trade investment
Beteiligungsbank – equity bank
Beteiligungsgesellschaft – associated company
Betrag (einbehaltener) – retention
Betrieb – establishment, shop
Betrieb, gewerkschaftspflichtiger – closed shop, union shop
Betrieb ohne Gewerkschaftsbindung – open shop
Betrieb(seinheit) – business unit
Betriebsanalyse – operation analysis
Betriebsausgaben – (current) business expense, revenue expenditure
Betriebsbuchhalter – cost accountant
Betriebseinrichtung – furniture, fixtures and equipment
Betriebsergebnis – operating result
Betriebsergebnisrechnung, ausführliche Gewinn- u. Verlustrechnung – operating statement
Betriebsfinanzierung – business finance
betriebsfremd – non-operational
Betriebsführung (systematische) – scientific management
Betriebsgewinn, Geschäftsgewinn – operating profit, operating surplus, trading profit (GB)
Betriebshierarchie – business hierarchy
Betriebskapazität – plant capacity
Betriebskapital – operating capital
Betriebsklima – working atmosphere
Betriebskonto – trading account
Betriebskontrolle – internal check
Betriebskosten – operating expenses, operating costs, running costs
Betriebskostenkontrollsystem – imprest system
Betriebskredit – working capital loan
Betriebsminimum, Produktionsschwelle – shut-down point
Betriebsrat – workers/works council
Betriebsrenten (freiwillige), Pensionsleistungen des Arbeitgebers – non- contributory pensions
Betriebsrenten(-Vereinbarung) – occupational pension scheme
Betriebssicherheit – reliability of operation
Betriebsstätte – plant
Betriebsstörung, Panne, Maschinenausfall – breakdown
Betriebs- u. Geschäftsausstattung – fixtures and fittings
Betriebsunfall, Unfall am Arbeitsplatz – industrial accident
Betriebsvereinbarung – factory agreement, plant agreement, company agreement
Betriebsverfassungsgesetz – Labour Management Relation Act, Works Constitution Act, Law on Labour Relations a the Workplace
Betriebsvergleich – interfirm comparison, intercompany comparison (or interfirm comparison)
Betriebsverlust, Geschäftsverlust – operating loss
Betriebsvermögen – operating assets
Betriebsvorschlag für einen zur Ausführung beschlossenen Plan – operating budget
Betriebswirtschaftslehre – business administration
Betriebszustand – working condition
Bevölkerungsdichte – population density
Bevölkerungsdruck – population pressure
Bevölkerungsexplosion – population explosion

Bevölkerungspotential – population potential
Bevölkerungsprognose – population projection
Bevölkerungsstatistik – demographic statistics, vital statistics
Bevölkerungsüberschuß – (population) overspill
Bevölkerungsüberschuß, relativer – relative surplus-population
Bevölkerungszählung, Zensus, Befragung – census
Bevölkerungszuwachs – increase in population
Bevölkerungszuwachs (natürlicher) einer bestimmten Periode – natural increase
Bevollmächtigung – commercial power of attorney
Bewässerung – irrigation
Bewegung auf einer Nachfragekurve – movement along a demand curve
Bewegungsbilanzen, Finanzflußrechnungen – funds statement
Bewegungskräfte (alle vom Menschen genutzten) → Antriebskraft
Bewegungsstudie (Arbeitswissenschaft) – motion study
Beweislast – burden of proof
Bewertung der einzelnen Posten – valuing of items
Bewertung nach Einkaufspreisen (Vorräte) – base stock method
Bewertungsfreiheit – free depreciation
Bewertungsfunktion, Zielfunktion – valuation function
Bewertungspolitik – valuing politics
Bewertungsverfahren – valuation method
Bewirtschaftung – cultivation (culture)
Bewirtschaftung(-smaßnahmen), naturale Produktionslenkung und Konsumrationierung – physical controls, rationing
Bezahlung, Leistungsentgelt – remuneration
Beziehung, Verhältnis – relationship
Bezirksleitung, Verwaltung am Ort – resident direction
Bezirksverwaltung einer Gewerkschaft, Ortsverwaltung – trades council
Bezogener – drawee
Bezugsrecht – stock right (US)
Bezugsrecht-Angebot an die Aktionäre eines Unternehmens – rights issue
Bezugsschein, Bezugsgenehmigung (Kriegswirtschaft) – purchase permit
Bilanz – balance sheet, statement of condition (US)
Bilanz, konsolidierte – consolidated balance sheet
Bilanzgerade, Haushaltsgerade → Budgetgerade – budget line, consumption possibility curve, opportunity curve, price line
Bilanzkonsolidierung – consolidated policy
Bilateralismus – bilateralism
Bildungsinvestition – investment in human capital
Bildungsökonomie – economics of education, educational economics, economics of human capital
Bildungsurlaub – educational leave
Billigflagge – flag of convenience
Billigkeit, Gerechtigkeit – equity
Billigladen → Diskontladen
Bimetallismus – Bi-Metallism
Binärcode für Dezimalziffern – BCD-code (binary-coded decimal-code)
Binärsystem → Dualsystem
Binnenhandel – domestic commerce
Binnenkonjunktur – domestic activity
Binnenkonsum – domestic consumption
Binnenmarkt, Inlandsmarkt – domestic market, home market, internal market

Binnenwert (eines Landes, Betriebes) – internal value
Binominalverteilung – binomi(n)al distribution (Bernoulli distribution)
bit, kleinste Informationseinheit in der EDV – binary Digit
Blankoscheck – blank cheque
Blitzstreik – lightning strike
Blockade – blockade
Bodenrente, Landpacht-Zins – ground rent
Bodensatzarbeitslosigkeit → Restarbeitslosigkeit
Bodenschätze – natural resources
Bodenwertsteigerung (durch öffentliche Investitionen) – betterment
Bodenwertsteigerung ohne Leistung des Eigentümers – unearned increment (J. S. Mill)
Bodenwertzuwachssteuer – development gains tax
Börse – (stock) exchange, bourse
Börsenaufsichtsbehörde – Securities and Exchange Commission (USA)
Börsenmakler – stockbroker
Börsenumsatzsteuer – stock transfer tax (USA), stamp duty (GB)
Börsenvorstand (London) – Council of the Stock Exchange
Börsenzulassung (Wertpapier) – quotation, admission of stocks to quotation
Bogenelastizität – arc elasticity
Boykott – boycott, blacking
Boykott, indirekter – secondary boycott
Branche, Geschäftszweig – line of business, industry
Branche, schrumpfende – declining industry
Branchenebene – industry level, industrywide
Branchenkenntnisse – tricks of the trade
Briefkasten-Firma, Scheinfirma – bubble company
Briefkurs – ask(ed) price
Bruch – fraction
Bruttoanlageinvestition – gross fixed capital formation
Bruttobetriebsgewinn – gross operating profit
Bruttodividende – gross dividend
Bruttoeinkommen – gross income
Bruttoeinnahmen – gross receipts
Bruttoertrag – gross yield
Bruttogewinn – gross profit
Bruttohandelsspanne – gross margin
Bruttoinländerprodukt – gross national income (GNP)
Bruttoinlandsinvestition – gross domestic investment, gross domestic capital formation
Bruttoinlandsprodukt – gross domestic product (GDP)
Bruttoinvestition – gross investment
Bruttomehrwertsteuer – output tax (GB)
Bruttonationalprodukt, nominelles – nominal gross national product
Bruttoproduktion → Gesamtausstoß
Bruttoproduktionswert – gross output, gross product
Bruttosozialprodukt, monetäres/reales – money/real gross national product
Bruttosozialprodukt, potentielles – potential gross national product/output
Bruttosozialprodukt zu konstanten Preisen – gross national product in constant prices
Bruttosozialprodukt zu laufenden Preisen – gross national product in current prices
Bruttoumsatz – gross sales
Buchführung – accounting
Buchführung, doppelte – double-entry bookkeeping

Buchführung, einfache – single-entry book keeping
Buchgeld → Giralgeld
Buchhaltung – accounting system
Buchhaltungsbuch – ledger
Buchschuld – book debt
Buchung, Eintragung – entry
Buchwert nach Abschreibung, wertberichtigter Wert – book value, written-down value
Buchwertabschreibung – diminishing/declining balance depreciation
Budgetausgleich, zylischer – cyclical budgeting
Budgetgerade, Haushaltsgerade, Bilanzgerade, Einkommensgerade – budget line, budget constraint, opportunity curve, iso-expenditure line
Budgetgleichung, Haushaltsgleichung – budget equation
Budgetrestriktion – budget restriction
Budgetüberschuß – budget surplus
Budgetverhandlungen – budget talks
Bürge – sponsor
Bündnis (zeitweises) von Kongreßabgeordneten zur Durchsetzung von Gruppeninteressen – logrolling (colloq)
Bürgerinitiative – citizens' action group
Bürgschaft – surety
Bürgschaft in Form einer kumulativen Schuldübernahme – receivable suretyship
Büroangestellter, Bürokraft – office worker
Büroarbeit, Schreibarbeit – clerical work
Bürokratie – bureaucracy
Büro-/Schreibpersonal – clerical workers, clerical staff
Bummelstreik – go-slow; ~ durch Krankmeldungen – sick out
Bundesanstalt für Arbeit – Federal Labour Office
Bundesbank (BRD) – Federal Bank
Bundesbehörde – Federal Agency
Bundeseinkommensteuer – Federal Income Tax (US)
Bundeshaushalt – federal budget
Bundeskartellamt (US) – Federal Trade Commission
Bundesrat – federal council
Bundesregierung – federal government
Bundesstaat → Förderation
Bundestag – federal diet
Bundesverband der britischen Industrie – Confederation of British Industries
Bundesverband der deutschen Industrie (BDI) – Federal Association of German Industry
«Butterberg» – butter mountain

C

ceteris paribus – other things being equal, other things remaining equal
Chancengleichheit – equity of opportunities
Chiffre, Code, Vorwahlnummer – code
Clearingbank – clearing bank
Clearinghaus – clearing house (centre)
Cliometrie – (ökonometrische Wirtschaftsgeschichte) – cliometrics
closed-shop-Verbot, gesetzliches – right to work legislation (US)
Computer-Speicher – memory
Computersprache – computer language
computergestützte Systeme – computer-aided systems (design)
Container, Behälter – container
Corner → temporäres Monopol
Cosinus – cosine

D

Dachorganisation – umbrella organization, holding
Darlehen – loan
Darlehenskonto – loan account
Darlehenssumme – principal
Darlehenszinsen – interest on loans
Darstellung, graphische – graphical representation
Daten, Angaben, Unterlagen – Data
Datenabruf von räumlich verteilten Speichern (EDV) – polling
Datenbank – data bank
Datenbasis – data base
Datenein- und Ausgabegerät (EDV) – terminal
Datenkranz – set of data
Datenspeicher – data files
Datenverarbeitung, elektronische (EDV) – (electronic) data processing (EDP)
Datenverarbeitung, Installieren einer elektronischen – computing
Dauerarbeitslose i. S. nicht-vermittelbarer Erwerbspersonen (Bodensatzarbeitslosigkeit) – unemployable persons
Dauereinkommenshypothese – permanent income hypothesis
Debitor, Forderung, Schuldner – debtor
Deckung, Sicherheit – collateral
Deckungsbeitrag, Erfolgsbeitrag – contribution margin, profit contribution
Defacto-Anerkennung – de facto recognition
Definitionsbereich (math.) – domain
Definitionsgleichung – definitional equation
Definitionsstreit, Begriffsdisput – essentialist argument(s)
Defizit – deficit
Defizitpolitik, defizitäre Ausgabenpolitik der öffentlichen Hände – deficit financing, policy of deficit-spending, pump priming, compensatory finance
Deflation – deflation
deflationieren, i. S. v. eine Deflation herbeiführen – deflate
Deflationierung i. S. von Preisbereinigung monetärer Größen einer Zeitreihe – deflation
Deflationslücke, deflatorische Lücke – output gap, deflationary gap
Deflator, Deflationierungsfaktor – deflator
Deflator für die Preisbereinigung des Bruttoinländerprodukts – gross national product deflator
Delegierter, Vertreter – delegate
Delkredererückstellung – contingency reserve
Demagogie – demagogy
Demonetisierung (Gold), Aufhebung der Geldeigenschaft – demonetisation
Demonstrationseffekt – demonstration effect
Demonstrationskonsum – conspicuous consumption
Depositen, abgeleitete – derived deposits
Depositen, ursprüngliche – primary deposits
Depositenbank (private) – clearing bank, commercial bank, joint stock bank
Depression, längerfristige Konjunkturflaute – depression, slump
Deputatlohn → Naturallohnsystem
Dequalifikation (durch technische und organisatorische Änderungen), Rückstufung eines Arbeitsplatzes – dilution
Dequalifikation der Arbeitskräfte (Marx) – de-skilling
Deregulation – deregulation
Desinvestition – negative investment, disinvestment
Detailstruktur – detail structure
Determinante – determinant

Determinationskoeffizient (r^2) – coefficient of determination
Deutscher Bund (1815–66) – Germanic Confederation
Deutscher Gewerkschaftsbund (DGB) – German Trade Union Congress
Devisen – foreign currency, foreign exchange
Devisenausgleichsfonds → Währungsfonds
Devisenbewirtschaftung – exchange control
Devisenbringer, exportfähige Produkte – hardgoods
Deviseneinkommen – foreign exchange income
Deviseneinnahmen – foreign exchange receipts/earnings
Devisenillusion – foreign exchange illusion
Devisenkonto – foreign currency account
Devisenkontrolle – exchange control, exchange restrictions
Devisenmarkt – foreign exchange market
Devisenpolster, -reserven – international financial reserves
Devisenreserven – foreign exchange reserves
Devisenterminkurs → Termingeld
Devisen-Terminmarkt – forward exchange market
Devisentransaktionen i.S. der Variation der Devisenreservehaltung im Außenhandelsgeschäft, um Kursänderungen auszunutzen – leads and lags
Devisenvorzugskurs – premium exchange rate
Dezentralisation – decentralization
Diagramm, Tabelle – chart
Dienst nach Vorschrift, Bummelstreik – work to rule
Dienstleistungen – services
Dienstleistungsbilanz (unsichtbare Ein- und Ausfuhr) – invisible balance, invisibles
Dienstleistungsgewerbe – service industries
Dienstleistungsindustrien – service industries
Dienstleistungssektor – services sector, tertiary sector
Dienstverpflichtung (Arbeits-) – industrial conscription
Dienstweg – official channel
Differentialeinkommen, dynamisches – windfall gains
Differentialquotient – differential coefficient, derivative
Differentialrechnung – differential calculus
Differential- und Integralrechnung – method of fluxions
Differentialrente i.e.S. – differential rent
Differentialrente: generell jener Rentenanteil eines Faktoreinkommens, der aufgrund relativer Seltenheit zustandekommt (z.B. Differenz zwischen dem Einkommen eines Herzspezialisten und dem Durchschnittseinkommen der Internisten) – economic rent
Diffusion – diffusion
Diffusionsindex – diffusion index
Diffusionstheorie (Steuerüberwälzung) – diffusion theory of taxation
Digitalrechner – digital computer
Diktatur des Proletariats – dictatorship of the proletariat
Direktaufwandmatrix – direct-requirement matrix
Direktinvestitionen (Kapitalexport) – direct investment, → Auslandsinvestitionen
Direktleitung (EDV) – online (online)
Direktor, geschäftsführender – managing director

Direktorium, Vorstand – board of directors
Direktverkauf – personal selling
Disaggregierung, disaggregierte Rechnung – deconsolidated accounts
Disagio – discount
Discount-Laden, Billigladen – discount house
Diskont – bank rate, discount rate
Diskontgebühr – discount charge
Diskontierung – discounting
Diskontierungssatz, gesellschaftlicher – social discount rate
Diskont- und Lombard**kredite** – discounts and advances
Diskontpolitik – bank rate policy, discount rate policy
Diskontsatz → Zentralbankzins – discount rate, bank rate
Diskretionäre Maßnahmen/Wirtschaftspolitik – discretionary measures/economic policy
Diskretionärer Stabilisator, wirtschaftspolitische ad-hoc Maßnahme – discretionary stabiliser
Diskriminierung, Herabsetzung, Herabwürdigung – discrimination
Distributionsstufe (Absatzlehre) – stage of distribution
Divergenz – divergence
Diversifikation, Diversifizierung – diversification
Diversifizierung in höhere Preis- bzw. Qualitätsklasse – trading up
Dividende – dividend
Dividende, ausgeschüttete – cash dividends paid
Dividendenbegrenzung (staatliche) – dividend limitation
Dividendenpapiere – equities
Dividendenschein, Gewinnanteilschein – dividend warrant
Divisionalisierung – divisionalisation
Dogmengeschichte, Geschichte der wirtschaftswissenschaftlichen Lehrmeinungen – history of economic thought/theory, history of political economy
Dollarblock – dollar area
Dollarlücke – dollar gap
Dollarparität – dollar parity
Dollarüberfluß – dollar abundance
Domäne, Herrschaftsbereich – domain
Doppelbesteuerung – double taxation
Doppelbesteuerungsabkommen – double taxation agreement
Doppelcharakter der Arbeit – twofold character of labour
Doppelcharakter (der Waren) – dual character (of commodities)
Doppelte Buchhaltung – double-entry bookkeeping
Doppeltes Zusammentreffen (Naturaltausch) – double coincidence
Doppelverdiener-Haushalt – two-earner family
Doppelwährung – dual standard
Doppelzählungen – double counting
Dreiecksgeschäft i.S. eines Umwegs über ein Drittland bei Außenhandelsgeschäften aus devisenwirtschaftlichen Gründen – switching
Dreischichtensystem – three-shift system
Drosselung – slowing down
Duale Wirtschaft – dual economy
Dualistische Entwicklung – dualistic development
Dualproblem – dual problem
Dualsystem – dual system
Dummyvariable, Hilfsvariable – dummy variable
Dumpingeffekte durch Verarbeitung von Vormaterialien, die zu Dumpingpreisen bezogen werden – downstream dumping
Duopol – duopoly
Duplikat, Zweitschrift – duplicate
Durchflußmenge pro Zeiteinheit – throughput

Durchflußwirtschaft, Wiederverwendung von Rohstoffen durch Recycling – throughput economy

Durchführung → Ausführung

Durchführungsrichtlinien (z.B. Kreditkonditionen) – performance criteria

Durchsatz – throughput

Durchschlag, (eines Briefes etc.) – carbon

Durchschnitt, bestimmter – particular average

Durchschnitt, gleitender – moving average

Durchschnittsbesteuerung – income averaging

Durchschnittseinkommen, Prokopfeinkommen – per capita income

Durchschnittserlös – average revenue

Durchschnittsertrag – average product

Durchschnittskosten, langfristige/kurzfristige – long-run/short-run average costs

(Durchschnitts-)Produktivität eines Faktors – average productivity

Durchwursteln → Politik

Dynamik – dynamics

E

Echo-Effekt (der Ersatzinvestitionen) – echo-phenomenon (of replacement investment)

Echtzeit – real time

Eckdaten – basic data

Ecklohn – basic wage

Eckwert – benchmark, reference value/figure

Eckzins, Sollzinsfuß für erste Adressen, Primärrate – prime rate (US), base rate (GB)

Edelmetall in Barrenform → Barrengold

EDV-Geräte – hardware

Effekt, kurzfristiger – near-term effect

Effekten – negotiable instruments

Effektenverwaltung – custodinship

Effektivlohn – actual earnings

Effektivrendite, Dividende bezogen auf den Marktpreis einer Aktie – dividend yield

Effektivzins eines Wertpapiers bzw. ertragbringenden Aktivums – current yield

Effizienz – efficiency

Effizienzkennziffern (z.B. Kapazitätsauslastung, Lagerumsatz) – operating ratios

Ehernes Lohngesetz – iron law of wages

Eigenfabrikat, eigenes Erzeugnis – (our) own make

Eigenfinanzierung – equity financing

Eigenkapital – shareholders' equity, own capital, equity capital

Eigenkapital, über das die Hauptversammlung verfügen kann – disposable capital

Eigenkapitalrentabilität (Potential-) Meßziffer für investiertes Kapital (Quotient zwischen Netto-Einkommen und Nettovermögen) – return on equit ratio

Eigenschaft, nicht-quantifizierbare (z.B. Geschlecht) – attribute

Eigentümer (juristisch) – owner

Eigentümeranteil (-anspruch) am Nettovermögen – owners' (owner's) equity

Eigentümer- bzw. Familienunternehmen – ownership and management

Eigentümer-Unternehmer – entrepreneur

Eigentümer-Unternehmer-Firma (Kleinbetriebe) – sole proprietorship, sole trader

Eigentum, Eigentumsrecht, Titel, Vermögen, Vermögensgegenstand – property
Eigentum (juristisch) – ownership
Eigentum, öffentliches – public ownership
Eigentumsaufgabe (z.B. an einem Wrack) – abandonment
Eigentumsrecht → Eigentum
Eigentumsrechte (auch an Umwelt) – property rights
Eigentumsrest, persönliches Interesse, persönliche Interessen – vested interest
Eigentumsübergang – transfer of ownership
Eigentumsübertragung – conveyancing
Eigentumsvorbehalt, Pfandrecht – lien
Eigenverbrauch – self-supply
Eigenversorgung – self-sufficiency
Eigenwechsel – promissory note
Eignung, fachliche – professional qualification
Eignungstest – aptitude test
Einfachregression – simple regression
Einfuhr und Ausfuhr, unsichtbare → Dienstleistungsbilanz
Einfuhrabgaben – import duties
Einfuhrabschöpfungen – import levies
Einfuhrbeschränkungen – import restrictions
Einfuhrquote, Importkontingent – import quota
Einfuhr- und Vorratsstellen für landwirtschaftliche Erzeugnisse – intervention boards for agricultural produce
Einfuhrzölle – import tariffs
Einfuhrzusatzabgaben – import surcharge
Eingriff der Regierung – government intervention
Einhegung (von Gemeindeland) – enclosure
Einheit und Kampf der Gegensätze – unity and struggle of opposites
Einheitsgewerkschaft, Industriegewerkschaft – industrial union
Einheitskontenrahmen, normiertes Kontensystem – uniform system of accounts (USA)
Einheitsmatrix – identity matrix
Einheitssteuersatz, Einheitssatz – standard rate
Einheitsvektor – unit vector
Einheitswert (Grundstück) – rateable value (of premises)
Einkäufer (Beschaffungswesen) – purchasing officer
Einkauf, zentraler – centralized purchasing
Einkaufsabteilung – contracting department
Einkaufspreis – purchase price
Einkaufspreis (des Einzelhandels), Großhandelspreis – trade price
Einkaufsverhalten – buying (purchasing) behaviour
Einkommen – earnings, income
Einkommen aus allen Quellen – income from all sources
Einkommen aus selbständiger und unselbständiger Arbeit – income from self-employment and employment
Einkommen aus Unternehmertätigkeit und Vermögen – entrepreneurial and property income
Einkommen aus Vermögen und Besitz – proprietors' income
Einkommen, dauerhaftes, permanentes – permanent income
Einkommen, disponibles – discretionary income
Einkommen, Ermitteln des zu versteuernden – computation of taxable income
Einkommen, exportabhängige, einer Region – basic income

Einkommen, fiktives (z.B. aus einer eigengenutzten Eigentumswohnung) – notional income

Einkommen, kontraktbestimmtes – contractual income, fixed claims

Einkommen, pensionsanrechnungsfähiges – pensionable earnings

Einkommen, persönliches – personal income

Einkommen, steuerbefreites (z.B. Arbeitslosenunterstützung) – nontaxable income

Einkommen, tatsächliches (ex-post) (Konsumtheorie) – measured income

Einkommen, transitorisches – (= aktuelles Einkommen abzüglich des permanenten Einkommens) – transitory income

Einkommen, verfügbares – disposable income

Einkommen, zu versteuerndes – taxable income

Einkommensbezieher – recipient of income

Einkommensdunkelziffer → Einkommenslücke, statistische

Einkommenseffekt einer Preisänderung – income effect

Einkommenselastizität der Nachfrage – income elasticity of demand

Einkommenserhöhung – income rise

Einkommensgerade → Budgetlinie – opportunity curve

Einkommensgruppe, unterste – residuum

Einkommensgruppen, mittlere – medium income groups

Einkommenshypothese, relative – relative income hypothesis

Einkommensklasse, -stufe – income bracket

Einkommenskreislauf – circular flow of income

Einkommenslücke, statistische, nicht erfaßte Faktoreinkommen (z.B. Schwarzarbeit) – missing factor income

Einkommensmodell, (Keynes') makroökonomisches – income-expenditure model

Einkommens-Normen für Löhne und Gehälter – pay code

Einkommenspfändung → Beschlagnahmung

Einkommenspolitik, durch Steuervariationen, die sich nach Lohn- und Preispolitik der Unternehmen richten – tax based incomes policy (TIP), incomes policy

Einkommensrestriktion – income constraint

Einkommensschicht, -gruppe, -klasse – income bracket

Einkommensteuer – income tax

Einkommensteuer, negative (M. Friedman) – negative income tax, tax-credit system, reverse income tax

Einkommensteuereinheit (Bezeichnung des Einkommensteuerzahlers, z.B. gemeinsam veranlagte Ehepaare etc.) – income unit

Einkommensteuer-Erklärung – income tax return

Einkommensteuererleichterung – income tax relief

Einkommensteuerklasse nach Einkommensarten – (tax) schedules (GB)

Einkommensteuerpflicht – income tax obligation

Einkommensteuer-Stufe – income tax bracket

Einkommensteuerverwaltung (britische) – inland revenue

Einkommenssubvention – income subsidy

Einkommenstheorie, makroökonomische – theory of income determination

Einkommenstransfers, garantiepreisbezogene (Agrarpolitik) – deficiency payments

Einkommensübertragung - transfer payments
Einkommensverteilung - income distribution
Einkommensverteilung, funktionale - distributive shares, functional disbribution
Einkommensverteilung, größenmäßige Darstellung der personellen (unter Berücksichtigung der Querverteilung) - size distribution of income
Einkommensverteilung, personale/personelle - personal distribution of income
Einkommenszahlungen - income payments
Einkommenszuschuß → Verlustausgleichssubvention
Einkreisung - encirclement
Einkunftsart - schedule of income
Einkunftsarten - classes of income
Einkunftstabelle - income schedule
Einlagen auf Kontokorrentkonten - current account deposits
Einlagen, öffentliche, Zentralbankguthaben der öffentlichen Hände - public deposits
Einlagen/Verbindlichkeiten, mindestreservepflichtige - eligible liabilities
Einlagenschein für Termingelder (in USA üblich) - Certificate of Deposits (CD), (US)
Einlagenzertifikate - certificates of deposit
Einlageverpflichtung - deposit liability
Einlösbarkeit - redeemability, convertibility
Einlösung → Auslösung
Ein-Mann-Firma - sole proprietor
Einnahmen - receipts, revenue, takings
Einnahmequelle - source of revenue
Einphasensteuer - one-stage tax
Einphasenumsatzsteuer - single-stage turnover tax
Ein-Produkt-Fall - single-product-system
Einrichtungen, Vorrichtungen - facilities
Einsatz(menge) - input
Einsatz-Ausstoß-Analyse - input-output analysis
Einsatzbesprechung, Anweisung - briefing
Einschätzung - assessment
Einschluß - trading margin
Einsektorenmodell - one-sector model
einsparen - economize
Einstandspreis - cost price
Einstellungsquote (bei Neueinstellungen) - accession rate
Einsteuer (Physiokraten), Alleinsteuer - single tax, impôt unique
Einstufung nach Leistung - merit rating
Eintragung → Buchung
Einwanderung → Immigration
Einweggüter, Wegwerfprodukte - disposable goods
Einzelanfertigung - custom-built
Einzelhandel - retail trade
Einzelhandelskette - multiple unit retailing organisation
Einzelhandelspreis - retail price
Einzelhandelspreisindex, Verbraucherpreisindex - retail price index, index of retail prices
Einzelhandelsumsatz - retail sales
Einzel-, Auftragskalkulation - job costing
Einzelkaufmann - sale trader
Einzelkosten, variable Kosten - direct cost
Einzelposten (auf einer Liste, Tagesordnung, in einer Menge von Sachen) - item
Einzelunterstellung → Alleinzuständigkeit (Organisation)
Einzelvertrag - individual contract

Einzugsgebiet (eines Geschäfts) – hinterland
Eklektizismus – eclecticism
Elastizität – elasticity, Elastizität vom Wert eins – unitary/unit elasticity, vollkommene/unendliche Elastizität – perfect elasticity, Bogenelastizität – arc elasticity, Punktelastizität – point elasticity, Substitutionselastizität – elasticity of substitution
Elastizitätstheorie (Zahlungsbilanz) – elasticity approach
Elektronik – electronics
Element, Bestandteil – element
Element einer mathem. Menge – member (of set)
Elementzuordnung (Mengenlehre) – mapping
Elend, bitterste Not – destitution
Embargo, Nachrichtensperre – embargo
Emissionsagio – share premium
Emmissionskurs – issued price
Emissionssteuer – Effluent Charge
Empfänger von Waren – consignee
Empfängerland – donee country, recipient country
Encyclica – encyclical, encyclic
Endbestand (Lager) – final inventory
Endgehalt – final salary
Endnachfrage – final demand
Endnachfrage, inländische – absorption
Endnachfragestruktur – final consumption pattern, pattern of final consumption
Endprodukt – end product
Endprodukte – final goods
Endsumme – total, grand total
Endverbraucher – ultimate consumer, final consumer, end consumer (US) –, end user
Endverbrauchsgüter → Finalgüter
Energielücke – energy gap
Energieträger – source of energy/power
Engpaß – bottleneck
Engpaßfaktor i.S. der Hauptrestriktionsgröße für die Entwicklung eines Unternehmens (z.B. Absatz) – principal budget factor
Entartung – degeneracy
Enteignung – dispossession, expropriation
Enteignungsrecht, staatliches – eminent domain
Entflechtung von Konzernen – trust busting
Entfremdung – alienation
Entgelt – remuneration
Enthaltung bei einer Abstimmung – abstention
Enthorten – dishoarding
Entlassung – quit, redundancy, discharge, dismissal
Entlassung, zeitweilige (wegen streikbedingter Unterbrechung der Vorproduktlieferungen) – lay-off
Entlastungsgebiete – overspill areas
Entlohnungssystem, leistungsbezogenes → Anreizsystem
Entrepreneur, Unternehmer – entrepreneur
Entschädigung – reimbursement
Entschädigungszahlungen an Arbeiter – workmen's compensation payments
Entscheidungsbaum (mit Wahrscheinlichkeiten) – decision tree
Entscheidungsbaumverfahren (spezielles) – branch and bound technique
Entscheidungsdiagramm – decision tree
Entscheidungsfindung – decision-making
Entscheidungsfindungseinheiten – Decision-Making-Units
Entscheidungsinstanz, funktionaler Entscheidungsträger – decision-making unit
Entscheidungsmodell – decision model

Entscheidungsprozeß – decision-making-process
Entscheidungsregeln – decision rules
Entscheidungsstruktur, dezentrale, Marktsteuerung, freie Marktwirtschaft – decentralized decision taking
Entscheidungssubjekt, personaler Entscheidungsträger – decision maker
Entscheidungstabelle, Technik – decision-table technique
entscheidungstheoretisch – choice-theoretic
Entscheidungstheorie – decision theory
Entscheidungs-, Wahlhandlungstheorie – choice-theory
Entscheidungsträger – decision maker
Entscheidungsträger, funktionaler → Entscheidungsinstanz
Entsorgung → Abfallbeseitigung
Entsozialisierung → Reprivatisierung
Entsparen – dissaving
Entsparen i.S. von Kapitalverzehr zugunsten des Konsums – capital consumption
Entstehungsrechnung – production approach
Entvölkerung → Abwanderung
Entwicklung – development, induzierte Entwicklung – induced development, wirtschaftliche Entwicklung – economic development
Entwicklungshilfe – foreign aid for economic development, foreign aid, aid
(Entwicklungs-)Hilfe, gebundene – tied aid
Entwicklungshilfe, Summe aus privater und öffentlicher – composite flow
Entwicklungshilfe-Bindung – aid-tying
Entwicklungsindustrie (schutzbedürftige) Industrie, vor allem in Entwicklungsländern – infant industry
Entwicklungsland, unterentwickeltes Land – developing country, less developped country, backward country, underdevelopped country
Entwicklungsplanung – development-(al) planning
Entwicklungsvoraussetzungen – prerequisites for development
Entzerrungsfaktor – equalizer
Entzug, Stillegung, Abhebung, (autonome) Kontraktionsgröße – withdrawal
Enumeration → Aufzählung
Equimarginalprinzip – equi-marginal principle
Erbbaurecht → Erbpacht
Erbfolge – succession
Erbpacht, Erbbaurecht – leasehold
Erbschaftssteuer – death tax, estate duty, inheritance tax, transfer tax (USA), death duty
Erfindergeist – ingenuity
Erfolgsbeitrag → Deckungsbeitrag
Erfolgsbereich eines Unternehmens – profit center
Erfolgskonto – nominal account
Erfolgskonten – profit-and-loss accounts
Erfolgskontrolle, innerbetriebliche (Oberbegriff zu → internal audit und → internal check) – internal control
Erfolgskriterium – success criterion
Ergänzungs-(Regeln) – supplementary (rules)
Ergebnispotenzierung – synergy
Ergonomie, Arbeitswissenschaft – ergonomics
Erhebungskosten, (Steuer-) – collection costs, costs of collecting revenue, cost of collection
Erholung – recreation, recovery
Erholung, konjunkturelle – recovery of the economy, recovery of business activity
Erkennungs-Lag – recognition lag
Erlös, Umsatz – revenue, turnover

Ermüdung (Arbeitswissenschaft) – fatigue

Eröffnungsinventur → Anfangsinventur

Eröffnungspreise (Börse) – opening prices

Erprobung eines Produkts auf dem Markt – test marketing

Ersatz – replacement

Ersatzbedarf → Ersatznachfrage

Ersatzinvestition, Reinvestition – replacement investment

Ersatznachfrage, Ersatzbedarf – replacement demand

Ersatztheorie – replacement theory

Erscheinungsbild → Image

Erschöpfung natürlicher Ressourcen – depletion

Ersparnis(se) – savings

Ersparnis, freiwillige (erwünschte) – desired savings

Ersparnis, gesamtwirtschaftliche, Sparquote – saving proportion

Erstattung – refund, repayment, reimbursement

Erträge, abnehmende – decreasing returns

Erträge → Erlös, monetärer – pecuniary returns

Ertrag, außerordentlicher – sundry revenue

Ertrag, realer – product, return

Ertrags-Einkommens-Lag – output-income lag

Ertragsergebnis – earning yield

Ertragsgebirge – physical production surface

Ertragsgesetz i. e. S. – law of diminishing returns

Ertragsgesetz i. w. S. – law of variable proportions, law of non-proportional returns

Ertragsgesetzschwelle: Schnittpunkt der Grenz- und Durchschnittsertragskurve; Wendepunkt der Gesamtertragskurve – extensive margin

Ertragskoeffizient(en), -quoten – income ratio(s)

Ertrags-Kosten-Verhältnis, Produktivität(skennziffer) – cost ratio

Ertragskraft – earning power

Ertragskurve – productivity curve

Ertragwert eines Aktivums – capitalized value

Erwartung, adaptive – adaptive expectation

Erwartung, rationale – rational expectation

Erwartungen – expectations

Erwartungen, übertriebene – exaggerated expectations

Erwartungsanpassung – adaptive expectation

Erwartungsgröße, Planungsgröße – anticipation term, anticipatory data

Erwartungswert (Statistik) – expected value

Erweiterungsinvestition, Anlagenerweiterung – capital widening

Erwerb, Ankauf – acquisition

Erwerbsbevölkerung – working population (GB)

Erwerbsgesellschaft – acquisitive society

Erwerbskapital – acquisitive capital

Erwerbsperson – working person

Erwerbspersonen – working population (GB), labor force (US)

Erwerbsquote – active population, activity rate, labour force, participation rate

Erwerbstätige – gainfully active population, gainfully occupied persons, employed labour force (GB), total employed persons (US)

Erwerbstätigkeit – gainful occupation

Erzeugerpreisindex – producer price index

Erzeugnis – product

Erzeugnis i. S. natürlich gewachsener Produkte – produce

Erzeugnis, eigenes → Eigenfabrikat

Erziehungszoll-Argument – infant industry argument
Erzlager – ore deposit
Essensmarken (für Belegschaftsangehörige) – luncheon vouchers
Ethik – ethics
Etikett, Aufkleber, Zettel – label
Eulersches Theorem, Additionstheorem – adding-up theorem
Euromarkt-Finanzwechsel (Kurzläufer) – euro-commercial papers
Europäische Atomgemeinschaft (Euratom) – European Atomic Energy Community
Europäische Gemeinschaft für Kohle und Stahl, Montanunion – European Coal and Steel Community
Europäische Rechnungseinheit (ERE) – European Unit of Account
Europäische Währungseinheit (EWE) – European Currency Unit (ECU)
Europäische Währungsunion – European Monetary Union
Europäische Wirtschaftsgemeinschaft (EWG) – European Economic Community (EEC)
Evolution – evolution
Existenzmindestlohn – living wage
Existenzminimum – subsistence level
Exklusionsprinzip → Ausschlußprinzip
Expansion, wirtschaftliche – economic expansion
Expansionspfad, Skalenlinie, Niveaulinie – expansion path, extension path, scale line
Exportanreize, verbraucherbezogen – industrial targeting
Exportbasis (einer Region) – base, economic base, export base
Exportbasisanalyse, regionale – base analysis
Exportbasisanteil an der regionalen Wertschöpfung – base component
Exportbasisindustrie – basic industry
Exportbasiskoeffizient, regionaler – economic base ratio, export base ratio
Exportbasissektor – basic sector
Exportbasistheorie – base theory, export base theory
Exportbasisuntersuchung einer Stadt – urban(export)base studies
Exportbegünstigungen (z.B. durch Subventionen, Kredite, Steuerpräferenzen) – export incentives
Exporte, sichtbare und unsichtbare – visible and invisible exports
Exporteur – exporter
Exportfähigkeit – exportability
Exportförderung – export promotion
Exportgüterstruktur – commodity pattern
Exportmultiplikator – export multiplier, foreign trade multiplier
Exportneigung, Exportquote – propensity to export
Exportprämie → Produktionsprämie
Exportproduktion, regionale – base activity
Exportquote, Exportanteil – export content
Exportquote, durchschnittliche/marginale – average/marginal propensity to export
Exportrückvergütung, Nachteil – drawback
Exportsteuer – border tax
Exportüberschuß, (positiver) Außenbeitrag – export surplus
Exportvergütung – export refund
ex post-Prüfung – posttest
Externalität, negative – detriment
Externalitäten → externe Effekte – externalities, neighbourhood effects
Externe Effekte – spill-over (effects), external effects, externalities; Effekte, monetäre externe – pecuniary spillovers, Effekte, positive externe – external benefits, external economies, social benefits
Extrapolation – extrapolation

F

Fabrik, Fabrikanlage – factory
Fabrikant – manufacturer, operator (of a firm)
Fabrikarbeiter – manufacturing worker, factory workman, factory hand
Fabrikarbeiterin – factory girl
Fabrikgesetze – factory acts
Fabrikgesetzgebung – factory legislation
Fabriksystem – factory system
Fabriksystem, frühkapitalistisches → Ausbeutungssystem
Facharbeiter – skilled worker
Facharbeiter, hochqualifizierter, Arbeiter für Spezialaufgaben – key worker
Facharbeiterbrief – craft certificate
Fachbegriff – technical term
Fachberufe – skilled trades
Fachgewerkschaft – craft union
Fachpersonal – skilled staff
Fachverband – trade association
Fälligkeit(stermin) – maturity
Fälligkeiten – payables
Fälschung, Verschnitt – adulteration, forgery
Fahrpreis, Fahrgeld – fare
Fakten, stilisierte – stylized facts
Faktorausstattung eines Landes – factor endowment
Faktoreinkommen → Faktorpreise
Faktorintensität – factor intensity
Faktor-Intensitätskriterium – factor- intensity criterion
Faktorkostentheorie des Wertes (J. S. Mill) – full cost theory of value
Faktormärkte – factor markets, resource markets
Faktorleistungen, Produktivleistungen – productive services
Faktormobilität – factor mobility
Faktorpreis-Ausgleichs-Theorem – factor price equalisation-theorem
Faktorpreise, Faktoreinkommen – factor payments
Faktorverschiebungen, -wanderungen – factor movements
Fallmethode – case method
Fallstudie – case study
Falschgeld – counterfeit money
Falschmünzen – base coins, counterfeit coins
Falsifikation, Widerlegung – falsification
Familienangehörige, mithelfende – family workers, family helpers
Familienbeihilfe – family allowance
Familienunternehmen → Eigentümer-, Unternehmer-Firma
faux frais, unproduktive Kosten (Marx) – incidental expenses of production
Fehlanpassung – maladjustment
Fehlbedarf – shortage
Fehler – fault, mistake
Fehler, ausgleichsfähiger – compensating error
Fehler beseitigen – debug
Fehler, statistischer – error
Fehlerbehebung in EDV-Programmen – debugging
Fehlergrenze, -bereich – margin of error
Fehlinvestition, Fehlleitung, Fehllenkung – misallocation
Fehlleitung, Fehllenkung → Fehlinvestition
Fehlquote (Personal) → Abwesenheitsquote
Fehlschluß → Trugschluß
Fehlverteilung, schlechte Verteilung – maldistribution
Feilschen – higgling, haggling
Feingehalt – fineness
Feingehaltsprüfung – assay
Feingehaltsstempel – hall-mark, assaymark
Feinsteuerung (Wirtschaftspolitik) – fine tuning
Felduntersuchung – field research
Fernmeldewesen – telecommunications

Fertigbauweise, vorfabrizierte Wohnungseinheiten – modular housing (system)
Fertigerzeugnisse – finished goods/products
Fertiggericht – convenience-food
Fertigungsgemeinkosten – production overheads
Fertigungskontrolle, laufende – control engineering
Fertigungskosten – assembly costs
Fertigungskostenstelle – productive burden centre (center)
Fertigungslöhne – direct labour (cost)
Fertigungsplanung – production planning, industrial planning, manufacturing planning, industrial engineering
Fertigungsstraße, Förder-, Transport-, Fließband – production line
Fertigungsverfahren, Herstellungsverfahren – manufacturing process
Fertigungsvorbereitung, Vorbereiten der Arbeiten – preparatory work
Festanstellung (von Gelegenheitsarbeitern) – decasualisation
Festgelder – fixed deposits
Festspeicher, nur lesbar – ROM: read only memory
Feudalherr, Grundherr – suzerain
Fiduziäre Geldmenge, Geld ohne Golddeckung – fiduciary issue
Filialbanksystem – branch banking
Filialleiter, Manager, Geschäftsführer, Abteilungsleiter – manager
Filialleiterin, Geschäftsführerin – manageress
Filialunternehmen im Einzelhandel – multiple unit retailing organization
Finalgüter, Güter des Endverbrauchs – final products
Finanzabgabe – revenue duty
Finanzaktiva hoher Liquidität – marketable securities
Finanzamt – tax office, Inland Revenue Office (GB)
Finanzausgleich, -zuweisung – grants-in-aid
Finanzausgleich, Zuweisung im vertikalen – rate deficiency payment
Finanzausgleich, zweckgebundene Zuweisungen im vertikalen – grants-in-aid
Finanzbuchführung, -haltung – financial accounting, financial bookkeeping, financial activities (US)
Finanzdirektor, Finanzchef, Kassenwart, Schatzmeister – treasurer
Finanzflußrechnung → Bewegungsbilanzen
Finanzhilfe – financial aid
Finanzierung – financing, funding
Finanzierungen des Internationalen Währungsfonds → Internationaler Währungsfonds (IWF)
Finanzierungsgrundsatz bei Kreditwürdigkeitsprüfungen – bankers' ratio (US)
Finanzierungsinstitut – finance house
Finanzierungskosten – cost of funds
Finanzierungsrechnung, Finanzierungssektor (volkswirtschaftliches Rechnungswesen) – financing sector
Finanzierungsrisiken – financial risks
Finanzierungssaldo – net financial investment
Finanzierungssektor → Finanzierungsrechnung
Finanzinvestition, Geldanlage – financial investment
Finanzkennziffern zur Messung der Effizienz des Betriebsvermögens (Oberbegriff) – activity ratios, financial ratios
Finanzkontrakte mit festem Fälligkeitsdatum, von denen sich die Vertragspartner per Gegengeschäft vor

dem Fälligkeitsdatum trennen können – financial futures
Finanzkontrolle – budgetary control
Finanzmärkte – financial markets
Finanzmarkt – finance market
Finanzmarktturbulenz (=plötzliche Unruhe auf Finanzmärkten z.B. Devisenmarkt) – flurry
Finanzminister – Chancellor of the Exchequer (GB), secretary of finance, minister of finance
Finanzplanung (einer Firma) – financial management
Finanzpolitik, antizyklische – compensatory finance/fiscal policy
Finanzstromanalyse, Kontrolle der Zahlungsein- und -ausgänge (entsprechend ihrer Ursachen im Unternehmen) – funds flow analysis
Finanzstromrechnung → Geldstromrechnung
Finanzverwaltung – financial management
Finanzwesen → Finanzwirtschaft
Finanzwirtschaft, Finanzwesen, Finanzwissenschaft – finance
Finanzwissenschaft – public finance
Firma – firm, company
Firma, multinationale – international/transnational/multinational company
Firmenwert – goodwill
Fiskalpolitik i.S. gesamtwirtschaftlich orientierter Budgetfinanzierung des Staates – functional finance (A. P. Lerner), fiscal policy
Fiskus – exchequer, treasury
Fixkapital – fixed capital
Fixkosten – fixed costs, constant costs, veraltet: supplementary costs
Fixkosten, Hebelwirkung der – operating leverage, operational gearing
Fixpunkt in einem EDV-Programm – checkpoint
Fixsummenspiel – constant sum game
Flächenstichprobe – area sample
Flaute – lull, slump
Flexibilität, vollkommene – perfect flexibility
Fließband – production line, assembly line
Fließbandproduktion – flow-line production, assembly line production (US)
Floaten, gemeinsames – joint floating, block floating
Floaten, sauberes/schmutziges – clean/ dirty floating
Fluchtgeld i.S. fluktuierendes Geld, heißes Geld – refugee capital, hot money, funk money
Fluktuation, natürliche – natural wastage
Fluktuation, zyklische – cyclical fluctuation
Fluktuationsrate, betriebliche, der Arbeit – labour turnover rate
Flußdiagramm – flow chart
Flußgröße → Stromgröße
Föderation, Bundesstaat – federation
Förderband – belt conveyer
Förderer eines Projekts, TV-Programms – sponsor
Fördergebiet – development area
Folgebedürfnisse – entrained wants
Folgekosten – subsequent costs
Folgeleistungssektor, nahversorgender Sektor – non-basic sector
Forderung – claim
Forderungen (Aktivseite) – accounts receivable
Forderungen, zweifelhafte – debts estimated to be doubtful
Forderungsaufrechnung, gegenseitige – clearing
Forderungsumschlag, Umschlagshäufigkeit der Forderungen – receivables turnover
Forderungsverkauf, Faktoring – factoring
Formation, sozio-ökonomische – socio-economic formation

Formelflexibilität, indikatorgebundene Maßnahmen der Wirtschaftspolitik – formula flexibility
Form und Inhalt – form and content
Forschung – research
Forschung und Entwicklung (produktbezogene) – research and development (R+D)
Fortbildung – advanced vocational training
Fortschreibung (Zeitreihe) → Planfortschreibung – intercensal estimate
Fortschritt, investitionsunabhängiger/ inkorporierter technischer – embodied/built-in technical progress
Fortschritt, kapitalunabhängiger technischer – disembodied technical progress
Fortschritt, technischer – technical progress
Fracht, Ladung – cargo
Frachtbrief, Konnossement – bill of lading
Fracht(gut), -kosten – freight
Fraktion, politische Gruppe – faction
Freibetrag, Zuschuß – allowance
Freie Marktkräfte, freies Spiel der Kräfte in der Wirtschaft – free forces of economy
Freie Soziale Marktwirtschaft – free competitive social market economy
Freigabe des Wechselkurses – floating the rate of exchange
Freihafen – free port, entrepôt port
Freihandel – free trade
Freihandelszone – free-trade area
Freihandelszone, Europäische – European Free Trade Association (EFTA)
Freiheiten, bürgerliche – civil liberties
Freiheitsgrad (einer Gleichung) – degree of freedom
Freisetzung (von Arbeitskräften) infolge dauerhafter Vernichtung des Arbeitsplatzes – redundancy, labour displacement
Freiverkehr (Aktienmarkt) – over-the-counter market
Freiverkehrsbörse – kerb market (GB)
Freiwirtschaft (S. Gesell) – free economy
Freizeit – leisure
Freizügigkeit – freedom of movement, free movement
Freizügigkeit der Arbeitnehmer – free movement of labour, mobility of labour
Freizügigkeit von Kapital und Arbeitskraft – freedom of movement for capital and labo(u)r
Fremdfinanzierung – debt financing
Fremdkapital – borrowed capital
Fremdkapital, kurzfristiges – current liablities, short-term liabilities
Fremdkapital, langfristiges – long-term liabilities
Fremdkapitaleffekt auf die Eigenkapitalrentabilität, Leverage-Effekt – income gearing, financial gearing, financial leverage
Fremdkapitalerhöhung – high gearing
Fremdkapital-Quotient (Fremdkapital durch Nettovermögen) – leverage ratio
Fremdkapitalreduzierung – low gearing
Friktionsarbeitslosigkeit – friction, frictional unemployment
Fristablauf, (endgültiger) Termin – dead line
Fron(arbeit) – corvée
Fronhof, Eigengut des Grundherrn – demesne
Fruchtbarkeit – fecundity, fertility
Fruchtbarkeitsziffer (auf 1000 Frauen im gebärfähigen Alter) – fertility rate
Fruchtwechsel (Landwirtschaft) – rotation of crops
Frühindikator, prognostischer Indikator – leading indicator, foreshadowing indicator

Frühindikator, zukunftssensibler - sensitive indicator
Frühschicht – early shift
Frühsozialisten – early socialists
Frühwarnsystem - early-warning system
Fühlungsvorteile → Agglomerationsersparnisse
Führung, Geschäftsleitung, Geschäftsführung – management
Führungsgremium, gespaltenes/zweistufiges – two-tier board
Führungskräfte-Schulung - management development
Führungskraft, aktive – thruster
Führungsschicht, mittlere - middle management
Führungsstil – management style
Fünfundvierzig-Grad-Linie – forty-five degree line, line of equality
Funktion – function
Funktion, determinierte - deterministic function
Funktion, konjekturale, geplante, eigentliche Funktion (partielle Angebot- und Nachfragefunktion ohne Ungleichgewichte auf anderen Märkten, keine ‹Mengenrationierung› auf irgendeinem Markt) – notional functions
Funktion, kubische – cubic function
Funktion, lineare - linear function, straight-line function
Funktion (mathematisch) – function
Funktion, mehrwertige - multivalued function
Funktion mit absoluten Werten - levels function
Funktion mit Verhältniswerten – ratio function
Funktion, monotone - monotonic function
Funktion, nichtlineare, aber näherungsweise linearisierbare - curvilinear function
Funktion, quadratische – square function
Funktion, stochastische - stochastic function
Funktion, tatsächliche, von Angebot und Nachfrage – effective function
Funktionär, hauptamtlicher - full-time official
Funktions-Ebene, -Gebirge – surface
Funktionsplan, Übersicht – functions chart
Fusion, Verschmelzung - amalgamation, merger

G

Garantie – warranty, guarantee
Garantiefonds – guarantee fund
Garantiepreise – guaranteed prices
Garantiezeit – period of guarantee
Gastarbeiter, Wanderarbeiter - foreign worker, migrant worker
Gastarbeiterüberweisungen - migrant/foreign workers' remittances
Geberland – donor country
Gebiet, unterentwickeltes – underdeveloped region
Gebot – bid
Gebrauchsgüter, kurzlebige (z.B. Kleidung) – semi-durable consumers' goods
Gebrauchsgüter, langlebige – durable goods, hard goods (US), consumer durables
Gebrauchswert – value in use
Gebühr, Beitrag, Honorar - fee, toll, due, duty, charge
Gebühren (staatliche) – user charge
Geburtenkontrolle – birth control
Geburtenrate – fertility rate, birth rate
Geburtenziffer (auf 1000 Einwohner) – crude birthrate
Geburtenziffer (geschlechts- oder alters-)spezifische – refined birthrate
Gefahrenzulage – danger money
Gefangenen-Dilemma - prisoners' dilemma

Gegenakkreditiv – secondary credit, back-to-back credit
Gegenangebot – counter-offer
Gegenmarktmacht – countervailing power
Gegenposten in der Buchhaltung – charge
Gegenseitigkeitsabkommen – reciprocal trading
Gegenseitigkeitsprinzip, Vorteilsausgleich – principle of equal advantage
Gegenströme (gegenläufige Güter- und Geldströme) – bilateral flows
Gegenwartspräferenz – time preference
Gegenwartswert, diskontierter – present value
Gegenwert – equivalent
Gehalt, Besoldung – salary
Gehaltsabrechnung → Lohnabrechnung
Gehaltsempfänger (im Gegensatz zum Lohnempfänger), Angestellter – salaried man
Gehaltsstruktur – salary structure
Gehaltsüberprüfung – salary review
Gehaltsverzicht, teilweiser – allotment of pay
Gehirnwäsche – brain washing
Geld – money
Geld, endogenes – inside money
Geld, exogenes – outside money
Geld, gehortetes – idle money, inactive money
Geld, heißes – hot money, funk money
Geld, knappes – tight money, dear money
Geld mit niedrigem Kreditschöpfungsmultiplikator – low-powered money
Geld, originäres, Primärgeld – primary money
Geld, substanzwertloses ~ mit Annahmegarantie (gesetzliches Zahlungsmittel) – fiat money
Geld, umlaufendes – money in circulation
Geldangebot, Geldversorgung – money supply
Geldangebotskurve – supply curve of money
Geldanlage → Finanzinvestition
Geldanweisung (per Post) – money order
Geldautomat – automatic teller, computer teller
Geldbasis, monetäre Basis – monetary base, cash base, credit base
Geldeinheit, Währungseinheit – unit of currency
Geldentwertung – deterioration of the value of money, loss in the value of money, devaluation of money
Geldgeber → Förderer
Geldhandelslinie – interbank-facility
Geldillusion – money illusion
Geldkapital – money capital
Geldkreislauf – circular flow of money
Geldkurs – bid price
Geldlehre, Geldpolitik, Geldtheorie – monetary economics
Geldlohn – money wage
Geldmarkt – money market
Geldmarkt mit niedrigem Zins – easy market
Geldmarktfonds – money market fund
Geldmarktkredite, kürzestfristige – money at call and short notice
Geldmarktverhältnisse – money market conditions
Geldmenge, optimale (M. Friedman) – optimal quantity of money
Geldmenge, reale – real money supply
Geldmengendefinition, Geldmengenbegriff – money supply concept
Geldmengen-Inflation (Quantitätstheorie) – monetary inflation
Geldmengenpolitik – policy of money supply

Geldmengen-Preis-Mechanismus - specie flow mechanism
Geldmengenreduktion, Geldmengenbegrenzung - monetary contraction
Geldmengenwachstum, das um die Geldmengenwirkung der Veränderung der Währungsreserven bereinigt ist - domestic credit expansion (DCE)
Geldnachfrage - demand for money
Geldnachfrage aufgrund des Transaktionsmotivs - transactions demand
Geldnachfrage aus Vorsorgegründen - precautionary demand
Geldnachfragekurve - demand curve for money
Geldpapier (z.B. Scheck, Wechsel) - commercial paper
Geldpolitik - monetary policy
Geldpolitik, orthodoxe - orthodox monetary policy, Politik des billigen Geldes - policy of cheap money, easy money policy
Geldpolitik, restriktive - dear money, tight money-policy
Geldrente (Marx) - money rent
Geldschleier - veil of money
Geldschöpfung - expansion of the money supply, creation of money, → Schöpfungskredit
Geldstrom, monetärer Strom - monetary flow
Geldstromrechnung, Finanzstromrechnung - flow-of-fund accounts
Geldsurrogat - money substitute
Geldtheorie - monetary theory
Geldumlauf - flux of money
Geldverleiher - money lender
Geld- und Kapital**vermittlung** (Funktion der Banken als Kapitalsammelstelle und Kreditgeber) - intermediation
Geldvermögen - monetary wealth, financial asset
Geldvernichtung - destruction of money
Geldverschlechterung - debasement of money
Geldversorgung - money supply
Geldvolumen - money stock
Geldwechsler - money-changer
Geldwert - money value
Geldwirtschaft - money economy
Gelegenheitsarbeit - casual work, odd jobs
Gemeindeland → Allmende
Gemeinden und Gemeindeverbände - local authorities
Gemeindesteuer - local tax
Gemeineigentum - collective ownership
Gemeinkosten - overhead cost, general expenses, indirect cost, overhead(s)
Gemeinkostenlöhne - indirect labour costs
Gemeinkostenverrechnung - overhead absorption
Gemeinkostenzuschlag, -satz - on cost, overhead-rate
Gemeinnütziger Verein - non-profit making organization
Gemeinsamer Agrarmarkt - Common Agricultural Market
Gemeinsamer Markt (Europäische Gemeinschaft) - Common Market
Gemeinschaftsbedürfnisse - collective needs
Gemeinschaftseigentum - condominium, collective property, common ownership
Gemeinschaftsgründung, Beteiligungsgesellschaft - joint venture
Gemein(schafts)sinn - public spirit
Gemeinwirtschaft - commonweal economy
Gemeinwohl - common good, social welfare
Generaldirektor - general manager
Generalindex, aggregierter Index - aggregative index
Generalstreik - general strike
Generalvertretung → Alleinvertretung

Genesis, allmähliche Entwicklung – genesis
Genossenschaft – co-operative association, co-operative societies, cooperate
Genossenschaftsbank – cooperative credit bank
Genossenschaftsbewegung – co-operative movement
Genossenschaftssozialismus – associationism
Geometrische Reihe – geometric progression
Gerechter Preis – just price
Gerechtigkeit – justice, equity
Gerechtigkeit, kommunative (Th. v. Aquin) – commutative justice
Gesamtangebotskurve – aggregate supply curve
Gesamtarbeitslosigkeit – overall unemployment
Gesamtausgabenmultiplikator – compound multiplier
Gesamtausgaben – total expenditures
Gesamtausstoß, Bruttoproduktion – total output
Gesamteinkommen – total income
Gesamterlös – total receipts, total revenue, total income
Gesamtertrag – total product
Gesamtertragsmaximum, Nullpunkt des Grenzertrags – intensive margin
Gesamtetat – master budget
Gesamtkapital, gesellschaftliches (Marx) – aggregate social capital
Gesamtkonzentration, Meßzahl bzw. Index für die ~ einer Volkswirtschaft, Region und drgl. – aggregate concentration
Gesamtkosten – total costs
Gesamtkosten, durchschnittliche – average total costs
Gesamtnachfrage – aggregate demand
Gesamtnachfrage, wirksame – effective demand
Gesamtnachfragekurve – aggregate demand curve, total demand curve
Gesamtpreisindex (Sozialprodukt) – average price level
Gesamtrechnung, volkswirtschaftliche – national account
Gesamtsumme – sum total
Gesamtvermögen (Aktivseite der Bilanz) – total assets
Geschäftsanreiz – impetus to trade
Geschäftsbank – commercial bank
Geschäftsbarometer – business indicators
Geschäftsbedingungen (übliche) – custom of trade
Geschäftsbericht, Jahresbericht – annual report
Geschäftsbuch – journal
Geschäftsbücher – books of account
Geschäftsführer Manager, Filialleiter, Abteilungsleiter – manager
Geschäftsführerin, Abteilungsleiterin, Filialleiterin – manageress
Geschäftsführung, Geschäftsleitung, Führung – management
Geschäftsgeheimnis – trade secret
Geschäftsgewinn → Betriebsgewinn
Geschäftskostenaufteilung – allocation of overheads
Geschäftspolitik (i.S. von Unternehmensphilosophie) – business policy
Geschäftsräume, Geschäftsgrundstück – business premises
Geschäftsverlust → Betriebsverlust
Geschäftswelt – business community
Geschäftszweck, ernsthafter – bona fide business purpose
Geschäftszweig → Branche
Geschichtsauffassung, materialistische – materialist conception of history
Geschlossene Wirtschaft (ohne Außenhandel) – closed economy
Geschwindigkeit – velocity
Geselle (Handwerks-) – journeyman
Gesellschaft – society company

Gesellschaft (US), ausländische – alien corporation
Gesellschaftlich notwendige Arbeit (Marx) – socially necessary labo(u)r
Gesellschaftsformation (Marx) – social formation
Gesellschaftsvertrag → Satzung
Gesetz (juristisch) – act
Gesetz der fallenden Profitrate – law of the diminishing rate of profit
Gesetz der großen Zahl – law of large number
Gesetz der komparativen Kosten – law of comparative costs
Gesetz der Nachfrage – law of demand
Gesetz des Angebots – law of supply
Gesetz über die Mitbestimmung – law on the co-management
Gesetz variabler Grenzerträge (schließt das Ertragsgesetz ein) – law of variable proportions
Gesetz vom abnehmenden Grenznutzen – law of diminishing utility
Gesetz vom Ausgleich der Grenznutzen, zweites Gossensches Gesetz – law of substitution
Gesetz vom tendenziellen Fall der Profitrate – law of the tendency of the rate of profit to fall
Gesetz zum Schutz der Arbeitnehmer – Employee Protection Act
Gesetzentwurf – bill
Gestaltung, Entwurf – design
Gestaltungsebene, global prinzipielle – global fundamental design level
Gestaltungsstrategie, Gestaltungstaktiken – design strategy, design tactics
Gestationsperiode – gestation period, ~ lag
Gesundheitsdienst für Bedürftige – medicaid
Gesundheitsdienst, staatlicher – National Health Service, Medicare (für Pensionäre)
Gesundheitsrisiko – health hazard
Gesundheitswesen – health service
Gesundheitswesen, betriebliches – industrial health
Gesundschrumpfung, gewolltes Auslaufen strukturschwacher Industrie – phasing out
Gewährleistung – warranty
Gewaltenteilung – separation of powers
Gewerbe → Handwerk
Gewerbeaufsichtsbeamter – factory inspector
Gewerbegebiet, Industriegelände – industrial estate, trading estate
Gewerbesteuer – trade tax
Gewerkschaft – trade union, labo(u)r union
Gewerkschaft, gelbe, Arbeitgeber-Gewerkschaft – company union
Gewerkschafter – trade unionist
gewerkschaftlich organisiert – organized labo(u)r
gewerkschaftlich organisierter Betrieb – union shop
Gewerkschaftsbeiträge – union dues
Gewerkschaftsbeiträge, Abrechnung der ~ durch den Arbeitgeber – check-off; payroll-deductions, contribution deduction scheme
Gewerkschaftsbetrieb i.S. daß nur Mitglieder beschäftigt werden – closed shop
Gewerkschaftsbewegung – trade union movement, trade unionism
Gewerkschaftsfunktionär – union official
Gewerkschaftsgründung, -entwicklung, -bildung – unionization
Gewerkschaftsmitglieder – union members
Gewerkschaftspolitik – trade union policy
Gewinn – profit, gain
Gewinn, ausschüttbarer – distributable income
Gewinn, außerordentlicher, Extraprofit – supernormal profit

Gewinn, erwarteter - anticipated profit
Gewinn, unrealisierter - paper profit
Gewinn vor Steuern - profit before taxes, pre-tax profit
Gewinnanteilschein → Dividendenschein
Gewinnbeteiligung - profit-sharing, gain sharing
Gewinne, ausgewiesene - reported profits
Gewinne, befriedigende → Gewinnoptimierung
Gewinne, einbehaltene - withhold profits
Gewinne, nicht ausgeschüttete - retained profits
Gewinne, unverteilte/einbehaltene - undistributed profits, ploughedback profits, retained earnings
Gewinnerwartung - profit expectation, expectation of profit
Gewinnerzielung - profit-making
Gewinnflation - profit-push-inflation, markup-inflation
Gewinnmaximierung - profit maximization
Gewinnmitnahme (Börse) - profit-taking
Gewinnoptimierung i.S. einer auf ausreichende bzw. befriedigende Gewinne gerichteten Preispolitik - satisficing (satisfying pricing)
Gewinnquote, volkswirtschaftliche - capital's share
Gewinnschwelle - break-even point
Gewinnschwellenanalyse für einzelne Produkte - break-even analysis
Gewinnschwellendiagramm - break- even-chart
Gewinnspanne - margin of profit, profit margin
Gewinnsteuer i. S. konzerngewinnbezogener Besteuerung eines Unternehmens, das Teil eines Konzerns ist; Steuergrundlage ist der Konzerngesamtgewinn, wobei das zu besteuernde Unternehmen entsprechend seinem Anteil am Konzern besteuert wird; das Verfahren soll Gewinnverlagerungen vor allem bei multinationalen Konzernen vorbeugen (in einigen US-Bundesstaaten üblich) - unitary tax
Gewinnstreben - pursuit of profit, profit motive
Gewinnträchtigkeit, Profitabilität - profitableness
Gewinn- und Verlustrechnung - profit-and-loss account, statement of profit and loss, income statement (US)
Gewinnverteilungsvorschlag - proposed distribution of profit
Gewinnverwendung(srechnung) - appropriation (account)
Gewinnvortragsausweis - statement of earned surplus
Gewöhnung, Anpassung - adaptation
Gier, Habsucht - greed(iness)
Giffenfall - giffen paradox
Gilden (mittelalterliche Gilden Londons) - livery companies
Gipfel(konferenz) - summit (meeting)
Giralgeld, Buchgeld - credit money, deposit money, deposit currency, checking deposits (US)
Giralgeld, abgeleitetes/sekundäres - derivative deposits
Giralgeld, mittelbares - primary deposits
Giralgeld, primäres - primary deposits
Giralgeld, unmittelbares - derived deposits
Giralgeldschöpfungskoeffizient - credit multiplier, deposit multiplier
Giralgeldschöpfungsmultiplikator - deposit multiplier
Giro - giro (GB), bank transfer (US)
Girobank - transfer bank

Girokonto (zinslos) – checking account, current account
Giroverkehr – giro system
Girozentrale – clearing house
Gläubiger – creditor
Gläubiger, drängender – dun(ning)
Gläubigerland, Land mit einem Zahlungsbilanzüberschuß – creditor nation, creditor country
Gleichaltrigengruppe – peer group
Gleichartigkeit, Homogenität – homogenity
Gleichgewicht – equilibrium, balance
Gleichgewicht, allgemeines – general equilibrium
Gleichgewicht bei Unterbeschäftigung (Keynes) – under-employment equilibrium
Gleichgewicht, dynamisches – dynamic equilibrium
Gleichgewicht, kurzfristiges, ohne Kapitalstockänderung (Keynes Theorie, die Kapazitäts- bzw. Kapitalstockänderungen der Nettoinvestition ausschließt) – short-period-flow equilibrium
Gleichgewicht, multiples – multiple/non-unique equilibrium a) bei mehreren Unternehmenszielen neben der Gewinnerwirtschaftung; b) mehrere Schnittpunkte von Grenzkosten- und Grenzerlöskurve
Gleichgewicht, partielles – partial equilibrium
Gleichgewicht, soziales, zwischen privater Produktion und öffentlichem Leistungsangebot – social balance (Galbraith)
Gleichgewicht, totales mikroökonomisches, Gleichgewicht auf allen Märkten – general equilibrium
Gleichgewichts-Analyse, komparativ-statische – comparative static equilibrium analysis
Gleichgewichtsfunktion (Ungleichgewichtstheorie) – notional function
Gleichgewichtsmenge – equilibrium quantity
Gleichgewichtsniveau des BSP – equilibrium level
Gleichgewichtspreis – equilibrium price
Gleichgewichtsstörung – disturbance
Gleichgewichtswachstum – equilibrium growth
Gleichgewichtswirtschaft, statische – steady state economy
Gleichgewichtszins – equilibrium interest rate, neutral rate of interest
Gleichgewichtszustand – equilibrium level
Gleichheit → Parität
Gleichung – equation
Gleichungssystem, simultanes – simultaneous equations
Gleitende Arbeitszeit, Gleitzeit – flexible working hours/time
Gleitende Skala: Gleitende Lohn-, Zoll- u.a. -sätze nach Maßgabe einer anderen Größe, z.B. Preisindex – sliding scale
Gleitklausel – threshold agreement (GB), escalator clauses (US), Escalator, indexation clause
Gleitklausel (Preise) – escalation clause
Gleitzeit – flextime
Glied (Binde-) – link
Gliederung, Aufbau, Lage – set-up
Globalaktie (zu 100 Anteilen) – round lot
Globalgröße, gesamtwirtschaftliche Größe – social aggregate
Globalziele, qualitative – objectives
Globalzuweisung im Rahmen des britischen Finanzausgleichs an die Lokalbehörden – rate support grant
Glockenkurve – bell-shaped curve
Gold als internationales Zahlungsmittel – bullion, specie, gold

Gold, nicht-monetäres – non-monetary gold
Goldabzug – gold drain
Goldausfuhrpunkt – gold export point
Goldausfuhr-(einfuhr)-**Punkte** – specie points, gold points
Golddeckung – backed by gold
Golddeckung, teilweise (des Papiergeldes) – fractionally backed paper money
Golddevisenstandard – gold exchange standard
Goldeinfuhrpunkt – gold import point
Goldkernwährung(ssystem) – gold bullion standard
Goldmarkt, gespaltener – two-tier gold market
Goldreserven – gold reserves
Goldstandard – gold standard
Goldumlaufswährung – gold currency standard, gold specie standard
Goldvorrat – gold stock
Goldwährungssystem – (full) gold standard
Goldwert – gold value
Gossensches Gesetz – Gossen's law
Grafik, graphische Darstellung – graphic
Grafikkarte, 16 Farben und 640mal 350 Pixel – EGA: enhanced color graphics adapter; maximal vier Farben und 320mal 200 Pixel – CGA: color graphics adapter
Graphik, Schaubild, Diagramm – diagram, graph
Gratifikation, Bonus, Prämie – bonus
Gratisaktien – bonus issues, rights issues, scrip issue, capitalization issue
Gratisaktienausgabe – scrip issue (scrip = subscription certificate)
Gravitationsmodell (Regionalwissenschaft) – gravity model
Gremium → Behörde
Grenzanbieter, Grenzbetrieb – marginal producer, marginal seller
Grenzbetrieb – marginal firm, marginal producer
Grenzboden – marginal land
Grenzboden i.S. rentenloses Land (Ricardo) – no-rent land
Grenzeinkommen – marginal income
Grenzerlös – marginal revenue
Grenzerträge – marginal returns, marginal yields
Grenzerträge, abnehmende – diminishing marginal returns
Grenzertrag – marginal product
Grenzfall – limiting case
Grenzgewinn – marginal profit
Grenzhang zum Verbrauch – marginal propensity to consume
Grenzkosten – marginal costs
Grenzkosten, volkswirtschaftliche – marginal social cost
Grenzkostenpreisbildung – marginal cost pricing
Grenzkostenrechnung – marginal costing
Grenzkreditgeber – marginal lender
Grenzkreditnehmer – marginal borrower
Grenzleid der Arbeit – marginal disutility of labo(u)r
Grenzleistungsfähigkeit des Kapitals – marginal efficiency of capital
Grenznachfrager – marginal buyer
Grenzneigung – marginal propensity
Grenznutzen – final utility, marginal utility, terminal utility
Grenznutzen-Ausgleichs-Gesetz – law of substitution
Grenznutzenschule – marginal utility school
Grenzopfer – marginal sacrifice
Grenzopfer, gleiches (Steuertheorie) – equimarginal sacrifice
Grenzprodukt, physisches – marginal physical product
Grenzprodukt, soziales – marginal social product

Grenzproduktivität - marginal productivity
Grenzproduktivität, physische - marginal physical productivity
Grenzproduktivität des Kapitals - marginal productivity of capital, marginal efficiency of capital
Grenzproduktivitätskriterium - marginal productivity criterion
Grenzproduktivitätstheorie der Verteilung - marginal theory of distribution
Grenzproduktivitätstheorie des Lohnes - marginal productivity theory of wages
Grenzproduzent - marginal producer
Grenzrate - marginal rate
Grenzrate der Substitution (Konsumtheorie) - marginal rate of substitution
Grenzrate, technische, der Substitution - rate of technical substitution
Grenzsteuersatz - marginal rate of taxation
Grenzwerte, Grenzraten, Veränderungsraten im Grenzbereich - marginals
Grenzwertprodukt - marginal revenue product
Gresham's Gesetz: schlechtes Geld verdrängt das bessere (Münzverschlechterung) - Gresham's law: bad money drives out good
Große Depression (1873–1896); Weltwirtschaftskrise (1929–33) - Great Depression
Großfamilie - extended family
Großgrundbesitz - large landed property
Großhändler - wholesaler
Großhandel - wholesale
Großhandelspreis - trade price, wholesale price
Großhandelspreisindex - wholesale price index
Großindustrie - big industry
Großindustrieller - tycoon
Großkonzern → Trust
Großmarkt, Einkaufs- (mindestens 25 Kundenkassen) - hypermarket
Großtechnologie, hochentwickelte Technologie - high technology
Großverbraucher - heavy (large-scale) consumer
Gründung, formale, Eintragung, Registrierung - incorporation
Gründungskosten (einer Firma) - preliminary expenses
Grundannahme - basic assumption
Grundbeiträge - flat-rate contributions
Grundbesitz - real property
Grundbesitzeinnahmen - income from real property
Grundbilanz (Zahlungsbilanz) - basic balance
Grundbucheintrag - land registration
Grundeigentum - real estate/property
Grundeinkommen - basic income
Grundgesamtheit, statistische - statistical population
Grundherrschaft (Feudalismus) - manorial system
Grundherrschaft (System) - manor (GB)
Grundkapital - capital, nominal capital
Grundkapital, Aktienkapital - stock of capital, equity
Grundkapital, genehmigtes - authorized capital stock
Grundkapital, Nettobetriebsvermögen, Geldmittel, Kapital - capital
Grundlagenforschung - basic research
Grundleistungen - flat-rate benefits
Grundleistungssektor → Urproduktion
Grundnahrungsmittel - basic food
Grundrente - ground rent
Grundrente (Sozialversicherung) - basic pension

Grundsätze ordentlicher Buchführung – accounting concepts
Grundsteuer – real property tax, tax on land and buildings
Grundstoffe – primary products
Grundstoffe produzierender Sektor – basic goods sector
Grundstoffindustrie – basic industry, basic materials industry
Grundstückabgaben, kommunale – rates (GB)
Grundstücks-Entwicklungsgesellschaft, Firma zur Grundstückserschließung – developer
Grundtrend (z.B. bei Aktienkursbewegungen) – primary trend
Grundversorgungssystem – basic scheme
Grundwidersprüche (Marx) – immanent contradictions
Grundziele, Leistungsziele – basic objectives
Grundzoll(satz) – basic duty
Gruppenarbeit, Teamarbeit – teamwork
Gruppenbilanz → Konzernbilanz
Gruppendenken, Methode für schöpferisches – syne(c)tics
Gruppendynamische Lehrmethoden – group methods of training (teaching)
Gruppenprämie – group incentives
Gültigkeit – validity
Güteklasse (A) – grade (A)
Güter des täglichen Bedarfs – convenience goods
Güter höherer (niederer) Ordnung – higher (lower) order goods
Güter, homogene – homogenous goods
Güter, inferiore – inferior goods
Güter, komplementäre – complementary goods
Güter, lebenswichtige – normal goods, necessary goods, necessities, necessaries
Güter, Markt für öffentliche – political market
Güter, meritorische – merit goods
Güter, nicht-lebenswichtige – non- essential goods
Güter, nicht lebenswichtige, mit unelastischer Nachfrage (z.B. Alkohol), Güter des gehobenen Bedarfs – semi-necessities, semi-luxuries
Güter, öffentliche – public goods
Güter, situationsabhängige, kontingente (z.B. Regenschirm bei gutem und schlechtem Wetter) – contingent commodities
Güter, strategische – strategic materials
Güter, tangible – tangible goods
Güteraustausch – exchange of goods
Güterknappheit – scarcity of goods
Güterkreislauf – circular flow of goods
Güternachfrage – demand for goods
Güterwirtschaftliche Analyse – real analysis
Gütezeichen – quality label
Gut – commodity, good
Gut, freies – free good
Gut, knappes/wirtschaftliches/ökonomisches – economic good
Gut, meritorisches, quasi-öffentliches Gut – merit good
Gut, öffentliches, Kollektivgut – public good
Gut, spezifisch öffentliches – pure public good
Gutachter, Berater – consultant
Guthaben bei der Notenbank – balance with the central bank
Guthaben, Gutschrift, Akkreditiv – credit, balance
Guthaben, nicht flüssige (eingefrorene) – frozen assets
Gutschein – token
Gutschrift(buchung) – credit (entry)
Gutschrift(-smitteilung) – credit note

H

Haavelmo-Theorem – balanced budget multiplier theorem, balanced budget-hypothesis
Haben(seite) – credit
Habenzins – borrowing rate, deposit rate
Händler – dealer
Härtefall – case of hardship
Häufigkeit – frequency
Häufigkeitsverteilung – frequency distribution
Häufigkeitsverteilung, graphische Darstellung einer ~ in Säulenform, Histogramm – histogram
Häufigster Wert – mode
Hafenarbeiter(gewerkschaft) – longshoremen
Haftpflichtversicherung – liability insurance, private third-party insurance
Haftpflicht- und Kasko-Versicherung, kombinierte – comprehensive insurance
Haftung, beschränkte (der Eigner z.B. GmbH) – limited liability
Halberzeugnisse, Halbfabrikate – semi-manufactured goods
Halbfertigfabrikate – semi-finished products, goods in progress, intermediate products
Halbfertigprodukte i.S. der (Bilanzierungswerte der) noch im Produktionsprozeß gebundenen Fabrikate – work in progress
Haltbarkeit i.S. v. Lebensdauer eines Produktes – durability
Handarbeiter – manual worker
Handel → trade
Handelsablenkender Effekt (Zollunion) – trade diversion effect
Handelsablenkung (Zollunion) – trade diversion, deflection of trade currents
Handelsbank – merchant bank
Handelsbeschränkung – trade restriction
Handelsbetriebslehre – study of commerce
Handelsbeziehungen – trade relations
Handelsbilanz (Saldo) – balance of trade, visible balance
Handelsbilanz, passive – adverse trade balance
Handelsbilanzdefizit – trade gap
Handelsdelegation – trade mission
Handelsgesellschaft, offene – general partnership
Handelsgüter, Waren – merchandise
Handelshindernisse, nichttarifäre – non-tariff barriers (NTB)
Handelskammer – chamber of commerce
Handelskapital – commercial/merchant capital
Handelskredit – commercial credit
Handelskrise – commercial crisis
Handels-, Transaktionsmenge – number of transactions
Handelsname – trade name
Handelspartner – trading partner
Handelsrecht (Sammelbegriff für Handels-, Verkehrs- und Seehandelsrecht) – mercantile law
Handelsschaffender Effekt (Zollunion) – trade-creating effect
Handelsschranken – impediment to trade
Handelsschranken, protektionistische – trade barrier
Handelsspanne – gross (profit) margin, mark-up
Handelsvertrag – trade agreement
Handelsvertreter – sales representative, salesman
Handelsvolumen – trade volume
Handelswechsel, guter (nach Banking Theorie) – real bill
Handelswerbung – trade promotion

Handelszensus - census of distribution
Handel und Wandel - trade and traffic
Handlungslag (Wirtschaftspolitik) Handlungsverzögerung - execution lag, inside lag
Handlungsreisender, Reisevertreter - traveller, travelling salesman
Handwerk, Gewerbe - handicraft, craft
Handwerker - handicraftsman, craftsman
Handwerker, selbständiger - artisan
Hanse (-Bund) - Hanseatic League
Harmonie, prästabilierte (A. Smith) - prestabilized harmony
Harmonisierung der Steuern - harmonization of taxes, fiscal harmonization
Harmonisierungsübersicht, Harmonogramm - harmonization chart
Harrod-Domar-Modell - Harrod-Domar-model
Hauptaktionär - major shareholder
Hauptbüro, Zentralstelle - head office
Haupterzeugnis i.S. des wichtigsten (Export-) Produkts eines Landes - staple product
Hauptgeschäftsführer - chief executive officer
Hauptkörperschaftssteuer - mainstream tax
Hauptniederlassung, Unternehmenszentrale - headquarters
Hauptversammlung - annual general meeting
Hauptversammlung, außerordentliche (AG) - extraordinary general meeting
Hauptversammlungsbeschluß, Abstimmen der stimmberechtigten Anteilseigner - stock voting
Hausangestellte(r) - domestic labo(u)rer
Hausbesetzung - squattering
Hausfrauenarbeit - domestic labour, work of housewives
Haushalt - household
Haus(halts)arbeit, Hausfrauenarbeit - domestic labour
Haushaltsausgleich - balancing of the budget
Haushaltsberatung - debate on the budget; budget debate
Haushaltsdefizit - budget deficit
Haushaltsebene, Bilanzebene (analog zur Bilanzgeraden für zwei Güter) - budget surface
Haushaltsgerade → Bilanzgerade
Haushaltsgesetz - finance act
Haushaltsgleichung → Budgetgleichung
Haushaltsjahr - fiscal/financial year
Haushaltskürzung - budget cuts
Haushaltsperiode - budget period
Haushaltsplan, Gegenüberstellung künftiger Einnahmen und Ausgaben - budget
Haushaltsplan (Staat) - estimates, national budget
Haushaltspolitik - budgetary policy
Haushaltssektor - household sector, personal sector
Haushaltsüberschuß (des Staates) - budget surplus
Haushaltsvorstand - householder
Haushaltungsgüter, lebenswichtige (z.B. Strom, Wasser) - household essentials
Hausierer - pedlar
Hausindustrie, kleine → Heimindustrie
Hausratversicherung - household insurance
Hausse - bull market
Haussier, Spekulant à la hausse - bull
Haustürgeschäfte, ~ verkauf - house-to-house selling
Hauswirtschaftslehre, Ökonomie des Familienlebens - home economics
Heckscher-Ohlin-Theorem - Heckscher-Ohlin-theorem

Hedonistisches Prinzip – hedonistic principle
Hehlerware – fence merchandise
Heimarbeit – outworking, putting-out system, out-work
Heimarbeiterlohn, Heimarbeit – home wage-earning
Heimfallunternehmen – tied house
Heimindustrie, kleine Hausindustrie – cottage industry
Heiratsabgabe → Hörigenabgabe
Heizwert – heating power, calorific power
Herabsetzung → Diskriminierung
Herabstufung eines Arbeitsplatzes → Dequalification
Herausforderung, Wagnis – challenge
Herausgeber – editor
Herkunft (soziale) – origin/background (social)
Herrschaftsbereich → Domäne
Hersteller – maker, manufacturer, producer
Herstellungskosten – production cost
Herstellungsverfahren → Fertigungsverfahren
Hierarchieebenen – levels of hierarchy, hierarchical levels
Hilfe, gegenseitige – mutual aid
Hilfe, Hilfsmittel – aid
Hilfe, technische – technical assistance
Hilfsmittel – auxiliaries
Hilfsprogramm – aidprogram(me)
Hilfsprogramm (nicht auf kommerzieller Basis) – sustaining program(me)
Hilfs- und Betriebsstoffe – (factory) supplies, operating supplies
Hilfsvariable → Dummy variable
Hilfszahlung → Zuschuß
Hinterbliebenenversicherung – survivors' insurance (US)
Hinterbliebenenversorgung – death benefit
Histogramm → Häufigkeitsverteilung
Historische Schule – historical school of economics
Hochkapitalismus – peak capitalism
Hochkonjunktur – boom
Hochleistungssektor – high-productivity sector
Hochrechnung, Schätzfunktionsberechnung – estimation, (trend) extrapolation, trend estimate
Hochzinspolitik eines Landes, die zu Devisenzuflüssen führt und damit Abwertung anderer Währungen bewirkt – open mouth-policy
Höchstdauer für die Abzahlung – maximum period of repayment
Höchstgrenze – ceiling
Höchstpreis – ceiling price, limit price
Höchstpreis, gesetzlicher – legal maximum price
Höchstpreisgrenze – upper price limit
Höchststand, absoluter – all-time high
Höhepunkt, konjunktureller – peak
Höherbewertung → Aufwertung
Höhere Gewalt – act of God
Hörigenabgabe an Grundherrn bei Heirat – merchet, formarriage
Holding-Gesellschaft – holding company
Homogenität – homogenity
Homogenität vom Grade k – homogenity of the degree k
Honorar → Gebühr
Horten – hoarding
Hüllkurve – envelope curve
Hyperinflation – hyperinflation
Hyperraum (math.) – hyper-surface
Hypothek – mortgage
Hypothekarkredit – hypothecary credit
Hypothekenpfandbrief – mortgage bond
Hypothekenzins – mortgage interest
Hypothese – hypothesis

I

Idealismus – idealism
Identität – identity
Identitätsgleichung – identity equation
Illiquidität – illiquidity
im Zeitablauf – over time
Image, Erscheinungsbild – image
Immaterielle (und daher nichtmonetäre-) Vorzüge und Nachteile eines Arbeitsplatzes – non-monetary advantages and disadvantages (= non-pecuniary costs and benefits)
Immigration, Einwanderung – immigration
Immobilien, Grundstück(e) – real estate, property (GB)
Immobilismus, Trägheit – inertia
Immobilität – immobility
Importabgabe, temporäre, im Unterschied zu einem dauerhaften Importzoll – import surcharge
Importanteil (in Vorprodukten) – import content
Importdepot in Form von Waren- oder Bardepots, um die Einfuhr zu erschweren – import deposit
Importe, unsichtbare – invisible imports
Importgenehmigung – import licence
Importkonkurrenz → Auslandskonkurrenz
Importkontingente – import quotas
Importkontrollzeugnis – report of findings, clean report of findings, Non- Negotiable findings
Importmindestpreis – trigger-price (US)
Importneigung – propensity to import
Importquote, marginale, Grenzhang zum Import, – marginal propensity to import
Importrestriktionen – import restrictions
Importzölle – import duties, (import) tariffs
Impulskauf – impulse buying
Index, gewichteter, gewogener – weighted index
Indexbindung (z.B. von Löhnen) – indexation, indexing, index linking, escalator clause, sliding scales
indexgebunden, z.B. an Inflationsrate angeglichen – index-linked
Indexzahl – index number
Indifferenzebene (bei 2 Gütern) – indifference surface
Indifferenz(hyper)ebene (bei mehr als zwei Gütern) – indifference hypersurface
Indifferenzkurve – indifference curve
Indifferenzkurve, gesellschaftliche, soziale (Bergson-Indifferenzkurven) – community indifference curve, social indifference curves
Indifferenzkurve i.e.S. – iso-utility curve
Indifferenzkurven, Skitovsky~ – community indifference curves
Indifferenz(kurven)analyse – indifference analysis
Indifferenzkurvenschar – indifference map
Indikator – indicator
Indikator, prognostischer → Frühindikator
Indossament, Giro – endorsement
Industrie, heimische – home industry, domestic industry
Industrie, verarbeitende –, process industry – manufacturing
Industriebau-Investition, industrielle Bauinvestition (im Gegensatz zum Wohnungsbau) – plant investment
Industrieberatung – consulting engineering
Industrieebene – industry level, industrywide
Industriegebiet → Gewerbegebiet
Industrieerzeugnisse – manufactured goods

Industriegesetzgebung – factory legislation
Industriegewerkschaft – industrial union
Industrieklassifikation – industrial classification
Industriekontenrahmen (IKR) – industrial system of accounts (Germany)
Industrieländer – industrialized countries
Industrielle Reservearmee – industrial reserve army
Industrielle Revolution – industrial revolution
Industrieller – industrialist
Industrien, lebenswichtige – vital industries
Industrien, nachgelagerte/vorgelagerte – downstream/up-stream industries
Industriepark – industrial estate/park
Industriepolitik – industrial policy
Industrie- und Strukturpolitik – economics of industrial organization
Industriesoziologie – sociology of work
Industriespionage – industrial espionage
Industriestaat, Neuer – New Industrial State (Galbraith)
Industriezensus – census of production
Industriezweig, verstaatlichter – nationalized industry
Inelastizität des Angebots – rigidity of supply
Inflation – inflation
Inflation, galoppierende – run-away inflation, galopping inflation
Inflation, säkulare – secular inflation
Inflation, schleichende – creeping inflation
Inflation, sektoral induzierte – sectoral inflation; sektorale ~ – bottleneck inflation
Inflation, strukturelle (infolge Nachfrageverschiebung bei gesamtwirtschaftlicher Nachfragestabilität) – demand shift-inflation, mixed inflation
Inflation, versteckte/latente – hidden/masked inflation
Inflation, Volkswirtschaft mit zurückgestauter – overloaded economy
Inflation, zurückgestaute – supressed inflation, repressed inflation
Inflationsabbau durch gezielte Maßnahmen – disinflation
Inflationsdruck – inflationary pressure
Inflationsfurcht – fear of inflation
Inflations(schein)**gewinn,** → Scheingewinn – paper profit
Inflationslücke, inflatorische Lücke – inflationary gap
Inflationspolitik – inflationary policy
Inflationsrate – rate of inflation
Inflationssockel – hard-core (of) inflation
Inflationsspirale – inflationary spiral
Inflation und Rezession, die synchron verlaufen – Inflession
Inflator, eingebauter → Lohn-Preis-Indexierung
Informationsdarstellung (optische), jeglicher Art, speziell an Maschinen sowie auf Werbeträgern – display
Informationsflußanalyse – analysis of information flow
Informationsmarkttechniken – information-market-technique
Informationssysteme – information systems
Informationstechnologie – information technology
Informationsverarbeitung – information processing
Informationstheorie – information theory
Informationswiedergewinnung (EDV) – information retrieval

Infrastruktur – infrastructure, social/public overhead capital
Inhaber – holder
Inhaber eines **Wertpapiers** – bearer
Inhaberschuldverschreibungen – bearer bonds, bearer securities, debenture stocks
Initialpreiselastizität – impact price elasticity
Injektionen: Bezeichnung für die Summe aus Investitionen, Staatsausgaben und Exporten im Keynes'schen Einkommensmodell – injections
Inkasso, direktes – direct collection
Inländerkonvertierbarkeit – resident convertibility
Inländische Verwendung – domestic expenditure
Inlandserzeugung – domestic production
Inlandsinvestitionen – domestic investment
Inlandskonzept – domestic concept
Inlandsmarkt → Binnenmarkt
Inlandspreisniveau – domestic price level
Innengeld, endogenes Geld – inside money
Innovation, forschungs- und entwicklungsinitiierte – technology push
Input, primärer, primäre Aufwendungen – primary input
Input-Output-Analyse, Verflechtungsbilanzanalyse – inter-industry analysis, input-output analysis
Input-Output-Koeffizienten → Koeffizientenmatrix → Matrix
Inputs, limitationale – limitational inputs
Inputsektor, empfangender Sektor – destination of output
Inserat → Anzeige
insolvent – bankrupt
Insolvenz – insolvency
Inspektion → Überwachung
Instandhaltung – servicing, maintenance
Instandhaltung, technische – technical maintenance
Instandhaltungsmaßnahmen – maintenance engineering
Instanzenweg – line of command
Institution, Anstalt – institution
Instrument, wirtschaftspolitisches – economic policy tool
Instrumentvariable (Entscheidungsmodell) – (controllable) decision variable, instrument variable, policy variable
Integralrechnung – integral calculus
Interaktion, Schnittstelle – interface
Interdependenz – interdependence
Interessengemeinschaft, auch Gangsterorganisation – syndicate
Interessengruppe – pressure group
Interessengruppe (die Abgeordnete zu beeinflussen versucht) – lobby
Intergenerationen-Ausgleich (Staatstätigkeit) – intergeneration equity
Interimskonto – suspense account
Interimsschein, Zwischenschein (Aktien) – scrip
Intermediäre Güter, Vor- und Zwischenprodukte – intermediate products
Internalisierung – internalisation
Internationale Arbeitsorganisation – International Labo(u)r Organization
Internationale Bank für Wiederaufbau und Entwicklung, Weltbank – International Bank for Reconstruction and Development
Internationale Energiekommission – International Energy Agency (or IEA)
Internationale Finanzierungsgesellschaft der Uno – International Finance Corporation (or IFC)
Internationale Handelskammer – International Chamber of Commerce

Internationaler Währungsfonds (IWF) – International Monetary Fund (IMF)

IWF, Erweiterte Fondfazilität – Extended Fund Facility

IWF, erweiterter Zugang zu den Fondsmitteln – Enlarged Access Policy

IWF, Fazilität für kompensierende Finanzierung von Exporterlösausfällen – Compensatory Financing Facility

IWF, Fazilität zur Finanzierung von Rohstoffausgleichslagern – Buffer-stock-Facility

IWF, Konto für Sonderverwendungen (Goldauktionserlöse) – Special Disbursement Account

IWF, Refinanzierung bei den Mitgliedern -replenishment

IWF, zusätzliche Finanzierungsvorkehrung im – Supplementary Financing Facility

Internationales Arbeitsamt, Weltarbeitsamt – International Labo(u)r Office (ILO)

interne Effekte – internal effects

Interner Zinsfuß – (internal) rate on investment, internal rate of return

Intervallschätzung, Hypothesentest – interval estimation

Intervention, Einmischung – interference, intervention

Interventionismus – interventionism

Interventionspreis (EG-Agrarmarkt) – intervention price

Interventionspreissystem (Agrarpolitik) – price support

Interventionspunkt, oberer/unterer – upper/lower intervention point, ceiling/bottom

Interview, (Einstellungs-)Gespräch – interview

Invalide – invalid, disabled person

Invalidenversicherung – disability insurance

Invalidität – invalidity, disability

Inventar, Bestandsliste – inventory

Inventar, lebendes Vieh – livestock

Inventarstück – fixture

Inventur – stocktaking, inventory

Inventur, Abschluß- – closing inventory

Inventur machen, Bilanz ziehen – take stock

Inventursoll(wert) – inventory par

Investition – investment

Investition, freiwillige (erwünschte) – desired investment

Investition, indirekte, Finanzinvestition – portfolio investment

Investition, induzierte – induced investment

Investition, symbolhafte – token investment

Investitionen, autonome – autonomous investment

Investitionen, erwartete – investment anticipation

Investitionen in nachgelagerte Produktionen – downstream investment

Investitionsalternativen i.S. der Beziehung von Investitionsvolumen und Investitionsrentabilität (I. Fisher) – investment opportunity curve

Investitionsanreiz – investment incentive

Investitionsausgaben – capital expenditure

Investitionsberatung(sfirma) → Investitionsrentabilitätsschätzung

Investitionsbeschlüsse – investment decisions

Investitionsfähigkeit, Investitionsmöglichkeit – ability to invest

Investitionsfreibetrag (Prozentsatz der Investitionssumme vom versteuerbaren Einkommen abziehbar; zusätzlich zur Abschreibung) – investment allowances

Investitionsfunktion – investment function
Investitionsgüter – industrial goods
Investitionsgüterindustrie – capital goods industry
Investitionsgütermarkt, Investitionsindustrie – industrial market
Investitionshaushalt, -budget – capital budget
Investitionskapital, Nachfragekurve für – investment demand curve
Investitionskontrolle, gesamtwirtschaftliche/staatliche – (public) investment control
Investitionskriterium – investment criterion
Investitionslag – Lundberg-Lag
Investitionslust – desire to invest
Investitionsmittel, bereitgestellte – capital appropriations
Investitionsmöglichkeiten – investment opportunities
Investitionsmultiplikator – investment multiplier
Investitionsmultiplikator unter Berücksichtigung aller außenwirtschaftlichen Rückwirkungen – foreign trade multiplier
Investitionsneigung – propensity to invest
Investitionsplanung, Investitionspolitik (Firma) – capital budgeting
Investitionsprämie, steuerliche – investment tax credit
Investitionsprogramm – capital expenditure program(me)
Investitionsquote – investment ratio
Investitionsrechnung – capital expenditure account
Investitionsrentabilitätsschätzung, Investitionsberatung(sfirma) – investment appraisal
Investitionsrisiken – business risks
Investitions-Spar-Kurve (IS-Kurve) – investment-saving curve
Investitionsstrom – flow of investment
Investitionstabelle, Investitionsfunktion – investment schedule
Investitionstätigkeit – capital expenditure activity
Investitionsvergünstigung – investment allowances
Investitionszuschüsse – investment grants
Investitionszuschüsse zur Kapitalaufwendung – investment grants towards capital expenditure
Investmentanteil – unit
Investmentfonds – investment trust, mutual funds, unit trust (GB), investment fund
Inzidenz, Eintreten, Wirkung – incidence
Irrtumsvariable – error term
Irrtumsvorbehalt (Irrtümer und Auslassungen vorbehalten), ungeklärte Posten der Zahlungsbilanz – errors and omissions (excepted)
Isoertragskurve → Isoquante
Isogesamttransportkostenlinie – isodapane
Isogewinnkurve – isoprofit curve
Isokosten-Kurve (-gerade), Isotime – iso-cost line, isotim, outlay contour
Isokurve (Sammelbezeichnung für alle Indifferenzlinien) – contour line
Isoproduktkurve – product contour
Isoproduktkurvenschar – isoquant map
Isoquante, Isoertragskurve, Isoproduktkurve – isoquant, iso-product curve, equal-product curve
Istbestand – actual stock, real amount
Ist-Ergebnis, faktische Leistung – outturn
Ist-Kosten, effektiv entstandene Kosten, Herstellungskosten, Selbstkosten – actual costs
Istproduktion – actual rate of output
Istwert – true value

J

Jäger- und Sammlerwirtschaft - hunting and gathering economies
Jahresabschluß - annual accounts
Jahresabschlußbuchung - year-end entry
Jahresbasis, Berechnung auf - annual rate
Jahresbericht, Geschäftsbericht (einer AG) - annual report
Jahresrate - annual rate
Jahreswirtschaftsbericht - annual economic report
Jahreszinssatz - annual rate of interest
Jahrgangsmodell (wörtlich), Wachstumsmodell mit investitionszeitpunktabhängiger Technik - vintage model
Jones-Effekt → Mitläufereffekt - keep up with the Joneses
Journal - day book

K

Käuferansturm (Börse) am Anfang der Geschäftszeit - onset
Käufermarkt - buyer's market
Kalkulation, Durchrechnung, Berechnung - calculation, costing
Kalkulationszuschlag → Aufschlag
Kalkulatorische Kosten - imputed costs, imputations, implicit costs
Kalkulatorischer Posten - imputed/implicit item
Kannbestimmung in Verträgen - discretionary provision
Kapazität - capacity
Kapazität, brachliegende - unused capacity
Kapazitätsauslastung - capacity working
Kapazitätsauslastung der Industrie - factory operation rate
Kapazitätsauslastungsgrad - capacity utilization rate, operating rate (US)
Kapazitätsauslastungsquotient (Produktion/Kapazität × 100) - load factor
Kapazitätsausnutzung - utilization of capacity
Kapazitätseffekt - capacity effect
Kapazitätserfordernisse - capacity requirements
Kapazitätsgrenze - capacity limit
Kapazitätsgrenze, volkswirtschaftliche - ceiling of the economy
Kapazitätskosten, Fixkosten - capacity costs
Kapazitätslinie, -grenze - production possibility curve, production possibility boundary, production frontier
Kapital - capital
Kapital, aufgerufenes - called capital
Kapital, ausgegebenes - issued capital
Kapital, begebenes - issued capital
Kapital, betriebswirtschaftliches - capital employed
Kapital, eingebrachtes - contributed capital
Kapital, eingezahltes - paid-up capital
Kapital, genehmigtes - authorized capital, stock option plans
Kapital, herabgesetztes - impaired capital
Kapital, homogenes, unendlich teilbares - malleable capital
Kapital, konstantes - constant capital
Kapital, menschliches - human capital
Kapital, noch nicht eingezahltes - uncalled capital
Kapital (Marx), physische Zusammensetzung des ~s - physical composition of capital
Kapital (Marx), variables - variable capital
Kapital, verschachteltes, Kapitalverflechtung - interlocked capital
Kapital (Marx), vorgeschossenes - advanced capital

Kapital (Marx), zirkulierendes – circulating/fluid capital
Kapitalakkumulation – capital accumulation
Kapitalanlagen bzw. Investitionen des Unternehmens (ohne weitere Spezifizierung) – capital expenditure
Kapitalanlagen, erstklassige – high-grade investments
Kapitalanpassungsfunktion – stock-adjustment function
Kapitalausgaben – capital outlay
Kapitalausstattung (eines Unternehmens) – capitalization
Kapitalbegebung, erstmalige Kapitalauflage einer Gesellschaft – flo(a)tation
Kapitalbeweglichkeit i.S. universeller Verwendbarkeit von Produktionsmitteln – capital malleability
Kapitalbewegungen zwischen Industrieländern – cross-investment
Kapitalbilanz – capital account
Kapitalbilanz, Saldo der, eines Landes – net foreign investment
Kapitalbildung – capital formation, formation of capital, fixation of capital
Kapitaldeckungsverfahren (der Sozialversicherung) – funding
Kapitaleinkommen – unearned/investment income
Kapitalerhöhung, junge Aktien – equity-offering stock
Kapitalertrag, Kapitalrückfluß – return on investment
Kapitalertragsrate (Rendite) – rate of return on investment
Kapitalertragssteuer – capital yields tax, withholding tax (US), investment income tax
Kapitalexport – capital export
Kapitalflucht – flight of capital, flight from currency
Kapitalfluß – capital flow
Kapitalflußrechnung durch Aufzeichnen der Umsätze in Matrixform – articulation statement
Kapitalgesellschaft – stock corporation (US)
Kapitalgesellschaft (eingetragene) – public company
Kapitalgewinne – capital gains
Kapitalgut – capital good, durable producer good
Kapitalimport – capital import
Kapitalintensität – capital intensity
Kapitalintensität, wachsende – capital deepening, deepening investment, deepening capital
kapitalintensiv – capital intensive
Kapitalismus – capitalism
Kapitalist – capitalist
Kapitalkoeffizient – capital coefficient, capital output ratio
Kapitalkoeffizient, makroökonomischer (Quotient aus Bruttoinvestition und Bruttosozialprodukt) – gross incremental capital output ratio
Kapitalkoeffizient, marginaler – incremental/marginal capital-output ratio (ICOR)
Kapitalkonto – capital account
Kapitalkosten – cost of capital a) durchschnittliche Kapitalkosten effektiver Zinsbelastung unter Berücksichtigung der verschiedenen Finanzierungsquellen eines Unternehmens b) Kosten für zusätzliches Kapital
Kapitalkosten – capital charges
Kapitalkosten (Keynes) – user cost
Kapitalmangel – lack of capital
Kapitalmarkt – capital market
Kapitalmarktlenkungsausschuß – capital issue committee
Kapitalnutzungskosten – capital user costs
Kapitalrentabilität – rate of return
Kapitalrückflußrate – capital recapture rate, capital recovery rate
Kapitalrücktransfer – repatriation

Kapitalsättigungspunkt (Grenzproduktivität des Kapitals = Null) – capital saturation
Kapitalsammelstellen (Banken, Investmenttrusts etc.) – institutional investor, financial intermediaries, saving intermediaries
Kapital- und Vermögenssteuer – tax on capital and wealth
Kapitalstock – capital stock, amount of capital goods, stock of capital
Kapitalstock (gesamtwirtschaftlicher) – social capital
Kapitalstockwachstum bei konstanter Kapitalintensität – capital widening
Kapitalstrom, Kapitalbewegung – capital flow, financial flow
Kapitalstruktur (des Unternehmens) – capital structure
Kapitaltransaktion – capital transaction
Kapitaltransfer (internationaler) – capital movement
Kapitalüberfülle (Marx; wörtlich: Blutandrang) – plethora
Kapitalüberschuß, Rücklagen – capital surplus
Kapitalumschlag – capital turnover
Kapitalverkehr, freier – free movement of capital
Kapitalverkehrsbilanz – capital account
Kapitalverluste – capital losses
Kapitalverschleiß – capital depreciation
Kapitalverzehr i.S. der Umwandlung von Kapital in produzierte Güter – capital consumption
Kapitalverzinsungsfunktion – rate of return function
Kapitalwert – principal value
Kapitalwertmethode – net-present-value method
Karitas – charity
Karriere, Laufbahn – career
Kartell – trust, cartel, ring, pool, combination (in restraint of trade)
Kartellgesetzgebung – antitrust legislation
Kassageschäft → Barverkauf
Kassa-, Lokomarkt (im Gegensatz zum Terminmarkt) (Effektenbörse) – spot market
Kassa(waren)preis an der Warenbörse – spot price
Kassawaren (im Gegensatz zu Terminwaren) – spot goods, actuals
Kasse(nschalter) – cash desk
Kasse gegen Dokumente – d/p (documents against payment)
Kassenbeamter → Kassierer
Kassenhaltung – holding of money, cash balance
Kassenhaltungskoeffizient – cambridge-k
Kassenhaltungsneigung – money holdding propensity
Kassenhaltungstheorie – cash balances theory
Kassenkredite der Zentralbank an öffentliche Haushalte – ways and means advances
Kassenmittel – cash
Kassenobligation, Schatzanweisung – medium-term note
Kassenschlager – blockbuster
Kassenwart → Finanzdirektor
Kassierer, Kassenbeamter – tiller
Kassierer(in) – cashier
Katallaktik – catallactics
Katalog, Verzeichnis – catalogue
Katastrophengebiet – disaster area
Kathedersozialisten – Socialists of the chair
Kaufanreiz – inducement/icentive to buy
Kaufauftrag, Kundenauftrag – purchase order
Kaufentschlußanalyse – activation research
Kaufkraft – purchasing power

Kaufkraft, überschüssige – excessive purchasing power
Kaufkraftparität – parity of purchasing power
Kaufkraftparitätentheorie – purchasing power parity theory
Kaufkraftstreuung – diffusion of purchasing power
Kaufkraftüberhang, Übernachfrage – excessive purchasing
Kaufkredit, Verkäuferkredit – vendor credit
Kaufmann, Händler – merchant
Kaufmotiv – buying motive
Kaufsteuer auf der Großhandelsstufe – purchase tax (GB)
Kauf-, Käuferverhalten – purchase pattern
Kaufvertrag unter Eigentumsvorbehalt – conditional sale agreement
Kausalität – causality
Kennziffern, finanzwirtschaftliche – financial ratios
Kettenläden (ältere Bezeichnung) – multiple shops
Kettenladen – chain store
Kinderarbeit – child labour
Kinderarbeitsgesetz – child labor law
Kinderfreibetrag – child allowance
Kindergeld – family allowance
Kirchensteuer – church tax/rate
Kitt-Ton-Modell, → Technikvariation – putty-clay model
Klasse(nintervall) – bracket
Klassenbewußtsein – class consciousness
Klassenkampf – class struggle
Klassenschichtung – class distruction
Klassifikation, Qualitätsabstufung – grading
Klassische Nationalökonomie – classical school of economics
klassischer Bereich (der LM-Kurve im Hicks-Diagramm) – classical range
Kleinanzeigen – classified advertisements
Kleinbetrieb – small-scale production
Kleinbürger – (petty) petit bourgeois, little man, Babitt (US)
Kleingewerkschaft (GB) – chapel
Kleinindustrie – small industry
Kleinschuldverschreibungen – baby bonds
Kleinserienfertigung → Auftragsfertigung
kleinste Quadrate, zweistufige – two-stage least squares
Kleinverbrauchertarif → Tarif
Klerikalismus – clericalism
Klient → Kunde
Klumpenauswahlverfahren – cluster analysis
Klumpenstichprobe – cluster sampling
Knappheit, knapp – scarcity, scarce
Koalition – coalition
Koalitionsfreiheit, Grundrecht der – right to organize, freedom of association
Koeffizientenmatrix → Matrix – requirement matrix
Körperschaft – entity
Körperschaftssteuer (entspricht der deutschen) – business taxation (GB), corporation tax, corporate income tax (US)
Körperschaftssteueranrechnung (auf die Einkommensteuer) – imputation system
Körperschaftssteuervorauszahlung – advance corporation tax
Koexistenz – coexistence
Kohlenäquivalent, (Stein-), Steinkohleneinheit – coal equivalent, energy equivalent
Kollektivbedürfnis, öffentliches Bedürfnis – public want
Kollektivgut – public good
Kollektivismus – collectivism
Kollektivverhandlungen – collective bargaining

Kollektivvertrag – collective contract/ agreement
Kollinearität – collinearity
Kombinat, Konzern – combine
Kommanditgesellschaft – limited partnership
Kommanditist, beschränkt haftender Gesellschafter – limited partner
Kommandowirtschaft – command economy
Kommissionsgebühr eines Brokers – brokerage
Kommissionsgeschäfte – factorage
Kommunalbetrieb – municipal enterprise
Kommunalhaushaltswirtschaft, kommunale Finanzwirtschaft – local public finance
Kommunalobligation – municipal bond
Kommunalsteuer, -abgabe – rate (GB)
Kommunikationsnetz, -beziehungen – communication network(s)
Kommunismus – communism
komparativen Kosten, Gesetz der – law of comparative advantages
Komparativer (Kosten-)Vorteil – comparative advantage, comparative cost advantage
Kompatibilität – compatibility
Kompensationsgeschäft(e), Gegengeschäfte – countertrade
Kompensationszahlung für freigesetzte Arbeitskräfte (i.S. eines Sozialplans) – redundancy payment fund
Kompensatorische Fiskalpolitik i.S. dauerhafter Kompensation privater Nachfrageschwäche – compensatory budgeting
Kompetenzgerangel, -Konflikte – overlapping authorities
Komplement (einer Teilmenge) – complement
Komplementärgut – complementary good, complement
Komplementarität – complementarity
Komplexität – complexity
Kondratieff-Wellen → Lange Wellen
Konfiszierung – confiscation
Konjunktur – economic trend, economic/business/trade cycle
Konjunkturaufschwung – recovery
Konjunkturausgleichsrücklage – tax reserve for anticyclical purposes
Konjunkturaussichten – economic prospects
Konjunkturbarometer – business barometer
Konjunkturbefragung → Stimmungstest
Konjunkturbelebungsmaßnahmen – reflation
Konjunkturbewegung, untere und obere Grenze der (Boden, Decke) – floors and ceilings in trade cycle
konjunkturempfindlich, ~reagibel – responsive to cyclical fluctuations
Konjunkturflaute, längerfristige → Depression
Konjunkturgipfel, Zyklusspitze, Scheitel – peak
Konjunkturindikator – business-cycle indicator, economic indicator
Konjunkturpolitik – stabilization policy
Konjunkturpuffer – cyclical shock absorber
Konjunkturspritze – dose of reflation, hypo (US)
Konjunkturstatistik i.S. volkswirtschaftlicher Kennzahlen – vital statistics
Konjunktursteuer: konjunkturpolitische Steuerzuschläge bzw. -abschlag (Konjunkturzuschlag), auf dem Weg der Rechtsverordnung – regulator (GB)
Konjunkturtal – trough
Konjunkturumfrage – business survey/test

Konjunkturverlauf, Trendlinie einer Volkswirtschaft – path of economy
Konjunkturzuschlag – anticyclical quasi-surtax
Konjunkturzyklus – economic/business/trade cycle
Konkurrent – competitor, rival
Konkurrenz – competition, rivalry
Konkurrenz, atomistische – atomistic competition
Konkurrenz, monopolistische – monopolistic competition
Konkurrenz, unvollständige/vollständige – imperfect/perfect competition
Konkurrenz, vollkommen homogene – pure competition
Konkurrenzangebote – competitive claims
Konkurrenzkampf – competitive struggle
Konkurs, Bankrott – bankruptcy
Konkursantrag – bankruptcy petition
Konkursverfahren – bankruptcy proceedings
Konossement → Frachtbrief
Konsolidierung von kurzfristigen Schulden – funding, consolidation
Konsols, Consol – irredeemable security, undated securities
Konsortialaktie, -beteiligung – underwriting share
Konsortialanleihe – syndicated loan
Konsortialkredit – joint credit
Konsortium – syndicate
Konstrukteur, Gestalter – designer
Konsum – consumption
Konsum, demonstrativer (Prestige-) – conspicious consumption
Konsum, privater – private/personal consumption
Konsumausgaben – consumption expenditure
Konsument – consumer
Konsumentenentscheidungen, Theorie der – theory of consumer choice
Konsumentenkonkurrenz, Ausschluß der (Kollektivgüter) – non-rivalness in consumption
Konsumentenkredit einschließlich des «Anschreibens» beim Kaufmann – consumer credit
Konsumentenpräferenz – consumer(s') preference
Konsumentenrente – consumer surplus, consumer rent
Konsumentensouveränität – consumer(s') sovereignty
Konsumententestgruppe – consumer panel
Konsumentenverhalten – consumer behaviour
Konsum(enten)wahl – consumer's choice
Konsumfreiheit – freedom of consumption
Konsumfunktion – consumption function
Konsumfunktion, verzögerte – lagged consumption function
Konsumgewohnheit – habit of consumption
Konsumgüter, einmalig benutzbare Güter, kurzlebige – soft-goods
Konsumgütermarktforschung – consumer research
Konsumgut – consumer good
Konsumkonformismus → Jones-Effekt, Mitläufereffekt
Konsumlinie → Verbrauchskurve
Konsumneigung – propensity to consume
Konsumneigung, durchschnittliche – average propensity to consume (A.P.C.)
Konsumneigung, marginale – marginal propensity to consume (M.P.C.)
Konsumvariablen (Bezeichnung der) – consumption term
Konsumverzicht, Enthaltsamkeit – abstinence, abstention, refraining from consumption

Kontaktpflege mit der Öffentlichkeit – public relation
Kontenrahmen – system of accounts
Konterbande – contraband
Kontingent – quota
Kontingenz – contingency
Kontingenztafel – contingency table
Konto – account
Konto, inaktives – dormant account
Konto, konsolidiertes – consolidated account
Konto, laufendes – current account
Konto, überzogenes – overdrawn account
Kontoauszug – statement (of account), bank statement
Kontoführungsgebühr – handling charge
Kontokorrent(konto) – A/C (account current)
Kontokorrentkredit – overdraft credit
Kontokosten (Zins und Gebühren) – bank charges
Kontostand → Saldo
Kontrakteinkommen, kontraktbestimmtes Einkommen – contractual income
Kontraktkurve, Tauschlinie – contract curve
kontrazyklisch – countercyclical
Kontrollbefugnis – span of control
Kontrollspanne, Zahl der Untergebenen – span of control
Kontroverse, Auseinandersetzung – dispute, controversy
Konventionalstrafe – conventional fine, stipulated damages
Konventionalstrafe für Liefer-/Leistungsverzug – demurrage
Konvergenz – convergence
Konversion, Schuldenkonversion zur Konsolidierung der Schuld – funding operations, conversion
Konvertibilität – convertibility
Konzentration – concentration
Konzentration, vertikale (Integration bzw.) – vertical integration
Konzentration, vertikale, in vorgelagerte/nachgelagerte Produktionsstufen – backward/foreward integration
Konzentrationsprinzip, statistisches, Datenverdichtung – cut-off (principle)
Konzentrationsverminderung durch Verkauf von Konzernbetrieben – divestiture
Konzern – trust
Konzern, konglomeraler – conglomerate
Konzernbilanz, Gruppenbilanz – group balance sheet
Konzernbilanz, konsolidierte – consolidated balance sheet
Konzerngewinnsteuer → Gewinnsteuer
konzerninterne Umsätze – intercompany sales
konzertierte/abgestimmte **Aktion** – joint action, united action, concerted action
Konzession, Lizenz – licence (license)
Konzessionserteilung, Verkaufsrechtübertragung – franchising
Konzessionsordnung – licensing system
Koordinatenabschnitt – intercept
Koordinierung – coordination
Kopf- und Handarbeit – mental and manual labour
Kopfsteuer – poll tax, head tax
Koppelung (von Modellen) – linkage
Koppelungsgeschäft (Kompromiß) – package deal
Korporatismus – corporatism
Korrekturabzug, Fotoabzug – proof
Korrelation – correlation
Korrelationsebene – correlation surface
Kosten (sowohl Opportunitätskosten als auch bewerteter Güterverzehr) – cost

Kosten, abzugsfähige – deductible expenses
Kosten, aufgelaufene – accrued charges
Kosten der (Ab-)Nutzung eines Kapitalgutes – user cost
Kosten, durchschnittliche, Durchschnittskosten – average costs
Kosten (Fix), durchschnittliche – averaged fixed costs
Kosten eines spezifischen Anlageguts ohne alternative Verwendungsmöglichkeit – sunk costs
Kosten, externe – external costs
Kosten (Fix), gesamte – total fixed costs
Kosten, gesamte variable – total variable costs
Kosten, intervallfixe – stepped costs, semi-variable costs
Kosten, kalkulatorische – implicit costs, imputed costs, imputations
Kosten, komparative – comparative costs
Kosten, kurzfristige – short-run costs
Kosten, langfristige – long-run costs
Kosten, nicht beeinflußbare – uncontrollable cost
Kosten, nichtfaktorbezogene – nonfactor costs
Kosten, (un)vermeidbare – (un)avoidable costs
Kosten, unproduktive → Faux fraix
Kosten, variable – variable costs, direct costs, operating costs, out-of-pocket costs
Kosten, Versicherung, Fracht – CIF = cost, insurance, freight
Kosten, volkswirtschaftliche – social costs
Kosten, vorkalkulierte – target cost
Kostenabweichung – cost variance
Kostenanalyse, Kostenplanung – cost analysis, analysis of expenses
Kostenaufstellung – cost breakdown
Kostenaufwand (bewerteter Güterverzehr), Ausgaben – outlays
Kostenbestandteil – cost element
Kostendegression der Massenproduktion – scale effect
Kostendegression – economies of scale
Kostendegression, extern bedingte – external economies of scale
Kostendegression, interne – internal economies of scale
Kosteninflation – cost-push inflation
Kostenkoeffizient(en), quoten – expense ratio(s)
Kostenkurven – cost curves
Kosten-Nutzen-Analyse – cost-benefit analysis
Kosten-Nutzen-Verhältnis – benefit cost ratio
Kostenplanung → Kostenanalyse
Kosten-plus-Kalkulation, Zuschlagkalkulation: Preisvereinbarungen bei öffentlichen Aufträgen, wobei der Preis als Summe aus Kosten und einem (vereinbarten) Gewinnzuschlag ermittelt wird – cost-plus system
Kostenprogression – diseconomies of scale
Kostenrechnung – cost accounting, costing, cost control
Kostenstelle – cost centre
Kostenstellenrechnung – cost centre accounting
Kostenträger – cost unit, unit of cost
Kostenträgerrechnung – cost unit accounting
Kostenumlage, Kostenaufschlüsselung, Kostenzuteilung – cost allocation
Kosten-Umsatz-Gewinn-Planung – cost-volume-profit-analysis
Kostenvoranschlag – estimate (of cost)
Kostenvorteil, absoluter – absolute advantage
Kostenwert – cost value
Kostpreis (Marx) – cost price
Kouponsteuer – coupon tax

Kraftfahrzeugsteuer – motor vehicle duty, road tax
Kraftfahrzeugversicherung – motor insurance
Kraftstoffsteuer – gasoline tax (US)
Krankengeld – sickness benefit
Kredit – loan, credit
Kredit, gebundener – tied loan
Kredit, mittelfristiger – term loan
Kredit, persönlicher – personal loan
Kreditanstalt für Wiederaufbau – Reconstruction Loan Corporation (Germany)
Kreditaufnahme bei der Notenbank – borrowing money from the central bank
Kreditauskunft – trade reference
Kreditbedarf der öffentlichen Hand – PSPR = Public Sector Borrowing Requirement (GB)
Kreditbefristung – maturity
Kreditbremse → Restriktionspolitik
Kreditbrief – letter of credit
Kreditdrosselung – credit squeeze
Kreditexpansion – credit expansion
Kreditfazilität – credit facility
Kreditfazilität bei der Zentralbank (Diskont- und Lombardkredit) – discount window
Kreditgeber – lender
Kreditgeld – credit money, debt money
Kredithai – loan shark
Kredithilfen durch steuerliche Abschreibungsregelung – (credit) enhancement
Kreditkapital – loan capital
Kreditkarten – plastic credit
Kreditkettenbildung – chaining, pyramiding
Kreditkontingentierung, Kreditbegrenzung – credit ceiling
Kreditkonto – credit account
Kreditkontrolle – credit control
Kreditkosten – credit charges
Kreditlenkung, direkte – direct guiding of lending
Kreditlimit – credit limit
Kreditlinie – line of credit
Kreditmarktlinie – loan market line
Kreditmarktpapier – security
Kreditnahme – borrowing
Kreditnehmer – borrower
Kreditplafond – credit ceiling
Kreditpolitik der Zentralbank – credit control
Kreditrestriktionen – credit squeezes, credit restrictions
Kreditrückgang im Sinne einer Verminderung der über Kapitalsammelstellen laufenden Transaktionen – disintermediation
Kreditschöpfung – credit creation
Kreditschöpfungsmultiplikator – credit multiplier, deposit multiplier, money supply expansion multiplier
Kreditspielraum, Swing (im internationalen Handel) – swing, credit limit, credit line
Kreditvereinbarung mit einer Bank (einschließlich der Rückzahlungsregelungen) – arrangement
Kreditvergabe – making a loan, lending
Kreditversicherung – credit insurance
Kreditvertrag – credit contract
Kreditvolumen, potentielles – loanable funds
Kreditwürdigkeit – credit worthiness
Kreditwürdigkeitsprüfung – status inquiry
Kreditzins für erstklassige Schuldner – prime rate, base rate
Kreditzusage – lending commitment
Kreditzusage (im Export) – credit approval
Kreditzusage, feste, ohne bestimmte Terminierung – revolving loan
Kreisdiagramm – circular chart
Kreislauf (des Geldes) – circular flow (of money)

Kreislaufgeschwindigkeit des Geldes – income velocity of circulation
Kreislaufmodell, gesamtwirtschaftliches (volkswirtschaftliche Gesamtrechnung) – macroeconomic model of income determination
Kreuzelastizität – cross-elasticity
Kreuzkurs, Usancenkurs – cross rate
Kreuzpreiselastizität – cross-elasticity of demand, elasticity of commodity substitution
Kriegführende Partei (Staat) nach Völkerrecht – belligerent
Kriegsgewinnler → Schieber
Kriegsgewinnsteuer → Übergewinnsteuer
Kriegshandlung – act of war
Kriegsrisiko-Versicherung – war risk insurance
Krise – crisis
Krümmung – curvature, curve
‹**Krug der Witwe**›, Bezeichnung für die im Zuge der staatlichen Vollbeschäftigungspolitik ansteigenden Steuern sowie Selbstfinanzierungseffekt der Investitionen – widow's cruse (Keynes)
Kündigung – notice
Kündigung, fristlose – dismissal without notice
Kündigungsfrist – period of notice, terms of notice (Vertrag)
Kündigungsschutz – protection against dismissal
Kumulative Verursachung (Myrdal) – cumulative causation
Kunde, Kundin, Klient – client, customer
Kundendienst → Service
Kundengruppenmanagement (Konzentration von Marketingpolitik auf Hauptabnehmer) – key-account-management (KAM)
Kunststoffe – synthetics
Kupon, Gutschein, Rabattmarke – cupon
Kuppelprodukte – joint products
Kurfürstenwürde → Wählerschaft
Kurs, Preis – rate
Kursabsicherung – hedging (a rate)
Kursaufschlag – contango, premium
Kursdifferenz → Marge
Kurs-Gewinn-Rate (Wertpapiere) – price-earnings ratio
Kurssicherung – forward cover
Kursverhältnis zweier Währungen im Verhältnis zu einer dritten Währung – cross rates
Kurve – curve, curvature
Kurve, konvexe – bowed out (curve)
Kurve, überlagernde – superimposing curve
Kurvenanpassung – fitting a curve
Kurvenanstieg – steepness of slope
Kurvenschar – family of curves
Kurvenwendepunkt, symmetrischer – cusp
Kurzarbeit – short-time working
Kurzarbeiter – part-time worker, short-time worker
Kurzarbeitergeld – short-time allowance/benefit/compensation
Kurzläuferfonds – short term (bond) fond
Kurzsichtigkeit im Konsumverhalten (z.B. unzureichende Zukunftsvorsorge) – myopia
Kybernetik – cybernetics

L

Laden, Lager – store
Ladendieb – shop lifter
Längsschnittanalyse – longitudinal analysis
Lagebericht – fact-finding survey, situation report
Lagerabbau – destocking, inventory decumulation

Lageraufbau – inventory accumulation
Lagerbestände – inventories
Lagerbestand (in Produktionstagen gerechnet) – stock cover
Lagerbestandsveränderungen – inventory changes
Lagerdispositionen – stockpiling behaviour
Lagerfinanzierung – inventory loan
Lagergebühren – storage charges
Lagerhalter – stock holder
Lagerhaltung, Lagerung von Erzeugnissen – stock keeping, warehousing
Lagerhaltungskosten – stockholding cost
Lagerhaltungsschwankung – inventory fluctuation
Lager(haus) – warehouse
Lagerinvestition – inventory investment
Lagerumschlag, Lagerumschlagshäufigkeit – stock turnover, intentory turnover, stock sales ratio
Lagerung, EDV-Speicher – storage
Lagerzyklus – inventory investment cycle
Lagewert, Bodenwert entsprechend dem Verwendungszweck (Einfluß des Bebauungsplans) – site value
Lagrange-Optimierung – lagrangian optimization
Landarbeiter – agricultural labo(u)rer
Land-, Haus**besetzer** – squatter
Landbesetzung, illegale – squattering
Landbesitz, Liegenschaften – landed property, real estate
Landeswährung – national currency
Landeszentralbanken – state central banks (subsidiaries of the Federal Reserve, Germany)
Landnahme, ursprüngliche, Besitznahme, Okkupation – occupancy
Landpacht-Zins → Bodenrente
Landwirtschaft – agriculture
Landwirtschaftsbank – agricultural bank, land bank
Lange Wellen der Konjunkturbewegung (Kondratieff-Wellen) – longwave cycles, long waves, long swings, long cycles
Langlebigkeit – longevity
Lastenausgleichsfonds – Equalization of Burden Fund
Lastschrift – debit entry
Lastverteilung, intergenerationelle – intergeneration equity
Laufzeit – life (of a loan), life (span, duration)
Lebensdauer – life span
Lebensdauer eines Anlageguts – life of an asset
Lebensdauer, ökonomische (unter Berücksichtigung des physischen Verschleißes und der technologischen Alterung) – useful life (of an asset)
Lebenshaltung, aufwendige – sumptuous living
Lebenshaltungskosten – cost of living
Lebenshaltungskostenindex – cost of living index
Lebensmittel, bewirtschaftete → protective food
Lebensmittelverfälschung, Verderben von Lebensmitteln – adulteration of food
Lebensqualität – quality of life
Lebensstandard – standard of life, standard of living
Lebensunterhalt – upkeep, sustenance
Lebensunterhalt, Substitenz, Auskommen, Existenz(grundlage) – livelihood
Lebensversicherung, Assekuranz – endowment assurance (GB), insurance (US)
Lebensversicherungspolice – endowment policy

Lebensversicherungsprämien - life insurance premiums
Lebenszyklus - life cycle
Lebenszyklushypothese (Konsumtheorie) - life cycle hpyothesis
Leerlaufkapazität - idle capacity
Leerlaufzeit - idle time
Leerverkäufer (Börse) - short seller
Leerverkauf vornehmen - sell short
Legat - legacy
Lehnsgut - copyhold
Lehrauffassung, Schule, These - tenet
Lehre (gewerbliche) - apprenticeship
Lehrling - apprentice
Lehrmeinung, wissenschaftliche Schule - school of thought, tenet
Lehrsatz, Grundsatz - tenet
Lehrvertrag - contract of apprenticeship
Leibeigenschaft, Hörigensystem - serfdom
Leibrente - annuity
Leichtindustrie - light-industry
Leistung - achievement, performance
Leistungen, vermögenswirksame - asset-formation allowance/benefit
Leistungsbilanz - current account
Leistungsbilanzdefizit - trade gap
Leistungsbilanzsaldo - current balance
Leistungseinheit - efficiency unit
Leistungseinkommen - factor income
Leistungsfähigkeit - productive capacity
Leistungsfähigkeit(sprinzip) in der Besteuerung - ability-to-pay taxation
Leistungshemmung, leistungshemmender Faktor - disincentive
Leistungskennzahlen - standards of performance
Leistungskontrolle, automatische, innerhalb eines Betriebes - internal check
Leistungslöhne → Akkordlöhne
Leistungsmotivation - achievement motivation
Leistungsprinzip - principle of efficiency
Leistungsreserven durch Leerlauf im Arbeitsprozeß - slack
Leistungsverrechnung, innerbetriebliche - internal calculation
Leistungsziele → Grundziele
Leistungszulage - merit payment
Leitende Angestellte(nschicht) - retinue
Leitkurs - central rate
Leitlinie - guide line
Leitwährung - key currency
Leitzins für Kontokorrentkredite und Habenzinsen der Geschäftsbanken - basic rate, base rate
‹**Letzter**› **Arbeitgeber,** Staat als - employer of the last resort
Leverage, Verhältnis von Fremd- und Gesamtkapital - leverage, gearing, debt ratio
Leverage-Effekt → Fremdkapitaleffekt
Lieferant - supplier, contractor, purveyor
Lieferantenkredit - trade credit
Lieferantenschulden, Kreditoren - supplier debts
Lieferbedingungen - terms of delivery
Lieferschein - delivery note
Lieferung (Aus-) - delivery
Liegenschaften → Landbesitz
Limitationalität - fixed proportion
Lineare Programmierung, Optimierung - linear programming
Linie, punktierte - dotted line
Linienorganisation - line organization
Liniensystem (H. Fayol) - scalar chain
Liniensysteme - Line Systems
Liquidation (Firmen) - liquidation, winding-up
Liquidationswert - saleable value
liquidierbar - realizable, payable
Liquidität - liquidity

Liquidität, binnenwirtschaftliche - domestic liquidity
Liquidität, internationale - international liquidity
Liquiditätsbilanz - liquidity balance
Liquiditätsfalle - liquidity trap
Liquiditätsgrad - ready money
Liquiditätsgrad, -kennziffer im Sinne des acid-test - quick (-assets) ratio
Liquiditätsgrundsätze - liquidity rules
Liquiditätskennziffer (Quotient aus Umlaufvermögen, vermindert um Lager- und Halbfabrikatbestände und kurzfristigen Verbindlichkeiten) - liquid ratio, acidtest ratio, current ratio
Liquiditätsminderung - contraction of liquidity
Liquiditätsreserven - bank reserves
Liquiditätsvorliebe - liquidity preference
Liste → Aufzählung
Listenpreis - posted price, book price
Lizenz(vergabe) - licenc(e)ing
Lizenz- und Konzessionseinnahmen - royalties
L-Kurve (Phillips-Beziehung) - L-shaped curve
Lochkarten - punched cards
Lochstreifen - punched tape
Lockvogelangebot (Preis unter Kosten) - loss leader
Lösung, allgemeine - general solution
Lösung, eindeutige - unique solution
Lösung, nicht triviale - non-trivial solution
Lösung, zulässige - feasible solution
Lösungsbereich, zulässiger - feasible region
logarithmischer Maßstab - ratio scale
Lohn - wage
Lohn, effektiv ausbezahlter, Nettolohn - take-home pay
Lohn-, Gehaltsabrechnung - pay roll
Lohnabschluß - wage settlement
Lohnabstand, Lohnvorsprung - wage differential
Lohnanpassung - wage adjustment
Lohnanpassungsverzögerung - wage lag
Lohnanreiz - wage incentive
Lohnarbeit - wage labo(u)r
Lohnarbeiter - wage worker
Lohnausgleich - wage stabilization
Lohnauszahlung - payment of wages
Lohnbeschränkungen - wage restrictions/controls
Lohndrift - wage drift
Lohnempfänger (die) - wage-earning staff
Lohnerhöhung - wage increase/rise, pay increase; allgemeine ~ - wage hike
Lohnerhöhung, indexgebundene - threshold payment
Lohnfondstheorem - wages fund doctrine
Lohnfondstheorie - wage fund theory
Lohnforderung - wage demand, wage claim
Lohngefälle zwischen Arbeitern und Angestellten - white-collar differential
Lohngesetz, ehernes - iron law of wages
Lohngleichheit für gleiche Leistung, Prinzip «gleicher Lohn für gleiche Arbeit» - equal pay
Lohninflation - wage push inflation
Lohnkosten - labour cost
lohnkostenintensive Industrie - labour-intensive industry
Lohnleitlinie - (wage) guidepost
Lohnliste - payroll
Lohnmaschine, sinngemäß: Gewerkschaft als; Bezeichnung für eine Gewerkschaftsideologie, die sich «unpolitisch» gibt und für Mitgliedsbeiträge Leistungen verkauft (Lohnerhöhungen, Arbeitszeitverkürzungen) - business unionism

Lohnnebenkosten – nonwage benefits
Lohnniveau – wage level
Lohnniveau, durchschnittliches – average wage level
Lohnpolitik – wages policy, wage policy
Lohn-Preis-Indexierung – built-in-inflator
Lohn-Preis-Spirale – wage price spiral
Lohnquote – labour's share, wage share
Lohnsätze – wage rates
Lohnsatz, beschäftigungsstabilisierender – non accelerating wage of unemployment (NAWRU)
Lohn-Schwellenvereinbarung (Indexbindung) – threshold agreement
Lohnstop – wage freeze
Lohn- und Gehaltsstop – pay pause
Lohnsteuer-Abzugsverfahren – pay-as-you-earn system
Lohnsteuerkarte – deduction card
Lohnstückkosten – unit labour cost(s)
Lohnsumme, Personalaufwand – wage bill
Lohnsummensteuer – payroll tax
Lohntarif, gleitender, gleitender Tarif – sliding scale
Lohntarifvertrag – collective wage agreement
Lohntheorie (die den Verhandlungsprozeß der Tarifpartner in den Vordergrund stellt) → Bargaining-Theorie
Lohnverhandlungen – wage bargaining, wage negotiations
Lohnvorsprung → Lohnabstand
Lohn(wirkungs)analyse – wage incentive analysis
Lohnzuschläge (für Nacht-, Sonntags-, Feiertagsarbeit etc.) – time and a half and double time
Lokomarkt – opposite forward, futures market, spot market
Lombardkredit – durch Effektenlombard gesicherte Schuldverschreibungen – collateral trust bond, advances on securities, stock market credit, collateral credit/loan
Lombardsatz – lombard rate, rate for central bank lending on securities
Lücke – gap
Lücke, deflatorische → Deflationslücke
Luftfracht(kosten) – air freight
Luftfrachtbegleitschein – air consignment note, air waybill
Luftverschmutzung – air pollution
Lumpen-Proletariat – lumpen- proletariat(e)
Lundberg-lag, Lundberg-Verzögerung: $I_t = f(C_{t-1}, I_{t-1})$ – Lundberg-lag
Luxusgesetz (Besteuerung) – sumptuary law
Luxusgüter – luxuries, luxury goods
Luxussteuer – luxury tax

M

Macht, gegengewichtige – countervailing power
Machtgleichgewicht, -balance – balance of power
Mängelprüfungspflicht des Käufers – caveat emptor
Märkte, verbundene – interrelated markets
Magisches Dreieck – uneasy triangle
Magisches Viereck – magic polygon
Mahnschreiben, -brief – dunning letter
Mahnung, Erinnerung – reminder
Makler – broker
Makroökonomie – macro-economics, aggregate economics
Management, mittleres – middle management
Management-Beurteilung – management audit, management appraisal

Managementmatrix, Matrixdarstellung der Führungsfunktionen – managerial grid
Management Netz – managerial grid
Management-Planspiel – management game
Manager, Geschäftsführer, Filialleiter, Abteilungsleiter – manager
Mangel an Fachpersonal – shortage of skilled workers
Mangel, Fehler – defect
Mangel, Verknappung – shortage, want, need
Manipulationen zur Verbesserung des ausgewiesenen Liquiditätsstatus, generell: manipulative Beschönigung in Bilanzen u.a. Dokumenten – window dressing
Manteltarifvertrag – blanket agreement, outline collective agreement, umbrella agreement, industry-wide agreement
Mantelvertrag – collective agreement on working conditions
Mantisse – mantissa
Manufaktur – manufactory
Marge, Preisdifferenz, Kursdifferenz – spread, margin
Marginalanalyse – marginal analysis, marginalism
Marginalanalytischer Ansatz – marginal approach
Marginalkostenpreis (vollständige Konkurrenz) – marginal cost pricing
Marginalsteuersatz – marginal tax rate
Marke, Markenartikel, Warenart – brand
Marke, gut eingeführte – established brand
Markenartikel – branded goods/products
Markenbindung des Handels (z.B. Vertragswerkstätten der Autofirmen) – exclusive dealing
Markenimage – brand image
Marketing, Marketing-Abteilung – marketing
Markt – market
Markt, anfechtbarer (Wettbewerbstheorie) – constestable market
Markt, freier, d.h. ohne staatliche Interventionen – free market
Markt, monopolistischer – captive market, monopolist market
Markt, schwarzer – black market
Markt, unvollkommener, Markt mit monopolistischem Anbieterverhalten – imperfect market
Marktabgrenzung gegenüber Konkurrenzprodukten, absatzpolitisches Erringen eines klaren Marktanteiles – positioning
Marktabsprache → Kartell – collusion, ring
Marktanalyse/Absatzanalyse – market analysis
Marktangebot – market supply
Marktanteil – market coverage, market share
Marktaufnahmetest – acceptance test
Marktaufteilung, territoriale (Kartell) – zoning
Marktaustrittshindernis, z.B. hoher Kapitalverlust bei technisch unteilbaren Anlagen – barrier to exit
Marktbericht – market report
Marktdurchdringung – market penetration
Marktentwicklung – market trend
marktfähig – marketable
Marktforschung, Absatzforschung – market research
Marktforschung, gemeinschaftliche – syndicated market research
marktführend, hoher Marktanteil – market dominant (position)
Marktführer – market leader
Marktführer, dominierender Markenartikel auf einem Markt – brand leader
Marktinvertention – market intervention

Marktkräfte und marktunabhängige Kräfte – market and nonmarket forces
Marktlücke – gap in the market
Marktmechanismus – market mechanism
Marktmorphologie – economic morphology
Marktnachfrage – market demand
marktorientiert – market oriented
Marktplatz – marketplace
Marktpotential – market potential
Marktpreis – market price
markträumend – market-cleaning
Markträumung – (market)-cleaning
Marktsättigung – saturation of a market, market saturation
Marktsegmentierung – market segmentation
Marktsozialismus, sozialistische Marktwirtschaft – market socialism
Marktstellung eines Unternehmens oder Produkts – trade position
Marktstruktur – market structure
Markttransparenz, vollkommene – perfect knowledge of a market
Marktunvollkommenheiten – market imperfections
Marktwert – market value, open-market value
Marktwirtschaft – market economy
Marktwirtschaft, freie – free market economy, free enterprise
Marktwirtschaft, kapitalistische – free enterprise economy
Marktwirtschaft, planorientierte/interventionistische – economics of control (A. P. Lerner)
Marktwirtschaft, soziale – social market economy
Marktwirtschaft, sozialistische → Marktsozialismus
Marktzugang – access to the market
(Markt-)Zugangssperren – barriers to entry
Marktzutritt, freier, für jeden Anbieter – freedom of entry
Marxismus – marxism
Maschinenausfall → Betriebsstörung
Maschinenausfallzeit (z.B. wegen Zulieferausfällen) – machine-idle time
Maschinenauslastung, optimale – machine loading
Maschinenbau – mechanical engineering
Maschinenbelegungsplan in der Fertigplanung – equipment analysis
Maschinensprache – machine language
Maschinenstillstandszeit (z.B. für Reparaturen) – machine-down time, machine idle time
Maschinenstürmerei – machine wrekking
Massenaufkauf, Aufkauf in Bausch und Bogen – bulk buying
Masseneinkaufspreis (günstiger Preis bei Massenabnahme) – bulk tariff
Masseneinkommen – mass incomes
Massengut – bulk article
Massengutfrachter – bulk carrier
Massenkonsumgüter – goods of mass consumption
Massenproduktion – mass production, large-scale production
Maßhalteappelle → Seelenmassage
Maßnahmen, expansive – expansionary measures
Maßstab, Umfang, Größe, Größenordnung, Produktionsniveau – scale
Materialaufwand, unmittelbarer – direct materials cost
Materialgemeinkosten – indirect material cost
Materialismus – materialism
Materialismus, dialektischer – dialectical materialism
Materialismus, historischer – historical materialism

Materialistische Geschichtsauffassung – materialist conception of history
Material(bedarfs)**planung** – material analysis
Materialprüfung – material(s) control
Matrix – matrix, array
Matrix der direkten Inputs/des direkten Aufwands – direct-requirement matrix
Matrix der Koeffizienten des vollen Aufwandes (IO-Analyse) – final-requirement matrix
Matrix, invertierte, inverse Matrix – inverse of a matrix
Matrix, nicht singuläre – non-singular matrix
Matrix, quadratische – square matrix
Matrix, transponierte – transpose of a matrix
Matrixelement – cell
Matrix-Schreibweise – matrix notation
Matrizenalgebra, -rechnung – matrix algebra, matrices
Maut – toll
Maxima bei (einschränkenden) Nebenbedingungen – constrained maxima
Medianwert – median
Mehrarbeit – surplus labo(u)r
Mehrfachbesteuerung – multiple taxation
Mehrfachregression → Regression
Mehrheit, arbeitsfähige, (Parlament) – working majority
Mehrheit, Majorität – majority
Mehrphasen-Umsatzsteuer – multiplestage sales tax
Mehrprodukt (Marx) – surplus product
Mehr-Produkt-Fall – multiple product system
Mehrwert – surplus value
Mehrwertrate, Ausbeutungsgrad (Marx) – rate of surplus value, rate of exploitation
Mehrwertsteuer – tax on value added, value added tax (VAT)
Mehrwerttheorie (Marx) – theory of surplus value
Meinungsbefragung, Meinungsumfrage – opinion polling, opinion poll
Meinungsführer – opinion leader
Meinungsmonopol – reputation monopoly, institutional monopoly
Meinungsumfrage – attitude survey, opinion research (poll)
Meistbegünstigungsregel – most favoured nation clause
Meister – master craftsman
Menge, die in einem abgrenzbaren Produktionsvorgang benötigt oder hergestellt wird – batch
Menge (mathematische) – set
Menge, leere (Null der Mengenlehre) – empty set
Mengenänderung – changes in volume, changes in quantum
Mengenanpasser – quantity adjuster, price taker
Mengenbeschränkung – quantitative restriction
Mengenlehre, naive (d.h. nicht axiomatische) – naive set theory
Mengenprodukt, kartesisches Produkt – cartesian product
Mengenquotient: Quotient aus Gegenwartsmenge und Menge der Basisperiode – quantity relative, volume relative
Mengenrabatt – quantity rebate, quantity discount, volume discount
Mengenrationierungskonstellation in der Theorie der (makroök.) Ungleichgewichte, Regime – regime
Mengenregulierung – quantity control
Mengentheorie – set theory
Mengenumsatz – volume sales
meritorisches Bedürfnis – quasi-private want, merit want

meritorisches Gut – quasi-private good
Merkantilismus – mercantile system
Merkmal, (herausragende) Eigenschaft – feature
Meso-Ökonomie (Bezeichnung für Großunternehmen entsprechend ihrer Stellung zwischen Makro- und Mikroebene) – Meso-economic firms, Meso economics
Messe, Ausstellung – fair
Meßfehler – measurement error
Meßfühler (Regelkreis) – comparator
Meßgröße, Indikator – indicator
Meßwerterfassungsgerät (EDV) – logger
Metallwährung – metallic currency
Metamorphose – metamorphosis
Methode – system, technique, method
Methode, deduktive/induktive – deductive/inductive method
Methode zur Erforschung des Verbraucherverhaltens, Tagebuchmethode – diary method
Methode zur Leistungsbeurteilung einer Person – appraisal method
Methodenlehre, statistische, theoretische Statistik – statistical method
Methodologie – methodology
Miete – rent, lease
Mieten, Miete, Vermietung – leasing
Miete, kalkulatorische (z.B. für Eigentumswohnungen) – imputed rent
Mieterschutz – security of tenure, tenant protection
Mieterschutz, gesetzliche Mietenregelung – rent control
Mieterschutzgesetzgebung – tenants' protection legislation
Mietkauf – hire purchase
Mietpreisbindung, Mietpreisregulierung – rent control, rent regulation
Mikroökonomie – micro-economics
Milchprodukte – dairy products
«Milchsee» (Bezeichnung für die Milchüberproduktion der EG) – milk lake
Milliarde – milliard (GB), billion (US)
Mindererertrag – shortfall
Minderheit, Minorität – minority
Minderheitsbeteiligung – minority interest
Minderheitshypothese der → Unternehmensbeherrschung
Mindestalter – minimum age
Mindestanzahlung – minimum (initial) deposit
Mindesteinzahlung beim Wertpapierkauf (Rest wird kreditiert) – margin requirement
Mindestgröße, wirtschaftliche – minimum economic size
Mindestlohn – minimum wage/pay
Mindestlohn, garantierter – fall-back pay, guaranteed wage
Mindestpreis, Mindestkurs – floor price, minimum price
Mindestrentenalter – minimum pension age
Mindestreserve – special deposits, reserve requirements (US)
Mindestreservesatz – required reserve ratio, minimum reserve ratio
Mindestreservesoll – required reserve
Mindestreservevorschriften – minimum reserve requirements
Mindestzinssatz der Bank von England für Rediskont- und Lombardkredite – minimum lending rate
Minimalkostenkombination – least-cost combination, minimum cost combination, least outlay combination
Mischkonzern, diversifizierender Großkonzern – multi-industry firm, multimarket firm, conglomerate
Mischsystem, gemischte Wirtschaftsordnung – mixed economic system, mixed economy

Mißtrauensvotum – vote of no- confidence
Mitarbeiter – coworker
Mitbestimmung – workers' codetermination, employee participation
Mitbestimmung am Arbeitsplatz – shopfloor participation
Mitbestimmung, erweiterte – extended co-determination
Mitbestimmung in Führungsgremien – boardroom participation
Mitbestimmungsgesetz – Codetermination Act
Miteigentümer – joint owner
Miteigentum – co-ownership, condominium
Mitgliedsbank – member bank a) des US Federal Reserve Systems; b) britische Geschäftsbank, die der Girozentrale (bankers' clearing house) angeschlossen ist
Mitgliedsländer – member countries
Mitkontrolle – joint control
Mitläufer-Effekt – bandwagon effect
Mitnahmeeffekt – deadweight (effect)
Mittel, arithmetisches – arithmetic mean
Mittel, harmonisches – harmonic mean
Mittelalter – middle ages
Mittelbetrieb – medium-sized firm
Mittelkurs (Durchschnitt aus An- und Verkaufspreis eines Wertpapiers) – middle price
Mittelstand, gewerblicher – small business
Mittelstandsverband, gewerblicher (der Klein und Mittelbetriebe) – Small Business Administration (SBA, USA)
Mittelwert – measure of central tendency
Mittelwert (arithmetischer) – mean
Mittel, gewichtetes arithmetisches – weighted average
Mittelzuweisung (durch das Parlament) – appropriation
Mobilität von Arbeitnehmern – mobility of workers
Mobilitätsbeihilfen – resettlement transfer schemes
Modalwert, dichtester Wert, häufigster Wert – mode
Modell, dynamisches – dynamic model
Modell mit Erwartungsgrößen – expectational model
Modell, stationäres – stationary model
Modelle (mechanische) ohne ex-ante-Größen – non-expectational models
Monatsrate – monthly instal(l)ment
Monatszahlen – monthly figures
Monetarismus – monetarism
Monetisierung, Monetisieren, in Geld umwandeln, Geldeigenschaften erlangen – monetization
Monokultur – monoculture
Monopol – monopoly
Monopol, bilaterales – bilateral monopoly
Monopol, homogenes – pure monopoly, isolated selling
Monopol, temporäres (Anbieter-), das durch Ankauf und/oder Hortung bestimmter Güter zustandekommt (Rohstoffmärkte) – corner
Monopole, (natürliche) die aufgrund produktionstechnischer Bedingungen entstehen (z.B. Versorgungs- und Leitungsnetze) – natural monopolies
Monopolist – monopolist
Monopson, Nachfragemonopol – monopsony
Montanunion, Europäische Gemeinschaft für Kohle und Stahl – European Coal and Steel Community (ECSC)
Moralphilosophie, bezeichnete im 18. und bis ins 19. Jahrhundert das Gesamtgebiet von Theologie, Recht und Staatswissenschaft; sinngemäße Übersetzung: Gesellschaftswissenschaften – moral philosophy
Moratorium → Zahlungsunfähigkeit

Motiv(ations)forschung motivation research
Münzen – coins
Münzgeld – specie
Münzprägegewinn (ursprünglich: Ausprägungskosten) – seigniorage
Münzprägekosten – brassage, mintage
Münzverschlechterung – debasement (of coinage)
Multikollinearität – multi-collinearity
Multimomentverfahren (Arbeitswissenschaft) – ratio delay studies
Multinationaler Konzern, ‹Multi› – multinational (corporation)
Multiplikator – multiplier
Multiplikator der Transferausgaben – transfer expenditure multiplier
Multiplikator, dynamischer – long-run multiplier
Multiplikator, interregionaler – interregional multiplier
Multiplikator, kumulativer – truncated multiplier
Multiplikator, negativer – reverse multiplier
Multiplikator, regionaler – regional government multiplier
Multiplikator unter Einschluß induzierter Investitionen – compound multiplier
Multiplikator, verkürzter – truncated multiplier
Multiplikatoranalyse, -theorie – multiplier analysis
Multiplikatorwirkung – multiplier effect
Murphy's Gesetz (‹Was schiefgehen kann, wird auch schiefgehen›) – Murphy's law
Muße, Freizeit – leisure
Muster – pattern, specimen
Musterhaushalten, Gruppe von, (zur Ermittlung von Standardwarenkörben) – consumer panel
Musterinvestition, Parade-Investition – investment in showpieces
Musterstück → Probestück
Muttergesellschaft – parent company
Mutterschaftsbeihilfe – maternity allowance
Mutterschaftszuschuß – maternity grant

N

Nachbörse – after-hours dealings
Nachfrage – demand
Nachfrage, abgeleitete, (eines Produktionsfaktors von der Nachfrage nach Finalgütern) – derived demand
Nachfrage, aufgeschobene – deferred demand
Nachfrage, elastische – elastic demand
Nachfrage, gesamtwirtschaftliche – aggregate demand
Nachfrage, gleichbleibende – steady demand
Nachfrage, komplementäre – complementary demand, joint demand
Nachfrage, reziproke, (Außenhandel) – reciprocal demand
Nachfrage, unelastische – inelastic demand
Nachfrage, verbundene, z.B. nach Kartoffeln für Futter- und Speisezwecke – composite demand
Nachfrage, wirksame – effective demand
Nachfrage, zurückgestaute – suppressed demand
Nachfragedämpfung – expenditure-dampening
Nachfrageelastizität – elasticity of demand
Nachfragefunktion, in der mehrere nachfragebestimmende Größen enthalten sind – demand function
Nachfragegesetz – Law of Demand

Nachfrage(sog)inflation – demand-pull inflation
Nachfragekurve – demand curve
Nachfragekurve, auf der → Bewegung
Nachfragekurve, geknickte, (Oligopol) – kinked (kinky) demand curve, cornered demand curve
Nachfragemenge – quantity demanded
Nachfragemonopol, Monopson – monopsony
Nachfrageorientierte Wirtschaftspolitik, -theorie – demand-side economics
Nachfragespitze – peak load
Nachfragesprünge (exogen in Bezug auf ein Modell bedingt) – demand shocks
Nachfragesteigerung, plötzliche – run
Nachfragesteuerung – demand management
Nachfragestruktur – pattern of demand
Nachfragetabelle – demand schedule
Nachfrage-, Konsumtheorie – theory of demand
Nachfrageüberhang – excess demand
Nachfrageumlenkung (z.B. durch Zollerhebung) – expenditure switching
Nachfrageverschiebung – demand shift, shift of demand (curve)
Nachfragezyklus in Abhängigkeit von den Stadien der Familienentwicklung – family life-cycle
Nachgebühr → Aufschlag
Nachlaßsteuer – estate duty, death duty
Nachrichtensperre, Embargo – embargo
Nachschuß – maintenance margin
Nachteil – disadvantage, drawback
Nachtschicht – graveyard shift, night-shift
Nachzahlung – back pay
Nachzügler (Entwicklungstheorie) – latecomer
Näherungsvariable – proxy variable
Nahbedarfseinkommen – non-basic income
Nahbedarfstätigen, die – non-basic employment
Nahrungsmittelhilfe – food aid
Nahrungsmittelzuteilungprogramm für Sozialhilfebedürftige – food-stamp program (US)
NAIRU → Arbeitslosenrate, preisniveaustabilisierende
Namensaktie – personal share (GB)
Nationalbudget – national budget
Nationaleinkommen, wird, sofern nicht weiter spezifiziert, als Bezeichnung sowohl für das Brutto- als auch des Nettosozialprodukts zu Faktorpreisen benutzt – national income
Nationaleinkommensrechnung, Volkswirtschaftliche Gesamtrechnung der Staatshandelsländer – Material Product System (MPS)
Nationalökonomie – political economy
Nationalprodukt, Sozialprodukt, Inländerprodukt – national product
Nationalwerkstätten (der 48er Revolution in Frankreich) – ateliers nationaux
Natürliche Ordnung (Physiokraten) – natural order
Naturallohnsystem, Deputatlohn – payment in kind, trucksystem, wages in kind
Naturalpacht – share tenancy
Naturalpachtsystem – métayage
Naturalrente (Marx) – rent in kind
Naturaltausch – barter
Naturalwirtschaft – natural economy (proper)
Natur der Dinge i.S. ihrer wesentlichen Eigenschaft, ihrer ‹Wahrheit› – nature of things (J. D. Say)
Naturgesetz – natural law, law of nature

Naturgüter, eigentumsfreie, sowie Anbieter von Arbeit – original producer

Naturgüter, freie, (z.B. Wasserquelle) – original goods

Naturrecht – natural right

Navigationsakte – Navigation Act

NAWRU → Lohnsatz, beschäftigungsstabilisierender

Nebenberuf, Nebensortiment – sideline

Nebenbeschäftigung – avocation

Nebeneffekte, z.B. externe Effekte – spillover effects

Nebeneinkommen, Sondervergütung (GB), selbsterworbenes ~ (US) – prerequisites

Nebengewerbe – auxiliary trades

Nebenkosten – incidental costs

Neben-Märkte, die sich neben amtlich kontrollierten Märkten entwikkeln, z.B. der Freiverkehr am Aktienmarkt – secondary markets

Nebenprodukte und Abfälle (waste product) bei verbundener bzw. Kuppelproduktion – by-product, spin off products

Nebenwirkungen, Nebeneffekte – secondary consequences, side effects

Negation – negation

Neigung → Verzerrung

Neigung (psychische) – propensity

Neigung, Steigung – gradient

Nenner (Bruch) – denominator

Nenner, gemeinsamer – common denominator

Nennwert – par

Nennwertbezeichnung → Stückelung

Nettoanteil, Eigenkapital einer Gesellschaft – net worth

Nettobetriebseinnahmen – net operating income

Nettobetriebsvermögen – capital

Nettodividende – net dividend

Nettoeinkommen – net income

Nettoeinkommen aus dem Ausland (Saldo der Einkommen aus Arbeit und Vermögen aus dem Ausland) – net income from abroad

Nettoertrag, Nettobetriebserfolg – net operating income, net return

Nettoexport – net exports

Nettogewinnspanne – net margin, net profit

Nettoinlandsinvestitionen, private – net private domestic investment (NPDI)

Nettoinvestition (Zuwachs zum Kapitalstock) – net investment

Nettoinvestitionsausgaben – net investment spending

Nettoleistung – net flow

Nettolohn – take-home pay, net wage/ earnings

Nettonationalprodukt, Nettosozialprodukt zu Marktpreisen – net national product at market prices

Nettoproduktionswert (Wertschöpfung) – net output, net value added

Nettorechnungswert – net invoice price

Nettoreproduktionsrate – net reproduction rate

Nettosozialprodukt – net national product

Nettosozialprodukt, privates, zu Faktorpreisen (Pigou) im Unterschied zum «social net product», das die externen Kosten berücksichtigt – private net product

Nettosozialprodukt zu Faktorpreisen – net domestic product

Nettosteuerschuld – net tax liability

Nettoumsatz – net sales

Nettoverlust – net loss

Nettowertschöpfung – net value added

Netto-Wohlstand (Samuelson) – net economic welfare

Netzplantechnik – network analysis, programme evaluation and review technique (or PERT)
Neubewertung – re-alignment
Neuemissionen auf dem Wertpapiermarkt → Primärmarkt
Neuerung – innovation
Neuerungen, technische – technical innovations
Neue Weltwirtschaftsordnung (UNO 1974) – New International Economic Order
Neukredit – new money facility
Neulinge – new entrants a) neu ins Arbeitsleben tretende Personen (z.B. Schulabgänger), b) Firmenneugründungen
Nichtausschließbarkeit (öffentliche Güter) – nonexcludability
Nichtbasisgüter – non-basic
Nicht-Erwerbspersonen – (economically) non-active population
Nichtigkeiterklärung – rescission
Nichtlinearität – non-linearity
nicht-markträumende (Preise) – non- market-clearing (prices)
Nichtnegativitätsbedingung – nonnegativity requirement
Nicht-Preis-Wettbewerb, alle Wettbewerbsmaßnahmen unter Ausschluß von Preiswettbewerb (Werbung, Produktvariation u.a.) – non-price competition
Niedergang (einer Gesellschaft) – downfal (of a society)
Niedergang von Industriezweigen – decline of industries
Niederlassung – outlet
Niederlassungsfreiheit – freedom of establishment
Niederstwertprinzip – lower-of-cost- or-market principle
Niedriglohnarbeit, Arbeit unter Tarif – scab work (USA)
Niedrigstpreisgrenze – lower price limit
Niedrigzinspolitik – cheap money, easy money (policy)
Nießbrauch – usufruct
Niveau, Grad, Stufe – level
Niveaugrenzprodukt, -ertrag, marginaler Skalenertrag – marginal returns to scale
Niveaulinie → Expansionspfad
Nominalgeld → Staatsgeld
Nominalkapital – shares authorized
Nominalkapitalerhöhung durch Auflösung von Rücklagen (Gratisaktien) – capitalization
Nominallohn – money-wage
Nominalverzinsung (eines Wertpapiers) – nominal yield
Nominalwert (eines Wertpapiers) – nominal value, face value
Normalabschreibung – ordinary depreciation
Normalarbeitstag – normal workingday
Normaleinkommen eines Faktors – transfer earnings
Normalkostenrechnung – standard costing
Normaltarif(Lohn) – going rate
Normalverbraucher – normal consumer
Normalverteilung, Gaußsche – (gaussian) normal distribution
Normalverteilungskurve – normal distribution curve
Normung, Standardisierung – standardisation
Notgeld – token money
Notlage, Notfall – emergency
Notstand – state of emergency
Notstandsarbeiten (öffentliche) – relief work (public)
Notstandsgebiet – distressed area
Notstandsgesetz – Emergency Powers Act

Nullgewinn-System (Modelltheorie) – product exhaustion
Nullhypothese – null hypothesis
Nullserie – pilot lot
Nullsummenspiel – zero-sum game
Null-Wachstum – Zero-Growth
Nummernkonto (Schweiz) – numbered account
Nutzen – utility
Nutzen, größtmöglicher – maximum benefit
Nutzen, kardinaler – cardinal utility
Nutzen, negativer, Mühe, Leid – disutility
Nutzen, ordinal meßbarer – ordinal utility
Nutzen, verarbeitungsbedingter – form utility
Nutzenbaum – utility tree
Nutzeneinheit (bei kardinalem Nutzen) – util
Nutzeneinheit, negative – disutil
Nutzenfunktion – utility function
Nutzenfunktion, zerlegbare – separable utility function
Nutzenmaximierung – utility maximization
Nutzenmaximum, absolutes, eines Konsumenten (nur möglich bei konzentrischen Indifferenzkurven), absoluter Sättigungspunkt – bliss point
Nutzenmöglichkeitskurve (Pareto) – utility possibility curve
Nutzenschwelle der Konsumfunktion – wolf point
Nutzenskala – preference scale
Nutzlosigkeit – inutility
Nutznießer – usufructuary, beneficiary
Nutzungsdauer – period of usefulness, service life
Nutzungsdauer (eines Aktivums) – economic life
Nutzwert – use value

O

o. A., ohne Angabe – not stated (n. s.), not reported, not specified
Obdachlose – homeless
Oberflächenerscheinung – surface phenomenon
Obergrenze → Plafonds
Obligationen – debentures
Obsoleszenz, Verschleiß – obsolescence
Ochlokratie, Pöbelherrschaft (Entartung der Demokratie) – ochlocracy, mob-rule
öffentliche Arbeiten – public works
Öffentliche Meinung – public opinion
Öffentliche Unternehmen (Elektrizität, Gas, Wasser, Verkehrswesen) – public utilities
öffentliche Wahlhandlungen public/social choice
Öffentlicher Dienst – public service
Ökologie – ecology
Ökonometrie – econometrics
Ökonomie, normative – normative economics
Ökonomie, positive – positive economics
Ökonomie der Zeit – economy of time
ökonomisch – economic
Ökosystem – ecosystem
Öldollar, Petro- – Petrodollar
Offenbarungseid – oath of manifestation
Offenmarktgeschäfte, Offenmarktpolitik – open market operations, open market policy
Oligarchie – oligarchy
Oligopol – oligopoly
Oligopson, Nachfrageoligopol – oligopsony
Opportunitätseinkommen – transfer earnings
Opportunitätskosten – opportunity costs

Optimalstruktur von Produktion und Handel – optimum pattern of production
Optimierung, dynamische – dynamic programming
Optimierungsverfahren, Pauschalbezeichnung für mathematische – operations research, operational research
Option(sanleihe) – warrant
Ordinate – ordinate
Ordinatenrichtung – rise
Organgesellschaft (unter völliger Kontrolle der Muttergesellschaft) – organ company
Organisation, funktionale – functional organization
Organisationen (private) ohne Erwerbscharakter – (private) nonprofit organizations
Organisationsanalyse – organization and methods (O and M)
Organisationsentwicklung – organizational development
Organisationsgestaltung – organizational design
Organisationshandbuch – organization manual
Organisationskultur – organizational culture
Organisationsplan – organization chart
Organisationsstruktur – organizational structure
Organisationsstruktur, arbeitsteilige – divisional organization structure
Organisationsstruktur, Prozeßorganisation – organization structure, process organization
Organisationstheorie, klassische (Fayol etc.) – classical organization theory
Organisationsübersicht – organization chart
Organische Zusammensetzung des Kapitals (Marx) – organic composition of capital
Orientierungsdaten – guidelines
Ortsverband – chapter

P

Pacht – lease, rent, tenure
Pachteinnahme – rent under lease
Pächter – lessee
Panikkäufe – panic buying
Panne → Betriebsstörung
Papiergeld – paper currency/money
Paradigma-Wandel – Paradigm-shift
Parallelschaltung von EDV-Anlagen – multi processing
Parameter – parameter
Parameterschätzung – estimation of (a) parameter(s)
Pareto-Optimalität – Pareto optimality
Parität, Gleichheit, Kursverhältnis – parity
Parität, feste – fixed parity
Parität, gleitende – moving parity
Paritäten, anpassungsfähige – adjustable parities
Paritätspreis – parity price (US)
Parteibuchwirtschaft, Vetternwirtschaft – spoils system, favo(u)ritism, nepotism
Partialanalyse – partial equilibrium analysis
Passiva – liabilities
Passiva, antizipatorische – accrued expenses, accrued payables
Passiva, transitorische – deferred incomes
Patentschutzende, Auslaufen des Patentschutzes – lapse (of a patent)
Pauperismus → Armut
Pauschalabschreibung – wholesale writing-down
Pauschalbetrag – lump sum
Pauschalleistung – flat-rate benefit

Peelsche Bankakte – Bank Charter Act (1844)
Pension, Pensionierung – superannuation
Pensionierung, Verrentung, Ruhestand – retirement
Pensionierung, vorzeitige – premature retirement
Pensionsfonds – pension funds
Periode – period
Periode, tilgungsfreie (Kredit) – grace period
Periodeneinheitsprinzip – accrual basis
Periodengerechtheit (Buchhaltungsgrundsatz) – accruals conceipt
Periodengewinnausweis – statement of income
Person, juristische – legal being
Personal – personnel
Personalabteilung – personnel department
Personalabwerber – headhunter
Personalausfall → Abwesenheit
Personalauswahl – personnel selection
Personalchef – staff manager
Personalentscheidungs-Ebene – manning level
Personalführung → Personalleitung
Personalkredit – personal loan
Personalleitung, Personalführung – personal management
Personalmangel – undermanning
Personalplanung – manpower planning
Personalverflechtung zwischen Unternehmen zum Zweck der Beherrschung mehrerer Unternehmen – intercorporate control groups → interlocking directorships
Personalverwaltung – personnel management
Personengesellschaft (KG, OHG) – partnership
Personenkonto – personal account
Personensteuer – personal tax
Perzentile – percentile
Pettys Gesetz: Zunahme des tertiären Sektors – Petty's Law
Pfändung – seizure
Pfand – pledge, collateral security
Pfandhaus – pawn shop
Pfandleiher – pawnbroker
Pfandrecht, Eigentumsvorbehalt – lien
Pflichtteil (gesetzliches Erbteil) – share of inheritance (US), share under an investancy (GB)
Pfründe – endowment
Phase – phase
Phasenverschiebung (positive und negative) – leads and lags
Phillips-Kurve – Phillipscurve
Phillips-Schleife – Phillips loop
Physiokraten – physiocrats
Pigou-Effekt – wealth effect
Pläne langfristige/kurzfristige – long-range/short-range plans
Plafondierung – ceiling controls
Plafonds, Obergrenze – ceiling
Plakat – poster
Plan → Projekt, Plan
Planabsprache, freiwillige, in bezug auf Investition und Produktion zwischen Management, Belegschaftsvertretung und evtl. öffentlicher Hand – planning agreement (GB)
Planfortschreibung – sliding/rolling planning
Plankostenrechnung – budgeting, budget accounting
Planspiele – experimental gaming
Planung, dezentrale – decentralized planning
Planung, gesamtwirtschaftliche –, economic planning, national planning
Planung, indicative – indicative planning

Planung, kurzfristige – short-term planning
Planung, überlappende – rolling budget
Planung, zentrale – central planning
Planungsgenehmigung – planning permission
Planungsrechnung, separable – separable programming
Planungsstab – think tank
Planungsvereinbarung zwischen (britischer Regierung, Gewerkschaften und Großinvestoren) – planning agreement
Planungswertverlust i.S. (bauleit-)planungsbedingter Schaden (z.B. Neubau in der Nähe eines Wohnhauses) – planning blight
Planwirtschaft – planned economy
Plazierung einer Neu-Emission – placing
Plündergut – loot
Plünderung (in kleinen Mengen, z.B. von Material) – pilferage
Plutokratie – plutocracy
Polarisierung, widersprüchliche Entwicklung – polarization
Polarisierungseffekt – polarization effect
Politik des Durchwurstelns (Popper), um Revidierbarkeit zu erhalten – muddling through
Politikkombination i.S. der Abstimmung und Integration wirtschaftspolitischer Instrumente – policy mix
Politische Arithmetik, Bezeichnung für die statistischen Forschungen im 17. und 18. Jahrhundert – Political Arithmetic
Pool, Ring, kartellierte Absprache – pool
Portefeuille-Zusammensetzung, Portefeuille-Verwaltung – portfolio management
Posten, antizipative → Rechnungsabgrenzungsposten
Postsparkasse – Post Office Saving Banks
Präferenz, bekundete, faktische Präferenz – revealed preference
Präferenzordnung – order of preference
Präferenzskala – preference scale
Prägen (von Münzen) – coinage
Prämie – premium
Prämienlohn, Bonuslohn – premium pay, bonus scheme
Prämienschein – premium savings bond (or premium bond)
(Prämien-)Sparsystem, britisches, mit einer Art Indexbindung der Sparbeträge – save as you earn
Prämiensystem – incentive scheme
Prämisse, Annahme – assumption
Präsenzindikator (Konjunktur) – coincident indicator, coincidents
Präsident des Bundesrechnungshofs (US), Präsident des Patentamtes (GB) – comptroller General
Präventivmaßnahme – preventive measure
Praktikant – trainee
Praktikant in einer Kanzlei (Anwaltsbüro, Wirtschaftsprüfer) – articled clerk
Praktikum – corporate internship
Preis – price
Preis ab Werk – price ex works
Preis, administrierter – administered price
Preis, aktuell gültiger – going price
Preis, den ein Käufer zu zahlen bereit ist – demand price
Preis, fester, fester Kurs, Parität – peg
Preis, geltender, herrschender – ruling price
Preis, gerechter – just price
Preis, konkurrenzfähiger – competitive price
Preis, Kostenpreis, Normalpreis (Kosten plus Zuschlag eines Normalgewinns) – price of production

Preis, laufender (im Gegensatz zu preisbereinigten Größen) - current money figure

Preis, nominaler, i.S. eines Listen-, Katalog-, Schätzpreises usw. (Gegensatz: Marktpreis) - nominal price

Preis pro Mengeneinheit, Stückpreis - unit price

Preis, überzogener - skimming price

Preis unter Kosten - predatory pricing

Preisabschlag - mark down

Preisabsprache, gemeinsames Preisangebot (Preiskonsortium) - common pricing

Preisabsprache auf oligopolistischen Märkten mit homogenen, transportkostenintensiven Gütern (z.B. Zement), bei der den Kunden standardisierte Transportkostenzuschläge zu dem kartellierten Basispreis berechnet werden; in USA und GB üblich - basing point pricing system

Preisadministration - price administration

Preisangebot - price bid, quotation

Preisanstieg - price increase

Preisauszeichnung, doppelte, (optische Preisreduzierung) - double pricing

Preisbereinigte Größen - real terms

Preisbereinigung → Deflationierung

Preisbeschränkung - price restriction, price control

Preisbildung - formation of prices

Preisbildung auf Basis von Dekkungsbeiträgen - contribution pricing

Preisbildung auf Durchschnittskostenbasis; → full cost principle - average cost pricing

Preisbindung - price maintenance

Preisbindung der zweiten Hand - retail/resale price maintenance

Preisdifferenzierung - price discrimination

Preisdifferenzierung multinationaler Firmen zwischen nationalen Märkten - compensatory dumping

Preisdiskriminierung - price discrimination

Preiselastizität der Nachfrage - price elasticity of demand

Preisempfehlung, unverbindliche - recommended retail selling price

Preisermäßigung - mark down

Preiserwartungen - price expectations

Preisexploxion (eines Gutes) - tulipmania

Preisfestsetzung, staatliche Preisregelung - price fixing

Preisfixierer, Monopolist - price maker, price searcher

Preisfixierung - price making

Preisflaute, stabile Preissituation - flatation

Preisführer - price leader

Preisführerschaft - price leadership

Preisgarantie (Agrarpolitik) - price guarantee

Preisherabsetzung - price reduction

Preisindex - price index

Preisindex, langfristiger, des britischen statistischen Amtes für ausgewählte Produkte (Lebensmittel, Rohstoffe) - statist index

Preisindikatoren - price indicators

Preisintervention - price intervention

Preiskalkulation, Preisvoranschlag - price estimate

Preiskartell, Preisring - price ring

Preiskontrolle, Preisüberwachung - price control

Preisliste - price list

Preismechanismus - price mechanism

Preismitteilungen zwischen Konkurrenten (Vorstufe zu Preisabsprachen) - open pricing

Preisnehmer - price taker

Preisniveau, durchschnittliches - average price level

Preisobergrenze - price ceiling

Preispolitik, gleichgerichtete (Oligopol) - parallel pricing

Preispolitik bei der Einführung neuer Produkte - penetration pricing

Preispolitik, monopolistische (Niedrig-), zur Abwehr potentieller Konkurrenten - limit pricing

Preispolitik (Prinzipien, nach denen ein Unternehmen seine Preispolitik richtet) - pricing policy

Preisregulierung - price regulation

Preisquotient: Quotient aus Gegenwarts- und Basisperiodenpreis - price relative

Preisrelation - price ratio

Preisrückgang, Preisverfall - drop in price

Preisschere - scissors of price movements

Preisschwankung - price fluctuation

Preissenkung - price cut

Preissenkungsmaßnahme, (amtlich verordnete) Zurücknahme von Preiserhöhungen - rollback

Preis-(Mengen-)**Setzer** (Monopol) - price (quantitiy) setter

Preissetzungsmacht der Großunternehmen (wörtlich: willkürliche Marktmacht) - discretionary (market) power, administrative power

Preissignale - price signals

Preisspanne - price range

Preisstabilität - price stability

Preisstarrheit - rigidity of prices

Preissteigerung - price increase

Preissteigerungsrate - rate of price rise

Preisstop - price freeze

Preisstützung - price support

Preisstützungspolitik, angebotsbeschränkende (z.B. Abschlachtprämien, Anbaubeschränkungen) - valorization scheme

Preissturz, Preisrückgang - fall in prices

Preissubventionen und andere preisbezogene Transferzahlungen des Staates - subsidies

Preisüberwachung - price surveillance, price supervision, price control

Preisuntergrenze - price floor

Preisvorschriften - price rules/regulations

Prestige-Güter - prestige goods

Primärdaten - primary data

Primäreinkommen - primary income

Primärenergie (z.B. Kohle) - primary fuel

Primärerhebung - field research

Primärgeld → Geld

Primärgütern, Erzeugerländer von - primary producers

Primärgüterproduktion - primary production

Primärmarkt, Markt für Neuemissionen auf dem Wertpapiermarkt - primary market

Prinzip, Grundsatz - principle

Priorität, Vorrang, Vorzug - priority

Privatbesitz, in - privately owned

Privatdiskonten - prime acceptances

Private Organisationen ohne Erwerbscharakter; Teil der nicht profiwirtschaftlich arbeitenden Privatwirtschaft (z.B. private Wohlfahrtseinrichtungen) - personal sector

Privateigentum, Sondereigentum - private property

Privatisierung - (re)privatization, denationalization

Privatsektor - private sector

Privatunternehmen - private company

Privatwirtschaftssystem - private enterprise
pro Kopf - per capita, per head
Probeauftrag - trial order
Probebilanz - trial balance
Probestück, Musterstück - specimen
Probezeit - probationary period
Produkt, kartesisches → Mengenprodukt
Produktdifferenzierung - product differentiation
Produkteinheit - unit of output
Produktion - production
Produktion, verbundene - joint production
Produktion, vergesellschaftete - socialised production
Produktionsabteilung (Marx) - department of (social) production
Produktionsausfall - loss of production
Produktionsbereich (Bereich sinkenden, aber noch positiven Grenzertrags; Ertragsgesetz) - economic region of production
Produktionsbereich, minimaler, von dem an bei gegebener Nachfragefunktion eine kostendeckende Produktion möglich ist - minimum efficient scale
Produktionsbericht, Arbeitsbericht - manufacturing review
Produktionselastizität - elasticity of production
Produktionsfaktor, spezifischer (nicht substituierbarer) - specific factor of production
Produktionsfaktor, ursprünglicher - primary factor of production
Produktionsfaktoren - factors of production, productive resources, agents of production
Produktionsfaktoren, im Einsatz variable - variable recources
Produktionsfunktion - production function
Produktionsfunktion, limitationale - fixed proportions production function
Produktionsfunktion, linear-homogene - homothetic production function
Produktionsgenossenschaft - cooperative association for production
Produktionsgrenze → Produktionsmöglichkeitskurve
Produktionsgüter - investment goods
Produktionsgütermarktforschung - industrial market research
Produktionskapazität - output capacity
Produktionskonto (eines Unternehmens) - production statement (of firm)
Produktionskonto, nationales - national account
Produktionskosten - factory cost
Produktionskostentheorie des Wertes - cost of production theory of value
Produktionskraft - productive power
Produktionsleitung - production management
Produktionslenkung, naturale → Bewirtschaftungsmaßnahmen
Produktionsmittel - means of production
Produktionsmittelentwicklung, soziale Fesseln der - social fetters upon the development of means of production
Produktionsmöglichkeitskurve, Transformationskurve, Produktionsgrenze - production possibility curve
Produktionsniveau, Umfang - scale
Produktionsperiode - working period
Produktionsplan - production schedule/plan
Produktionsplanung, endgültige - final manufacturing estimates

Produktionspotential, volkswirtschaftliches - productive potential, production potential
Produktionsprämie, Exportprämie - bounty
Produktionspreistheorie (Marx) - prices of production theory
Produktionsprogramm - product mix
Produktionsprozeß - production process, course of manufacture
Produktionsschwelle, Betriebsminimum - shut-down point
Produktionsstätte, Produktionseinrichtung - production facility
Produktionsumwege - round-about methods of production
Produktionsverhältnisse (Marx) - relations of production
Produktionsvolumen - volume of production
Produktionsweise (Marx) - mode of production
Produktionswert (monetärer) - money output
Produktiver Sektor, Industrie (in Abgrenzung zu unproduktiven Bereichen) - wealth-creating sector
Produktivität - productivity
Produktivitätsabkommen - productivity agreements/deals
Produktivitätsanreizsystem - productivity incentive system
Produktivitätsorientierte Tarifpolitik - productivity bargaining
Produktivitätstheorie des Zinses - productivity theory of interest
Produktivkräfte (Marx) - forces of production, productive resources
Produktpolitik, Produktdifferenzierung - product policy
Produzentenrente - producer surplus, (A. Marshall), producer rent
Produzentensouveränität - producer's sovereignity
Produzierendes Gewerbe - (goods-producing) industry, manufacturing and extractive industry; producing sector
Profitabilität → Gewinnträchtigkeit
Profitanteil → Profitquote
Profitmasse (Marx) - mass of profit
Profitmotiv - profit motive
Profitquote, Profitanteil - share of profits
Profitrate, allgemeine (durchschnittliche) - general (average) rate of profit
Profitrate, fallende - falling rate of profit
Prognose - forecast, forecasting, prediction
Prognose, theoretische, i.S. einer Deduktion aus einer Hypothese bzw. Theorie - prediction, implication
Programm → Projekt
Programmablaufplan - program flow
Programmbereinigung i.S. der Veräußerung von Geschäftszweigen oder Ausgliederung von Produktionsprogrammen - spin off
Programmbeschreibung, Programmdokumentation (EDV) - program description
Programmiersprache, verfahrensorientierte - procedure oriented language
Programmiertes Lernen, programmiertes Lehrmaterial - programmed instruction
Programmierung, ganzzahlige - integer programming
Programmierung, nichtlineare - non- linear programming
Programmierungskriterium - programming criterion
Programmierungsmodelle, dynamische - dynamic programming models
Programmkette (EDV) - task(s)
Programmsprache (von Maschinen lesbar) - source language
Programmteile, -aufgaben (EDV) - task(s)

Projekt, Plan, Programm – scheme, project
Projektbeurteilungsstudie – feasibility study
Projektbindung von Finanzmitteln, Zweckbindung – project tying
Projektleiter – project manager
Projektplanung – project planning
Pro-Kopf-Einkommen, Durchschnittseinkommen – per capita income
Prokura – procuration
Proletariat – proletariat(e)
Proportionalsatz – proportional rate
Prospekt, Aktendeckel – folder
Prospekt, Werbezettel – leaflet
Prosperität – prosperity
Protektionismus – protectionism
Protektionismus, branchenbezogener (Exporthilfen) – industrial targeting
Protokoll einer Sitzung – minutes of a meeting
Prototyp-Produktion – pilot production
Provision – commission
Prozentsatz – percentage rate
Prozeß, Rechtsstreit – lawsuit
Prozeßgerade (Produktionstheorie) – process ray
Prozeßkontrolle – process control
Prozeß-Menge (mathem.) – set
Prozeßplanung – process planning
Prozeßstrahl – activity ray → Prozeßgerade
Prozyklische Politik – pro-cyclical policy
Prüf-, Testhypothese – alternate hypothesis
Prüfstelle, amtliche, für den Edelmetallgehalt – Assay Office
Prüfung(sverfahren), statistische – statistical interference
Publizität, Reklame, Werbung – publicity
Pufferzeit – slack period
Punkte, kritische – break-even points
Punktelastizität – point elasticity
Punktmarkt, organisierter Markt – organized market
Punktschätzung – point estimation

Q

Quadrant – quadrant
Quadrant, erster – positive quadrant
Quadrate, Methode der kleinsten – least square(s) method
Quadrate, Schätzfunktion nach der Methode der kleinsten – least square estimator
Quadratwurzel – square root
Qualifikation – qualification
Qualitätensprung, Umschlagen der Quantität in Qualität – passing from quantity into quality
Qualitätsabstufung → Klassifikation
Qualitätsaktien – blue chips
Quantitätsgleichung → Verkehrsgleichung
Qualitätskontrolle – quality control, quality assurance analysis
Quantitätstheorie – quantity theory of money
Quantitätstheorie, naive – crude quantity theory (of money)
Quartil – quartile
Quasigeld – quasi money, near money
Quasirente (A. Marshall) – quasi-rent
Quellenabzugsverfahren – deduction (of tax) at source
Quellenbesteuerung von unselbständigen Einkommen – pay-as-you-go system (US), pay-as-you-earn system (GB)
Quellensteuer – withholding tax (USA)
Querschnitt – cross section

Querschnittsuntersuchung – cross-section study
Querverteilung → Vermögensverteilung
Querverweis – cross-reference
Quittung – receipt
Quotient, Bruch – ratio

R

Rabatt – trade discount, rebate
Rabatt für Großabnehmer, speziell Großbetriebe – corporate rate
Rabatt, kumulativer, für wiederkehrende Käufe – deferred rebate
Rabattmarken – trading stamps
Räumungsverkauf – clearance sale
Randbedingung – side condition
Rangordnung – rank order
Rassentrennung – segregation
Rassentrennung, Aufhebung der – desegregation
Rasterlinie – grid line
Rate, Prozentsatz, Tempo – rate
Raten – installments
Ratenkauf, Abzahlungskauf – hire purchase
Ratenzahlung – installment payment
Ratenzahlungskredit – installment credit
Rationale Erwartung (alle Informationen werden berücksichtigt) – rational expectation
rationale Zahl – rational number
Rationalisierung – rationalisation
Rationalisierungsmaßnahmen, Gesamtheit der – industrial engineering
Rationalität, beschränkte – bounded rationality
Rationalität, wirtschaftliche – economic rationality
Rationierung – rationing
«Rationierung» nach dem Geldbeutel – rationing by the purse
Rationierung mittels Karten – card rationing
Rationierung, (fix-) preisbezogene (z.B. Fleisch) – value rationing
Rationierung, produktspezifische – specific rationing
Rationierung (Produktgruppen) – group rationing, point rationing
Raubbau, Auslaugen des Bodens – spoiliation of the soil
Raum – space, region
Raumplanung – area development planning
Raumstruktur – spatial structure
Raumwirtschaft – spatial economy
Raumwirtschaftslehre – spatial economics
Raum-Zeit-Koeffizient – time space coefficient
Reaktionsgeschwindigkeit (Regelkreis) – frequency response
Reaktionskurve (Duopol) – reaction curve
Realeinkommen – real income
reale Größen (im Gegensatz zu Wertgrößen) – real terms
Realisierungskrise, Absatzkrise (Marx) – realization crisis
Realkapital – real capital
Realkassenhaltung – real balances
Realkassenhaltungseffekt – real balance effect
Reallohn – real wage
Reallokation – reallocation
Realstrom – real flow
Realvermögen, reproduzierbares – reproducable assets
Realvermögen, nicht reproduzierbares (z.B. Bodenschätze, Kunstwerke) – non-reproducable assets
Realzeit-Verarbeitung (EDV) – real time processing
Realzins – real interest rate
Rechner, Rechenmaschine – computer, calculator
Rechnungen, ausstehende – a/p (account payable), payables

Rechnungsabgrenzungsposten, antizipative Posten – accruals, accrued items
Rechnungsabschluß – balance
Rechnungseinheit – unit of account
Rechnungsperiode (Buchhaltung), Rechnungsjahr – accounting period
Rechnungspreis – invoice price
Rechnungs- und Wirtschaftsprüfer, Revisor – accountant, chartered accountant (GB), certified public accountant (US), auditor (US)
Rechnungsprüfung, Revision – audit, auditing
Rechnungsprüfung, innerbetriebliche – internal audit
Rechnungswesen, Buchführung, Buchhaltung – accountancy
Rechnungswesen, inflationsbezogenes – accounting for changing price levels, inflation accounting
Rechnungswesen, Leiter des – controller
Recht auf Arbeit, freie Berufswahl – right to work
Rechtsanspruch – title
Rechtsstreitigkeit – suit
Rediskont – rediscount
Rediskontkontingent – rediscount quota
Rediskontsatz – rediscount rate
Rediskontsatz der Bank von England – minimum lending rate (= «bank rate» bis 1972)
Redistribution, Sekundärverteilung – income redistribution
Redistributionseffekt – redistributive effect
Reduktion (komplizierter Arbeit) – reduction (of skilled labour)
Reduktion, allmähliche – decumulation
Redundanz (Information) – redundancy (of information)
Referenz-, Mindestpreis von Importgütern, bei deren Unterschreiten Importbeschränkungen erfolgen – trigger- price (US)
Referenzzyklus (konjunkturelle Präsenzindikatoren) – reference cycle
Refinanzierung – recapitalization
Refinanzierung des IWF bei Mitgliedern – replenishment
Reflation (Lockerung der Geldpolitik) – reflation
Reflexverhalten, irrationales, im Gegensatz zum Nutzenmaximierungskalkül – animal spirits (J. Robinson)
Reformgesetz (Entwurf) – reform bill
Regel, goldene – golden rule
Regelstrecke, geschlossene, Regelkreis – closed loop
Regelstrecke, offene – open loop
Regelung (spezieller Fall der Rückkopplung) – automatic control
Regelung – regulation
Regierung – government, administration
Regierungsangestellte – government workers
Regime → Mengenrationalisierung
Regionalforschung – regional analysis
Regionalökonomie – regional economics
Regionalpolitik – regional policy
Regionalwissenschaft(en) – regional science
Regler (Kybernetik) – governer
Regreßanspruch – compensation(s) claim
Regression, multiple, Mehrfachregression – multiple regression
Regressionsanalyse – regression analysis
Reichstag, Landtag, allgemein jede legislative Versammlung eines Staates – diet
Reifestadium – maturity
Reihe, unendliche – infinite serie
Reihenfolge, Rangordnung – ordered array
Reingewinn – net profit

Reingewinn-Ausweis – consolidated earnings statement
Reinvestition von Gewinnen – reinvestment of profits
Reinvestitionskriterium, marginales – marginal reinvestment criterion
Reisemark, allgemeine Bezeichnung für (verbilligte) Touristendevisen – reisemark
Reiseschecks – travellers' cheques (checks)
Reklame – commercial advertising
Rekordernte – bumper crop
Relative Einkommenshypothese – relative income hypothesis
Rendite – return on investment, yield
Renner → Selbstläufer
Rentabilität – earning power
Rentabilität des bilanzmäßigen Eigenkapitals – return on capital employed
Rentabilitätsuntersuchung, Investitionsrechnung – economic study
Rente, beitragsfreie – non-contributory pension
Rente i.S. von Alters-, Sozial- etc. Rente – pension
Rente i.S. von Grundrente etc. – rent
Renten, private – annuities
Rentenanleihen – annuity bonds
Rentenanteil eines Faktoreinkommens → Differentialrente
Rentenbarwert – annuity value
Rentenpapiere – bonds
Rentenversicherung – National Insurance
Reparatur – repair
Reportprämie – contango
Repräsentative Firma/Haushalt – representative firm/household
Repräsentativerhebung – sample survey
Reprivatisierung, Entsozialisierung – denationalisation
Reproduktion, einfache (Marx) – simple reproduction
Reproduktion, erweiterte (Marx) – expanded reproduction
Reproduktion auf erweiterter Stufe – reproduction on an extended scale
Reproduktionsschema (Marx) – reproduction scheme
Reproduktionsziffer, Reproduktionsindex – reproduction rate
Reservearmee, industrielle – industrial reserve army, reserve army of unemployed labo(u)r
Reservemedium – reserve asset
Reserven – reserves
Reserven, amtliche – official reserves
Reserven, stille – hidden (secret) reserves
Reservetransaktionen – reserve transactions
Reservewährung – reserve currency
Residualeinkommen (Unternehmergewinn) – residual payment, residual income
Ressort i.S. eines Verwaltungsbereichs, Abteilung, Geschäftszweig – department
Ressourcen i.S. der Leistungsfähigkeiten der Produktionsfaktoren – resources
Ressourcenverteilung → Allokation
Restarbeitslosigkeit, «Bodensatzarbeitslosigkeit» – residual unemployment
Restgröße, ungeklärte Differenz (z.B. ungeklärte Beträge der Zahlungsbilanz) – residual error
Restlaufzeit – maturity
Restposten – residual item
Restriktionen, Beschränkungen – restrictions, constraints
Restriktionspolitik, Kreditbremse – squeeze
Reststreuung – residue
Restvariable – proxy variable
Restwert – residual value

Retorsionszoll, Vergeltungszoll – retaliatory tariff, countervailing duty
Rettungsplan – rescue scheme
Revision, Rechnungsprüfung – audit
Revisor-auditor → Rechnungsprüfer
Revolutionierung – revolutionisation
Revolvingkredit i.S. periodischer Erneuerung eines Bankkredites – revolving credit
Rezession – recession
Reziprozität – beggar my neighbour policy, auch: fair trade, reciprocity
Ricardo-Effekt – Ricardo effect
Richtlinie, indikative, Leitlinie – guideline, guidepost
Richtpreis (EG-Agrarmarkt) – guide price, target price
Rigidität gegenüber Abwärtsbewegungen (z.B. bei Löhnen und Preisen) – downward rigidity
Rigiditätstheorie, strukturelle – structural rigidity theory
Risiko, Wagnis – risk, venture, hazard
Risiko, anomales – substandard risk
Risiko, kalkulierbares, übersehbares – perceivable risk
Risiko, subjektives (Versicherung) – moral hazard
Risikokapital – risk-capital, venture capital
Risikomarkt, Anbieter wird durch potentielle Konkurrenz gefährdet – contingent market
Risikostreuung – spread of risk
Risikotheorie – risk theory
Risikoversicherung – underwriting
Rivale, Konkurrent – rival
Rohöl – crude (oil)
Rohstoff, Rohmaterial – raw material
Rohstoffabkommen, internationale – international commodity agreements
Rollenkonflikt – role conflict
Rosa Buch (populäre Bezeichnung der jährlichen Zahlungsbilanzstatistik Großbritanniens) – Pink Book (United Kingdom Balance of payments)
Rotationsverfahren am Arbeitsplatz – job rotation
Route, Reiseplan – itinerary
Rückflußdauer, Frist, in der die Investitionskosten durch die kumulierten Nettoerlöse zurückfließen – pay-back
Rückflußzeit einer Investition aus den Abschreibungen – pay-out time
Rückgang – decline
Rückkaufpreis – bid price
Rückkopplung – feedback
Rückkopplung, positive, verstärkende – positive feed back (process), deviance- amplifying
Rücklage – capital surplus
Rücklage, gesetzliche – capital reserves, legal reserves
Rücklagen, frei verfügbare – general reserves
Rückstandsgebiet, zurückgebliebene Region – backward region, depressed area
Rückstellung für Lagerwertminderungen (Bilanz) – inventory reserve
Rückstellungen, aktive, transitorische Rückstellungen – deffered charges, means for deferred payments
Rückstellungen, steuerfreie – untaxed reserves
Rückstellungen für unbestimmte Risiken – reserves, reserves contingencies
Rücktritt, Demission – resignation
Rückvergütung, Erstattung – refund
Rückversicherung – reinsurance
Rückwirkung, Rückstoß – repercussion
Rückzahlung, Erstattung – repayment
Rückzahlungsbedingungen – conditions of repayment
Rückzahlungsperiode (Investition) – payback period
Rückzahlungszeitpunkt einer Anleihe etc. – redemption date

Rüstungsausgaben – military expenditures
Rüstungsindustrie – armament industry
Ruhestandsversicherung – retirement insurance
Rundfunk(wesen) – broadcasting
Rundschreiben – circular

S

Sabotage – sabotage
Sachanlagevermögen (Bilanz) i.d.R. Nettowerte – fixed assets
Sachgebiet → Bereich
Sachkapital – real capital
Sachkenntnis, Fachwissen – know-how
Sachkonto – impersonal account
Sachverständiger, Schiedsrichter – arbiter
Sachverständiger, vereidigter – bonded arbiter
Sättigung – saturation
Sättigung (Über-), Ekel, Sattheit, Überdruß – satiety, saturation
Sättigungspunkt – saturation point
Säulendiagramm, Histogramm – bar chart, histogram
saisonbereinigte Größe – deseasonalized item
Saisonbereinigung – seasonal adjustment
Saisonschwankung – seasonal fluctuation
Saldo, Kontostand, Guthaben – balance
Saldo, aggregierter – total balance
Sanierung der Elendsviertel – slum clearance
Sanierungsplan – renewal plan, rescue scheme
Satellitenindustrien – satellite industries
Satellitenstadt – New Town
Sattelpunkt – saddle point
Satzung – constitution
Satzung, Statut eines Unternehmens – memorandum of association
Satzungsbestimmungen, Satzungsartikel – articles of association
Saysches Theorem – law of markets, Say's law
Seelenmassage (in der Wirtschaftspolitik), Maßhalteappelle – jaw-boning, ear-bashing, ear-stroking, moral suasion
Segment-Grafik (grafische Darstellung von Prozentanteilen als Segmente eines Kreises in «Tortenform») – pie chart
Sektor – sector
Sektor, empfangender → Input-Sektor
Sektor, industrieller (Entwicklungstheorie) – modern sector
Sektor, nahversorgender → Folgeleistungssektor
Sektor, sekundärer, Industriesektor – secondary sector
Sektor, vorindustrieller (Entwicklungstheorie) – pre-industrial sector
Sektorbildung, sektorale Abgrenzung – sectoring
Sekundäreffekte – secondary effects
Sekundärenergie (z.B. Strom) – secondary fuel
Sekundärgüterproduktion – secondary production
Sekundärverteilung → Redistribution
Selbstfinanzierung – self-financing
Selbstheilungskraft (der Marktwirtschaft) – self-healing power
Selbständige – self-employed persons
Selbständigeneinkommen – resources of self-employed
Selbständiger – self-employed person, self occupied ~
Selbstbedienung – self-service

Selbstbeschränkungsabkommen von Exportindustrien – Orderly Marketing Agreement
Selbsterfüllende Prognose (R. K. Morton) – self-fulfilling prophecy
Selbsthilfe i. S. auf eigene Kraft verlassen, Autarkie, Gegensatz zu Exportorientierung – self reliance
Selbstkostenpreis – cost price
«Selbstläufer», reißend absetzbares Produkt – fast-selling item
Selbstversorgung, wirtschaftliche Autonomie – economic self-sufficiency
Selbstverwaltung (Arbeiter-) – self-management
Seltenheitsgut – rare commodity, rare good
Seltenheitsrente – economic rent
Seltenheitswert – scarcity value
Sensitivitätsanalyse – sensitivity analysis
Sequenzanalyse, Verlaufsanalyse – sequential analysis
Serienproduktion – serial manufacture, batch production
Serienumfang – batch size
Serienwagen – stock car
Service(-Angebot), Kundendienst zu einem Produkt – after-sales service
Sicherheitsmaßnahmen – safety measures
Sicherstellung → Vorsichtsmaßnahme
Sichteinlage – deposit at call (GB), sight deposit, current account, current deposit, demand deposit (US)
Sickereffekte – leakage (effects), trickling down effects
Siedlungsstruktur – systems of cities
Signalausfall (EDV) – drop out
Signalwirkung, Ankündigungseffekt – announcement effect
Signifikanz (Statistik) – significance
Simplex-Methode – simplex method
Simulation – simulation
Simulation des Verhaltens von Industriesystemen – industrial dynamics (Forester)
Simulation, wirtschaftspolitische – policy simulation
Sitzstreik: Streik, ohne Verlassen des Arbeitsplatzes – sit-down strike
Skalarprodukt – scalar product
Skalenerträge – returns to scale
Skalenerträge, abnehmende – decreasing returns to scale
Skalenerträge, steigende – increasing returns to scale
Skalenlinie → Expansionspfad
Slumsanierung – slum clearance
Snob-Effekt – snob effect
Sofortabschreibung – initial allowances
Soforthilfe – spot aid
Sogwirkung – pull effect
Solawechsel – promissory note, sole bill
Solidarität – solidarity
Solidarversicherung, dynamisches Sozialversicherungssystem – pay-as-you-go
Solidität – steadiness
Soll, Belastung, Debet – debit
Sollaufkommen – budgeted yield
Sollausgaben – budgeted expenditures
Sollbestand (Bilanz) – nominal balance
Soll-Ist (-Vergleich) – target-versus-actual
Soll und Haben – debit and credit
Sonderabgaben – special charges
Sonderabschreibung – additional capital allowance, additional depreciation, extraordinary depreciation
Sonderanfertigung, Auftragsproduktion – one-off production
Sondereigentum → Privateigentum
Sonderfonds für zweckgebundene Steuern – trust fund (US)
Sonderregelung → Ausnahmeregelung

Sonderverkauf, Verkauf zu ermäßigten Preisen – bargain sale
Sonderziehungsrecht – special drawing right
Sonnenfleckentheorie (der Konjunkturzyklen) – sun spot theory
Sortiment, Palette – range
Sortimentsbreite – variety
Sortimentserweiterung – diversification
Sozialabgaben – social security taxes
Soziale Sicherheit – social security
Soziale Symmetrie im Sinne einer ausgewogenen Einkommenspolitik – fair share policy
Sozialfürsorge, Sozialhilfe – social security
Sozialgeschichte – social history
Sozialhilfe → Sozialfürsorge
Sozialinflation: peiorative Bezeichnung für die in den USA steigenden Schadenersatzsummen für ärztliche Kunstfehler – social inflation (US)
Sozialinterventionismus (Truman, 1949) – Fair Deal
Sozialismus – socialism
Sozialismus, utopischer – utopian socialism
Sozialismus, wissenschaftlicher – scientific socialism
Sozialistische Marktwirtschaft – market socialism
Sozialkapital, Infrastruktur – social overhead capital
Sozialkontrakt, Stillhalteabkommen zwischen Gewerkschaften und Regierung – social contract
Sozialkredittheorie (Douglas/Aberhart) ähnlich der Freiwirtschaftslehre (S. Gesell) – social credit
Sozialordnung – social order
Sozialpartner – social partner(s)
Sozialplan → Kompensationszahlungen, Abfindung – redundancy payments
Sozialstaatprinzip – social-welfare principle
Sozialversicherung – social insurance, national insurance, (social security)
Sozialversicherungsgesetz – Social Security Act
Sozialversicherungsgesetz (US) – Federal Insurance Contributions Act (Social Security)
Sozialversicherungskarte – National Insurance Card
Sozialversicherungsnummer – National Insurance Number
Sozialversicherungssteuer – Social Security Tax
Sozialversicherungssystem, dynamisches → Solidarversicherung
Spätindikator – lagging indicator
Spalte (Matrix) – column
Spaltenvektor – columnvector
Spaltergewerkschaft – breakaway union
Spanne (Gewinn-, Handel-) – margin
Spannweite, Spielraum – range
Sparanreiz – incentive for saving
Sparbrief – saving bond
Sparbriefe (von Volksbanken und Sparkassen) – certificate of deposit
Sparbriefe der Vereinigten Staaten – U.S. Savings Bonds
Spareinlagen – savings deposits
Sparen, Ersparnis – saving
Sparen, unfreiwilliges → Zwangssparen – involuntary saving
Sparen, ungeplantes – unplanned saving
Sparguthaben – savings deposit
Sparkasse – savings bank
Sparkonto – savings account
Sparneigung, durchschnittliche – average propensity to save (A.P.S.)
Sparneigung, marginale – marginal propensity to save
Sparparadoxon – paradox of thrift
Sparprogramm, extremes, radikale Ausgabenkürzung – austerity

Sparquote, volkswirtschaftliche – savings rate, saving proportion, propensity to save
Sparsamkeit, Wirtschaftlichkeit – thriftiness
Spartabelle – saving schedule
Sparte → Abteilung
Spediteur – carrier, forwarding agent
Speicher, EDV- – storage, memory
Speicherstelle (EDV) – byte
Spekulation – speculation
Spekulationsmotiv (Kassenhaltung) – speculative motive
Spekulationsnachfrage – asset demand for money
Spekulationszyklus, -konjunktur – speculative cycle
Spende, Arbeitslosenunterstützung, Almosen – dole
Sperrgüter – bulky goods
Sperrklinken-, Trägheitseffekt (Konsum) – ratchet effect
Sperrkonto – blocked account
Spesen, Auslagen, Unkosten – expenses
Spezialisierung – specialization
Spezialisierungsgewinne, -vorteile – gains from specialization
Spieltheorie – theory of games
Spinnweb-Diagramm – cobweb chart
Spinnwebsystem, explodierendes – explosive cobweb
Spinnweb-Theorem – cobweb theorem
Spitzenbedarf – peak of demand
Spitzenbelastung z.B. saisonale Nachfragespitze – peak load
Spitzenfunktionäre – top level officials
Spitzentechnologie – high technology
Splitting (Aktien) – stock split
Spontanstreik – unofficial strike, wildcat strike

Sch

Schaden – damage
Schadenersatz – compensation
Schaden(s)ersatzanspruch – claim for damages
Schadensfreiheitsrabatt – no-claims bonus
Schätzfunktionsberechnung → Hochrechnung
Schätzgröße, Schätzfunktion – estimator
Schätzung, statistische, Berechnung der Schätzfunktion, schließende Statistik – statistical interference
Schattenwirtschaft – shadow economy
Schatzmeister → Finanzdirektor
Schalter, Theke – counter
Schattenlohn – shadow wage
Schattenpreis – shadow price, accounting price, dual price, imputed price
Schatzamt – treasury
Schatzanweisung – treasury bond
Schatzkanzler – Chancellor of the Exchequer
Schatzmeister – treasurer
Schatzwechsel – treasury bill
(Schatz-)Wechsel, der noch nicht am Geldmarkt abgesetzt werden konnte – hot bill
Scheck, bestätigter (in Deutschland: nur durch die Landeszentralbanken ausgestellt) – certified check (US)
Scheck, gedeckter – casher's cheque (check)
Scheck, gekennzeichneter – marked check (USA)
Scheck, gesperrter – stopped cheque (check)
Scheckbestätigung – advise fate
Scheckeinlagen – checking deposits
Scheidemünzen – token coins
Scheinangebot – dummy tender
Scheinfirma → Briefkastenfirma

Scheingewinn - fictitious profit, windfall profit, illusory profit, paper profit
Scheinkäufer (Gebote mit dem Zweck, den Preis hochzutreiben) - puffer
Schenkung - donation
Schenkungssteuer, Vermögensübertragungssteuer - capital transfer tax (GB), gift tax
Scherenentwicklung - divergence
Schicht (Arbeits-), Arbeitstag - shift
Schicht, soziale, Klasse - social class
Schicht(ung) - stratum
Schichteneinteilung, Schichtung - stratification
Schieber, Kriegsgewinnler - profiteer
Schiedsgerichtsverfahren, Schlichtung - arbitration
Schiedsgerichtswesen der Wirtschaft - commercial arbitration
Schiedsrichter → Sachverständiger
schief (verteilt) - askew
Schiefe: schiefe (statistische) Verteilung - skewness
Schiffshypothekenbrief - bottomry bond
Schirmeffekt von Großunternehmen gegenüber kleinen Konkurrenten - umbrella effect
Schlagschatz → Münzprägekosten
Schlagwort (Lexikon) - subject
Schlagwort-Register - subject index
Schleife (Rückkopplungs-) - loop
Schleusenpreis (EG-Agrarmarkt) - sluice gate price
Schlichter - mediator
Schlichtung - conciliation, arbitration
Schlichtung (Arbeitskampf-) (neutraler Dritter) - mediation
Schlichtung, staatliche (Arbeitskampf) - state conciliation
Schlichtungsausschuß - grievance committee
Schlüsselstellung, wirtschaftliche - key industrial emporium
Schlupfloch, Lücke (z.B. Steuergesetzgebung) - loophole
Schlupfvariable - dummy variable, slack variable, surplus variable (Minimierungsprogramm)
Schlußkurse (Börse) - closing prices
Schmierprovision - kick back
Schmuggelgut - contraband
Schneeball-Verkauf-System (Kette von Verkäufern und Unterverkäufern) - pyramid selling (scheme)
Schnellspeicher (EDV) mit kleiner Kapazität - scratch-pad memory
Schnittmenge, Durchschnitt - intersection
Schnittpunkt - intersection
Schöpfungskredit durch Erhöhung der Zahlungsmittelmenge, Geldmengenerhöhung durch Zentralbankkredite - monetization of the debt
Scholastik - scholasticism
Schreibarbeit → Büroarbeit
Schreibpersonal → Büropersonal
Schreibwaren - stationery
Schrott, Abfall, Ausschuß - scrap
Schrottplatz, ~haufen, ~lager - junk pile
Schrottwert - scrap value
Schrottwertanrechnung (Versicherungsschaden) - salvage
Schrumpfung → Gesundschrumpfung
Schrumpfung des Geschäfts - decline of business
Schrumpfungsprozess - shrinking process, shrinkage
Schuld(en) - debt(s)
Schuld, dubiose - bad debt
Schuld, externe - external debt
Schuld, interne - internal debt
Schuld, öffentliche, Staatsschuld - national debt
Schuld (öffentliche), aus Kreditaufnahmen für laufende Ausgabe (ohne entsprechende Vermögensbildung im öffentlichen Sektor) - deadweight debt

Schuld, schwebende – floating debt
Schuld, werbende – reproductive debt
Schuldablösung, Eintausch bzw. Umwandlung von Wertpapieren in andere – debt conversion, conversion
Schuldendienst – dept service
Schuldenerlaß – acquittance release
Schuldenkonsolidierung – funding
Schuldenpolitik – debt policy/ management
Schuldenverwaltung – debt management
Schuldknechtschaft → Tagelohn
Schuldner – debtor
Schuldnerland, Land mit einem Zahlungsbilanzdefizit – debtor nation, debtor country
Schuldschein – note receivable, promissory note, IOU (= I owe you), obligation
Schuldverschreibung – debenture
Schuldverschreibung, durch Pfandbestellung (Hypothek) gesicherte – bakked bond
Schuldvertrag – bond indenture
Schule, wissenschaftliche → Lehrmeinung, Lehrauffassung
Schulpflicht – compulsory education
Schutzzoll – protective duty
Schwankungen, jahreszeitliche – seasonal fluctuation
Schwankung der Geldversorgung – fluctuations of the money supply
Schwankungsbreite – fluctuation margin, margin of fluctuation
Schwankung(sbreite), zulässige – permissible margin of fluctuation
Schwarzarbeit – moonlighting, illicit work
Schwarze Liste – black list
Schwarzer Markt – black market
Schwarzhändler – black marketeer
Schweinezyklus – hog cycle (phenomenon)
Schwelleneinkommen bei negativer Einkommensteuer (M. Friedman) – cut-off-point
Schwellenpreis (EG Agrarmarkt) – threshold price
Schwellenvereinbarung – threshold agreement
Schwerarbeiter – heavy worker
Schwerindustrie – heavy industry
Schwerstarbeiter – very heavy worker
Schwingung – oscillation
Schwingung, gedämpfte – damped oscillation
Schwingungsbreite – swing
Schwingungskomponente, oszillatorische Komponente – oscillation component
Schwingungsmodell – oscillation model
Schwingungssystem – oscillating system
Schwitzsystem → Ausbeutungssystem

St

Staatenbund, Konföderation – confederation
Staatsanleihe, fundierte (GB) – consol
Staatsanleihen – treasury stocks, treasury loan
Staatsanleihen, (britische) – gilt edged securities, «gilts» a) bis 5 Jahre Laufzeit – short-dated securities b) 5 bis 10 Jahre Laufzeit – medium-dated securities c) über 10 Jahre Laufzeit – long-dated securities
Staatsanteil → Staatsquote
Staatsausgaben – government expenditures
Staatsausgaben für Güter und Leistungen (ohne Transfers), Summe aus Staatsverbrauch und Staatsinvestition – exhaustive expenditure
Staatsausgabenfunktion – government expenditure function
Staatsausgabenmultiplikator – public expenditure multiplier, govern-

ment expenditure multiplier, exhaustive expenditure multiplier
Staatsbesitz – public ownership
Staatsbesitz, in – government owned
Staatseingriff (in die Wirtschaft) – interference, intervention
Staatseinnahmen – government revenue, public revenue
Staats- oder Zentralbank**geld,** ungedecktes (gesetzliches Zahlungsmittel), Nominalgeld – fiat money
Staatshaushalt ausgeglichener – balanced budget
Staatshaushalt (fiktiver), unter Vollbeschäftigungsbedingungen – full-employment budget
Staatshaushaltsplan – national budget
Staatsinvestitionen, wachstumsfördernde – productive expenditure
Staatskapitalismus – state capitalism
Staatskonsum – public consumption
Staatskonto (Konto des britischen Schatzamtes bei der Bank von England) – exchequer
Staatspapiere – government securities
Staatspapiere: (staatliche) Finanzierungspapiere mit fixiertem Ausgabepreis, die nicht am Markt gehandelt werden, aber stets angeboten werden – tap stocks
Staatspapiere, Summe aller an der Börse gehandelten – government stock
Staatspapieren, Begebung von, ohne Zwischenschaltung des Marktes – tap issue
Staatsquote, Staatsanteil – share of the state in distribution
Staatsschuld – national debt
Staatsschuld, fundierte/konsolidierte – funded debt
Staatsschuld, schwebende – floating debt
Staatsschuldenpolitik, Anleihepolitik der öffentlichen Hände, Staatsschuldenverwaltung – debt management
Staatsschuldverschreibung – public bond (US), government bond
Staatssektor – public sector
Staatssozialismus – state socialism
Staatsstreich – coup d'état
Staatssubvention – government subsidy
Staatsverschuldung – government borrowing
Staatsversicherungsgesetz – National Insurance Act
Stab, Personal – staff
Stabilisator, eingebauter/automatischer – built-in-stabilizer
Stabilisatoren, automatische – automatic stabilizers
Stabilisierungsanleihe – stabilization loan
Stabilität – stability
Stabilitätsabgabe – stabilization levy
Stabilitätsgesetz – Stability and Growth Law (Germany)
Stabilitätspolitik – stabilization policy
Stabilitätspolitik, sinngemäß: staatliche – management of the economy
Stabilitätsprogramm – stabilising scheme
Stabsfunktion – staff function
Stabverhältnis: Beratungsbeziehung (Organisation) – staff relationship
Stadt und Land – town and country side
Stadtgröße – city size
Ständestaat – corporate state
Stagflation – stagflation
Stagnation – stagnation
Stagnationsthese – stagnation thesis
Stammaktien – common shares
Stammhaus, Hauptbüro – home office
Stammkapital, Grundkapital – capital stock, non-disposable stock
Standardabweichung – standard deviation

Standardaktien, Bezeichnung für die besten ~ einer Volkswirtschaft, z.B. Großbanken, Daimler-Benz - blue chips
Standardhaushalt → Musterhaushalt
Standardkosten - standard costs
Standard-Lieferklauseln im internationalen Handel - incoterms: international commercial terms
Standardnorm-Stempel (britischer) - kite mark
Standort - location
Standortmodelle - location models
Standorttheorie - location theory
Stapelverarbeitung (EDV) - batch processing
Starrheit, Inflexibilität - stickiness
Startphase (z.B. konjunktureller Aufschwung) - take-off
Statik, komparative - comparative statics
stationärer Wirtschaftszustand - stationary state
Statistik, angewandte/praktische/materielle - applied statistics
Statistik, beschreibende (deskriptive) - descriptive statistics
Statistisches Amt - Bureau of Statistics (GB)
Statistisches Amt (US) - census bureau
Status, Ansehen (speziell von Kreditinstituten) - standing
Status, Stellung - status
Statusbewußtsein - status consciousness
Statussymbol - status symbol
Statut, feierlicher Vertrag, Vereinbarung, Satzung - covenant
Stechkarte - clock card
Steigung - slope, steepness
Stein(-Kohlen-)Einheit → Kohlenäquivalent
Stelle, offene - vacancy
Stellen, offene - vacancies
Stellenanzeige(n) - help-wanted advertising
Stellenbeschreibung, Anforderungsprofil - job description, specification
Stellenvermittlungsbüro, privates - employment agency
Stellglied (Regelkreis) - controller
Stellgröße (Regelkreis) - feedback signal
Stellvertreter - proxy
Stellvertretergröße - proxy variable
Stellvertretung → Vollmacht
Stempelsteuer - stamp duty
Sterbegeld - death grant
Sterbeziffer (auf 1000 Einwohner) - crude deathrate
Sterbeziffer, (geschlechts- und/oder alters-spezifische) - refined deathrate
Sterblichkeitstabelle - mortality table
Steuer - tax
Steuer, abziehbare - deductible tax
Steuer, einmalige - lump sum tax
Steuer, indirekte - indirect tax
Steuer, konfiskatorische - confiscatory tax
Steuer, personenbezogene (z.B. Einkommensteuer) - personal tax
Steuer, spezifische - specific tax
Steuer, überwälzte - rolled-forward tax, passed-on tax
Steuer, veranlagte - assessed tax
Steuer, versteckte - hidden tax
Steuerabwehr, Steuerausweichung - tax dodging
Steuerabzug - tax deduction
Steuerabzug an der Quelle - deduction of tax at source
Steueranstoß - tax impact
Steueraufkommen - yield to the revenue
Steueraufkommen an direkten Steuern (einschließlich Schenkungs-, Erbschafts- und Stempelsteuern) - inland revenue, yield to revenue, tax take
Steueraufkommen an indirekten Steuern und Zöllen - customs and excise (GB)

Steueraufkommen (gesamtes) – total taxation
Steueraufkommen (tatsächliches) – outturn
Steueraufschlag – surcharge
Steuerausweichung → Steuerabwehr
Steuerbefreiung, Steuerpräferenz, Mehrwertsteuererlaß ohne Vorsteuerabzug – (tax) exemption (GB)
(Steuer-)Befreiung von der (britischen) Kommunalabgabe – derating
Steuerbehörde – tax authority, tax office
Steuerbelastung – tax burden
Steuerbeleg – tax voucher
Steuerbemessungsgrundlage – taxable base
Steuerbemessungsvariable (Einkommens-) – taxable income base
Steuerbescheid – tax assessment
Steuereinheit – control unit
Steuereinnahme – tax receipt
Steuereinnehmer – tax gatherer
Steuereinschätzer – assessor of taxes
Steuererhöhung – tax increase, increase in taxes
Steuererklärung – tax return
Steuererklärung, gemeinsame – joint tax return
Steuererleichterung – tax relief
Steuererleichterung für kleine Einkommen – small income relief
Steuerermäßigung – tax rebate
Steuerermäßigungen wegen persönlicher Verhältnisse – personal allowances
Steuerforderung – tax demand
steuerfrei – tax-exempt, duty-free
Steuerfreibetrag – tax allowance
Steuerfreibetrag für Verheiratete – married personal allowance
Steuergeheimnis – tax secrecy
Steuergerechtigkeit – tax equity
Steuergesetze – tax laws
Steuergutschrift – tax credit
Steuerharmonisierung – harmonization of taxes
Steuerhinterziehung – tax evasion
Steuerinzidenz – incidence of taxation, tax incidence
Steuerinflation – inflation tax
Steuerinflation i.S. des inflationsbedingten Anstiegs des Steueraufkommens – buoyancy
Steuerjahr – tax year
Steuerjahr, laufendes – current tax year
Steuerlast – burden of taxation
Steuermultiplikator – tax (change) multiplier
Steuernachlaß, -vergünstigung – tax concession
Steueroase – tax haven, tax shelter
Steuerpolitik, steuerpolitische Maßnahmen – fiscal measures
Steuerprogression, automatische (expansionsdämpfender Automatismus analog den built-in-stabilizern im Abschwung) – fiscal drag
Steuerrichtlinien – tax guide lines
Steuerrückerstattung – tax refund
Steuerrückstand – back duty
Steuersatz – tax rate
Steuerschlupfloch – tax loophole
Steuerschuld – liability to tax
Steuerschuld, Steuerlast, zu zahlende Steuer – tax bill
Steuerschwelle – tax threshold
Steuersenkung – tax cut
Steuersystem – tax system, system of taxation
Steuertarif, progessiver – progressive scale of taxation
Steuertarif, proportionaler – proportional scale of taxation
Steuertarif, regressiver – regressive scale of taxation
Steuerträger – ultimate taxpayer
Steuerträger, (letzter) Steuerbelasteter, (Begriff aus der Steuerinzidenzlehre) – final resting point
Steuerüberwälzung – tax shifting

Steuerüberzahlung – overcharge of tax
Steuerumgehung – tax avoidance
Steuerung – control
Steuerungssystem – control system
Steuerveranlagung – tax assessment
Steuervermeidung – tax avoidance
Steuerverpflichtung – tax liability
Steuervorteil – tax break (US)
Steuervorteile – tax privileges
Steuerwiderstand – resistance to taxation
Steuerzahler – tax payer
Steuerzuschlag – surcharge
Stichprobe (Zufalls-) – (random) sample
Stichprobe, ausgewogene (angepaßte) – balanced sample
Stichprobe, bewußte (absichtliche) – purposive sample
Stichprobe, geschichtete – stratified sample
Stichprobe, Prüfung an Ort und Stelle – spot check
Stichprobe, statistisch kontrollierte – controlled sample
Stichprobenfehler – sampling error
Stichprobenplan(ung) – sample design
Stichprobenumfang – sampling seize
Stichprobenuntersuchung, geschichtete – stratified sampling
Stichtag – key day
Stichtest; Finanzierungsregel: Verhältnis von liquiden Mitteln und den kurzfristigen Forderungen zu den kurzfristigen Verbindlichkeiten – acid test (US)
Stichwort – head word, catch word, key word
Stiftung – foundation
Stillegung – closure, close-down, closing-up, shut-down, shutting-down, → Entzug, → Ausstand
Stillegung, vorübergehende – shutdown
Stille Reserven – secret reserves
Stillhalteabkommen – standstill agreement
Stimmrechtsaktien – voting shares
Stimmungstest, Konjunkturbefragung – anticipation survey
Stockung, Stauung, Überfall – hold-up
Störfaktor, stochastischer – stochastic disturbance
Störgröße (Ökonomie) – disturbance term
Störgröße (Regelung) – error, amount of error
Störsignal (EDV) – drop in
Störung (eines Gleichgewichts) – disturbance
Störungen i.S. nicht beeinflußbarer äußerer Gegebenheiten – uncontrollable factors
Störungsverstärkung durch positive Rückkopplung – deviance-amplifying, positive feed back process
Störvariable – error term
Störvariable, stochastische – shock variable
Stornierung – cancellation
Strahl, Halblinie – ray
Straßenfahrzeugbau – road vehicle building
Straßentransport – haulage
Strategie – strategy
Streik – walk-out, strike
Streik, nichtgewerkschaftlicher, inoffizeller Streik, «wilder Streik» – unofficial strike, wildcat strike
Streik, politischer – political strike
Streik, vertragswidriger – unconstitutional strike
Streik-Arbeit: Streikform, bei der, entgegen der Anweisung der Firmenleitung, weitergearbeitet wird – work-in
Streikbestimmungen – strike provisions
Streikbilanz – strike record
Streikbrecher – blackleg, scab

Streikbrecher i.e.S.: angeheuerte Ersatzkräfte während eines Streiks – strike-breaker
Streikmaßnahmen – industrial action
Streikposten – picket
Streikposten, Aufstellen von – mass picketing
Streikpostenaktivität (legale (gewaltlose) Abwehr von Streikbrechern) – peaceful picketing
Streit über Tätigkeitsabgrenzungen – demarcation dispute
Streudiagramm (Regression) – scatter diagram
Streuung – dispersion, spread, scattering
Streuungsausmaße, Streuungsdimensionen – dimensions of diffusion
Streuungsmaß – measure of dispersion
Strohmann-Aktionär – nominee shareholder
Strom, einseitiger (z.B. Transfers) – unilateral flow
Stromgröße, Flußgröße (z.B. Volkseinkommen) – flow (item)
Stromgrößen-/Flußgrößen-Ansatz (z.B. Einkommen) – flow concept
Stromgrößenrechnung – flow account
Struktur – structure
Struktur, wirtschaftliche und soziale – economic and social structure
Strukturpolitik, Industrie- und sektorale – economics of industrial organization
Stückelung, Nennwertbezeichnung – denomination
Stückerlös, Durchschnittserlös – average revenue
Stückkosten – unit costs, average costs
Stücklohn – payment by results, piecework, piece method (US)
Stücklohnverfahren – multiple piecework system
Stückpreis – unit price
Stückwerk-Sozialtechnik – piecemeal social engineering
Stückzinsen, aufgelaufene – accrued interest
Stützkäufe – support buying
Stützungskäufe – support buying
Stufenflexibilität (der Wechselkurse) – crawling floating, adjustable peg, crawling peg
Stufentarif – graduated tariff
Stufentheorie, ökonomische – theory of economic stages
Stundenlöhne – hourly earnings
Stundenproduktivität – hourly productivity of labour
Submissionsangebot – tender
Submissionskartell → Ausschreibungsabsprache
Subsistenzlohntheorie – subsistence theory of wages
Subsistenzwirtschaft, Bedarfdekkungswirtschaft – subsistence economy
Subskription, Zeichnung, Abonnement – subscription
Substanzverlust, Erschöpfung natürlicher Ressourcen (z.B. Erzvorkommen) – depletion
Substanzverringerung – wasting of assets, depletion
Substitute, enge – rival commodities
Substitutionseffekt (Nachfragetheorie) – substitution effect
Substitutionselastizität – elasticity of substitution
Substitutionselastizität, technische, faktorielle Substitutionselastizität – elasticity of factor substitution
Substitutionselastizität, variable – variable elasticity of substitution
Substitutionsgut – substitute (good)
Subunternehmer – subcontractor
Subvention (aus strukturpolitischen Motiven) → Preissubventionen, Investitionszuschüsse – subvention
Subvention, finanzielle Unterstützung – subsidy

Sucharbeitslosigkeit – search unemployment
Suchprozeß – search process
Surrogatspreis – surrogate price
Swapsatz – swap rate
Sympathiestreik – sympathetic strike, sympathy strike
Sympathisant – sympathizer
Sympathisant (kommunistischer Parteien) – fellow traveller
Synthese – synthesis
System – system
System, dynamisches – dynamic system
System, metrisches – metric system
Systemanalyse – system analysis
Systemanalytiker – systems analyst
Systeme, ergänzende – supplementary systems
Systeme, nicht-rekursive – non-recursive systems
Systeme, rekursive – recursive systems
Systemtheorie – systems theory

T

Tabelle, Diagramm – chart
Tabelle, Zahlenzusammenstellung – tabulation
Tableau économique – tableau économique, economic table
Tätigkeit, Aktivität mit Zeitbedarf – activity
Tätigkeit, Anstellung, Beschäftigung – employment
Tagebuchmethode, Methode zur Erforschung des Verbraucherverhaltens – diary method
Tagelöhner – day labourer
Tagelohn, Schuldknechtschaft – peonage
Tagesgeld, kurzfristige Geldkredite – money at call and short notice
Tagesordnung – agenda
Tagespreis – current price
Tagschicht – day shift
Talsohle der Konjunktur → Tiefpunkt
Tangente – tangent
Tangentenpunkt – point of tangency
Tangens, tangentiale Berührung – tangency
«Tante Emma»-Laden – «mom-pop»- operation
Tantieme, Lizenzgebühren, Honorar – royalties
Tarif, Gebühr – rate
Tarif (Grund-), Kleinverbrauchertarif (Gas, Strom etc.) – flat rate
Tarif, kombinierter, (z.B. Telefongebühren) – two-part tariff
Tarifabkommen – collective bargaining agreement
Tarifführer, beispielsetzende Lohnrunde, deren Abschlüssen andere Gewerkschaften, Branchen etc. folgen – leading agreements
Tariflöhne (vereinbarte) – negotiated wages, agreed wages
Tarifparteien, Tarifpartner – the two sides of industry, management and labour, social partners
Tarifpartner-Beziehungen – industrial relations
Tarifpartnerverhältnis – labo(u)r-management relations
Tarifvereinbarung – labour agreement
Tarifverhandlungen, innerbetriebliche – plant bargaining talks
Tarifverhandlungen, zentrale – centralized collective bargaining
Tarifvertrag – union agreement, labor agreement
Taschenrechner – pocket calculator
Tatsache, wertfreie – value-free fact
Tausch – exchange, barter

Tauschhandel Ware gegen Ware, Kompensationsgeschäfte – counter trading
Tauschkurve – offer curve
Tauschlinie, Kontraktkurve – contract curve
Tauschmittel – medium of exchange
Tauschmöglichkeitskurve – exchange opportunity line, exchange possibility curve
Tauschwert – exchangeable value, value in exchange
Tauschwirtschaft, tauschwirtschaftliches System – exchange economy
Teamarbeit → Gruppenarbeit
Technik – technique
Technikangst → Technikskepsis
Techniken, diskursive – discursive techniques
Technikprognose, Prognose techn.-wissenschaftlichen Fortschritts – technological forecasting
Technikwahl – choice of technique
Technischer Fortschritt – technical progress, technological advance
Technischer Fortschritt, arbeitsvermehrender, Harrod-neutraler t.F. – labour-augmenting progress
Technischer Fortschritt, kapitalvermehrender, Solow-neutraler t.F. – capital-augmenting process
Technologie – technology
Technologie, alternative/angepaßte – intermediate technology
Technologie, kapitalintensive – capitalintensive technology
Technologie, moderne – advanced technology
Technologiefolgenabschätzung – technology assessment
Technologieskepsis (etwa durch Aufweisen negativer Folgen) – technology arrestment, ~harassment
Technologietransfer – transfer of technology
Teilbarkeit – divisibility
teile und herrsche – divide and reign
Teilgruppe aus einer größeren Grundgesamtheit, wobei die Gruppeneinteilung durch bestimmte Merkmale bzw. Merkmalskombinationen bestimmt ist – cluster
Teilhaber, stiller – sleeping partner
Teilkostenrechnung – direct costing
Teilmenge – subset
Teilwert – value to the business
Teilzahlung – part payment
Teilzahlungsbedingungen – regulations on hire purchase terms
Teilzahlungsgeschäft – intallment credit business
Teilzahlungskredit – installment credit
Teilzeitarbeiter – part-time worker
Telearbeit – telecommuting
Tender-Verfahren (Wertpapierzuteilung) – tendering
Terminabschluß – forward contract
Termindevisen – forward exchange
Termineinlagen – time deposits, deposit accounts
Termingeld – time money/deposit, term money, forward rate
Termingeschäft – forward transaction, dealings for the account (settlement)
Termingeschäft, (Waren-), um sich vor preisbedingten Verlusten zu schützen – hedge
Terminguthaben, Kündigungsguthaben, Termingeld – deposit notice
Terminkäufe – advance buying
Terminkonto – deposit account
Terminkontrakt – futures contract, contract for futures
Terminkurs – forward rate
Terminmarkt – forward market, future market
Terminpreis (Warenbörse) – forward price
Terminverkauf – forward sales
Terminwaren – futures
Testierfreiheit – freedom of bequest
Testpackung – bread board model

Teufelskreis, circulus vitiosus – vicious circle
Theke, Schalter, Ladentisch – counter
Thema, Diskussionspunkt, Gesprächsgegenstand – topic
Theologie der Befreiung – liberation theology
Theoretiker – theorist
Theorie – theory → Analyse
Theorie der sozio-technischen Systeme – theory of socio-technical systems
Thesaurierungsfonds z.B. thesaurierte Sparraten plus Zinsen, Restabschreibung – sinking fund
Thesaurierungsmittel, Wertaufbewahrungsmittel – store of value
These – thesis
Tiefeninterview – depth interview (market research)
Tiefpunkt – nadir
Tiefpunkt einer Baisse – bear point
Tiefpunkt, Talsohle der Konjunktur – trough
Tiefstand, absoluter – all-time low
Tiefstpreis, absoluter – rock-bottom price
Tiefstzinspolitik – ultra-cheap money policy
Tilgung – amortization, acquittance, redemption
Titel → Eigentum
Tochtergesellschaft – affiliated company
Tochtergesellschaft (ab 50% Beteiligung) – subsidiary
Totalschaden – total loss
Totalschaden (Seeversicherung) – actual total loss
Touristendevisen → Reisemark
Trägheitseffekt → Sperrklinkeneffekt
Transaktionen, autonome (Zahlungsbilanz-) – autonomous transactions, autonomous movements
Transaktionen, unterstellte – imputed transactions
Transaktionsfrequenz, Transaktionshäufigkeit – transactions frequency
Transaktionskasse – money in circulation
Transaktionskasse, Umsatz, Transaktionsgeld – transaction balances
Transaktionskosten – transaction cost(s)
Transaktionsmotiv (Kassenhaltung) – transactions motive, → Geldnachfrage
Transaktionsnachfrage nach Geld – transaction demand for money
Transaktionsvolumen – volume of transactions
Transferanteil (einer Entwicklungshilfeleistung, z.B. Kredite mit Niedrigstzinsen) – grant element, concessionary element
Transfereinkommen, Nicht-Leistungseinkommen – transfer income
Transferökonomie – grant economics
Transferökonomie-Theorie – grants economy
Transferpreise, konzerninterne Preise – transfer prices
Transferproblem – transfer problem
Transferzahlungen – transfer payments
Transferzahlungen, laufende – current transfers/transfer payments
Transformation, Umwandlung – transformation
Transformationskurve, Produktionskapazitätskurve, Produktionsmöglichkeitskurve – transformation curve, production indifference curve, production possibility curve
Transformationsproblem (Marx) – transformation problem
Transithandel – merchanting trade (GB)
Transitorische Aktive – deferred charges

Transport, Beförderung, Wagen – carriage
Transportarbeitergewerkschaft – teamsters' union (USA)
Transportkosten – transport costs, transfer costs
Transportunternehmen – haulage contractor
Transportverlust infolge schlechter Verpackung – spillage
Trassat – drawee
Tratte – draft
Trend, säkularer, langfristige Entwicklung – secular trend
Trendumkehr – trend reversal
Trennbarkeit – separability
Trennsystem (Form des Finanzausgleichs) – seperation of tax sources
Treuhänder – trustee, custodian, fiduciary
Treuhänderschaft, Treuhandvermögen, Treuhandfond, Trust, Kartell (US) – trust
Treu und Glauben – bona fide
Trucksystem, Naturalentlohnung – payment-in-kind
Trugschluß, Fehlschluß – fallacy
Trust, Großkonzern in einer Branche – trust

U

Überakkumulation – overaccumulation
Überangebot – excess supply, surplus supply
Überbau (Marx) – superstructure
Überbeschäftigung – over-full employment, hyperemployment
Überbesetzung, personelle – overmanning
Überbewertung – overvaluation
Überblick, Erhebung, Aufbereitung und Analyse von Daten – survey
Überbrückungsanleihe, vorläufiger Schuldschein – interim bond
Überfluß – affluency
Überflußgesellschaft (Galbraith) – affluent society
Überfluß und Mangel – plenty and dearth
Übergangsfinanzierung – accomodation
Übergangsperiode – transition period
Übergangspfad, Übergang zwischen Gleichgewichtsniveaus – traverse between equilibrium levels
Übergangsregelung – transitional arrangement
Übergewinnsteuer, Kriegsgewinnsteuer – excess profits tax
Überinvestitions-, Überproduktions**theorie** – over-investment theory
Überkapazität – excess capacity, overcapacity
überkapitalisieren – overcapitalize
Überkreuzverflechtung – interlocking directorate
Überliquidität – excess liquidity
Übernahme eines Unternehmens durch ein anderes – takeover
Übernahmeangebot, öffentliches – takeover bid
überparteilich – bipartisan
Überproduktion – overproduction
Überprüfung, empirische, von Theorien – empirical testing
Überprüfung des finanziellen Status – means test
Überschlagrechnung, Schätzung – approximation
Überschuß der Einnahmen über die Ausgaben – surplus a) Bezeichnung des Gewinns der nationalisierten Industrien, b) Gegensatz zu einem staatlichen Budgetdefizit, c) Zunahme der Devisenreserven, d) die Produktionsmenge übersteigt bei gegebenen Preisen die Nachfrage
Überschußkapazität – surplus capacity

Überschußkapazitäts-Theorem – excess capacity theorem

Überschußnachfrage – excess demand

Überschußreserven, freie Reserven (Banken) – free reserves (US), excess reserves

Übersicht → Umfrage

Überspartheorie (Theorie des Unterkonsums infolge ungleichmäßiger Einkommensverteilung) – over-saving theory

Überspringen (von Gehaltsstufen) – leap-frogging

Überstunden – overtime (work)

Überstunden-Lohn – overtime pay

Überstundenverweigerung – overtime ban

Übertrag eines Verlustes – loss carry-over

Übertragung → Zession

Übertragungen, einseitige (Zahlungsbilanz) – unrequited exports

Übertragungsbilanz, Schenkungsbilanz – unilateral transfers

Übertragungsglied, Stellglied – transducer

Übervorratung – overstock

Überwachung, Inspektion, Kontrolle – inspection

Überwälzung einer Steuer – shifting of a tax, diffusion of taxation

Überweiser – transferor

Überweisung – remittance, credit transfer

Überweisungsauftrag → Banküberweisung

Überzeichnung (Anleihe) – over-subscription

Überziehen eines Arguments, einer Propagandakampagne und drgl. – overkill, overselling

Überziehungskredit – bank overdraft, overdraft facilities

Umfang → Bereich

Umfrage, Übersicht – survey

Umgruppierung der Arbeitskraft – regrouping/reallocating of labo(u)r

Uminvestition – exchange of asset

Umladekosten – handling charge

Umlagekosten – joint costs

Umlageverfahren (der Sozialversicherung) – current income financing, pay-as-you-go

Umlaufgeschwindigkeit – velocity of circulation, transactions velocity, income velocity of money

Umlaufkapital – floating capital, working capital, circulating capital

Umlaufrendite – current/net yield, yield on bonds outstanding

Umlaufvermögen (Bilanz) – current assets, circulating capital

Umsatz, Erlös – turnover, revenue

Umsatz, zu versteuernder – taxable turnover, taxable transactions

Umsatzausgleichssteuer – countervailing duty

Umsatzerträge – sales revenue

Umsatz-Kosten-Diagramm, in dem der Schnittpunkt von Umsatz- und Gesamtkostenkurve die Gewinnschwelle markiert – break-even chart

Umsatzmaximierung (verstanden als Alternative zur Gewinnmaximierung) – sales/revenue maximization

Umsatzrendite, Anteil des Nettoeinkommens am Erlös – net income ratio

Umsatzsteuer, allgemeine – general sales tax

Umsatzsteuer (Allphasen-) – turnover tax, cascade tax

Umsatzsteuer (auf einzelnen Stufen) – sales tax

Umschlagsrate des Betriebsvermögens, Quotient aus Gesamtertrag und Betriebsvermögen – asset turnover rate

Umschuldungskredit – deposit facility

Umschüler – dilutee

Umschulung – retraining

Umschulung, berufliche – vocational rehabilitation
Umsetzung (organisierte), von Arbeitskräften – redeployment
Umverteilung von Einkommen und Vermögen – redistribution of income and wealth
Umverteilungsinzidenz, Eintritt eines Redistributionseffekts – reallocative incidence
Umwandlung, Umstellung – conversion, transformation
Umwegproduktion (unter Einsatz von Produktionsmitteln) – roundabout methods of production
Umwelt – environment
Umweltschonende Gesellschaftsordnung (energie- und rohstoffsparend) – conserver society
Umweltschutzapostel – eco-nut
Umweltschutzinvestitionen, die zusätzlich erfolgen, also noch keinen umweltfreundlicheren Produktionsprozeß bedeuten – end-of-pipe treatment
Umweltverschmutzung – pollution, contamination
Unbekannte (math.) – unknown
Unfall am Arbeitsplatz → Betriebsunfall
Unfallverhütung – accident prevention
Unfallversicherung – accident insurance
Unfallversicherung (betriebliche) – workmen's compensation insurance
Ungeklärte Posten, Restposten (der Zahlungsbilanz) – errors and omissions, residual error
Ungeklärte Posten der Zahlungsbilanz – balance of unclassified transactions
Ungleichgewicht – disequilibrium, imbalance
Ungleichgewichts-Theorie – theory of disequilibrium, anti-equilibrium analysis
Ungleichgewichtstransaktion, wirtschaftliches Handeln bei Ungleichgewichtspreisen, z.B. Mengeneffekte statt Preiseffekte bei Nachfrageverschiebung – false trading
Ungleichheit – inequality
Ungüter (Sozialkosten) – discommodities, bads, disproducts
Unmöglichkeitstheorem – impossibility theorem (Arrow)
unrentabel – uneconomical
Unselbständige, abhängig Beschäftigte – employed persons
Unsicherheit (im Gegensatz zum Risiko) – uncertainty
Unsichtbare Hand (A. Smith) – hidden hand, invisible hand
Unteilbarkeit (der Produktionsfaktoren) – indivisibility, discontinuity
Unterbau (Marx) – basis
Unterbeschäftigung, versteckte Arbeitslosigkeit – underemployment, disguised unemployment
Unterbewertung – undervaluation
Unterentwicklung – underdevelopment
Unterernährung – malnutrition
Unterfangen, Unternehmen – undertaking
Untergebenenzahl: Zahl der unmittelbar Untergebenen – span of control
Untergebener – subordinate
Untergrenze (absolute) – bottom (stop)
Untergrundwirtschaft → Schattenwirtschaft – underground economy
Unterhalt (Lebens-) – subsistence
unterkapitalisiert – undercapitalized
Unterkonsumsionstheorie – underconsumption theory
Unterlagen, Aufzeichnungspapiere – records, → Daten
Unternehmen – enterprise (im Unterschied zum Betrieb – establishment)
Unternehmen, öffentliche, (gemischte Wirtschaft) – public enterprise

Unternehmen ohne eigene Rechtspersönlichkeit – unincorporated enterprise

Unternehmen, repräsentatives (A. Marshall) – representative firm

Unternehmen, Übernahme öffentlicher, durch Privatfirmen, Kauf des großen durch das kleine Unternehmen – reverse take-over

Unternehmensanalyse, vertriebs- und marktpolitische – marketing audit

Unternehmensaufgabe, unmittelbare (eigentliche) (z.B. Produktion, Absatz) – line function, operating function

Unternehmensauskauf (i.d.R. kreditfinanziert) – Leveraged Buyouts (LBO)

Unternehmensbeherrschung durch Holding-Gesellschaften – pyramiding

Unternehmensbeherrschung durch Minderheitsaktionäre bzw. eine kleine relative Stimmrechtsmehrheit – (hypothesis of) minority control

Unternehmensberater – business consultant, management consultant

Unternehmensberatung(sfirma) – business consultants

Unternehmensfinanzierung – business finance

Unternehmensforschung – operations research

Unternehmensführung durch Zielvorgaben – management by objectives (MBO)

Unternehmensführung, partizipative – participative management

Unternehmensgleichgewicht – equilibrium position of the firm

Unternehmensgründung, Anleihebegebung – flotation

Unternehmensgründung, rechtliches Verfahren der Unternehmensgründung – incorporation

Unternehmensoptimum – firm optimum

Unternehmensplanung (langfristige) – corporate planning

Unternehmenssektor – business sector

Unternehmensspiel – operational games, business games

Unternehmensstrategie – corporate strategy

Unternehmenstheorie, verhaltensorientierte – behavioural theory of the firm

Unternehmenszentrale → Hauptniederlassung

Unternehmer – businessman, entrepreneur, employer

Unternehmergewinn – profit

Unternehmerlohn, kalkulatorisches Unternehmergehalt – earnings of management

Unternehmertum – entrepreneurship

Unternehmerverband, amerikanischer – ABA (American Business Association)

Unternehmerwirtschaft, Kapitalismus – private enterprise, free enterprise

Unterstützungsgebiete – assisted areas

Unterstützungsleistung der öffentlichen Hand, Sozialfürsorge – welfare payment

Untersuchung – investigation, → Analyse

Unterveranlagung, steuerliche – undercharge of tax

unwirtschaftlich – unecomomical

Urabstimmung – rank-and file vote

Urkunde, Dokument – document

Urlaubsgeld – holiday allowance, vacation allowance

Urproduktion, Grundleistungssektor – extractive production, primary sector

Ursache und Wirkung – cause and effect

Ursprüngliche Akkumulation (Marx) – primitive accumulation
Ursprung (Koordinaten-) – origin
Ursprungszeugnis (Zoll) – certificate of origin
Usancenkurs – cross rate
U-Schätze, U-Schein (unverzinsliche Schatzanweisung) – non-interest-bearing Treasury Bond
Utilitarismus – utilitarianism

V

Valorisationsmaßnahmen – valorization schemes
Valutarisiko – venture of exchange
Variable – variable
Variable, abhängige – explained variable
Variable, diskrete – discontinuous variable, discrete variable
Variable, duale – dual variable
Variable, endogene – endogeneous variable
Variable, erklärende – explanatory variable
Variable, exogen oder durch dynamische Funktionen bestimmte, in einem simultanen Gleichungssystem – predetermined variable
Variable, exogene – exogenous variable
Variable, monetäre, währungspolitische Größe – monetary variable
Variable, Nichtbasis- (Lineare Programmierung) – non-basic variable
Variable, unabhängige – independent/ autonomous/explanatory variable
Variable, verzögerte – lagged variable
Varianz – variance (of a sample)
Variationsrechnung – variations
Veränderung des Steuersatzes – variation of the tax rate
Veränderung, technische – technological change
Veräußerung von unrentablen oder für das Unternehmen unpassenden Betrieben bzw. Betriebsteilen – divestment
Veranlagungsbescheid – notice of assessment
Verantwortung – responsibility
Verantwortung, soziale – social responsibility
Verband, Vereinigung, Gesellschaft – association, federation
Verbesserungsinvestition – capital deepening
Verbilligung (eines Wertpapierportefeuilles durch Zukauf bei sinkenden Kursen) – averaging
Verbindlichkeit, langfristige – long-term liability
Verbindlichkeiten – accounts payable, liabilities
Verbindlichkeiten, langfristige – fixed liabilities
Verbindung, Kontakt – contact
Verbindungsglied – link
Verbrauch i.S. von Ausgaben – expenditures
Verbrauch, öffentlicher – government consumption
Verbrauch, privater – private consumption
Verbraucher – consumer
(Verbraucher-)Abholmarkt – cash-and carry ware house
Verbraucherausgaben – consumer expenditures
Verbraucherforschung – consumer research
Verbraucherkredit – consumer credit
Verbraucherpreisindex, Lebenshaltungskosten-Index – cost-of-living index, consumer price index
Verbraucherschutz – consumer protection
Verbraucherschutzklauseln im US-Wettbewerbsrecht – Fair Trade Regulation Rules (USA)

Verbraucherwerbung – consumer advertising
Verbrauchsfunktion – consumption function
Verbrauchsgüter (des Konsums) – disposables, consumer nondurables
Verbrauchskurve, Konsumlinie – consumption line
Verbrauchsprinzip der Besteuerung (z.B. Mineralölsteuer) – benefit taxation
Verbrauchssteuer – expenditure tax, excise duty
Verbrauchs- und Umsatzsteuern – sales taxes, purchase tax
Verdrängung privater Kreditnehmer durch öffentliche Kreditaufnahme – crowding out
Verdrängungswettbewerb, absatzpolitisches Erringen eines höheren Marktanteils – market positioning
Vereinbarung – agreement
Vereinheitlichung – standardization
Vereinigungsmenge – union set
Verelendung der Arbeiterklasse – impoverishment of the working class
Verelendung, wachsende (Marx) – immiserization, increasing misery
Verelendungsgesetz (Marx) – law of the increasing misery of the working class
Verfahren, Ablauf – procedure
Verfahrensregeln, -vorschriften – procedures
Verfassung – constitution
Verfassungsänderung durch Ergänzungen (US) – amendments (to the Constitution)
Verfassungsvertrag – constitutional contract
Verflechtung, personelle, von Unternehmensvorständen – interlocking directorship, interlocking directorate
Verflechtungsbeziehung zwischen Ländern, Modellen usw. – linkage
Verflechtungseffekte – linkage effects
Verflechtungseffekte, rückwärtsgerichtete/vorwärtsgerichtete – backward/forward linkage effects
Verflechtungskoeffizient, Input-Output-Koeffizient – input-output coefficient
Verflechtungsstruktur, industrielle – input-output structure
Verfrachter → (Ab)sender
Vergangenes, endgültig Verlorenes – bygones
Vergeltung(smaßnahme) bei Handelsprotektionismus – retaliation
Vergeltungszoll, Ausgleichszoll (i.S. einer Einfuhrausgleichssteuer), Retorsionszoll – countervailing duty, retaliatory tariff
Vergesellschaftung, Sozialisierung – socialization
Vergiftung der Luft – pollution of air
Vergleich, außergerichtlicher – out-of- court settlement
Vergleich, intersubjektiver – interpersonal comparison
Vergütung, Erstattung – reimbursement
Verhältnis → Beziehung
Verhalten, abgestimmtes – collusion
Verhalten, Handlung, Erfüllung, Leistung – performance
Verhalten(sweise) – behaviour
Verhaltensgleichung – behavioural equation
Verhaltensgrundsätze, Richtlinien – code of practice, code of conduct
Verhaltenskoeffizient – behavioral coefficient
Verhaltensmodell – behavioural model
Verhaltensprämisse – behavioural assumption
Verhandlung(sprozeß) – bargaining
Verhandlungsausschuß, gemeinsamer – joint negotiation committee, joint negotiation panel
Verhandlungskompromiß, Koppelungsgeschäft – package deal

Verhandlungspfad, Kette von Preisangebot und Gegengebot – bargaining path
Verhandlungsrecht – negotiating right
Verhandlungsstärke – bargaining power
Verjährungsfrist – limitation period
Verkäufer – vendor, seller
Verkäuferkredit → Kaufkredit
Verkäufermarkt – sellers' market
Verkauf, Vertrieb, Absatz – sale
Verkauf um jeden Preis – high-pressure selling
Verkauf von kompletten Systemen – system selling
Verkaufsargumentation – purchase proposition
Verkaufs-, Absatz**außendienst** einer Firma – sales force
Verkaufsautomat – vending machine
Verkaufsautomat für verpackte Ware – slot machine
Verkaufsbedingungen – conditions of sale
Verkaufsbezirk – sales territory
Verkaufsförderung, die über traditionelle Anzeigenwerbung hinausgeht (z.B. Schaufenster- u. Verkaufsraumwerbung) – sales promotion
Verkaufsförderungsmethoden – promotional mix
Verkaufsgespräch – sales talk
Verkaufskampagne – sales drive
Verkaufskosten – selling costs
Verkaufsleiter – sales manager
Verkaufsleitung – sales-management
Verkaufsmethoden, aggressive – hard selling
Verkaufspersonal – sales people
Verkaufspolitik → Absatzpolitik
Verkaufsraumwerbung, gesamte, des Einzelhandels – merchandising
Verlaufsstatistik – flow statistic
Verkaufsstelle, wo ein Käufer konkret mit dem Warenangebot konfrontiert ist – point of purchase
Verkehrseinrichtungen – transportation facilities
Verkehrsgleichung (Fisher's), Quantitätsgleichung – exchange equation, quantity equation, equation of exchange
Verkehrswert – market value
Verkehrte Form (Marx) – reverse form
Verknappung → Mangel
Verlängerung, Ausdehnung – prolongation, extension
Verlag – publishers
Verlagsindustrie, Verlagsystem – putting out system
Verlagsystem → Heimarbeit – outwork, home work
Verlaufsanalyse → Sequenzanalyse
Verleger – publisher
Verlust – loss
Verlust, unrealisierter – paper loss
Verlustabzug – loss relief
Verlustausgleichssubvention, Einkommenszuschuß (Landwirtschaft) – deficiency payments
Verlustrücktrag – loss carryback, carry- back
Verlustsaldo – adverse balance
Verlustvortrag – loss carryover
Vermächtnis – bequest, legacy
Vermieter – landlord
Vermietung von Kapital- und Gebrauchsgütern – renting
Vermittler – mediator, intermediary
Vermögen, immaterielles – intangible assets
Vermögen i. S. Gesamtheit des ertragbringenden Vermögens einschließlich der beruflichen Befähigung eines Individuums bzw. eines Landes – wealth
Vermögen, leicht liquidierbares – near money
Vermögen, Vermögensgegenstand → Eigentum
Vermögensabgaben – capital levies
Vermögensänderung(skonto) der volkswirtschaftlichen Gesamtrech-

nung – gross saving and investment accounts (US), capital formation
Vermögensgegenstände, materielle – tangible assets, tangible property
Vermögensgewinn – capital gain
Vermögensgewinnsteuer – capital gains tax
Vermögenspolitik – asset-formation policy
Vermögensposten – asset(s)
Vermögensrechnung, Vermögensveränderungskonto – investment account
Vermögensschadenrecht – law of tort (GB)
Vermögensstatus, Rechnungsaufstellung (US), Vermögenslage-Bericht – financial statement
Vermögenssteuer – (personal) property taxes
Vermögensteuer, allgemeine – wealth tax
Vermögenssubstanzsteuer – capital levy
Vermögensverteilung – distribution of wealth
Vermögenswert – asset
Vernichtungspreis – predatory pricing
Vernichtungswettbewerb – cut-throat competition
Verpachtung von Fabrikationsanlagen – plant-lease
Verpackungsgestaltung – packaging
Verpächter – lessor
Verrechnung(sverkehr) – clearing
Verrechnungskonto – offset account
Verrechnungspreis – internal price
Verrechnungsscheck – crossed check (GB), collection-only cheque (check)
Versand, Lieferung – shipment, shipping, dispatch, delivery
Versandabteilung – forwarding department
Versandhaus – mail order firm
Versandvorschriften – forwarding instructions
Verschiebung – shift
Verschiebung einer Kurve/Funktion – shift of a curve/function
Verschleiß, geplanter – planned obsolescence, built-in obsolescence
Verschleiß, moralischer (Marx) – moral depreciation
Verschmelzung – merger, amalgamation, integration
Verschmelzung von Konkurrenzfirmen – horizontal integration
Verschrottungsrate (makroökonomische) – drop-out rate of capital
Verschuldung, öffentliche, Staatsschuld – national debt
Verschuldungsgrad – debt-equity ratio, debt ratio
Verschuldungsquote eines Unternehmens (Verbindlichkeiten zum Grundkapital) – debt to equity ratio
Verschwendung, Überfluß – prodigality
Verseuchung der Flüsse – contamination of rivers
Versicherung, eidesstattliche → Affidavit
Versicherungsagent – underwriting manager
Versicherung(sbeiträge), lohnabhängige – earnings-related insurance scheme
Versicherungsgeschäft – insurance business
Versicherungsmathematiker – actuary
Versicherungsnehmer – policy-holder
Versicherungspolice – insurance policy
Versicherungsprämie – premium, insurance premium
Versicherungsschutz – (insurance) coverage
Versicherungssumme – sum insured

Versicherungsverein auf Gegenseitigkeit – friendly society, fraternal insurance

Versorgungsbetrieb, öffentlicher – public utility

Versorgungsengpaß – supply bottle neck

Versorgungslücke (speziell bei Nahrungsmitteln), Hungersnot – famine

Versorgungsunternehmen, öffentliche – public utilities

Verstaatlichung – nationalization

Verstädterung – urbanization

Verstärker – amplifier

Versteigerung, Verkauf auf einer Auktion – sale by auction

Versuchs-(Studie) – pilot (study)

Versuch und Irrtum-Verfahren – trial and error-method

Verteiler – distributor

Verteilung, normale, Normalverteilung – normal distribution

Verteilung, schiefe (anormale) – skewed distribution

Verteilung, schlechte → Fehlverteilung

Verteilung, Theorie der nicht-optimalen – maldistributionist theory

Verteilung, ungleichmäßige – uneven distribution

Verteilungsansatz der Volkseinkommensrechnung – earnings-and-cost approach, factor-earnings approach

Verteilungsgerechtigkeit – distributive justice, economic justice

Verteilungskorrektur – distributional adjustment

Verteilungspolitik – policy of income distribution

Verteilungsquoten, funktionale – factor shares, distributive shares

Verteilungstheorie – theory of distribution

Vertrag, langfristiger – long-term contract

Vertragsbruch – breach of contract

Vertragsfreiheit – freedom of contract

Vertragshändler – authorized dealer

Vertragspartner – parties to the contract

Vertragsrecht – law of contract

Vertragssumme eines Bausparvertrags, einer Lebensversicherung etc. – target amount

Vertragswerkstätte mit Markenbindung; analog: Vertragsgaststätte (einer Brauerei), Geschäft mit Vertriebsbindung etc. – tied garage, tied public house, tied shop etc.

Vertrauensbereich, -intervall – confidence interval

Vertrauensintervallgrenze – confidence limit

Vertrauenskrise, Vertrauensmangel – crisis of confidence, lack of confidence

Vertrauensleute, gewerkschaftliche (sinngemäß, aber oft mit weitreichenderen Funktionen), Betriebsobleute – shop stewards

Vertreter (Firma) – representative, salesman

Vertreter, gesetzlicher – legal representative

Vertriebskosten – cost of sales, distribution cost, selling cost

Vertriebsplanung, Verkaufspolitik, Vertrieb – merchandising

Vertriebsstelle, Absatzpunkt – outlet, point of sale

Vertriebssystem, Absatzwege – channels of distribution

Vertriebssysteme, Kombination der, bzw. Absatzwege – distribution mix

Vervielfachung der gleichen Produktionsanlage (konstante Grenzerträge) – replication

Vervielfältigungsmaschine – mimeograph, duplicator

Verwaltung, Behörde, Regierung – administration

Verwaltungsaktien, d.h. eine Aktiengesellschaft darf unter gewissen Bedingungen eigene Aktien aufkaufen (US); GB: Staatsanleihe – treasury stock

Verwaltungsaufwand – administrative expense

Verwaltungs- oder Herrschaftsstruktur eines Unternehmens – corporate governance (US)

Verwaltungsrat – administrative council

Verwaltung und Allgemeines – A & G (administration and general)

Verwendung(srechnung) des BSP – GNP use

Verwendungsrechnung des Volkseinkommens – expenditure approach, flow-of-fund approach

Verwerfen einer Theorie – abandonment of a theory

Verwirkung – forfeiture

Verzerrung – distortion

Verzerrung durch einen Verzögerungseffekt (z.B. in einer Schätzfunktion) – distributed lag bias

Verzerrung, systematischer Fehler, Neigung – bias

Verzinsung, einfache – simple interest

Verzögerung, zeitliche – time lag

Verzögerungseffekt, periodenübergreifender – distributed lag

Verzollung, Zoll-Abfertigung – clearance

Vetternwirtschaft → Parteibuchwirtschaft

Vieh – livestock

Vieleck, magisches – magic polygon

Vielfaches, ganzzahliges – integer multiple

Vierteljahreszahlen – quarterly figures

Vierter Stand – fourth estate

Volkseinkommen – national income

Volkseinkommensanalyse, -theorie – national income analysis

Volksfront – popular front

Volksgesundheit – national health

Volksvermögen – national wealth

Volkswirt(in), Volkswirtschafter(in) – economist

Volkswirtschaft – economy

Volkswirtschaft, geschlossene – closed economy

Volkswirtschaft, offene – open economy

Volkswirtschaftliche Gesamtrechnung – national accounts statistics, social accounts, economic accounting → Blue Book

Volkswirtschaftliche Gesamtrechnung (VGR) – social accounting, national accounting (OECD-Länder), Material Product System (MPS) (RgW-Länder)

Volkswirtschaftliches Rechnungswesen – economic accounting, social accounts

Volkswirtschaftslehre – political economy, economics

Volkswirtschaftslehre, angewandte – applied economics

Volkswirtschaftstheorie – economic theory

Volkszählung – census of population, population census

Vollbeschäftigung – full employment

Vollbeschäftigungsgleichgewicht – full employment equilibrium

Vollbeschäftigungslücke, Differenz zwischen faktischem und Vollbeschäftigungseinkommen – gross national product gap

Vollbeschäftigungsproduktion – capacity output

Vollkosten – full cost

Vollkostenrechnung (Preispolitik) – absorption-costing, full-cost pricing, full cost principle

Vollkostenrechnungsanalyse – contribution analysis

Vollmacht – commercial power of attorney
Vollmacht, Stellvertretung – proxy
Vollzugsplanung – action planning
Vorarbeiter, Werkmeister – foreman
Vorausbestellung → Vorverkauf
Voraussetzung – precondition
Vorauszahlung – payment in advance, prepaid premium, cash before delivery (C.B.D.)
Vorerzeugnisse – products for further processing, semi-manufactured goods, intermediate goods
Vorgabeleistung – standard output
Vorgabezeit – standard time (for a job), time allowed
Vorgabezeit-System – work-factor-system, basic motion time system
Vorgänge/Umsätze, laufende – current transactions
Vorgang, Prozeß – process
Vorgesetzten-Untergebenen-Linie → Anweisungsbeziehung
Vorhersage, Voraussage – forecast, prediction
Vorhersagedaten (Konjunkturbefragungen) – anticipatory data
Vorkauf(srecht) – pre-emption
Vorlaufzeit (z.B. zwischen Auftragserteilung und Liefertermin) – lead-time
Vorleistung – (intermediate) input
Vorleistungen, substituierbare – substitutional inputs
Vorleistungsanteil, Vorleistungskoeffizient – input coefficient, production coefficient
Vormundschaftsbeihilfe – guardian's allowance
Vormundschaftsgericht – court of protection
Vorprüfung – pretest
Vorräte – stores
Vorräte (Lager-) – inventories
Vorräte anlegen – stockpile
Vorrang → Priorität
Vorratsbewertungsverfahren – methods of inventory valuation → first-in- first out → highest-in-first out → last-in- first out
Vorratslager (staatliche) – stockpile
Vorratslager (strategische) – buffer stocks
Vorrichtung, Gerät – device
Vorschlagswesen, betriebliches – Employee Suggestion Schemes
Vorschriften – regulation
Vorsichtsmaßnahme, Sicherstellung, Vorkehrung – safeguard
Vorsichtsmotiv (Kassenhaltung) – precautionary motive
Vorsitz – chair
Vorsitzender – chairman
Vorsorge, Vorbedacht, Voraussicht – forethought
Vorstand (eines Unternehmens) – board of directors, management board, executive board, board of management
Vorstandsmitglied, Mitglied der Geschäftsleitung, Geschäftsführer – executive director
Vorstandsvorsitzender – president (US), managing director (GB)
Vorstellung einer Person, Einführung eines Produkts – introduction
Vorsteuer – input tax
Vorsteuerabzug – deduction of input tax
Vorteil, Gewinn, Nutzen – gain, benefit
Vorteil, komparativer – comparative advantage
Vorteile, soziale, i. S. externer Effekte – social benefits
Vorteilsausgleich → Gegenseitigkeitsprinzip
Vortrag aus früherer Periode (z.B. Angebot aus Vorjahresernte) – carry-over
Vorumsätze – intermediate transactions
Vorurteil – prejudice

Vorverkauf, Vorausbestellung - advance booking
Vorversammlung - caucus
Vorwahlnummer → Chiffre
Vorwarnsystem - prewarning system
Vorzugsaktie mit Gewinnbeteiligung (i. d. R. für Betriebsangehörige) - participating preference share (GB)
Vorzugsaktien - preference shares, preferred stock (US)
Vorzugszoll - preferential duty
Vulgärökonomie - vulgar (bourgeois) political economy
Vulgarisierung - vulgarisation

W

Wachstum - growth
Null**wachstum** - zero growth
Wachstum, exponentielles - exponential growth
Wachstum, exportinduziertes - exportled growth
Wachstum, gleichgewichtiges - balanced growth
Wachstum, konstantes, d. h. mit konstanter Rate (Modell) - steady-state growth
Wachstum, nachhaltiges - sustained growth
Wachstum mit Innovationen, die der sinkenden Investitionsrentabilität entgegenwirken - growth in a learning state
Wachstum ohne Innovationen (sinkende Investitionsrentabilität) - growth in an unlearning state
Wachstum, ungleichgewichtiges - unbalanced growth
Wachstum, wirtschaftliches - economic growth
«Wachstum auf des Messers Schneide», Problem des (Wachstumstheorie) - knife-edge problem
Wachstumsbeitrag - growth contribution
Wachstumsgrad - growth term
Wachstumsindustrien (technologische) (z. B. Elektronik) - science-based industries
Wachstumsmentalität - growth mentality
Wachstumsmodelle - growth models
Wachstumspessimisten, «Untergangsschule» - doom school
Wachstumspfad, instabiler - knife-edge equilibrium
Wachstumspol - growth pole, growth point
Wachstumsrate - growth rate, rate of growth
Wachstumsrate, durchschnittliche pro Jahr - annual average growth rate (AAGR)
Wachstumsrate, erwünschte/gerechtfertigte - warranted rate of growth
Wachstumsrate, natürliche - natural rate of growth
Wachstumsrückgang, -retardierung - slow-down, → Abschwung
Wachstumssektor - leading sector
Wachstumstheorie, neoklassische - neoclassical growth theory
Wachstumsübertragung, internationale - international transmission of growth
Wählerschaft, die Wähler, Kurfürstenwürde - electorate
Währung - currency
Währung, bewirtschaftete, d. h. nicht frei konvertier- und transferierbare - blocked currency
Währung, frei konvertierbare - free currency
Währung, harte - scare currency, hard currency
Währung, manipulierte - fiat currency, managed currency
Währung, schwache - weak currency

Währung, überbewertete – overvalued currency
Währung, unterbewertete – undervalued currency
Währung, weiche, instabile – shaky currency
Währungseinheit – money unit
Währungsfonds, Internationaler (IWF) – International Monetary Fund (IWF)
Währungsfonds (Interventionsfonds des britischen Schatzamtes zur Wechselkursregulierung) – equalization account
Währungsgeschichte – monetary history
Währungsgold – stock of monetary gold
Währungskonferenz – monetary conference
Währungskrise – monetary crisis
Währungsmetall – bullion
Währungspolitik – monetary policy
Währungsreform (Neufestsetzung der Geldeinheit) – monetary reform, currency reform
Währungsreserven eines Landes incl. eventueller Währungskredite – gold and foreign exchange reserves, monetary reserves
Währungsreserven, gesamte internationale – international liquidity
Währungsschlange – currency snake
Währungsspekulant – currency speculator
Währungssystem, internationales – international monetary system
Währungsunion – monetary union
Währungs- bzw. Kursverfall → Abwertung
Wagenpark, rollendes Material, speziell die beweglichen Betriebsmittel der Eisenbahn – rolling-stock
Wagnis → Risiko
Wahlhandlungstheorie – choice-theory
Wahlrecht – suffrage, franchise
Wahlrecht, politisches, Lizenzvergabe – franchise
Wahrnehmung, selektive – selective perception
Wahrscheinlichkeit – probability
Wahrscheinlichkeitsrechnung – probability calculus
Wahrscheinlichkeitsstichprobe – probability sample
Wahrscheinlichkeitstheorie – theory of probability
Wahrscheinlichkeitsverteilung – probability distribution
Walrassche Gleichgewichtspreisbildung – recontracting, taîtonnement, auction
Wandelanleihe – convertible debentures
Wandelschuldverschreibungen – convertible bonds
Wanderarbeiter → Gastarbeiter
Wanderungssaldo, negativer – net outmigration
Wanderungssaldo, positiver – net inmigration
Ware – commodity
Waren, abgepackte – packaged goods
Waren, homogene – homogeneous goods
Waren, leicht verderbliche – perishable goods
Waren mit hoher Umschlagsgeschwindigkeit – fast-moving consumer goods (FMCG)
Waren unter Zollverschluß – bonded goods
Warenbegleitschein – consignment note
Warenbestand – stock-in-trade
Warenbestandsaufnahme – physical stocktaking
Warenbestandsmenge – stock level
Warenbörse – commodity exchange, produce market, produce exchange
Wareneingangskonto – a/p (account purchases)
Warenexport – export of goods

Warenfetischismus - fetichism of commodities, commodity fetichism
Warengeld - commodity money
Warenhandel - visible trade
Warenhaus - department store
Warenhilfeprogramm - commodity aid program
Warenimport - import of goods, merchandise import (US)
Warenkorb (Indexberechnung) - mix of goods, market basket
Warenlager, Vorräte - inventories
Warenmetamorphose (Marx) - metamorphosis of commodities
Warenproduktion, einfache - simple commodity production
Warenrembourskredit - commercial acceptance credit
Warenreservewährung - commodity reserve currency
Warenrückstände, Arbeitsrückstände - backlog
Warensortiment - line of goods
Warenterminmärkten, Kontrakte auf - futures
Warentest - product test
Warenvergleichstest - comparison test
Warenverlust, einkalkulierter - leakage
Warenverteilung, physische - physical distribution
Warenwechsel, Handelswechsel - trade bill
Warenzeichen, Markenzeichen - trade mark, brand
Warenzeichen, eingetragenes - registered trademark
Warnstreik - token strike
Warteschlange - queue, waiting-line
Warteschlangenmodell - queuing model
Warteschlangen-Theorie - queuing theory, waiting-line theory
Wartetheorie des Zinses - abstinence theory of interest
Wartung, Instandhaltung - maintenance, servicing
Wartungsschicht - maintenance shift
Wechsel, angenommener → Akzept
Wechsel, bankfähiger - bankable bill
Wechsel, Tratte - bill of exchange
Wechsel, verbürgter - accomodation bill
Wechselbanken - discount houses (GB)
(Wechsel-)Begünstigter - accomodation pary
Wechselbürge - accomodation party
Wechsel-Einzugsermächtigung - drawing authorization
Wechselforderungen - bills receivable
Wechselkurs - rate of exchange, exchange rate, par of exchange, currency rate
Wechselkurs, gleitender - flowing exchange rate
Wechselkursänderung, mittelfristig garantierte, geplante - crawling peg
Wechselkursänderung, stufenweise, stufenflexibler Kurs - crawling peg, dynamic peg, sliding peg, sliding parity
Wechselkurse, feste - fixed exchange rates, pegged rates
Wechselkurse, freie/flexible - fluctuating exchange rates, floating exchange rates, flexible rates
Wechselkurse, multiple - multiple exchange rates
Wechselkurspolitik - exchange rate management, exchange rate policy
Wechselkursstabilisierung (durch Zentralbankinterventionen am Devisenmarkt) - pegging the exchanges
Wechselverbindlichkeiten - bills payable
Wechselwähler - swing voter
Wegwerfprodukte → Einweggüter
Weiterbildung, innerbetriebliche - in-company training

Weiterbildung von Führungskräften – management education
Weiterbildungsinstitut, Fortbildungsinstitut – further training institution
Weltbank – World Bank, International Bank for Reconstruction and Development
Welthandel – world trade
Weltwährungsfonds – International Monetary Fund (IMF)
Weltwährungsreserven – international liquidity
Weltwirtschaft – world economy
Weltwirtschaftskrise (1930) – (the) Great Depression
Wendepunkt – turning point, turnaround, landmark
Wendepunkt (Funktion) – inflection point
Werbeabteilung – advertising department
Werbeagentur – advertising agency
Werbeaufwand durch Sachleistungen – below-the-line promotion expenditure
Werbeberater – advertising consultant
Werbeforschung – advertising research
Werbekampagne – advertising campaign
Werbekosten (Marketing) – advertising expenses
Werbemittel-Mix, – communications mix
Werbende Schulden (öffentlicher Kredit) – reproductive debt
Werbe-Spot – spot, commercial
Werbeträger, Medien – media, advertising media
Werbeträgeranalyse – media analysis
Werbeträger-Wirkungsforschung – media research
Werbewirkungsanalyse – audience measurement
Werbezettel → Prospekt
Werbung – advertising, sales promotion
Werbung, vergleichende – comparative advertising
Werbung, unterschwellige – subliminal advertising
Werbung am Verkaufsort – point-of-sale advertising
Werbungskosten (steuerlich abzugsfähig) – expenses in employment
Werkmeister → Vorarbeiter
Werkstatt – work room, workshop
Werkvertrag – contract for services
Werkvertrag zu einem Pauschalpreis – lump sum contract
Werkvertrag-Nehmer/Verpflichteter – independent contractor
Wert – value
Wert, abgeleiteter → Ableitung
Wert, abgeschriebener – written-down value
Wert, absoluter – absolute value, level
Wert, fiktiver – notional value
Wert, wertberichtigter → Buchwert
Wert, zu versteuernder – rateable value
Wertanalyse – value analysis
Wertaufbewahrungsmittel – store of value
Wertberichtigung des Anlagevermögens, Anlage-Abschreibungen – depreciation reserve, accumulated depreciation
Wertberichtigung des Vorratsvermögens – inventory valuation adjustment
Wertberichtigung(sgröße) – valuation item
Werterhöhung → Aufwertung
Wertform, allgemeine (Marx) – general form of value
Wertform, einfache (Marx) – elementary form of value
Wertform, entwickelte (entfaltete) (Marx) – expanded form of value

Wertform, relative (Marx) – relative form of value

Wertfreie Tatsache – value-free fact

Wertgesetz – law of value

Wertmaß (Geldfunktion) – measure of value

Wertmaßeinheit, Wertvergleichsgröße – unit/standard measure of value

Wertminderung – drepreciation, capital loss

Wertpapier – security

Wertpapier mit steigender oder kumulativer Zinszahlung (z.B. Kapitalsparbuch, Sparkassenbrief) – deferred bond

Wertpapierbörse Amerikanische – ASE (American Stock Exchange)

Wertpapiere mit vereinbartem Einlösungstermin – redeemable securities

Wertpapiere, rediskont- und lombardfähige – eligible papers

Wertpapierhandels, Bezeichnung für ein computerisiertes System des – Ariel (GB, London), Instinct (US, New York)

Wertpapierinvestition, speziell Darlehensvergabe – debt investment

Wertpapiermarkt für kurzfristige Wertpapiere (Wechsel Schatzwechsel); oft synonym zu Geldmarkt (money market) benutzt – discount market

Wertpapierportefeuille eines Investors – investment portfolio

Wertpapierverwaltung – portfolio management

Wertparadoxon – paradox of value

Wertschöpfung – value added, net output

Wertschöpfung des verarbeitenden Gewerbes – Gross Product Originating – GPO (US)

Wertschöpfungsanteil, inländischer, eines Produkts – domestic content

Wertsicherungsklausel, Gleitklausel → Indexbindung – escalator clause, monetary correction

Wertsteuer – ad valorem tax, levy

Wertsubstanz – substance of labour

Werturteil – value judgment

Wertzoll – ad valorem duty

Wertzuschreibung → Aufwertung

Wertzuwachs i.S. der realisierten Wertsteigerung eines Aktivums – capital gains

Wertzuwachs, Wertschöpfung – value added

Wesentliche (das), wesentliche Punkte – essentials

Wesentliches → Wesen, Natur der Dinge

Wesen und Erscheinung – essence and phenomenon, essence and appearance

Wettbewerb, atomistischer – atomistic competition

Wettbewerb, Konkurrenz – competition

Wettbewerb, monopolistischer – monopolistic competition

Wettbewerb, unlauterer – unfair competition

Wettbewerb, unvollständiger – imperfect competition

Wettbewerb, vollständiger – perfect competition

Wettbewerbsbedingungen, ungleiche – imperfect competition

Wettbewerbsbeschränkung – restraint of trade, restrictive practices

Wettbewerbsfähigkeit, internationale – international competitiveness

Wettbewerbsintensität – intensity of competition

Wettbewerbsmarkt – competitive market

Wettbewerbsnachteil – competitive disadvantage

Wettbewerbspreis – competitive price

Wettbewerbsvorteil – competitive advantage, differential advantage
Wettbewerbswirtschaft – competitive economy
White-Plan (IWF) – White Plan, American Plan
Widerlegung → Falsifikation
Widerruf der Vollmacht – revocation of authority
Widerspruch – contradiction
Widerspruch, antagonistischer – antagonistic contradiction
Wiederauffüllung (eines Vorrats) – replenishment
Wiederbeschaffungskosten – replacement cost
Wiederbeschaffungswert – replacement value
Wiedereingliederung in das zivile Arbeitsleben – resettlement in civil employment
Wiederverkaufspreis – resale price
Willensfreiheit – free will, freedom of (the) will
Wirkung – effect
Wirkungsgrad – efficiency term
Wirkungslosigkeit, Unwirtschaftlichkeit, Unfähigkeit – inefficiency
Wirtschaft – economy
Wirtschaft, gelenkte – controlled economy
wirtschaftlich – economic
Wirtschaftlichkeit, ökonomisch effiziente Allokation – economic efficiency, operating efficiency
Wirtschaftsausschuß (Betriebsverf.-Gesetz) – economic committee
Wirtschaftsdemokratie – industrial democracy
Wirtschaftseinheit, Wirtschaftssubjekt – (economic) unit
Wirtschaftsentwicklung einer Volkswirtschaft (beurteilt nach den Größen des magischen Vierecks) – economic performance
Wirtschaftsflüchtling – economic refugee
Wirtschaftsgeographie – economic geography
Wirtschaftsgeschichte – economic history
(Welt)**Wirtschaftsgipfel** – economic summit
Wirtschaftskreislauf – circular flow of the economy
Wirtschaftskrieg – economic warfare
Wirtschaftskrise – economic crisis
Wirtschaftsordnung – economic system, economic order
Wirtschaftsordnung, gemischte – mixed economy
Wirtschaftsplanung, staatliche – central planning, state planning
Wirtschaftspolitik – economic policy
Wirtschaftspolitik, projektionsorientierte; Gegensteuerung, um unerwünschte Trends umzubiegen – forestalling (policy)
Wirtschaftsprüfer → Rechnungsprüfer
Wirtschaftsprüfer-Bericht – auditor's report
Wirtschaftsrat (britischer) (seit 1961), dem Staat, Verbraucher, Gewerkschaften und Arbeitgeber angehören – NEDDY (= National Economic Development Council)
Wirtschaftsreform – economic reform
Wirtschaftsstruktur – economic structure
Wirtschaftsstufen (historische Schule), ökonomische Entwicklungsstufen (Marx) – stages of economic development
Wirtschaftssubjekt → Wirtschaftseinheit
Wirtschaftssystem – economic system
Wirtschaftssystem, kapitalistisches – capitalist economy
Wirtschaftstheorie, positive (im Gegensatz zur normativen Ökonomie) – positive economics

Wirtschaftswachstum – economic growth
Wirtschaftswissenschaft – economics
Wirtschaftswunder – economic miracle
Wirtschaftszweig – sector of the economy, industry
Wissenschaft, beschreibende (z.B. Statistik) – descriptive science (J. B. Say)
Wissenschaft von den Wirkungen der Dinge aufeinander, wozu Politische Ökonomie zählt – experimental science (J. B. Say)
Witwenbeihilfe – widow's allowance
Witwenrente – widow's pension
Wochenauszug der Bank von England – weekly return
Wohl, öffentliches, Gemeinwohl – public interest
Wohlbefinden – well-being
Wohlergehen, Wohlfahrt – welfare
Wohlfahrt, soziale – social welfare
Wohlfahrtseffekte – welfare effects
Wohlfahrtseffekte des Außenhandels – gains from trade
Wohlfahrtsfonds – welfare fund
Wohlfahrtsindikator – welfare indicator
Wohlfahrtsökonomie – welfare economics
Wohlfahrtsprogramm – social-welfare program(me)
Wohlfahrtsstaat – welfare state
Wohlfahrtstheorie, Wohlfahrtsökonomik – welfare economics
Wohlfahrtszahlungen, Sozialhilfe – welfare benefits
Wohlstandsfunktion, gesellschaftliche bzw. soziale – social welfare function
Wohlstandsverluste durch Außenhandelswachstum – immiserizing growth
Wohltätigkeitsorganisation – charitable organisation
Wohltätigkeitstransfers in einer Volkswirtschaft – charity market
Wohnbevölkerung – home population (GB), non-institutional population (US)
Wohnungsbau – residential construction
Wohnungsbau, kommunaler – municipal housing
Wohnungsbau, sozialer, Sozialwohnungen – low-cost housing
Wohnungsbau, Wohnungswesen, Wohnmöglichkeiten – housing
Wohnungsbaudarlehen – home loan
Wohnungsbaugesellschaft (gemeinnützige) – building society (GB)
Wohnungsbaugesetz – housing act
Wohnungsbauinvestition(en) – residential investment
Wohnungsbaupolitik – housing policy
Wohnungsbestand – stock of housing
Wohnungssanierung – housing rehabilitation
Wucher (Zins-) – usury
Wucherbedingungen – usurious terms
Wucherer – usurer
Wurzelgleichung – radical equation

XYZ

X-Effizienz (Leibenstein) – x-efficiency
Zähler – numerator
Zahl, ganze (math.) – integer
Zahlenfolge – array
Zahltag, Erfüllungsdatum einer Verpflichtung – pay-day
Zahlung, konstante jährliche → Annuität
Zahlungen, internationale – international payments
Zahlungsaufforderung, befristete, an einen Urteilsschuldner unter Andro-

hung eines Konkursverfahrens – bankruptcy notice

Zahlungsaufforderung, dringende – dun

Zahlungsausgleich, internationaler – international settlements

Zahlungsbedingungen – terms of payment

Zahlungsbilanz – balance of payments, foreign balance, external account

Zahlungsbilanz, aktive – balance of payments surplus

Zahlungsbilanz, ausgeglichene, Zahlungsbilanzgleichgewicht – balance of payments in equilibrium; Leistungsbilanz, laufende Rechnung – current account, current balance of payments; Kapitalbilanz – capital account

Zahlungsbilanzdefizit – external deficit, balance of payments deficit, adverse balance

Zahlungsbilanztheorie – balance of payments theory

Zahlungsbilanzüberschuß – external surplus, balance of payments surplus

Zahlungsbilanzüberschuß, laufender – active balance

Zahlungseinstellung – suspension of payments

Zahlungsempfänger – payee, recipient

Zahlungsfähigkeit – solvency, ability to pay

Zahlungsintervalleffekt – payment interval effect

Zahlungsmittel (gesetzliches) – legal tender

Zahlungsrhythmuseffekt – payment- pattern-effect

zahlungsunfähig – insolvent

Zahlungsunfähigkeit – default

Zehnergruppe – Group of Ten

Zehnter – tithe

Zeichen – token

Zeichnung → Subskription

Zeichnungsangebot (Aktien) in einer Zeitungsanzeige – prospectus

Zeichnungsberechtigung Unterschriftsvollmacht – procuration

Zeile (einer Matrix) – row

Zeilenvektor – row vector

Zeitabhängigkeit der Nachfrage- und Angebotselastizität – time and elasticity

Zeitallokation – allocation of time

Zeitarbeit – temporary work/employment, time-work

Zeithorizont, Entscheidungszeitraum, zeitlicher Entscheidungsrahmen – time horizon

Zeitlohnsatz – time rate

Zeitmessungs-Methoden – methods- time measurement (MTM)

Zeitpfad, Verlaufsstruktur – time path

Zeitpräferenz – time preference

Zeitpräferenzkurve des Haushalts, (Fisher-Diagramm) – Fisher diagram

Zeitpräferenzrate – rate of time preference

Zeitpräferenztheorie des Zinses – time preference theory of interest

Zeitreihe – time series

Zeitreihe von Erwartungsgrößen – expectational series

Zeitstudie (Refa) – time and motion study

Zeitvorgabe – time scale

Zensus – census

Zentralbank – central bank

Zentralbankgeld – high-powered money, federal funds

Zentralbankgeldmenge – central bank money stock

Zentralbankkredit der Bank von England – lender of last resort (GB)

Zentralbanknoten – central bank notes, government bank notes, Federal Reserve Notes

Zentralbankpolitik – central bank policy

Zentralbankzins, Rediskontsatz – bank rate, minimum lending rate (GB)

Zentralen Orte, Hierarchie der – central-place hierarchy
Zentralen Orte, Theorie der – central-place theory
Zentrale Orte (Christaller) – central-places
Zentraleinheit des Rechners – CPU: central processing unit
Zentralisierung – centralization
Zentralismus – centralism
Zentralplanung – central planning
Zentralregierung – central government
Zentralwerte – measures of central tendency
Zerlegung, Disaggregierung – decomposition
Zerstörung, schöpferische (Schumpeter) – creative destruction
Zession, Übertragung, Zuweisung – assignment
Zeugnis, Bescheinigung – certificate
Ziehung – drawing
Ziehungsrechte (Sonder-) – (special) drawing rights
Ziel – goal, target, objective, aim
Ziele, wirtschaftliche und soziale – economic and social objectives
Zielbestimmung, -findung – goal determination
Zielfunktion, Bewertungsfunktion – objective function, valuation function
Zielgrößenbestimmung – target-setting
Zielgruppe – target audience
Zielkonflikt – goal conflict
Zielkonflikt i.S. substituierbarer Alternativen (z.B. Inflation/Beschäftigung) – trade-off, conflict of objectives
Zielmarkt – target market
Zielpreis-System (im Unterschied zu Grenzkosten-Preisbildung) – target-pricing
Zielprojektion – target projection
Zielsetzung, quantifizierte (Präzisierung von objectives) – target
Zielvariable – explained variable, target variable
Zielverzinsung, Zielzinssatz – target rate of return on investment
Zielwert – target value
Ziffer – digit
Zins – interest
Zins, administrierter (Zentralbank) – administered rate of interest
Zins, einfacher – simple interest
Zins, interner – internal rate of return, rate on investment
Zins, kalkulatorischer – implicit/imputated interest
Zins, natürlicher – natural rate of interest, natural interest rate
Zins, realer – real interest
Zinsausgleichssteuer (auf ausländische Wertpapiererträge) – interest equalisation tax
Zinsbelastung, feste, des Unternehmens (Summe aus Anleihezins und Vorzugsdividende) – prior charges
Zinsempfindlichkeit – interest sensitivity
Zinsen, aufgelaufene – accrued interest
Zinsertrag – interest yield
Zinseszinsen – compound interest
Zinsfuß, -satz – standard of interest, rate, interest rate
Zinskapital (Marx) – interest-bearing capital
Zinskondition (bei internationalen Krediten), Zinsalternative i.S. von Zuschlägen zu alternativ wählbaren Referenzgrößen (wie Prime-Rate, Libor u.a.) – spreads
Zinslast – burden of interest
Zinsstreubreite – spread
Zinsstruktur – term structures of interest rates
Zinssubvention – subsidy on interest
Zinsunabhängigkeit, Bezeichnung für die, von Sparen und Investieren (Keynes) – inconsistency
Zinsverbot – prohibition of interest

Zirkulationsperiode des Kapitals - circulation period of capital
Zivilrecht, bürgerliches Recht - civil law
Zoll - custom, duty, tariff
Zoll, Preisliste, Gebührentarif - tariff
Zoll, spezifischer - specific duty
Zoll (Wert-) - ad valorem duty
Zollager - entrepôt
Zollbehörde - customs
Zolldeklaration - customs entry (UK)
Zollerklärung - declaration
Zollermittlung, Zollwertfeststellung - method of customs valuation
Zollgesetze (-gebung) - tariff legislation
Zollgutlager - bonded warehouse
Zollpolitik - customs policy
Zollrückvergütung z.B. bei Wiederausfuhr - customs drawback
Zollsatz - customs duty
Zoll(satz), diskriminierender - discriminating duty
Zollschranke - tariff barrier
Zollunion - customs union
Zollverschlußgüter - bond
Zubehörmonopol, monopolistische Praxis, den Käufer zum Kauf von Komplementärgütern desselben Herstellers zu veranlassen (z.B. Film und Entwicklung) - full-line forcing
Zufall - random
Zufallsabhängigkeit, Eventualausgaben, Kontingenz - contingency
Zufallsauswahl - random selection, random access
Zufallsfehler - random error
Zufallsgewinn - windfall gains
Zufallsgröße, stochastische Variable - stochastic variable
Zufallsprinzip - randomisation, by chance
Zufallssteuerung, Anwendung des Zufallprinzips - randomisation
Zufallsstichprobe - haphazard sample, random sample
Zufallsvariable, -größe, stochastische Größe - random variable, error variable, chance variable
Zufluß - influx
Zufluß ausländischen Kapitals - influx of foreign capital
Zugangssperren (zum Markt) - barriers to entry
Zugriff - access
Zugriff, direkter - direct access
Zugriffszeit (EDV) - access time
Zukunftseinkommen, diskontiertes - discounted future income stream
Zulassung von Wertpapieren zum amtlichen Börsenverkehr - quotation
Zunft - guild
Zuordnungsproblem, Erkennungsproblem - assignment problem
Zurechnung - imputation
Zurechnungstheorie (österreichische Grenznutzenschule) - imputation theory
Zuruf, Geschäfte auf (Börse) - callover
Zusammenbruch (Bank, Börse) - crash (of a bank, of a stock market)
Zusammenbruch, Betriebsstörung - breakdown
Zusammenhang, Übereinstimmung - coherence
Zusammenspiel - interplay
Zusatzabgabe - surcharge
Zusatzbeitrag - additional contribution
Zusatzleistungen, lohnunabhängige Einkommensteile, z.B. betriebliche Sozialleistungen - fringe benefits
Zusatznachfrage (infolge zusätzlicher Käufer) - competitive demand
Zusatzsteuer - surtax, surcharge
Zuschlag - surcharge
Zuschlagskalkulation - cost plus, target pricing, markup pricing
Zuschuß, Hilfszahlung - grant
Zuverlässigkeit - reliability
Zuwachs - gain
Zuwachsrate - rate of increase, rate of increment, growth rate

Zuwachsrate der Geldmenge – monetary growth rate

Zuwanderung, regionale – in- migration

Zuwendungen, naturale – benefits in kind

Zwangsanleihe – forced loan

Zwangsbewirtschaftung der Arbeitskraft – compulsion of labour

Zwangsklauseln (Vertrag) – restrictive covenant

Zwangsschlichtung, staatliche – compulsory arbitration by the government

Zwangssparen – compulsory saving, forced saving, involuntary saving, forced frugality

Zwangsversicherung – compulsory insurance

Zweckbindung von Mitteln – earmarking

Zweigniederlassung, Nebenstelle, Zweig – branch, subsidiary

Zweigstelle – outlet, branch

zweistellig – double-digit

Zweitbesten, Theorie des – second-best theory, theory of second-best

Zwischenbericht – interim report

Zwischendividende – interim dividend

Zwischenhändler, Handelsmann – middleman, distributor

Zwischenhändler, Vermittler – intermediary, middleman

Zwischenkredit, Überbrückungsanleihe – bridging loan

Zwischenprodukte, Vorleistung – intermediate products, intermediate output

Zwischenschein → Interimsschein

Zyklus – cycle

Zyklusspitze, Konjunkturgipfel – peak

Bestellkarte

Ich bestelle aus dem Gustav Fischer Verlag, Postfach 72 01 43, D-7000 Stuttgart 70, über die Buchhandlung:

....

40230 .... Expl. Altmann, **Volkswirtschaftslehre,** 2. A., DM 19,80 (UTB 1504)

40237 .... Expl. Altmann, **Wirtschaftspolitik,** 4. A., DM 22,80 (UTB 1317)

40216 .... Expl. Altmann, **Arbeitsbuch,** DM 29,80 (UTB 1537)

40227 .... Expl. Bea, **Allg. BWL, Bd. 1,** 5. A., DM 27,80 (UTB 1081)

40209 .... Expl. Bea, **Allg. BWL, Bd. 2,** 4. A., DM 29,80 (UTB 1082)

40228 .... Expl. Bea, **Allg. BWL, Bd. 3,** 4. A., DM 27,80 (UTB 1083)

40156 .... Expl. Chinque, **Economic English,** DM 84,–

40172 .... Expl. Hansen, **Wirtschaftsinformatik I,** 5. A., DM 26,80 (UTB 802)

40176 .... Expl. Hansen, **Arbeitsbuch,** 3. A., DM 19,80 (UTB 1281)

40197 .... Expl. Göpfrich, **Wirtschaftsinformatik II,** 3. A., DM 19,80 (UTB 803)

40202 .... Expl. Göpfrich, **Arbeitsbuch,** 3. A., DM 16,80 (UTB 1283)

40221 .... Expl. v. d. Lippe, **Wirtschaftsstatistik,** 4. A., DM 34,80 (UTB 209)

40203 .... Expl. Zöfel, **Statistik i. d. Praxis,** 2. A., DM 32,80 (UTB 1293)

Preisänderungen vorbehalten.

....

Datum / Unterschrift

Absender:

....

....

....

Bitte
ausreichend
frankieren

Werbeantwort/Postkarte

Uni-Taschenbücher GmbH
Postfach 801 124

D-7000 Stuttgart 80

Ritter/Zinn, Grundwortschatz, 5. A., UTB 644
X. 90. 6,6. nn. Printed in Germany